我们从哪里来？我们走向何方？中国到了今天，我无时无刻不提醒自己，要有这样一种历史感。

——习近平

摘自习近平总书记在北京会见第二届“读懂中国”国际会议外方代表时的谈话（《人民日报》2016 年 1 月 5 日）

读懂中国

读懂中国丛书

读懂中国丛书

中国的国家发展战略

李忠杰　著

China Foreign Languages Publishing Administration
中国外文出版发行事业局
外文出版社
FOREIGN LANGUAGES PRESS

总 序

郑必坚

读者面前的这套丛书，有一个总题目，叫作：读懂中国。

为什么要提出“读懂中国”的问题呢？

你看，当今世界发生的变化，可谓天翻地覆，令人目不暇接。最大的变化，莫过于中国。

从20世纪中叶新中国成立以来，特别是最近这40年时间，就使一个多达十三亿多人口的贫穷落后的东方大国，实现了跨越式大发展，迅速成为世界第二大经济体。

人们自然会问：在中国，究竟发生了什么事情？中国快速发展的奥秘究竟是什么？

人们自然也会问：一个正在强起来的中国，和世界怎么相处？

于是乎，问题套问题，疑虑叠疑虑，“中国威胁论”“中国崩溃论”，“修昔底德陷阱”“中等收入陷阱”，这“论”那“论”，这“陷阱”那“陷阱”，纷纷指向中国。

毫无疑问，中国人应当坚定不移地走自己的路，把自己的事情办好。而这本身就包含着，为了回答人们的关切、问题和疑虑，必须做好一件事:“读懂中国”。

为此，由我主持的国家创新和发展战略研究会发起，联合中国人民外交学会，和国际知名智库“21世纪理事会”合作，在2013年11月和2015年11月先后举办了两届“读懂中国”国际会议。

这两次重要的国际会议，得到了中共中央总书记、国家主席习近平的重视和支持，亲自到会同与会外国嘉宾座谈。国务院总理李克强和副总理张高丽分别出席了第一届和第二届会议，并在会上作了开幕演讲。中共中央和国务院许多部门的领导同志，也到会同来自世界各国的政要和专家学者进行面对面的交流，回答大家提出的问题。

会议取得的成功，给我们的最大启示是：只要直面问题，只要心诚意真，只要实事求是且生动具体地讲好中国故事，讲好中国共产党的故事，讲好中国和世界相处的故事，将大有利于关心中国的人获得新知，怀疑中国的人逐步释惑。

为此，我们设想，把“读懂中国”的国际会议搬到书本上，搬到视频上，搬到网络上，在更大的场合，用更加生动的形式，回答人们的关切、问题和疑虑。

这一设想，不仅得到了有关部门的大力支持，不仅得到了中国外文局和外文出版社的大力支持，而且得到了一批对这些问题有亲身实践经验和较深研究的专家学者和领导同志的大力支持，为丛书撰稿。

这就是读者面前这套丛书的由来。现在编辑出版的还只是这套丛书的第一辑，以后还会有第二辑、第三辑以至更多的好书问世；现在这一辑主要是中国作者的作品，以后还会有其他国家作者的作品。

不仅是丛书，以后还会有配套的电视专题片和网络视频，陆陆续续奉献给大家。

在我们看来，“读懂中国”，包括“读懂中国共产党”、“读懂中国和世界的关系”，是一个宏大的事业。

让我们共同以极大的热情，来关注这一事业、参与这一事业！

2018年3月

目 录

引言：探寻中国奇迹的奥秘

一、从鸡蛋旅行到中国奇迹

上世纪80年代初，春节前夕的北京火车站，人群熙熙攘攘，密密麻麻。无数人带着大包小包，像潮水一般挤进这50年代末建起的著名建筑中。

在这人贴人、人挤人的潮流中，也曾经有过我的身影。作为七七届大学毕业生，我刚从南京师范大学毕业，考进中共中央党校，成为中央党校第一届硕士研究生；随后又留校任教。其间，春节一般要回江苏南京。来来往往，免不了要带很多东西，经常是背上背、手中拎、肩上挎、脖子挂，火车票没有手可拿，只能用嘴巴叼着，让检票员检票。

在我记忆中，印象非常深的一件事情是：有一年，我曾经在北京买了不少鸡蛋，装在纸箱里，还在校园里找了一些木屑，把鸡蛋一层层、一个个叠好、铺好、包好，再把纸箱捆好，然后小心翼翼地乘上公交，挤上火车，长途跋涉，带往1162公里外的南京。

现在的年轻人肯定会非常奇怪：为什么要带着一筐鸡蛋旅行呢？太不可思议了。其实原因很简单，虽然当时改革开放已经开始了，但鸡蛋供应还是比较紧张，很多地方还在继续凭票供应。南京也是如此。

而北京，改革开放开始后，比较早地建立了大规模的养鸡场，鸡蛋供应开始放开，不需要计划供应了。当时我的爱人已经怀孕，鸡蛋就是最好的补品，所以，便从北京买了鸡蛋带回南京，从而也就有了这种特殊的鸡蛋旅行。

鸡蛋旅行并不是孤立的现象。在改革开放之前，中国一直忙于搞“阶级斗争”，生产力落后，人民生活消费品严重不足，于是只能靠发票证，用计划分配的办法保障人们最基本的生存需求。票证种类之多，现在的年轻人难以想象。除了基本的粮票、米票、面票、布票、油票之外，还有糖票、酒票、鱼票、肥皂票、猪肉票等等，比较精贵的有手表票、自行车票、缝纫机票、收音机票等等，甚至过年过节还有糖果票、饼干票、芝麻票、花生米票、柿子饼票等等。改革开放开始后，随着商品的增加，这种票证的数量逐渐减少，一直到 90 年代才彻底结束。所以，即使在 80 年代，鸡蛋供应不足的问题都还普遍存在。

当然，这种现象并不是中国独有的。过去，几乎所有社会主义国家的经济生活中都有一个普遍现象，就是“短缺”。由于生产力不发达，商品供应不足，人民生活消费品普遍短缺。甚至当年在东欧国家还形成了一门独特的经济学科，叫“短缺经济学”。似乎“短缺”问题成了社会主义国家的不治之症了。

现在回过头来看一看，这种短缺现象，是谁最早、也是最好地解决了的呢？当然是中国了。什么时候解决的呢？其实相隔不远，就在上世纪 90 年代。当时，中国政府提出，在经济生活中出现了内需不足的问题，必须给予注意并加以解决。内需不足，对经济发展是不利的，但从更长远的历史过程看，它表明，通过改革开放，通过大力发展社会生产力，中国已经发生了一个从商品短缺到相对过剩、从卖方市场向买方市场的重大转变。虽然也有老百姓购买力相对不足的情况，但总的来说，不再是老百姓愁买不到东西，而是供过于求，商场愁东西卖不出去了。

中国的这种历史性变化，表现在社会生活的方方面面。每一个中国人，都可以从自己日常生活的变化中真切具体地感受到。外国人来中国，特别是不同时期来过中国的，也可以明显感受到。

中国发展成果的集中表现，是经济总量奇迹般地扩大。现在，中国的经济总量，在世界上已经排在了第二位。这个排位，正是随着改革开放的发展一步步往前挤上前来的。到 1997 年，中国排名上升到第七位，2001 年超过意大利成了世界第六位，2005 年超过法国成了世界第五位，2006 年超过英国成了世界第四位，2007 年超过德国成了世界第三位。2009 年，我去日本参加会议，日本记者采访我，其中一个很大的问题，就是中国会在什么时候超过日本成为世界第二位？如果超过了，会对日本采取什么态度？答案由事实来回答了：2010 年，中国的经济总量超过日本，成了世界第二位。一直到现在，中国都是稳居世界第二位。

中国的历史性变化、历史性成就，许多外国朋友都称之为“中国奇迹”。

2011 年 7 月 11 日，《参考消息》刊登了微软前首席运营官罗伯特·赫博尔德写的一篇文章，题目居然叫：《中国和美国，到底谁是发达国家、谁是发展中国家？》。外国人夸中国、骂中国的文章我见过很多，不值得大惊小怪。但从这样的角度来进行比较和提出问题，这还是第一次。

谁是发达国家、谁是发展中国家，难道这还要问吗？本来不需要。但文章问了，而且不是在开玩笑。很认真的。那么，他怎么回答的呢？他对中美两国从几个方面进行了比较。他说，在基础设施上，“洛杉矶正在日益衰败。它的机场又小又脏，小到无法应付它试图接待的客流，而且年久失修。相比之下，北京和上海的机场则崭新而干净，大到令人难以置信”。在政府领导人方面，“这方面的差距大得惊人。在我们与中国的4个不同客户以及4个不同政府部门代表举行的每一次会议上，东道主在开始陈述时都会先简要介绍一下中国的新五年规划。新五年规划有3个重点：推进国内创新、在环境保护方面取得巨大进展、继续创造就业机会，雇用从农村转移到城市的大量人口。你能想像美国国会和总统会像中国通常所做的那样，拿出一项一致的五年规划并真正付诸实施吗”？在政府财政方面，“说实话，这个话题令人尴尬。中国在管理经济时的谨慎令人难以置信，而且还坐拥数万亿美元外汇储备。相比之下：美国政府多年来的财政管理工作十分糟糕，对一场可能出现的希腊式灾难不当回事”。

他做的这种比较，我认为还是客观的、符合事实的。因为我1985年经巴黎去维也纳访问，初次到戴高乐机场，置身于那座圆盘形的候机大厅时，强烈地感受到现代化的冲击，与刘姥姥进大观园有点差不多。但是，到90年代和21世纪初再去巴黎、再去这座候机大厅时，却感到设施、装修怎么这么陈旧？其实，候机大厅还是原来的候机大厅，但参照系完全变了。在中国，一座座现代化的宏伟建筑不断拔地而起。眼里看多了，见到稍微差一点的，感觉就很不一样了。

当然，中国与美国相比，仍然是发展中国家，美国仍然是最大的发达国家。这是毋庸置疑的，理由就不用说了。我想，作者的意思也并非真的认定中国已是发达国家，而不过是要对美国人大喝一声，敲敲警钟，以此作为激励罢了。

要科学地回答这个问题，只要掌握“辩证”两个字就够了。辩证地看，40年来，中国确实发生了巨大的变化和进步，给世界留下了深刻印象。但另一方面，中国自己也还存在着很多问题，需要继续解决。所以，总体上，中国还不能算是发达国家，而只是一个发展中国家。

这方面的事例，还可以举很多很多。这些故事，或故事里的故事，说明了什么？说明了一种历史的变迁，说明了中国的变化，说明了一个词，就是“奇迹”，或“中国奇迹”。如果到网上搜索一下“中国奇迹”这个词组，能搜索到多少条？我搜过一次，相关结果是554万条。

面对“中国奇迹”，许许多多的人表现出极大的惊奇、极大的兴趣，无数的问题在他们脑际盘旋。

2008年初，我受中央派遣，前往美国、加拿大介绍十七大精神，与美国加拿大政府部门、国会议员、主要智库、主流媒体、大学、工商界、文化界、华人华侨、美洲国家组织等进行了广泛、深入的交流。

其间，以“中国的发展和未来走向”为题发表演讲，回答问题，现场互动。在12天时间里，举行活动29场，最多一天达到5场，参加人数最多的达150余人，一场回答问题最多达16个。按使馆统计，各场总共回答问题160多个，涉及政治、经济、文化、社会、环境、能源、民主、人权、新闻自由、政治体制改革、宗教信仰、反腐败、社会保障、收入差距、医疗卫生、企业改革、金融风险、人民币汇率、对外贸易、西藏、台湾、国际战略、外交政策、双边关系、伊核、朝核、伊拉克、阿富汗问题等各个方面，几乎无所不包。此外，还进行了许多个别交谈。坚持“客随主便，有问必答”。多次有人问：“是否可以提任何问题？”我都肯定地表示：“可以，任何问题！”对所有问题，我都很礼貌地作了清楚、得体的回答，没有一个回避不答。

加拿大外交部助理副部长福克斯在主持有八个部门的助理副部长参加的午餐会时强调：“中国几十年来一直是世界关注的焦点。中国的飞速发展，使我们看到一个古老文明的重新崛起。但是，正如胡锦涛和温家宝所说的一样，30年的快速发展也带来了许多艰巨挑战。刚刚召开的党代会为今后五年的发展指出了前进的方向，也制定了迎接挑战的各项对策。加拿大各界对此都非常关注。一个稳定、繁荣、和平的中国不仅对中国自身重要，对加拿大乃至世界都有重要意义。”

在美国的兰德公司，我问他们最关注中国的什么问题？公司副总裁里奇回答说：“中国发展很快，是一个充满活力的国家，很难选出一个问题。首先还是关心中国的经济发展和政策创新问题，另外就是关注中国处理与其他国家关系的办法，以及应对环境问题、防止传染病、发展军事能力方面的计划，等等。”

那么，“中国奇迹”的答案又在哪里呢？从鸡蛋旅行到中国奇迹的变化是如何发生的呢？

二、从大运河到南水北调

在我们作出理性的分析之前，还是再来讲两个比较大的故事，以便能先有一点形象化的感悟。

第一个：大运河的故事。

2014 年 6 月 22 日，在第 38 届世界遗产大会上，中国的大运河成功入选世界遗产名录，成为中国第 46 个世界遗产项目。这一项目涉及中国 8 个省、直辖市，27 座城市，包括大运河河道遗产 27 段，以及运河水工遗存、运河附属遗存、运河相关遗产，共计 58 处遗产点，河道总长度 1011 公里。

大运河的历史迄今已经延续 2500 余年，是世界上开凿最早、规模最大的运河。它始建于公元前 486 年，包括隋唐大运河、京杭大运河和浙东大运河三部分，全长 2700 公里，跨越地球 10 多个纬度，地跨现今北京、天津、河北、山东、河南、安徽、江苏、浙江 8 个省和直辖市，沟通海河、黄河、淮河、长江、钱塘江五大水系。大运河是中国古代南北交通的大动脉，通航里程为 1442 公里，其中全年通航里程为 877 公里。

大运河，既是中国古代的一项伟大的水利工程，也是古代中国国家治理的一个战略举措。

知道中国历史的人都会知道，漕运始终是维系历代中央政权不可或缺的、最重要的物质基础。特别是中国古代社会经济重心南移后，出现了政治、军事重心与经济重心分离的状况，漕运对于历代王朝的政治、军事意义便更加突出。建造或联通大运河，目的就在于使之成为漕运的主体水道，借助大运河沟通南北，将漕粮转运到全国大部分地区。历代王朝都把大运河的漕运作为调剂物资、制衡社会的有力手段。尤其是在明清两代，漕运的社会历史作用得到了充分的发挥。漕粮几乎供应京城所有居住人员的日常食粮，并极大地支撑着整个中央政府机关的正常运转。漕粮还是支撑王朝军事体系的重要物质力量，历代分布各地的庞大地方驻军、漫长边境线上的防卫与进攻、四方征讨的各种战事，许多都是以漕运作为物质后盾的。王朝统治者们利用漕运对社会实施管控和调节，消弭诸如重赋、灾祸以及物价波动等造成的社会不安定因素。历史上，大运河曾起过“半天下之财赋，悉由此路而进”的巨大作用。

大运河对中国南北地区之间的经济、文化发展与交流作出过巨大的贡献，特别是对沿线地区商贸工农等经济的发展起了巨大作用。应漕运之需进行的水利开发，在一些地区一定程度上促进了水利设施的发展。大运河上大规模的漕运活动，有力地促进了相距遥远的南北地区和沿线向外放射地区的商品流通。随着运河的开通和运输条件的不断改善，带来了大量商贸机会，吸引了各地大量商人小贩及其他各类人员的汇集，一大批城镇随之兴起，运河沿线城镇日益繁荣。但到近现代铁路公路等交通方式兴起之后，漕运逐渐衰落，这也成为沿岸城镇变迁的重要因素。

由此不难想象，当年的大运河，对于中国的历史发展和国家治理起了何等重大的作用。由此也不难理解，治理国家需要何等的大气魄、大战略、大蓝图。

第二个：南水北调的故事。

到了当代，又有一系列庞大的战略工程铺展在中国的辽阔疆域上。南水北调即是其中典型一例。

由于中国幅员辽阔，南北地区气候差异很大，特别是水资源的分布极不平衡。北部地区水资源非常贫乏，甚至人均水资源的占有量比以色列还少。随着世界气象条件的变化，中国北方地区的缺水现象越来越严重，这不仅给对北方地区的经济建设带来很大的困难，而且给广大人民群众的日常生活也带来严重的影响。如何解决北方地区的水资源问题，维持南北大自然的生态平衡，就不能不成为中国国家治理的战略问题。中国的领导者们当然也不能不从战略上研究和寻求解决之道。

于是，南水北调，就成了从根本上解决这一重大问题的途径之一。

早在 1952 年，毛泽东视察黄河时就提出：“南方水多，北方水少，如有可能，借点水来也是可以的。”这成为南水北调宏伟构想的发端。1959 年，中科院、水电部在北京召开了“西部地区南水北调考察研究工作会议”，确定南水北调指导方针是：“蓄调兼施，综合利用，统筹兼顾，南北两利，以有济无，以多补少，使水尽其用，地尽其利。”

到了十一届三中全会之后，南水北调正式提上了议事日程。1978 年，五届全国人大一次会议通过的《政府工作报告》正式提出“兴建把长江水引到黄河以北的南水北调工程”。1991 年 4 月，七届全国人大四次会议将“南水北调”列入“八五”计划和十年规划。1995 年 12 月，南水北调工程开始全面论证。2000 年 6 月，南水北调工程规划有序展开，广大科技工作者和工程人员，经年累月，做了大量野外勘查和测量，在分析比较 50 多种方案的基础上，形成了南水北调东线、中线和西线调水的基本方案。2002 年 12 月 23 日，国务院正式批复《南水北调总体规划》。2002 年 12 月 27 日，南水北调工程正式开工。

南水北调工程主要解决中国北方地区，尤其是黄淮海流域的水资源短缺问题，规划区人口 4.38 亿人，调水规模 448 亿立方米。总体规划东线、中线和西线三条调水线路。通过这三条线路与长江、黄河、淮河和海河四大江河联系，构成以“四横三纵”为主体的总体布局，把长江流域水资源从上游、中游、下游，抽调部分送至华北与淮海平原和西北地区水资源短缺地区，以利于实现中国水资源南北调配、东西互济的合理配置格局。

东线工程，从江苏省扬州附近的长江干流引水，利用京杭大运河以及与其平行的河道输水，连通洪泽湖、骆马湖、南四湖、东平湖，并作为调蓄水库，经泵站逐级提水进入东平湖后，水分两路。一路向北穿黄河后自流到天津，从长江到天津北大港水库的输水主干线长约 1156 公里；另一路向东经新辟的胶东地区输水干线连接引黄济青渠道，向胶东地区供水。东线工程逐级翻水北送，向黄淮海平原东部、胶东地区和京津冀地区提供生产生活用水。供水区内分布有淮河、海河、黄河流域的 25 座地市级及以上城市，1998 年统计，区内人口 1.18 亿，耕地 880 万公顷。东线第一、二、三期主体工程共计投资 420 亿元。2002 年 12 月 27 日，江苏段三潼宝工程和山东段济平干渠工程成为南水北调东线首批开工工程，也标志南水北调工程正式开工。2013 年 11 月 15 日，东线一期工程正式通水运行。

中线工程，起点位于汉江中上游的丹江口水库。由丹江口大坝加高后扩容的丹江口水库调水，从河南南阳的淅川陶岔渠首闸出水，沿豫西南唐白河流域西侧过长江流域与淮河流域的分水岭方城垭口后，经黄淮海平原西部边缘，在郑州以西孤柏嘴处穿过黄河，继续沿京广铁路西侧北上，基本自流到终点北京。重点解决河南、河北、天津、北京 4 个省市，及沿线 20 多座大中城市的生活和生产用水，并兼顾沿线地区的生态环境和农业用水。中线输水干渠总长达 1267 公里，向天津输水的干渠长 154 公里。

西线工程，规划在长江上游通天河、支流雅砻江和大渡河上游筑坝建库，开凿穿过长江与黄河的分水岭巴颜喀拉山的输水隧洞，调长江水入黄河上游。西线工程位于中国青藏高原东南部的川、青、甘、宁、内蒙古、陕、晋等中国西部与北部地区，坝址处海拔高程 2900—4000 米。供水目标主要是解决青、甘、宁、内蒙古、陕、晋等 6 省（自治区）黄河上中游地区和渭河关中平原的缺水问题。结合兴建黄河干流上的骨干水利枢纽工程，还可以向邻近黄河流域的甘肃河西走廊地区供水，必要时也可向黄河下游补水。该线工程地处青藏高原，海拔高，地质构造复杂，地震烈度大，且要修建 200 米左右的高坝和长达 100 公里以上的隧道，工程技术复杂，耗资巨大。项目规划分三期实施，规划于 2001 年通过审查。目前，仍处于可行性研究过程中，还未进入基建审批程序，因此，还没有开工建设。

南水北调工程规划最终调水规模 448 亿立方米，其中东线 148 亿立方米，中线 130 亿立方米，西线 170 亿立方米。工程规划的东、中、西线干线总长度 4350 公里。东、中线一期工程干线总长 2899 公里，沿线六省市一级配套支渠约 2700 公里。建设时间需 40—50 年。

目前，南水北调中线工程、南水北调东线工程一期已经完工并向北方地区调水。西线工程截至目前，尚处于规划阶段。2014 年 12 月 12 日下午，长 1432 公里、历时 11 年建设的南水北调中线正式通水，长江水正式进京。通水后，每年可向北方输送 95 亿立方米的水量，相当于 1/6 条黄河，基本缓解了北方严重缺水局面。

“南水北调工程”是中华人民共和国的战略性工程，是优化水资源配置、促进区域协调发展的基础性工程，是新中国成立以来投资额最大、涉及面最广的战略性工程。工程建设事关中华民族长远发展，具有深远的战略性意义。

从古代的大运河，到当代的南水北调工程，我们深为其工程的浩大、设计的大胆、作用的巨大、影响的长远而感叹。同时，我们还深深感受到，治理一个国家，特别是治理中国这样一个幅员辽阔、人口众多的发展中大国，会面临多少复杂的课题，需要解决多少战略性的问题！又多么需要作全面、长远和战略性的谋划！那种鼠目寸光的眼界、那种保守僵化的思维、那种小打小闹的习惯、那种顾此失彼的谋划，是绝难适应治理中国这样一个世界上最大的发展中国家的需要的。

因此，无论是从历史经验还是现实需要来说，无论是从社会发展需要还是人民大众愿望来看，无论是从空间规划还是时间持续上来度量，对国家的发展大局进行全局性、长远性、战略性的思考和谋划，制定和实施一些重大的具有长远和战略意义的超级工程和超级措施，都是治理国家必不可少的基本要求。因此，如何谋划和确定一个国家的发展战略，也就成为国家发展进程中首先面临的课题。

三、登高才能望远

抽象、宏伟的发展战略，可以联系优美的中国诗词来解读。

中国的古典诗词，是中华文明的精华。这些诗词，有的婉约缠绵，有的辽阔壮美。寥寥数字数句中，往往蕴藏着丰富的意境。比如，唐朝诗人王之涣的《登鹳雀楼》一诗，流传上千年。其中两句“欲穷千里目，更上一层楼”，至今仍脍炙人口。这两句的意思是，要想看得更远，乃至穷尽千里，就要再上一层高楼。

令我们感到欣喜的是，中共十九大报告在一开头的导言中，就使用了一个词——“登高望远”，号召“全党同志一定要登高望远、居安思危，勇于变革、勇于创新，永不僵化、永不停滞”。

其实，今年春节，我给自己家门口写了一幅对联，到现在还贴在那里。上联是“举步迎春山海笑”，下联是“登高望远天地宽”。

十九大开幕那一天，我正在中央人民广播电台做直播节目，负责解读习近平总书记的报告。大会开始后，我拿到了报告文本。眼睛一扫，立即就注意到一个词：“登高望远”。我马上意识到，十九大报告及其起草工作的基本风格和指导思想，就是“登高望远”。

所以，当主持人首先问我对报告的总体印象时，我马上回答：四个字，就是总书记说的，登高望远。随后，我用六个关键词向听众介绍了十九大报告中最突出、最体现登高望远的六个方面内容。

制定战略，就是一个登高楼、望长远的事情。

来到中国的人，看到听到很多具体的事情和现象，都会感到新奇，因而往往会提出很多问题：这是怎么回事？这些事情是怎么发生的？

无数具体的事情有无数特定的原因。无数具体的问题会有无数特定的答案。但是，怎么把中国的所有现象汇聚到一起，形成一种整体性的印象、寻找某种整体性的答案呢？

这就要登上国家发展战略的“高楼”了！

中国的发展要登上这座战略的“高楼”，读懂中国的发展也要登上这座战略的“高楼”。

对中国发展变化的原因，当然可以从很多角度加以解读，但如果登上战略的“高楼”，注意从战略层面上，以鸟瞰群山的态势，全面审视整个中国的发展方向、发展道路、发展战略，看其前前后后到底发生了什么变化，了解中国几十年来到底实行了什么样的发展战略，采取了哪些战略性的举措，那么，必然会有一种全新的感觉，如同“登泰山而小天下”，对中国发展的大势、大事、大变化就能够更加深入、更加透彻地读懂、读透了。

这就是战略的功能和神效。

对于战略，无论中国人还是外国人，大概都不会感到陌生。而其重要性，有无数的案例可以给我们上课。

比如，规模巨大的第二次世界大战，就是一个各种战略竞逐较量的巨战场。无论是成功，还是失败，都以其活生生的现实，印证了战略问题的极端重要性。例证之一，是著名的法国马奇诺防线。这道防线，曾经花掉1919—1939年法国全部国防经费的一半。工程的设计和建造在当时堪称空前。防线内堡垒密布，工事林立，有固若金汤之称。但遗憾的是，第二次世界大战爆发后，德国军队并没有按法国预想的那样从正面发动进攻，而是绕开这道防线，出其不意地猛攻北部的阿登山区，迅速进入法国，在三星期内就击败了法军，轻而易举地从背后占领了马奇诺防线。战略的运用收到如此大的成效，想必德国人一定得意之极，而法国人也一定懊恼之极。

到了现代，战略问题处于更加重要的地位。历史上所说的“运筹帷幄之中，决胜千里之外”，当时多少有夸张成分，但到今天，已是一个活生生的现实。

对于中国来说，战略更不是陌生的事情。早在古代，中国就很注重战略的谋划。春秋战国时期形成的《孙子兵法》，就是世界著名的从战略高度研究战争规律和指导艺术的杰作。其中说到的用兵方略有：上兵伐谋，其次伐交，其次伐兵，其下攻城，等等。

当然，一说战略，很多人以为就是军事，就是战争，就是你死我活的拼杀。错了。100多年来，“战略”这个词已经经历了漫长的发展演化过程，并已不断向政治、经济、文化、治国理政等领域扩展，完全不再限于军事领域了。

据考察，1929年之时，英国人利德尔·哈特提出了一个“大战略”

的概念，算是比较早地把战略扩展到军事领域之外。所指的是：调动和运用包括政治、经济、军事、外交等多种手段达到战争政治目的的谋略。

后来，美国人不仅引进了“大战略”概念，而且创造了“国家战略”的概念，并在20世纪50年代广泛流行。定义是：“在平时和战时与使用军队一起，发展和使用国家的政治、经济和心理力量，以实现国家目标的艺术和科学。”

美国战略学家约翰·柯林斯说：“国家战略在平时和战时综合运用一个国家的各种力量以实现国家的利益和目标。”按照这种观点，战略可分为应付国际和国内问题的全面政治战略、对外和对内的经济战略，以及国家军事战略等等。每一种战略都直接或间接地关系着国家的安全。

冷战结束后，“国家战略”的概念进一步向经济、文化、科技等领域扩展。而且，不再是指向国外、国际的某个目标，而是指自己对于发展或安全问题的整体谋划。

中国比较早、比较快地把战略一词扩展运用于军事和国防之外。到了当代，更是越来越多地运用到国家发展方面。

几十年来，我一直非常注重战略、包括国际战略问题的研究，本人培养博士研究生的专业方向，就是国际政治中的国际战略学。每年，我都要上“国际战略学”的课程。我给有关战略的概念体系进行了细致的分解，并给出了定义。

我界定：

所谓“国家战略”，从一般意义上来说，就是在各种条件下，综合运用和全面发展国家力量，以实现国家目标的全局性谋略科学和艺术。

而“国家发展战略”，就是指全面谋求国家的生存和发展的总体战略。与“国家战略”相比，“国家发展战略”当然更侧重于国家发展的方面。

“国家发展战略”又包含很多分支，如国家的政治发展战略、文化发展战略、科技发展战略、军事发展战略，等等。其中，“经济战略”一词用得尤多，它指的是在经济活动中，从总体上对国家生产力配置、经济结构构建、重大政策设计、大额资金流向、重大工程布局等的全局性谋划。

如同军事、国防方面的战略一样，一个国家确立什么样的发展路径，制定什么样的发展战略，对国家的发展进步有着极为重要的作用。所以，中国党和政府自然就非常重视战略问题。

邓小平作为典型的政治家和战略家，特别善于从全局、战略的高度来思考和确定治国理政的大思路、大布局。他多次强调：“我们处理任何问题，都要从大局着眼。”[①]“不管对现在还是对未来，我讲的都不是从小的角度讲的，而是从大局讲的。”据简略统计，在三卷本的《邓小平文选》中，一共123次使用“战略”一词，62次使用“大局”一词，31次使用“全局”一词。

江泽民、胡锦涛担任党和国家领导人期间，也极为重视战略问题，并且提出了很多非常重要的发展战略。

中共十八大以来，以习近平同志为核心的党中央同样非常重视战略问题。尤为重要的是，提出了“四个全面”的战略布局。同时还提出了其他很多战略思想、战略举措、战略工程。

改革开放以来，中国先后制定了不同层面、不同范围、科学严谨、汇为一体的众多战略。在当今中国，战略意识已经非常深入。几乎每一个层面的党委、政府、领导干部，都很注重国家的和本地区的发展战略问题。中国的发展进步，都是建立在正确的国家发展战略基础

①《邓小平思想年谱》，中央文献出版社，2004年版，第93页。

上的。

所以，战略问题是认识中国、读懂中国的关键。要读懂中国，首先要读懂中国的国家发展战略。

2008 年，我被派往西亚、北非介绍中国改革开放经验。在阿尔及利亚，执政党的 200 余名中央委员、省委书记、副议长、政府部长等高中级干部出席报告会。贝勒卡迪姆总理亲自参加报告会，并发表讲话，对中国经验与阿尔及利亚的探索做了深入的比较分析。全场活动长达 4 个多小时。在叙利亚，我举行了两场报告会，副总理偕多名国务部长及学术界、工商界精英，复兴党中央委员、省委书记等 100 多名高中级干部出席。在这些报告交流会上，接连不断地有人举手、递条子、抢话筒，有的一个人就提了 6 个问题。有一场甚至通过递条子提了上百个问题，根本来不及回答，主持人只好从中抽出一部分让我们回答。

在报告会上，与会者提出了许多关于中国的问题，如：中国特色社会主义道路成功的秘诀是什么？中国经济快速增长和国际地位不断提高，是社会主义思想产生的作用，还是由于别的什么原因？东亚其他国家与中国的政治体制不一样，也有成功的，是否因为东亚人特别聪明？中国到底实行的是社会主义经济，还是自由资本主义经济？你们是否担心社会主义和资本主义最终没有了区别、融为一体？别的国家能学习中国的模式吗？怎样从自己的国情出发？

阿尔及利亚民阵党总书记贝勒卡迪姆总理说："你们所做的一切是一个奇迹，希望向你们借鉴更多。""中国发生了十分深刻的变化，我们想知道这些变化是如何发生的，你们的改革是如何进行的。""我想知道中国到底走的是一条什么样的道路。我和阿尔及利亚官员达成共识，即中国的实践值得研究。我们在党纲中也采纳了社会主义模式，我们的社会主义模式掺杂了其他国家的社会主义模式，包括苏联模式、古巴模式、南斯拉夫模式和阿尔巴尼亚模式。”“我们想在借鉴他国经验的基础上，找到适合我们的繁荣富强之路。”

当时，我就对他们的问题做了回答。当然，这种回答，只能是涉及中国国家发展战略的很少一部分。那么现在，我们就面向更多的外国的、中国的朋友，更加全面、系统地介绍中国的国家发展战略，介绍这些战略的来龙去脉，介绍这些战略的主要内容，介绍我们实施的战略措施，以及由此产生的效果。按照这样的路径和方式，我们将努力从宏观上和深层次上，向世界解读中国的奇迹到底是怎样发生的。

- 中国发展的总体战略
- 中国发展的战略目标
- 中国发展的战略步骤
- 中国发展的战略布局
- 中国发展的战略抉择
- 中国对外开放的基本国策

第一编

中国的总体发展战略

第一章

中国发展的总体战略

——建设中国特色社会主义

一、窗外的色彩

2008 年 1 月 31 日中午，我与驻美使馆官员以及随行人员一起，来到了洛杉矶的著名智库世界事务委员会。这是我受中央派遣前往美国、加拿大宣讲十七大精神中的一项活动。

进入楼房之后，先与该委员会的副总裁会见，这是一位优雅的女士。主人先表示欢迎，然后介绍了午餐会的安排：先由我演讲，时间 5 到 10 分钟。随后边就餐边回答问题。

之后，我们进入会场。副总裁主持，先让与会人员自我介绍。每人自我介绍，有飞机公司的、银行的、大学的、投资公司的、导演、律师、牧师、联合国开发署前官员等，这位前官员说他去过中国 20 多次。这些人许多是世界事务委员会的董事会成员，有几个华人华侨。从介绍的情况和各人的外观来看，都是各界的精英名流，上流社会人士。

副总裁接着介绍我本人的情况，介绍得很细，还说到了我是南京师范大学毕业的，研究共产国际等等，看来他们事先做了功课。

随后，我便开始了演讲。没有稿子，演讲内容都是脑子里随机涌出来的。

我的开头是："女士们、先生们，很高兴来到洛杉矶世界事务委员会，与各位进行交流。当我刚刚走进这座大楼的时候，忽然想到一个问题：贵会谓之'世界事务委员会'，那么，'世界'是什么呢？我想，在天文学家眼里，世界可能是一个小球；在历史学家眼里，世界可能是一座画廊；在我们普通人的眼里，世界可能是一座火山，也可能是一座五彩缤纷的花园。当然，我们还可以说，世界是一座桥梁，它把各个不同的国家和民族联接在了一起。”

说到这里，下面“哗”的一声响起热烈的掌声。

随后，我说道：“中国与美国，有很多不同之处，但也有不少可以连接的共同点。比如说，从大家刚才的介绍里得知，在座的有飞机制造公司的人员，而我来到美国坐的就是美国制造的飞机（大家笑）；在座的还有南加州大学的有关人员，而我们昨天刚刚到了南加州大学参观访问；在座的有到南京大学工作和学习过的人士，而我是受聘于南京大学的兼职教授。所以说，世界是丰富多彩的，我们既有共同的机遇，又有共同的挑战。为此，就需要沟通，就需要架设桥梁。我们感谢世界事务委员会所做的卓有成效的工作。而我今天来，就是希望把中国最新的发展以及未来的走向，介绍给各位朋友。”

随后，我简短地介绍了中共十七大的情况。然后，大家就餐，并提问题，由我来回答。

第一个问题是：中国对可持续发展是什么态度？在可持续发展问题上采取了什么措施？也许提问的是女士，问题很“温柔”。

接下来的一位男士，问题就不那么“温柔”了。他问道：“在苏联1991年解体以后，很多原来的共产主义国家已经拒绝把共产主义政策作为他们官方的政策，事实上，现在只有两个国家有这样的共产主义政策，就是中国和古巴。那么，在中国的发展过程中有没有讨论过为什么这样的情况会发生？中国是否也考虑过要调整这样的政策？”

这个问题不能不说触及到了要害。我既要坚持原则，但又要让人信服。因为我不是来吵架的，而是来做美国人的“思想工作”的。

我当时的回答是：“我们从自己的经验教训当中确定了每个国家都要走自己的道路，不管这个主义，那个主义，都要符合自己的国情，什么主义对我们好，我们就选择什么主义。所以，我们明确宣布，我们要走中国特色社会主义的道路。”

“30 年来的事实证明，我们这条路走对了，现在我们的日子过得很好。比如说，30 年来，我们的经济以年均 9.5% 的速度在增长，超过世界经济平均增长速度四到五个百分点，居民的储蓄存款余额增长了 767 倍，农村的贫困人口从 2.5 亿减少到两千多万，我们现在的人口平均预期寿命已经是 72.95 岁。所以，面向未来，我们仍然要从自己的国情出发，走自己的道路。谢谢！”

反应是一片掌声。随后，在回答了另外几个人的提问后，又是一位男士，一连提了三个问题，其中一个问题是：“在下一个千年，中国会不会跟美国一样，有完全完美的、自由的、真正意义上的选举？”

面对这一挑战，我回答说：“未来的中国会不会同美国一个样？一千年、一万年，我们也可以预测一下。很可惜，今天房间里没有摆上一盆花。但不要紧，大家不妨看看窗外，是什么样的颜色？是一种颜色吗？还是赤橙黄绿青蓝紫？如果外面只有一种颜色，您会感到愉悦吗？这其实是一个深刻的哲学问题。世界是丰富多彩的，每个国家都有自己的国情，都有自己的选择，也有自己的发展道路。美国有它光荣的一面，但是有没有它不光彩的一面呢？比如说，美国的种族歧视延续了多少年？我们来到美国的时候，刚刚遇上美国的马丁·路德·金的纪念日。如果我没有记错的话，直到 1964 年签署了《民权法案》，美国才最后消除了种族歧视。我发现今天这里有历史学家、法学家，你们可以查一查中国的历史，近百年来，特别是 1949 年以来，中国有没有一部法律说可以搞种族歧视？所以，每个国家都要充分看到自己的长处，也要看到自己的短处。相互之间不要互相指责，而要互相学习和借鉴。这样的世界才会变得更加绚丽多彩。”

这样的回答，到今天来看，我认为仍然是正确的。改革开放以来，中国对自己国家的发展方向和道路，坚持的始终是中国特色社会主义。而中国特色社会主义，是世界文明多样性的产物和表现。用世界眼光和视野来看，中国特色社会主义实际上是世界文明多样性发展进程中的一朵奇葩。

不仅世界上社会制度五花八门，不能简单照抄照搬。就是社会主义，世界上的理解和界定也是多种多样。上世纪80年代，就有人问我：世界上到底有多少个社会主义国家？我曾专门发表文章，分析社会主义在世界上的现状，强调说明，表面上，这似乎是一个最简单的问题，但实际上，这是一个最复杂的问题。它涉及社会主义的界定和标准问题，涉及所有自称社会主义的政党、国家是不是真正的社会主义的问题，当然也涉及谁有权来认定谁是不是社会主义的问题。

根据我的统计，当时的世界上，按照过去马克思主义教科书上规定的7个标准，特别是看是不是由共产党掌权，我们中国承认的社会主义国家有15个。其他通常被列为共产主义政党并由这些党执政的国家曾有9个，但我们中国从未说他们是社会主义国家。还有34个国家是曾由民族主义政党执政，并宣称自己是社会主义国家或奉行社会主义政策，或以社会主义为目标。其中有3个还直接在国名上冠以“社会主义”一词，它们是：缅甸联邦社会主义共和国、斯里兰卡民主社会主义共和国、阿拉伯利比亚人民社会主义民众国。另有8国在宪法中明确规定国家性质是社会主义。这些国家是不是社会主义国家，实在是个大难题。至于欧洲、大洋洲、拉丁美洲等国的社会党、社会民主党，一直奉行民主社会主义。而我们中国，历来是把它们排除在“科学社会主义”之外的。

这种复杂的局面和问题，至少说明了两点：

第一，社会主义确实有过蓬勃发展的势头，曾经令亿万人民心驰神往。因此，曾经是一杆非常鲜明的大旗，也曾经是一个非常时髦的名词。无论真的、假的，还是半真半假的，都一度争相使用这样的名词。这一历史现象固然有鱼龙混杂的味道，但它的发生绝不是偶然的。

第二，由于号称社会主义的政党和国家五花八门，奉行的主张和政策既有共同之处，也有很大差别，甚至大相径庭，到底如何认定？就成了一个非常困难的问题。虽然每个人都可以根据自己的理解作出自己的判断，但世界上归根到底并没有任何人有某种大权可以对它们作出是不是真正的社会主义的判决。所以，对于中国来说，当然也不可能照抄照搬其中任何一个模式。唯一的办法，就是从中国自己的国情出发，建设具有中国特色的社会主义。

二、党代会报告标题中的关键词

1982 年 9 月的北京，秋高气爽。人民大会堂的会议大厅里，坐满了出席中共十二大的代表。

邓小平肩负全党全国人民的重托，向大会致开幕词。他回顾和总结中国共产党所走过的历史道路后，面对全体代表，面对全国 3900 万党员和全国亿万人民，也是面对世界，庄严宣布：“把马克思主义的普遍真理同我国的具体实际结合起来，走自己的道路，建设有中国特色的社会主义，这就是我们总结长期历史经验得出的基本结论。”

这篇开幕词，成为《邓小平文选》第三卷的开卷篇；这个“基本结论”，作为一个重要的命题，成为随后几十年中国发展和进步的主题。无论时间和空间如何转换，邓小平所作的这个基本结论没有改变。

如果阅读一下改革开放以来中国共产党历次党代会的文件，我们可以发现一个很有意思但也非常重要的现象：从 1987 年的十三大开始，到 2017 年的十九大，7 次党代会，每一次党代会报告的标题中，都有一个共同的关键词——中国特色社会主义。

十三大报告的标题是：《沿着有中国特色的社会主义道路前进》。

十四大报告的标题是:《加快改革开放和现代化建设步伐，夺取有中国特色社会主义事业的更大胜利》。

十五大报告的标题是:《高举邓小平理论伟大旗帜，把建设有中国特色社会主义事业全面推向二十一世纪》。

十六大报告的标题是:《全面建设小康社会，开创中国特色社会主义事业新局面》。

十七大报告的标题是:《高举中国特色社会主义伟大旗帜，为夺取全面建设小康社会新胜利而奋斗》。

十八大报告的标题是:《坚定不移沿着中国特色社会主义道路前进，为全面建成小康社会而奋斗》。

十九大报告的标题是:《决胜全面建成小康社会，夺取新时代中国特色社会主义伟大胜利》。

这样一种现象，清楚地表明，改革开放以来的每一次党代会，都是把中国特色社会主义作为主题和主线，围绕着中国特色社会主义来做文章的。甚至不看党代会报告的内容，仅仅从这些报告的标题就可以看出，中国特色社会主义在历次代表大会中占有多重的分量!

中国共产党是中华人民共和国的执政党。党的全国代表大会是中国共产党的最高权力机关。党代会作出的决策、制定的战略，必定会对中国的整体发展产生深远的影响，指导整个中国其他任何战略的制定。党代会把中国特色社会主义放在如此重要的位置上，其权威性、指导性、战略性就不言而喻了。

在不同的时期和阶段，中国特色社会主义面临着不同的形势，也有不同的任务和要求，所以中国共产党历次党代会报告的标题，在阐述中国特色社会主义时的文字表述，也很有讲究。比如:

十二大上，邓小平刚刚提出“走自己的道路”，“建设有中国特色的社会主义”，所以十三大报告的标题是《沿着有中国特色的社会主义道路前进》；

十四大前，邓小平刚刚发表“南方谈话”，所以根据“南方谈话”的精神，报告要求“加快……步伐，夺取……更大胜利”；

十五大正是世纪之交，所以要把中国特色社会主义事业“全面推向二十一世纪”；

十六大，已经进入了21世纪，所以任务是“开创中国特色社会主义事业新局面”；

十七大把中国特色社会主义归总为伟大旗帜，所以报告的题目提出“高举……伟大旗帜”，非常鲜明、非常有力。

十八大针对各种疑惑，再次表达坚持中国特色社会主义的决心：“坚定不移沿着中国特色社会主义道路前进”。同时，因十七大提出“为夺取全面建设小康社会新胜利而奋斗”，十八大适应临近2020年的紧迫形势，改了一个字，把“建设”改成“建成”，于是报告标题的后一句就成了“为全面建成小康社会而奋斗”。

一次大会接一次大会，“中国特色社会主义”的关键词，加上这些相应的表述，组合起来，完全可以说：“一以贯之，层层递进，逻辑严密，主线集中，要求明确。”

那么，2017年召开的十九大会提出什么样的要求、使用什么样的语言呢？会前，我一直在静候结果，相信十九大在历次党代会的基础上，一定会有非常科学、非常深刻，也非常巧妙的表述。

最后的结果出来了。不出所料，十九大报告的标题，仍然出现了“中国特色社会主义”，但又第一次出现了“新时代中国特色社会主义”这样一个崭新的词汇。非常醒目、非常突出，一下就抓住了无数人的眼球。

仅仅从历次党代会报告的标题，我们就能明显感受到，贯穿改革开放以来中国共产党历次代表大会的主线，都是中国特色社会主义。

进而言之，改革开放以来，中国党和国家历史发展的一条主线，就是探索和建设中国特色社会主义。自 1982 年邓小平提出建设有中国特色社会主义的命题以来，中国共产党就一直把它当作中心口号来使用。可以说，40 年来，我们一直致力于建设的，就是中国特色社会主义；我们所赖以成功的，也是中国特色社会主义；我们所取得的成就，归根到底，都是中国特色社会主义的胜利。

中共十七大报告指出：“改革开放以来我们取得一切成绩和进步的根本原因，归结起来就是：开辟了中国特色社会主义道路，形成了中国特色社会主义理论体系。”十八大又加了一个“中国特色社会主义制度”。十九大则进一步加了“中国特色社会主义文化”。

中国共产党确认：经过 90 多年的奋斗、创造、积累，党和人民必须倍加珍惜、长期坚持、不断发展的成就是：开辟了中国特色社会主义道路，形成了中国特色社会主义理论体系，确立了中国特色社会主义制度，发展了中国特色社会主义文化。

所以，改革开放以来中国最根本的、总体性的发展战略，就是中国特色社会主义。中国发展奇迹的谜底，也是中国特色社会主义。

习近平总书记指出：改革开放以来社会主义在中国开创的辉煌局面和取得的巨大成就充分证明，中国特色社会主义是深深植根于中国大地、符合中国国情、具有强大生命力的社会主义。在当代中国，只有中国特色社会主义能够发展中国、造福人民、振兴中华。

三、长期探索取得的成果

中国特色社会主义的形成和发展经历了长期探索的过程，它凝集着一代代中国共产党人不懈奋斗的精神和开拓创新的智慧，是中国共产党和中国人民在建设社会主义道路上取得的最宝贵成果。

中国共产党是在共产国际帮助下成立的。从1922年的中共二大起，就参加了共产国际，成为共产国际的一个支部。在长期革命斗争中，中国共产党受到共产国际和苏联的支持、指导和帮助，但也受到不正确的干预，造成过严重的损失。这种特殊的关系，对中国共产党的历史发展产生了深远的影响。所以，在革命、建设和改革的长期进程中，中国共产党始终纠结着如何处理与书本、与苏联、与共产国际、与社会主义阵营、与外部热战和冷战环境、与世界不同类型国家等各方面关系的复杂问题。逐步走向独立自主，也就成为中国共产党发展进步的基本趋势。

在新民主主义革命时期，以毛泽东为主要代表的中国共产党人，经过艰难探索，终于走出了一条中国式的革命道路。

1949年之后，中国共产党进行了新的探索。这种探索，充满着艰难和曲折，取得了巨大的成果，也有不少沉痛的教训。

正是在这种艰难探索的过程中，中国共产党逐步对什么是马克思主义、怎样对待马克思主义，什么是社会主义、怎样建设社会主义，建设一个什么样的党、怎样建设党，为什么要发展、怎样发展等基本问题有了日益清醒的认识，才终于走出了一条中国特色社会主义的道路，形成了中国特色社会主义理论体系，确立了中国特色社会主义制度，发展了中国特色社会主义文化。

（一）以毛泽东为主要代表的中国共产党人进行的最初探索，为“中国特色社会主义”奠定了根本的政治前提和制度基础。

中国特色社会主义本身，是十一届三中全会之后创立并形成、发展的，是40年改革开放的成果，也是40年来我们取得一切成绩和进步的根本原因。但作为最初的思考和探索，以毛泽东为代表的中国共产党人为这种探索和成果奠定了重要的政治前提和制度基础。

新中国兴建了一批工业基地。国防工业从无到有逐步地建设起来。教育、科学、文化、卫生、体育事业也有很大发展。

中国走上社会主义道路之时，在经济、政治、文化等体制方面照搬了苏联模式。苏共二十大之后，对苏联和斯大林的迷信在世界上广受冲击，毛泽东也开始提出如何对待苏联经验的问题。1956 年，经过调查研究，他在《论十大关系》等讲话中，开始提出探索适合中国国情的社会主义建设道路的任务。

这时，毛泽东当然还不可能提出“中国特色社会主义”的思想。但新中国创建的人民代表大会制度、共产党领导的多党合作与政治协商制度、以公有制和按劳分配为主体的经济制度、民族区域自治制度等等，都带有明显的中国特色。毛泽东等人先后提出了不少很有价值的思想观点，它们都可以看作是中国式社会主义道路的思想萌芽和源泉，都为后来改革开放的兴起和中国特色社会主义的形成提供了根本政治前提和制度基础。

当然，这种探索还不能说是创立。在毛泽东的理论和实践中，传统社会主义的观念和模式还占着主导地位。而且，由于把马恩列斯著作中的某些设想和论点教条化，没有真正搞清楚什么是社会主义，毛泽东的探索后来一步步走偏了方向。1957 年之后，“左”的倾向逐步发展，以致发生了“大跃进”、人民公社化、“文化大革命”这样的错误。

这是探索中的挫折，后果很严重。但也警醒了全党全国人民，使一大批革命家、老干部以及不同阶层的人民，更加清楚地看到了体制上的弊端，认识到改革的必要性。这从反面促使后人坚定地走上了通过改革开放建设中国特色社会主义的道路。邓小平说：“我们根本否定‘文化大革命’，但应该说‘文化大革命’也有一‘功’，它提供了反面教训。没有‘文化大革命’的教训，就不能制定十一届三中全会以来的思想、政治、组织路线和一系列政策。”①

通过总结经验教训，全党全国人民都认识到“不改革就没有出路”。邓小平明确指出，改革是决定中国命运的一招：“如果现在再不实行改革，我们的现代化事业和社会主义事业就会被葬送。”

（二）以邓小平为主要代表的中国共产党人，在改革开放的进程中创立了“中国特色社会主义”，并取得了历史性的成就。

1976年，粉碎“四人帮”的胜利从危难中挽救了党和国家。1978年的中共十一届三中全会，重新确立解放思想、实事求是的思想路线，作出了把党和国家工作重点转移到社会主义现代化建设上来的战略决策，决定实行改革开放，从而开始了中国从“以阶级斗争为纲”到以经济建设为中心，从僵化半僵化到全面改革，从封闭半封闭到对外开放的历史性转变。

以十一届三中全会为标志，党和国家实现了伟大的历史转折，重新确立了正确的思想路线、政治路线和组织路线，中国进入了一个改革开放和社会主义现代化建设的新时期。

中国共产党首先进行拨乱反正，对重大历史是非作了认真的清理，采取一系列措施平反冤假错案。十一届六中全会专门作出《关于建国以来党的若干历史问题的决议》，根本否定了“文化大革命”和“无产阶级专政下继续革命”的理论。

在拨乱反正基本完成的基础上，1982年的十二大提出“走自己的道路，建设有中国特色的社会主义”的思想，确定分两步走在本世纪末实现国民生产总值翻两番的目标。随后，又提出第三步，即到下世纪中叶基本实现社会主义现代化的战略。

时代呼唤改革开放，人民呼唤改革开放。改革开放从十一届三中

①《邓小平文选》第3卷，人民出版社，1993年版，第272页。

全会起步，十二大以后全面展开，经历了从农村改革到城市改革，从经济体制的改革到各方面体制的改革，从对内搞活到对外开放的波澜壮阔的历史进程。改革开放成为新时期最鲜明的特点。

改革开放是中国的第二次革命，不可避免地遇到了很多挑战和问题。各种争论不断发生，集中到一点，就是怎么认识社会主义的问题。农村的联产承包责任制到底是社会主义还是资本主义？农贸市场到底是社会主义还是资本主义？国有企业自主经营到底是社会主义还是修正主义？搞经济特区是不是租界又回来了？等等。

邓小平还举过一个例子，说在广东曾经听说：农民家里养三只鸭子就是社会主义，养五只鸭子就是资本主义。他说，怪得很啊。怪不怪？确实怪啊，社会主义与资本主义的差别，怎么就在两只鸭子呢？

总结历史的经验教训，邓小平把“什么是社会主义、怎样建设社会主义”的问题鲜明地提到全党面前，领导党和人民在拨乱反正和改革开放的实践中，不断深化对社会主义的认识。

到 1982 年 9 月，在十二大的开幕词中，邓小平第一次明确提出了“建设有中国特色的社会主义”的结论和命题。

这一结论和命题，把中国共产党几十年对社会主义探索的基本经验总结了出来，把中国共产党在漫长历史进程中的使命和任务集中地概括了出来，明确宣告了我们要建设的社会主义，是独立自主的社会主义，是立足于中国国情的社会主义，是中国特色的社会主义。

按这样的思路和方向，全党解放思想、实事求是，大力实行改革开放，逐步形成了一整套建设有中国特色社会主义的路线、方针和政策，阐明了在中国建设社会主义、巩固和发展社会主义的基本问题，从而创立了建设有中国特色社会主义理论。邓小平说：“改革开放以来，我们立的章程并不少，而且是全方位的。经济、政治、科技、教育、文化、军事、外交等各个方面都有明确的方针和政策，而且有准确的表述语言。”“如果说构想，这就是我们的构想。”“总的来说，这条道路叫做建设有中国特色的社会主义的道路。”

1987年，中共十三大系统地阐明关于社会主义初级阶段的理论，明确制定了“一个中心、两个基本点”的基本路线，第一次提出“建设有中国特色的社会主义理论”的概念，并概括了12个主要观点，形成了邓小平理论的轮廓。此后，中国共产党逐步把邓小平的思想观点称作“建设有中国特色社会主义理论”。

十三大以后，在国际国内的复杂艰难情况下，党和国家沿着有中国特色的社会主义道路继续前进。实现了社会稳定、政治稳定和经济发展。中国经济经历了一个加速发展的时期，展现了农业和工业、农村和城市、改革和发展相互促进的生动局面，整个国民经济提高到一个新的水平。

1992年初，面对世界社会主义大动荡的局面，邓小平视察南方发表重要谈话，精辟地分析了当时国际国内形势，科学地总结了十一届三中全会以来党的基本实践和基本经验，明确地回答了这些年来经常困扰和束缚我们思想的许多重大认识问题，为中国发展指明了方向，推动中国改革开放和现代化建设事业进入了一个新的阶段。

1992年，中共十四大概括了建设有中国特色社会主义理论的科学体系，正式确立了这一理论在全党的指导地位，并提出了用这一理论武装全党的任务。1997年，中共十五大正式使用邓小平理论的概念，明确将邓小平理论作为中国共产党的指导思想，并写进了党章。

邓小平理论是马克思列宁主义的基本原理同当代中国实践和时代特征相结合的产物，是毛泽东思想在新的历史条件下的继承和发展，是马克思主义在中国发展的新阶段，是当代中国的马克思主义，是中国共产党集体智慧的结晶，引导着我国社会主义现代化事业不断前进。

（三）以江泽民为主要代表的中国共产党人，进一步推动改革开放和现代化建设，提出“三个代表”重要思想，丰富和发展了“中国特色社会主义”的理论和实践。

邓小平创立中国特色社会主义，但并没有结束对中国特色社会主义的探索。十三届四中全会选出以江泽民为总书记的新的中央领导集体。面对国际局势风云变幻，国内形势错综复杂，以江泽民为主要代表的中国共产党人，坚持十一届三中全会以来的路线不动摇，按照冷静观察、沉着应付的方针，对内稳定局势，对外打破制裁，相继作出关于加强廉政建设的决定，关于进一步治理整顿、深化改革的决定，关于加强党同人民群众联系的决定，关于上海浦东开发开放的决策，关于国民经济和社会发展十年规划和“八五”计划的建议，关于搞好国营大中型企业的决定，关于进一步加强农业和农村工作的决定。这些举措，保证了改革开放继续发展的势头。

随着邓小平南方谈话打开通途，中共十四大作出关于加快改革开放和经济发展的一系列决策，确立社会主义市场经济体制的改革目标，开始了改革开放的新阶段。财政、税收、金融、外贸、外汇、计划、投资、价格、流通、住房和社会保障等体制改革大步推进。在社会主义条件下发展市场经济，是前无古人的伟大创举。由计划经济体制向社会主义市场经济体制的转变，实现了改革开放新的历史性突破，打开了我国经济、政治和文化发展的崭新局面。

邓小平逝世后，中共十五大高举邓小平理论旗帜，中国共产党领导人民开拓创新，在政治、经济、文化建设各方面书写了一系列华彩乐章。按照“一国两制”方针，中国政府恢复对香港、澳门行使主权。中国加入世界贸易组织，对外开放进一步扩大。

这 13 年，与邓小平时代有一定交叉。总的来说，在这 13 年中，党和国家从容应对一系列关系我国主权和安全的国际突发事件，战胜在政治、经济领域和自然界出现的困难和风险，经受住一次又一次考验，排除各种干扰，保证了改革开放和现代化建设的航船始终沿着正确的方向破浪前进。中国经济总量进入世界第六位，人民生活总体上实现了由温饱到小康的历史性跨越。十六大确认：这13年是我国综合国力大幅度跃升、人民得到实惠最多的时期，是我国社会长期保持安定团结、政通人和的时期，是我国国际影响显著扩大、民族凝聚力极大增强的时期。

在实践的基础上，以江泽民为主要代表的中国共产党人，坚持实践创新和理论创新，提出了"三个代表"重要思想，加深了对什么是社会主义、怎样建设社会主义和建设什么样的党、怎样建设党的认识，取得了举世瞩目的成绩，积累了治党治国的宝贵经验，从而进一步丰富和发展了中国特色社会主义。

这一阶段的理论和实践，原来都是作为邓小平的探索及其理论的延伸来定位的。但十六大以后，"三个代表"重要思想作为党的重大理论成果之一，与马列主义、毛泽东思想、邓小平理论一起，作为全党的指导思想。"三个代表"重要思想对于形成和发展中国特色社会主义作出了重要贡献，所以，是中国特色社会主义发展的第二个阶段。

"三个代表"重要思想，实际上可以作狭义和广义的区分。狭义，就是三句话。比如，我们说，中国共产党必须当好"三个代表"，始终做到"三个代表"，等等，都是从狭义上说的。而广义，就是指13年中以江泽民为核心的第三代领导集体所有的理论和实践创新，亦即"系统的科学理论"。

中共十六大肯定："三个代表"重要思想是对马克思列宁主义、毛泽东思想、邓小平理论的继承和发展，反映了当代世界和中国的发展变化对党和国家工作的新要求，是加强和改进党的建设、推进我国社会主义自我完善和发展的强大理论武器，是中国共产党集体智慧的结晶，是党必须长期坚持的指导思想。始终做到“三个代表”，是我们党的立党之本、执政之基、力量之源。

（四）十六大至十八大，以胡锦涛为总书记的党中央带领人民，及时提出并贯彻科学发展观，创造了改革开放和现代化建设新成就，开创了中国特色社会主义事业新局面。

十六大之后，以胡锦涛为总书记的党中央，坚定不移高举中国特色社会主义伟大旗帜，以邓小平理论和“三个代表”重要思想为指导，继往开来，与时俱进，领导全党和全国人民，顺应国内外形势发展变化，紧紧抓住和用好我国发展的重要战略机遇期，发扬求真务实、开拓进取精神，坚持理论创新和实践创新，战胜一系列重大挑战，着力推动科学发展、促进社会和谐，完善社会主义市场经济体制，在全面建设小康社会实践中坚定不移地把改革开放伟大事业继续推向前进，使中国特色社会主义事业出现了新的局面。

2007 年的中共十七大，进一步举起了中国特色社会主义的伟大旗帜，进一步将改革开放以来马克思主义中国化的最新成果整合成统一的整体：“中国特色社会主义理论体系，就是包括邓小平理论、‘三个代表’重要思想以及科学发展观等重大战略思想在内的科学理论体系。”同时强调：“改革开放以来我们取得一切成绩和进步的根本原因，归结起来就是：开辟了中国特色社会主义道路，形成了中国特色社会主义理论体系。”

在这 10 年中，面对国际局势风云变幻，综合国力竞争空前激烈，党和国家深化改革开放，加快发展步伐，以加入世界贸易组织为契机，变压力为动力，化挑战为机遇，坚定不移推进全面建设小康社会进程。战胜突如其来的“非典”疫情，准确把握我国发展的阶段性特征，及时提出和全面贯彻科学发展观等重大战略思想，开拓了经济社会发展的广阔空间。2008年以后，面对国际金融危机的冲击，科学判断、果断决策，采取一系列重大举措，在全球率先实现经济企稳回升，积累了有效应对外部经济风险冲击、保持经济平稳较快发展的重要经验。成功举办北京奥运会、残奥会和上海世博会，夺取抗击汶川特大地震等严重自然灾害和灾后恢复重建重大胜利，妥善处置一系列重大突发事件。巩固和发展了改革开放和社会主义现代化建设大局，提高了我国国际地位，彰显了中国特色社会主义的巨大优越性和强大生命力。

这10年的历史性成就，为全面建成小康社会打下了坚实基础。中国经济总量从世界第六位跃升到第二位，社会生产力、经济实力、科技实力迈上一个大台阶，人民生活水平、居民收入水平、社会保障水平迈上一个大台阶，综合国力、国际竞争力、国际影响力迈上一个大台阶，国家面貌发生新的历史性变化。十八大报告指出：这是我国经济持续发展、民主不断健全、文化日益繁荣、社会保持稳定的时期，是着力保障和改善民生、人民得到实惠更多的时期。

在这10年中，以胡锦涛为主要代表的中国共产党人，坚持以邓小平理论和“三个代表”重要思想为指导，根据新的发展要求，深刻认识和回答了新形势下实现什么样的发展、怎样发展等重大问题，形成了以人为本、全面协调可持续发展的科学发展观。

有关专家做过一项调查：每一年度中国最热门的流行语是什么？据查，1950年是失业，1960年是支援农业，1970年是西哈努克亲王，1980年是十年浩劫，1990年是亚运会，2000年是21世纪，2001年是“三个代表”，2002年是十六大，2003年是“非典”，2004年是科学发展观。在2004年的中国十大流行语中，科学发展观排名第一。其后依次为执政能力、雅典奥运、禽流感、中超、刘翔等。

为什么会提出科学发展观？

在历史的坐标系中，改革开放以来中国的发展无疑是一条快速上升的曲线（当然肯定不是直线）。中国的成就已经举世公认。这说明，通过改革开放，我们是能够促进生产力迅速发展的。但是，发展总是会有一定的阶段性的。不同阶段的发展，会有不同的挑战。在贫穷阶段，如何发展起来，是最大的挑战；但发展起来以后，我们又遇到了资源能源、生态环境、利益关系、国际环境等一系列新的挑战。检视以往我们的发展方式，虽然在不断发生着深刻的质的变化，但比较多的还是体现在量的扩张上：包括人力资源的扩张、资本投资的扩张、市场体系的扩张、从国内向国外的扩张等等。当这种量的扩张到一定阶段和一定程度后，不可避免地遇到了许多新的环境条件的制约。在新的历史起点上，再靠量的扩张来发展已经越来越困难了。

所以，在历史的坐标系中，科学发展观，正是我们在经历了一个快速发展时期之后，在新的历史起点上迎接新的挑战的战略思路、对策和要求。它凝集着几代共产党人带领人民群众建设中国特色社会主义的心血，也反映了世界各国发展的经验教训，是实践和时代发展的必然要求，是中国共产党在发展理论、发展战略、发展道路上不断与时俱进的成果。

科学发展观包含丰富的内容。按照中共十七大的界定，“科学发展观，第一要义是发展，核心是以人为本，基本要求是全面协调可持续，根本方法是统筹兼顾”。这一概括，不是包罗科学发展观的全部内容，但却揭示了科学发展观最重要的科学内涵和精神实质。非常精辟，也非常集中。

科学发展的提出，对于中国的发展具有非常重大的意义。中共十八大修改后的党章指出：科学发展观是同马克思列宁主义、毛泽东思想、邓小平理论、“三个代表”重要思想既一脉相承又与时俱进的科学理论，是马克思主义关于发展的世界观和方法论的集中体现，是马克思主义中国化的重大成果，是中国共产党集体智慧的结晶，是发展中国特色社会主义必须长期坚持的指导思想。

（五）十八大以来，以习近平同志为核心的党中央推动中国特色社会主义进入了新时代，在治国理政上展示新特点，取得新成就，进一步丰富发展了中国特色社会主义。

十八大以来，以习近平同志为核心的党中央团结带领全国各族人民，高举中国特色社会主义伟大旗帜，统筹国内国际两个大局，协调推进“四个全面”战略布局，全面建成小康社会，全面深化改革，全面依法治国，全面从严治党，推动经济持续健康发展，努力开创了中国特色社会主义事业更加广阔的前景。

在这五年中，提出了一系列新理念新思想新战略，出台了一系列重大方针政策，推出一系列重大举措，推进一系列重大工作。十九大报告说，解决了许多长期想解决而没有解决的难题，办成了许多过去想办而没有办成的大事。特别是全面加强党的领导和党的建设，层层落实管党治党政治责任。出台中央八项规定，坚持反腐败无禁区、全覆盖、零容忍，坚定不移开展反腐败斗争，查处腐败分子。经济进入新常态，国内生产总值从54万亿元增长到80万亿元，稳居世界第二。中国特色社会主义事业展示了更加广阔的前景。习近平总书记发表一系列重要讲话，从不同角度回答了在新的历史起点上如何执政、如何治国、如何引领国家走向未来的问题。这些讲话，逐步展示了习近平总书记对于治国理政的谋划、思路、理念和蓝图，也逐步规定了十八大以来中国社会发展的基本路径，使党和国家发生了很大变化，也在国际上产生了巨大影响。习近平总书记的系列重要讲话和治国理政的新理念新思想新战略，进一步丰富了中国特色社会主义理论体系，丰富了中国共产党的指导思想。

中共十九大强调，这五年来的成就是全方位的、开创性的，五年来的变革是深层次的、根本性的。经过长期努力，中国特色社会主义进入了新时代。

回顾中国特色社会主义创立和发展的历程，习近平总书记概括说：中国特色社会主义是改革开放新时期开创的，也是建立在我们党长期奋斗基础上的，是由我们党的几代中央领导集体团结带领全党全国人民历经千辛万苦、付出各种代价、接力探索取得的。

四、解开中国特色社会主义之谜

建设社会主义，首先要搞清楚什么是社会主义。建设中国特色社会主义，当然也要首先搞清楚什么是中国特色社会主义。

按照中共中央文件使用过的语言，如果说全了，中国特色社会主义，实际上包括八种形态，即中国特色社会主义的旗帜、事业、道路、实践、理论、制度、共同理想和历史进程八个角度。中国特色社会主义是这八个方面的辩证统一，是从八个方面对其内容和形态所作的总体概括和标识。

从内涵上来说，中国特色社会主义至少应该包含以下几个方面的规定性：

第一，中国特色社会主义，是不断解放和发展生产力的社会主义。在《邓小平文选》中，“发展”这个词用过 1066 次。特别是第三卷，平均每 516 个字就有一个“发展”。邓小平还使用过“归根结底”“最主要的”“首要任务”“中心任务”“主要任务”“第一个任务”“根本”“根本一条”，以及“必须”“一定”“最注重”“一定要死扭住不放，一天也不能耽误”，等等。这一思想，已经成为全党和全国人民的共识。正是在这样的认识基础上，我们党坚持代表中国先进生产力的发展要求，坚持以经济建设为中心，把发展作为党执政兴国的第一要务，强调“科学发展观，第一要义是发展”。如果不抓住解放和发展生产力这个中心任务，就不可能有中国特色社会主义。

第二，中国特色社会主义，是坚持改革开放和四项基本原则的社会主义。中国特色社会主义是在改革开放的基础上形成的。没有改革开放，就没有中国特色社会主义。只有通过改革开放，才能进一步完善和发展中国特色社会主义。改革开放是强国之路，四项基本原则是立国之本。40 年的实践证明，中国特色社会主义之所以具有蓬勃的生命力，就在于它是实行改革开放的社会主义；我们的改革开放之所以能够健康发展，就在于它是坚持四项基本原则、有利于巩固和发展社会主义的改革开放。改革开放和四项基本原则是紧密联系和统一在一起的。

第三，中国特色社会主义，是把社会主义与市场经济有机结合起来的社会主义。邓小平从 1979 年开始，6 次提出市场经济问题，着重解决了社会主义能不能搞市场经济的问题。江泽民进一步提出社会主义市场经济体制的改革目标。中共十六大以来，又提出完善社会主义市场经济。十八大以来，进一步强调要发挥市场的决定性作用。在社会主义条件下发展市场经济，是前无古人的伟大创举，是中国共产党人对马克思主义发展作出的历史性贡献。由计划经济体制向社会主义市场经济体制的转变，实现了改革开放的历史性突破，打开了我国经济、政治和文化发展的崭新局面，促使社会运行机制和社会生活面貌发生了巨大变化。社会主义与现代市场经济的结合，是中国特色社会主义的一个鲜明特征和重要内容。

第四，中国特色社会主义，是经济、政治、文化、社会、生态文明建设协调发展、全面进步的社会主义。中国共产党已经先后提出了物质文明、政治文明、精神文明、社会文明和生态文明的基本概念，并分别提出了加强这些建设的一系列政策和要求。到中共十八大，形成了“五位一体”的总体布局。十八大之后，习近平总书记又提出了“四个全面”的战略布局。社会主义毫无疑义要以经济建设为中心，但同时还包括其他各方面的建设任务，必须坚持经济、政治、文化、社会、生态建设等的全面协调可持续发展。所有这些建设，体现在全面建成小康社会的目标中。中国特色社会主义，理所当然地包括这些重要的内容。没有所有这些方面的发展和进步，就没有中国特色社会主义。

第五，中国特色社会主义，是主张和平发展、互利共赢的社会主义。外交战略是由国家利益决定并与国家内政密切相联的。维护世界和平、促进共同发展是中国外交政策的宗旨。中国始终奉行独立自主的和平外交政策，坚持走和平发展道路，实行互利共赢的开放战略。全面推进中国特色大国外交，推动建设相互尊重、公平正义、合作共赢的新型国际关系，推动构建人类命运共同体。和平发展、互利共赢是中国特色社会主义内在本质的要求和反映，所以是中国特色社会主义不可缺少的内容和特征之一。

第六，中国特色社会主义，是实行“一国两制”的社会主义。“一国两制、和平统一”是解决祖国统一问题的最佳方针。按照这一方针，中国已经顺利解决了香港和澳门问题，并期待着解决台湾问题。实行“一国两制”，这是由中国的特殊国情决定的，是中国特色社会主义一个重要的特点。

第七，中国特色社会主义，是坚持社会主义本质要求的社会主义。邓小平总结历史的经验教训，抽象出“社会主义本质”的概念，指出：“社会主义的本质，是解放生产力，发展生产力，消灭剥削，消除两极分化，最终达到共同富裕。”这一本质论思想，从更深的层次上揭示了社会主义的内涵，说明了社会主义最大的功能、目标和价值，把我们对社会主义的认识提高到了新的科学水平。

十八大报告在揭示中国特色社会主义基本内容的基础上，着重强调了中国特色社会主义的道路、理论体系和制度，并对三者之间的关系做了一个总的概括：“中国特色社会主义道路是实现途径，中国特色社会主义理论体系是行动指南，中国特色社会主义制度是根本保障，三者统一于中国特色社会主义伟大实践，这是党领导人民在建设社会主义长期实践中形成的最鲜明特色。”十九大进一步提出了中国特色社会主义文化，并强调坚持道路自信、理论自信、制度自信、文化自信。

五、房屋的价值与形式

对“中国特色社会主义”的研究解读，除了界定它的维度、内容、要求外，还需要进一步从社会主义本质的高度，进一步厘清和揭示中国特色社会主义的核心价值，构建中国特色社会主义的核心价值观。

这是一个抽象的问题，但最好形象地加以讨论和研究。

早在 1997 年，我就在《人民日报》上发表过一篇文章，副标题叫“由房屋而论什么是社会主义”。这个副标题原来是那篇文章的标题，《人民日报》不敢用比较生动的标题，发表时就改成副标题了。这篇文章以非常形象的方法，论述了社会主义的价值和形式问题。2005 年 4 月，我又在《科学社会主义》第 2 期上，以访谈形式（实际均为自拟），第一次提出了构建中国特色社会主义核心价值观的问题。

我是这样论述我的基本思路和主张的：

社会主义的价值和核心价值问题，可以形象地以造房子为例。如果让我们负责设计和建造一座房子，我们在动手设计和建造之前，首先要思考和回答哪些问题呢？

当然必须考虑这座房屋的形式问题：多长？多宽？多高？什么样的门窗？墙壁？形体？颜色？风格？等等。所有这些，都要认真研究、明确回答，按照要求严格设计和施工。

但是，在回答所有这些问题之前，实际上必须首先回答一个最根本的问题，即：这座房子是干什么用的？也就是说，这座房子的功能是什么？对我们有何价值？建造这座房子的目的和任务是什么？只有首先明确了这些问题，设计师才能开始设计，工程师也才能着手施工。

倘若这座房子是做礼堂用的，就要按照礼堂的功能要求设计它的具体形式，使它有较大的空间、宽敞的舞台和一定数量的座位。倘若是做居民住房用的，那就要按照住房的功能要求，设计一定数量的单元套房。只有这样，房屋的具体形式和基本特征才符合它的功能、价值、目标和任务的要求，才能真正起到它的作用。否则的话，本来需要一座礼堂，却建成了公寓，本来需要一幢住宅，却建成了仓库，虽然形式上算房子，但它已不能实现其本来的功能和价值了。不仅会造成极大的浪费，甚至会劳而无功。

同样的道理，我们搞社会主义，当然需要知道社会主义的具体形式和基本特征，但更为重要的是，应该知道它的功能、价值、目标和任务。即，社会主义是干什么用的？社会主义的一切制度、体制、模式，都要围绕着这个中心问题来设计和建设。只有这样，我们建设起来的社会主义的一切具体形式，才能最大限度地发挥社会主义的功能和价值，实现社会主义的目标和任务。

过去，我们在社会主义理论和实践中的偏差，就是只注意到了社会主义的具体制度和形式，但没有注意到它的功能和价值，就形式讲形式，把形式摆在了最重要的位置上，而不是根据功能、价值、目标、任务的要求来设计和规定具体形式，犯了本末倒置的毛病。

这种形象的比喻，准确地说明了价值的重要性。

研究房屋的形式和价值，就是要形象地揭示，社会主义的功能、价值，是社会主义最核心的本质内容。社会主义的一切具体制度和形式，都要体现、服从、符合这个功能、价值。符合这个功能和价值要求的，就坚持；不符合这个要求的，就改革。抓住了功能、价值这个本质规定，才抓住了社会主义范畴中最核心的内容，才能真正科学地回答“什么是社会主义、怎样建设社会主义”的问题。

从房屋与社会主义的关系可知，价值，无论是对于房屋还是社会主义，都是最为重要的。房屋的价值到底是什么？无疑，最基本的，是供人居住。此外，还有办公、娱乐、聚会等等。房屋通过适当的材料营造了一个与大自然相对分离的独立空间，使人能够处在适宜的生存环境和条件中，保障生理和精神的安全、舒适，防止外部环境和生物对于人类的侵害。归结起来，安全、舒适，这两条就是房屋对于人的最核心的价值。

千百年来，甚至从人类开始穴居起，房屋的形式发生过无数的变化，但它满足人的生存、安全、舒适需要的核心价值却从来没有根本的不同。无论采用什么形式，它都必须具有这些功能，体现出对于人类的核心价值。如果有什么不同，那也只是：随着时代的发展，人类的价值需求会愈益丰富和提升；在不同时代，各种形式满足人类价值需求的层次、水平和质量有所不同。

同样，社会主义与我们人类之间，也有一种基本的价值关系。人类之所以需要社会主义，就是因为它对于我们有可资利用的价值，能够满足我们某些最重要的价值需求。社会主义的形式可以多种多样，但它归根结底，是要能够满足我们对于它的价值需求。在不同的历史条件和社会环境下，社会主义的形式会有不同的表现和特点，但它对于人们的价值应该是基本的、稳定的、一贯的。

判断某种社会主义形式适用与否、优劣如何，应该主要不是看它的形式，而是看它所包含的或能够实现的核心价值。社会主义既然称之为社会主义，就必然有它内含的核心价值。我们建设社会主义，目的并不是锁定它的某种特定的形式，而是从根本上利用它对于我们的核心价值。认识和揭示了社会主义的核心价值，我们采用社会主义的这一种或那一种形式才有明确的目标和取舍的标准，如何改革和完善社会主义才有正确的方向。

正因为对人有某种特别的价值，我们才需要房子，也才需要社会主义。反过来，也可以说，我们所需要的，是房屋和社会主义能够提供的价值，而并不在乎它究竟是哪种具体的形式。形式是什么，不是决定性的。它们是好还是坏，关键是看能否实现其对于我们的价值。形式要服从于价值，而不是价值服从形式。

价值有基本价值、特殊价值、不同层级的价值等等。在不同的时代和环境条件下，价值会有不同的要求和内容。但贯串其中的，必有它的核心价值。房屋有它的核心价值，社会主义同样有它的核心价值。核心价值是最基本的价值，也是比较恒定的价值。

随着时代的变迁，社会主义的次级价值、具体价值，乃至某些基本的价值，会有变化和发展，但核心价值大体应该是恒定的。抓住核心价值，就抓住了社会主义价值需求、价值创造、价值体系、价值实现的关键。

中国特色社会主义，是立足于当代中国实际的社会主义。中国特色社会主义的核心价值既具有社会主义的共性，又有中国的个性，同时还具有时代性。我们要真正科学准确地回答什么是中国特色社会主义的问题，就必须紧紧抓住核心价值这个关键，构建起中国特色社会主义的核心价值观。

2002 年，中共十六届六中全会提出建设社会主义核心价值体系，这是一个突破。但核心价值体系比较宏大复杂，所以还需要对其进行概括、总结、提炼。所以，到2012年的十八大，明确提出：“倡导富强、民主、文明、和谐，倡导自由、平等、公正、法治，倡导爱国、敬业、诚信、友善，积极培育和践行社会主义核心价值观。”这样的表述方式，没有直接指称它们就是社会主义的核心价值观，为实践的发展留下了充分余地，但还是第一次完整地揭示了我们应该倡导的基本理念、基本价值，为推动社会主义核心价值观的培育形成指明了方向。

由于社会主义已经是一个高度多样化的思潮和运动，仅由我们中国人来界定“社会主义的核心价值观”到底是什么，既力所不及，又没有必要。我们界定了，别人认不认还是一个大问题。所以，最好的办法是从中国实际出发，提炼和概括一个“中国特色社会主义核心价值”或“中国特色社会主义核心价值观”。富强、民主、文明、和谐，自由、平等、公正、法治，爱国、敬业、诚信、友善，这12个词，24个字，应该认为，实际上就是中国特色社会主义的核心价值。

六、写好中国特色社会主义的好文章、长文章、大文章

习近平总书记一再要求，要毫不动摇地坚持和发展中国特色社会主义。他还把这样一个重大的要求，形象地比喻为一篇“大文章”，强调：“坚持和发展中国特色社会主义是一篇大文章，邓小平同志为它确定了基本思路和基本原则，以江泽民同志为核心的党的第三代中央领导集体、以胡锦涛同志为总书记的党中央在这篇大文章上都写下了精彩的篇章。现在，我们这一代共产党人的任务，就是继续把这篇大文章写下去。”

写文章当然要谋篇布局，起承转合。如果把主题要点、框架结构

都摆布好了，具有了一种科学合理、恢宏开阔的气势，后面落笔，就会像泉水奔涌一样，把一个个清晰的文字、优美的词汇、流畅的句式、深刻的思想落到文章中，从而写出一篇精美深邃的华章来。

中国特色社会主义具有丰富的内涵和外延，如果展开来，它是旗帜、是道路、是理论体系、是制度。如果形象地比喻，它则可以说是一篇精彩美妙、深邃复杂、丰富多彩、宏伟壮阔的大文章。所以，几年前，我就在好几个场合发表演讲和访谈，并发表文章，呼吁做好中国特色社会主义这篇大文章。习近平总书记的有关论述，反映了我们大家的共同心愿。

走向未来的 10 年、20 年……，在实现“两个一百年”奋斗目标的进程中，我们的根本任务，就是要写好中国特色社会主义这篇好文章、长文章、大文章。

称之为好文章，是说，中国特色社会主义是一篇艰辛探索、不懈奋斗并取得了辉煌成就的好文章。

正因为选择了中国特色社会主义这个大题目，写出了这篇好文章，中国社会才发生了巨大的变化，取得了历史性的成就，增强了综合国力和国际地位。

称之为长文章，是说，中国特色社会主义是一篇关系国家前途命运、需要在很长历史时期内坚定不移加以书写的长文章。

中国特色社会主义这篇好文章，我们已经写了 40 年，往前回溯，甚至可以说探索了将近 100 多年、70 多年。但这篇文章还没有写完，还要继续写下去。因此，它还是一篇需要继续书写的长文章。

称之为大文章，是说，中国特色社会主义这篇文章的内容很多，涉及国内国际，关系经济、政治、文化、社会、生态、党的建设的方方面面，是一篇需要我们竭尽胆略和智慧把它写得更好的大文章。

中国特色社会主义这篇好文章、长文章、大文章写在哪里？我们可以说，既写在实践中，也写在理论上；既写在生活中，也写在人心上；既写在现实中，也写在历史上；既写在中国大地上，也写在世界舞台上。

第一，写好政治上的文章。坚定中国特色社会主义信念，加强对中国特色社会主义的认同，用中国特色社会主义统一全党思想，做到不动摇、不懈怠、不折腾，最好再加一个词：不停滞。

第二，写好理论上的文章。始终站在时代前列，用宽广的眼界观察世界，把握实践，不唯本本，不守教条，做到与时俱进，开拓创新。敢于和善于分析回答现实生活中和群众思想上迫切需要解决的问题，不断推进理论创新、实践创新、制度创新。

第三，写好实践上的文章。中国特色社会主义这篇大文章，归根结底要在实践中书写，要在实践中写好每一页、每一篇、每一章。永远要有逢山开路、遇河架桥的精神，锐意进取，大胆探索，继续解放思想，坚持改革开放，推动科学发展，促进社会和谐，切实解决现实提出的各种课题，把中国特色社会主义伟大事业全面推向前进。

第四，还要写好立于世界舞台的文章。拓展眼光，走向世界，展示中国形象，加强国际合作，创造良好环境，在与世界各种复杂因素的博弈中坚持和发展中国特色社会主义伟大事业。

七、中国特色社会主义进入新时代

2017 年 10 月 18 日至 10 月 24 日，中国共产党第十九次全国代表大会在北京举行。这是在全面建成小康社会决胜阶段、中国特色社会主义进入新时代的关键时期召开的一次十分重要的大会。

大会期间，有 165 个国家 452 个主要政党发来 855 份贺电贺信。

其中，有 814 份是国家元首、政府首脑、政党和重要组织机构领导人发来的。前来报道十九大的 3000 多名记者中，一半以上来自港澳台和国外。从未有一个国家、一个政党自己的会议，能吸引全球这么多关注。

十九大报告的标题是:《决胜全面建成小康社会，夺取新时代中国特色社会主义伟大胜利》。习近平总书记在报告中明确而又坚定地指出:“经过长期努力，中国特色社会主义进入了新时代，这是我国发展新的历史方位。”

新时代中国特色社会主义，这是改革开放以来第一次出现这样的概念，也是十九大报告映入眼帘的第一个重大亮点。使用这一崭新的概念，无疑是经过精心考量后作出的一个重大决策。

按照马克思主义的“过程论”思想，万事万物都是一个发展的过程。中国特色社会主义也是一个历史的发展过程，并始终处在不断的探索、实践和创新之中。回顾既往，我们取得的成绩是伟大的，但面向未来，要走的路还很长很长。在这漫长的发展过程中，中国特色社会主义必然表现出阶段性来。经过 40 年的实践探索特别是十八大以来的砥砺奋进，中国特色社会主义无论从主观还是客观来说，都发展到了一个新阶段。

这是一个重要的新阶段，但报告没有把这个新阶段当作一般的阶段，而是将其提升到前所未有的高度，明确宣告，这是一个“新时代”。

新时代是从党的十八大开启的。十九大强调，十八大以来的五年，是党和国家发展进程中极不平凡的五年。

这是一个什么“新时代”？报告从五个方面做了界定。“这个新时代，是承前启后、继往开来、在新的历史条件下继续夺取中国特色社会主义伟大胜利的时代，是决胜全面建成小康社会、进而全面建设社会主义现代化强国的时代，是全国各族人民团结奋斗、不断创造美好生活、逐步实现全体人民共同富裕的时代，是全体中华儿女勠力同心、奋力实现中华民族伟大复兴中国梦的时代，是我国日益走近世界舞台中央、不断为人类作出更大贡献的时代。”

五个方面，是五个角度，汇总起来，既是“新时代中国特色社会主义”的基本内涵，也是“新时代中国特色社会主义”的任务和要求。

时代是个很大的概念，可以从不同角度进行归纳和使用。从生产力发展的角度，可以归纳为石器时代、铁器时代、工业时代、知识经济时代；从武器类别的角度，可以归纳为冷兵器时代、热兵器时代、核时代；从阶级关系和制度转换的角度，可以归纳为封建时代、资产阶级时代、帝国主义和无产阶级革命时代；从运行状态和突出问题的角度，可以归纳为战争与革命时代、和平与发展时代……它们各有自己的出发点和标准，但又可以相互补充，构成我们对世界的整体性的认识。

十九大所称的新时代，主要是针对中国特色社会主义的阶段性来说的，至少现在，还没有取代世界范围那种“和平与发展的时代”。所以，报告仍然肯定：“和平与发展仍然是时代主题。”

宣告中国特色社会主义进入新时代，是高度自信和豪迈的产物。作出这样的宣告之后，未来很长的时期之内，我们所要建设的，都将是新时代中国特色社会主义，我们的一切事业，都将围绕着新时代中国特色社会主义来展开。

所以，十九大报告评价，中国特色社会主义进入新时代，在中华人民共和国发展史上、中华民族发展史上具有重大意义，在世界社会主义发展史上、人类社会发展史上也具有重大意义。十九大将新时代中国特色社会主义写进了修改后的党章。

新时代产生新思想。十九大指出，以习近平同志为主要代表的中国共产党人，顺应时代发展，从理论和实践结合上系统回答了新时代坚持和发展什么样的中国特色社会主义、怎样坚持和发展中国特色社会主义这个重大时代课题，创立了习近平新时代中国特色社会主义思想。

中共十九大正式使用习近平新时代中国特色社会主义思想的重要概念，对这一思想包含的内容，用8个“明确”作了展开和阐述。包括总目标和总任务、社会主要矛盾、总体布局和战略布局、全面深化改革总目标、全面推进依法治国总目标、新时代的强军目标、中国特色大国外交、新时代党的建设总要求，等等。

在阐述新时代中国特色社会主义思想的基础上，十九大进一步提出了“新时代坚持和发展中国特色社会主义的基本方略”。

这一方略一共包括14条，分别是:（一）坚持党对一切工作的领导。（二）坚持以人民为中心。（三）坚持全面深化改革。（四）坚持新发展理念。（五）坚持人民当家作主。（六）坚持全面依法治国。（七）坚持社会主义核心价值体系。（八）坚持在发展中保障和改善民生。（九）坚持人与自然和谐共生。（十）坚持总体国家安全观。（十一）坚持党对人民军队的绝对领导。（十二）坚持“一国两制”和推进祖国统一。（十三）坚持推动构建人类命运共同体。（十四）坚持全面从严治党。

这些方略，与新时代中国特色社会主义思想有紧密的联系，是新时代中国特色社会主义思想在治国理政中的转化、实践和应用。

十九大把习近平新时代中国特色社会主义思想和坚持和发展中国特色社会主义的基本方略载入了党章，明确指出：习近平新时代中国特色社会主义思想是对马克思列宁主义、毛泽东思想、邓小平理论、“三个代表”重要思想、科学发展观的继承和发展，是马克思主义中国化最新成果，是党和人民实践经验和集体智慧的结晶，是中国特色社会主义理论体系的重要组成部分，是全党全国人民为实现中华民族伟大复兴而奋斗的行动指南，必须长期坚持并不断发展。在习近平新时代中国特色社会主义思想指导下，中国共产党领导全国各族人民，统揽伟大斗争、伟大工程、伟大事业、伟大梦想，推动中国特色社会主义进入了新时代。

第二章

中国发展的战略目标

——实现中华民族伟大复兴的中国梦

一、国博首倡中国梦

在天安门广场的东侧，屹立着一座宏伟壮阔的建筑，这就是中国国家博物馆。它的西门面向天安门广场，与人民大会堂遥遥相对。北门面向长安街，拥抱着熙熙攘攘的人流。国家博物馆是世界上建筑面积最大的博物馆，总建筑面积近20万平方米，总用地面积7万平方米，建筑高度42.5米，地上5层，地下2层。只要来到天安门广场，必能一睹国家博物馆的风采。

国家博物馆成立于1912年，至今已经走过了100多年的光辉历程，现今收藏着130多万件祖先留下的宝贵文化遗产。这里记载着中华民族5000多年的文明足迹，是中华儿女传承历史、开拓未来的精神家园，是中华文明与世界文明对话的重要窗口。在这座中华文化的殿堂里，有一个“复兴之路”的基本陈列。当年，我曾参与过对这个展览大纲的审查。该陈列以大量的文物、图片、档案、资料和文字说明，详细介绍了从1840年鸦片战争以来中华民族所走过的艰难道路，介绍了中国人民通过不懈奋斗而使自己的国家发生历史巨变的辉煌历程。

2012年11月29日，中共十八大闭幕不久，就在这座雄伟的展厅里面，就在这个深邃的展览面前，习近平总书记率领中央政治局常委和中央书记处的同志，巡视历史，展望未来。在《复兴之路》展览的现场，习近平总书记第一次以党和国家主要领导人的身份，提出了“中国梦”的概念和命题。他明确指出：“现在，大家都在讨论中国梦，我以为，实现中华民族伟大复兴，就是中华民族近代以来最伟大的梦想。”

2013年，在十二届人大一次会议闭幕会上，习近平总书记又进一步论述了“中国梦”的概念和主张。他指出，面对浩浩荡荡的时代潮流，面对人民群众过上更好生活的殷切期待，我们不能有丝毫自满，不能有丝毫懈怠，必须再接再厉、一往无前，继续把中国特色社会主义事业推向前进，继续为实现中华民族伟大复兴的中国梦而努力奋斗。

“中国梦”一经提出，立刻在国内外产生巨大的影响，成为人们关注的热词，也成为激励中华儿女朝着伟大目标奋进的旗帜和动力。

中国发展的战略目标和战略任务是什么？习近平总书记以其特有的风格，用一个形象的词汇作了简要、形象的概括——中国梦。

国家之梦、民族之梦，这对世界很多国家来说，并不陌生。美国人经常讲美国梦，而且每个美国人都有做这种梦的权利。那中国人为什么不能“做梦”呢？美国人可以用美国梦来激励自己，中国当然也可以用中国梦来激励全体国人。中国梦与美国梦有很大的差别，不可完全等而视之，但发挥“梦”的激励作用，这对两国来说，都是同样有效和可以运用的手段。

“中国梦”是一个形象的比喻和表述。作为人的一种生理现象的“梦”，直到现在，科学还没有完全揭开它的奥秘。从梦的一般表现形式来说，它是一种无意识的精神现象，是一种非逻辑的心理活动。梦，往往是支离破碎的，它不是能够主观设定的，也不是一定能够实现的。梦的生理和心理机制，还有待于科学去破解。“中国梦”这个概念，借用了一个“梦”字，当然不是在人的生理意义上使用，而是作为一种带有文学色彩的比喻，用它来指代我们的某种理想和目标。这种理想和目标，与生理意义上的梦的一个巨大差别是，这种“梦”是可以人为设定的，也是可以实现的。所以，当我们使用或解读“中国梦”这个概念时，一定要首先看到这种重要的差别，注意它只是一种通俗、形象、带有文学色彩的比喻，而不是真的把它当作生理上的梦境。

中国梦的内涵是什么？概括起来，就是实现国家富强、民族振兴、人民幸福；就是全面建成小康社会、建成富强民主文明和谐美丽的社会主义现代化国家；就是实现中华民族伟大复兴。

实现中国梦，意味着中国的经济实力和综合国力、国际地位和国际影响力大大提升，意味着中华民族以更加奋发向上、文明开放的姿态屹立于世界民族之林，意味着中国人民的物质生活和精神生活更加富足、安康和美好。

中国梦是国家之梦、民族之梦，也是每一个中国人的梦，归根到底是中国人民的梦。人民是中国梦的主体，是中国梦的创造者和享有者。实现中华民族伟大复兴，是全体中国人民的共同追求，也是中国人民根本利益的体现。中国梦的实现，将造福于中华民族全体人民。所以，中国梦的深厚源泉在于人民，中国梦的根本归宿也在于人民。

用中国梦来比喻和指代我们的长远奋斗目标，易于为广大人民群众所理解和接受。当然，习近平总书记也曾经在宣传思想工作会议上指出，对中国梦的宣传教育，注意不要概念化，不要固化，不要庸俗化，不要好高骛远。所以，对于中国梦，我们也要注意防止庸俗化的现象。

怎样实现中国梦？习近平总书记强调：

实现中国梦必须走中国道路。道路决定命运。改革开放以来，我们已经走出了一条中国特色社会主义的道路，事实充分证明，只有中国特色社会主义才能发展中国、发展社会主义、实现中华民族伟大复兴的中国梦。其他无论是封闭僵化的老路，还是改旗易帜的邪路，都不可能达到我们预想的目标。

实现中国梦必须弘扬中国精神。梦想是一种精神追求，它的实现，需要现实的基础、需要物质的力量，同时也需要精神的动力和支撑。以爱国主义为核心的民族精神和以改革创新为核心的时代精神，就是团结全体人民为实现中华民族伟大复兴而奋斗的精神动力。只有弘扬这种民族精神和时代精神，我们才能自强不息，始终保持朝气蓬勃、奋发进取的精神状态。

实现中国梦必须凝聚中国力量。人民是国家之本，梦是人民之梦。全国各族人民的大团结，是建设和发展中国特色社会主义最基本的力量，也是战胜一切困难和风险的最强大的力量。中国梦由人民共享，也当然由人民共建。党和国家，必须充分尊重人民的主体地位，创造各种条件，把最广大人民的积极性、主动性、创造性发挥出来，使之汇聚成实现中华民族伟大复兴的强大合力。

二、困境中崛起的不懈追求

为什么会有这样一个中国梦？为什么会有中华民族伟大复兴这样一个目标？中国近代的历史变迁会告诉我们答案。

中华民族源远流长。在长达 50 个世纪的历史进程中，炎黄儿女创造了辉煌的中华文明，写下了不朽的篇章。中华文明在世界上曾经领潮流和时代之先，并将这种领先地位一直保持到 15 世纪。直到乾隆末年，中国的经济总量仍居世界第一，人口占世界三分之一，对外贸易长期出超。据保罗・肯尼迪《大国的兴衰》提供的数据，1800 年时，中国制造业的产量占到世界总产量的 33.3%，而整个欧洲只占 28.1%，美国只占 0.8%。

中国人民还为整个人类文明作出了不可磨灭的贡献。中国古代的四大发明，对世界文明的发展产生了深刻的影响。明朝以前世界上主要的发明创造和重大科技成就大约有 300 项，其中中国有 170 多项。英国著名学者李约瑟列举了公元后 15 个世纪内中国完成的 100 多项重大发明和发现，大部分在文艺复兴前后传入欧洲，为欧洲的文艺复兴提供了重要的物质技术基础。在人类历史上，先后出现过多种类型的古老文明，但能够一直延续至今并且没有重大断裂的，只有中华文明。

我们为古老而辉煌的中华文明感到骄傲，但同时深感痛心的是，到了近代，由于西方列强的侵略掠夺，由于自身君主专制制度的衰朽，由于闭关自守没有跟上时代进步的潮流，中华民族逐渐陷于落后的境地，甚至在西方列强的坚船利炮面前蒙受了奇耻大辱，一步步沦为半殖民地半封建社会。在汹涌澎湃的近代文明大潮中，我们成了落伍者；在剧烈竞争的世界舞台上，我们成了挨打者。

据不完全统计，1842 年至 1949 年，中国历届政府共与外国签订了 1175 宗不平等的条约、协定、章程和合同，平均每年 10 个。国家利益由此受到极大损害。仅从 1840 年开始的战争赔款和从 1894 年至 1937 年支付的利息，就分别达到 13 亿两白银和 7.29 亿美元，而当年清政府每年的财政收入不过 8000 多万两白银。中国的领土惨遭蹂躏和抢夺，英国割去了香港，日本侵占了台湾，沙俄夺去了东北、西北约 150 万平方公里的领土。

特别是上世纪三四十年代，日本侵略者不仅占领了中国，还占领了朝鲜半岛、东南亚、南亚、大洋洲许多国家的领土，使源远流长的中华文明和亚洲文明遭受了一次惨重的破坏。

在这场法西斯侵略战争中，日本侵略者占领了东北、华北、华中、华南等大片中国最重要的经济政治文化战略地区，犯下了种种令人发指的罪行，使中华民族蒙受了巨大损失。中国是受战争摧残和伤害最为严重的国家。

据不完全统计，在战争期间，中国军民共伤亡 3500 多万人。按 1937 年的比值计算，中国直接经济损失 1000 亿美元，间接经济损失 5000 亿美元。

数据，是历史的抽象。数据的背后，是大量的事实、确凿的证据，是无数人们的惨痛记忆和血泪控诉。为了更直接、更具体、更全面、更系统、更立体地还原当年的历史，展示中国人民遭受的灾难和损失，揭露日本军国主义的罪行，我们中共中央党史研究室从2004年10月开始，历时十多年，组织全国党史部门和其他部门单位的有关人员共60多万人，围绕“抗日战争时期中国人口伤亡和财产损失”这一课题进行了大规模的调研工作。我作为这项调研的主要负责人，精心设计了调研方案，组织推动了调研的全过程。

调研的方式，主要是查阅和搜集各种档案文献、当年的报刊资料及多年研究形成的成果。同时，对一些特殊、重大的事件，走访当事人、知情人和有关研究人员，记录证词证言，有条件的进行司法公证。调研的整体布局，实行块块和条条相结合。每个省、自治区、直辖市负责调查本行政区域内的人口伤亡和财产损失。调查工作从市、县一直深入到乡镇甚至村一级。一些重要的、涉及多个地方的专题，如劳工、细菌战、化学战、“慰安妇”、难民、华侨等，则组织有关专家进行专题调研。我们还组织查档小组，分赴美国、俄罗斯、日本等国搜集档案资料。另有17个省、自治区、直辖市的课题组前往台湾查档，得到了台湾有关机构和人员的支持。

在广泛调研的基础上，全部调研成果，按照统一规范和体例，编纂成“抗日战争时期中国人口伤亡和财产损失调研丛书”，分为A、B两个系列，从2014年9月开始陆续分批出版，向国内外公开发行，总数将达300本。到现在，已经出版了100本。每本调研成果，大致包括调研报告、档案文献资料、口述资料、专题、大事记等若干部分。调研报告除了简述调研过程外，着重概述日本军国主义的具体罪行，均为对事实的陈述、介绍、归纳和分析。其他部分均为翔实、确凿、具体的原始档案和有关资料，包括证人证词、照片等等。

在党中央的关怀下，在各级党委政府的支持下，在全国党史部门和其他有关部门的共同努力下，调研工作克服难以想象的困难和阻力，终于取得了丰硕的成果。

这项调研及其成果和丛书，全部是用事实说话，用档案资料说话，用证人证言说话。

日本右翼对南京大屠杀的事实拒不承认。根据我们调查，不仅南京大屠杀证据确凿，而且日本侵略者的罪行，决不仅仅是一个南京大屠杀问题。我们发现和确认，日军在全国各地制造的一次性伤亡平民800人以上的重大惨案就有173个。我们把这173个惨案集中起来，专门编纂了《抗日战争时期全国重大惨案》，共12册，逐个叙述了惨案发生的过程和情况，并附部分相关档案、资料。

国外经常有人要求我们拿出死难者名字，因此我们选择山东省，集中开展了死难者情况的调查。山东省组织32万余名调查人员，走访调查了省内95%以上的行政村和80%以上的年过70岁的老人，收集见证人和知情人关于日军屠杀平民的证言证词79万余份。整理形成包括156个县（市、区）的《山东省抗日战争时期伤亡人员名录》，收录46万9千伤亡人员名单。然后，又选择其中信息比较完整、填写比较规范的资料，经省市县三级严格核实，最后编纂了14册《山东省百县（市、区）抗日战争时期死难者名录》，收录了该省100个县（市、区）抗战时期伤亡人员中姓名、籍贯、性别、年龄、死难时间等信息比较完整的死难者的名录，一共169177人。

从这些大量、客观的事实中，可以清楚地看到日本侵略者肆意践踏人类的公理和正义，企图以残暴杀戮的手段，将中华民族置于自己的铁蹄之下。日本侵略者犯下的罪行，违背了起码的人类良知和国际公法，不仅是对人权和人道主义的践踏，而且是对人类文明的挑战。

深刻的教训刻骨铭心。落后就要挨打，发展才能崛起。波澜起伏的历史变迁告诉我们：一个民族只有自强，才能在世界民族之林平等自立。

百年磨难，没有摧毁中华民族的意志和精神。身处逆境，更激起炎黄子孙奋斗的信念和决心。面对着一个古老民族的深刻危机，也面临着澎湃奔腾的时代潮流，救亡和进步，成为中华民族的两大历史性任务；在此基础上进而实现民族复兴，进入世界先进民族之列，就成为无数志士仁人不懈追求的理想和目标。

民主革命的先行者孙中山先生率先喊出了“振兴中华”的口号。他描绘：“一旦我们革新中国的目标得以实现，不但在我们的美丽的国家将会出现新纪元的曙光，整个人类也将得以共享更光明的前景。”

中国共产党致力于领导翻天覆地的大革命，建立了新中国，为实现中华民族的伟大复兴奠定了坚实的基础。

1978 年，中共十一届三中全会把全党全国的工作中心转移到了社会主义现代化建设上来，明确指出我们当前以及今后相当长一个历史时期的主要任务，就是搞现代化建设。以十一届三中全会为起点，中国人民在改革开放的道路上，开始了一场新的为实现民族振兴、国家富强和人民幸福，为实现社会主义现代化而奋斗的伟大进程。

习近平总书记引用三句诗，对中华民族不断寻梦、追梦、圆梦的历史作了简要的概括：

> 一句是：“雄关漫道真如铁”。
> 一句是：“人间正道是沧桑”。
> 一句是：“长风破浪会有时”。

这三句诗，将中华民族的过去、现在和未来融汇一体，展现在世人面前，反映了中国各族人民是如何一代接一代努力奋斗、重铸辉煌的艰辛历程。

中华民族的伟大复兴，过去经历了种种艰难曲折，今后必定还会遇到各种风险挑战，但只要各族人民紧跟时代，脚踏实地，不懈奋斗，勇于创新，就一定能够创造出无愧于前人的光辉业绩。

中华民族伟大复兴的理想和追求是那样生动地展现在21世纪的中国人民面前。世纪之交，时任总书记江泽民曾以诗一般的语言指出：我们生活的这个星球正在发生深刻而又充满希望的变化。人类几千年文明进步聚积的能量，迸发出无穷的创造力。中国的社会主义现代化，中华民族的伟大复兴，已是跃出东方地平线的一轮绚丽红日，这轮红日是注定要高高升起来的，它的美丽霞光正在照耀祖国的大好河山。

正是在一代代人接力奋斗的基础上，正是在改革开放改变中国、取得伟大成就的基础上，习近平总书记以充分的自信指出："现在，我们比历史上任何时期都更接近中华民族伟大复兴的目标，比历史上任何时期都更有信心、有能力实现这个目标。"

三、内涵丰富的远大目标

实现中华民族伟大复兴，是一个内涵丰富的目标。科学地确定其内容、任务和要求，是正确而又坚定地向这一目标前进的前提。

民族复兴，顾名思义，当然是相对于历史上的曲折而言的。作为这种复兴参照系的，一方面，是历史上曾经有过的辉煌；另一方面，则是后来曾经陷于的悲惨境地，包括直到现在还在某种程度上存在的落后状态。正因为有这两方面的情况，才谈得上"复兴"二字。

这种历史的比较，有利于激发爱国主义的热情，增强民族的自尊心和自豪感，增强为中华民族伟大复兴、为建设中国特色社会主义事业努力奋斗的使命感和责任感，因此是必要的，也是有益的。这种历史的比较，是中华民族的一种特殊的精神动力和凝聚力，是我们极其宝贵的精神财富。在推进我们事业的过程中，需要不断地进行这种历史的比较。

与此同时，我们在进行这种比较的过程中，必须始终注意坚持历史唯物主义和辩证唯物主义的科学态度。

首先，应该注意，不同历史时期的时代性质和社会制度是不一样的。复兴中华民族，并不是认为历史上的一切都是美好的，都要“复兴”，更不意味着尊崇和恢复任何封建专制主义的糟粕。

第二，应该注意，落后与先进都是相对于当时的参照系而言。昔日的辉煌，无论如何，都仅仅是在落后生产力基础上的辉煌。今日的落后，也只是相对于当今世界发达国家的一些方面而言。从纵向的历史进程来看，中华民族的发展水平，早就不能与往昔同日而语。我们讲“复兴”，并不是颂古非今、厚古薄今。

第三，应该注意，复兴中华民族，决不是提倡狭隘的民族主义，更不构成对其他任何国家的威胁。中国是爱好和平的国家和民族，中国追求的是自身经济的发展和社会的进步，决无、也决不能有任何试图凌驾于其他国家之上的意思。

基于这些重要的区别和界定，所谓中华民族伟大复兴的目标，根据党和国家的一贯主张，我们认为，至少应该包括以下几个方面的内容：

第一，大力发展社会生产力，进一步增强以经济科技文化力量为主的综合国力。加快现代化建设的步伐，健全和完善社会主义市场经济体制，实现经济社会的可持续发展，使我国的经济总量和发展水平有更大的提高，建设美丽中国，到21世纪中叶，建成社会主义现代化强国，使人民的生活水平达到现代化的程度。

第二，大力推进社会的全面进步，实现社会各个领域的整体协调发展。坚持科教兴国，使中国的科技、教育水平进入世界先进行列。

全面提高国民素质，满足人民群众日益增长的精神文化生活需求。加强民主法治建设，实现全面依法治国、建设社会主义法治国家的目标，提高人民政治生活的民主化水平。巩固和完善中国特色社会主义制度。巩固和发展中华民族的大团结。

第三，大力建设和弘扬新时代的中华文明。继承中华民族的优秀文化传统，摒弃糟粕，吸收精华，在新的更高层次上建设面向现代化、面向世界、面向未来的，民族的科学的大众的中华文明。立足中国现实，正确处理与世界其他文明的关系，以海纳百川的胸怀，科学鉴别和吸收世界优秀的文明成果。使中华文明立于世界，跟上时代，展现特色，在新的时代环境下焕发出更加夺目的光彩。

第四，解决台湾问题，实现祖国的完全统一。中华民族是一个统一的大家庭，中华民族的领土和主权不容分割。没有祖国的完全统一，就不会有完全意义上的民族复兴。坚持统一，是炎黄子孙的共同愿望，是我们长期追求的目标。对于任何把台湾从祖国分裂出去的企图，我们都坚决反对。我们期望着，在中华民族海内海外同胞，包括两岸人民的共同努力下，祖国统一的目标一定能够实现。

第五，屹立于世界先进民族之林，为世界的和平与发展作出更大的贡献。维护和保持国家的主权、独立和领土完整，以及在国际舞台上的民族尊严。积极发展与世界上所有国家的友好合作关系。高举和平的旗帜、发展的旗帜，推进全球治理，推动建立公正合理的国际政治经济和文明新秩序，与世界人民一道，共同建设一个和平、安宁、繁荣和昌盛的新世界。

需要强调，民族复兴是一个很长的历史过程，也是一个激励中国人民奋斗的理想。它并不是完全能够用很多具体的指标来加以衡量的，它有可以量化的内容，也有不可量化的部分。而且，任何目标都需要随着历史条件的变化而不断地加以充实和调整，不可能是完全静止、绝对不变的。在时代发展的进程中，我们对民族复兴的认识会不断深化，奋斗的目标也会更加清晰和丰富。

四、用现代化绘就复兴宏图

中华民族伟大复兴的中国梦，需要用现实的笔墨去描画，需要以坚实的步伐去迈进。因此，中华民族伟大复兴的梦想，一定要落实在现代化建设的进程和目标上。

实现现代化，是中国各族人民长期梦寐以求的理想。近代中国的许多政治力量和先进人士，都曾提出过现代化的构想，作出过巨大的努力，甚至付出了生命的代价，虽然未必全都一事无成，但可惜的是，都没有能最终成功。

中国共产党相继推进新民主主义革命和社会主义革命，推进改革开放和社会主义现代化建设，其实都是在向民族复兴的方向前进。所以，中国共产党在自己的奋斗过程中，逐步明确地提出了现代化的目标。

1945 年，毛泽东在中共七大的《论联合政府》书面报告中，明确宣布:“中国工人阶级的任务，不但是为着建立新民主主义的国家而斗争，而且是为着中国的工业化和农业近代化而斗争。”①

1953 年，毛泽东亲自修改审定的《关于党在过渡时期总路线的学习和宣传提纲》指出:“我们党和全国人民的基本任务就是要改变国家的这种经济状况，在经济上由落后的贫穷的农业国家，变为富强的社会主义的工业国家。这就需要实现国家的社会主义工业化，使我国有

①《毛泽东选集》第 3 卷，人民出版社，1991 年第 2 版，第 1081 页。

强大的重工业可以自己制造各种必要的工业装备，使现代化工业成为我国唯一的工业。实现国家的社会主义工业化，就可以促进农业和交通运输业的现代化，就可以建立和巩固现代化的国防。”这里，实际上已经提出了现代化的工业、农业、国防和交通运输四个目标。

1954年，毛泽东在第一届全国人民代表大会开幕词中号召：“将我们现在这样一个经济上文化上落后的国家，建设成为一个工业化的具有高度现代文化程度的伟大的国家。”① 在《政府工作报告》中，周恩来强调：“如果我们不建设起强大的现代化的工业、现代化的农业、现代化的交通运输业和现代化的国防，我们就不能摆脱落后和贫困，我们的革命就不能达到目的。”②

1957年2月，毛泽东在最高国务会议上发表《关于正确处理人民内部矛盾的问题》的讲话，其中提出“将我国建设成为一个具有现代工业、现代农业和现代科学文化的社会主义国家”③。科学文化在这里被纳入了现代化的范畴。

1959年底1960年初，毛泽东在阅读苏联《政治经济学教科书》社会主义部分时提出：建设社会主义，原来要求是工业现代化、农业现代化、科学文化现代化，现在要加上国防现代化。这是毛泽东第一次比较完整地概括四个现代化的内容，其内涵也与当初有所不同。

1963年1月，周恩来在上海市科学技术工作会议上提出：“我们要建立一个富强的国家，实现农业现代化、工业现代化、国防现代化和科学技术现代化。”④ 这里四个现代化的内容已经基本成型。1964年12月，在三届人大的《政府工作报告》中，周恩来正式向世界宣布：“要

①《毛泽东著作选读》下册，人民出版社，1986年版，第715页。
② 转引自《关于建国以来党的若干历史问题的决议注释本》，人民出版社，1983年版，第625页。
③《毛泽东著作选读》下册，人民出版社，1986年版，第760页。
④ 转引自《关于建国以来党的若干历史问题的决议注释本》，人民出版社，1983年版，第625页。

在不太长的历史时期内，把我国建设成为一个具有现代农业、现代工业、现代国防和现代科学技术的社会主义强国，赶上和超过世界先进水平。”

四个现代化的正式提出，反映了中国各族人民的共同愿望。

“文化大革命”的发生，打断了现代化的进程，但中国共产党并没有放弃现代化的目标和理想。1975 年，在毛泽东委托邓小平负责起草的《政府工作报告》中，周恩来再次向世界宣布：“在本世纪末，全面实现农业、工业、国防和科学技术的现代化，使我国国民经济走在世界的前列。”在当时复杂和困难的环境下，重申现代化的目标，预示着拨乱反正的方向，受到了广大人民群众的热烈拥护。

1978 年，十一届三中全会把全党的工作中心转移到了社会主义现代化建设上来，明确指出我们当前以及今后相当长一个历史时期的主要任务，就是搞现代化建设。以十一届三中全会为起点，中国人民开始了以社会主义现代化为目标的一场新的伟大革命。

作为改革开放的总设计师，邓小平旗帜鲜明地将现代化建设放到国家发展的重要位置上，从不同方面论述和强调了现代化建设的战略地位。

一是把现代化建设作为党和国家最重要的一件任务。强调：“我们当前以及今后相当长一个历史时期的主要任务是什么？一句话，就是搞现代化建设。能否实现四个现代化，决定着我们国家的命运、民族的命运。”[①] 全党应毫不含糊地把现代化建设作为压倒一切的中心任务。

二是把现代化建设作为 80 年代要做的三件大事之一。三件者，一件是反对霸权主义、维护世界和平，一件是实现国家的和平统一，另一件、也是最核心的一件，就是“一心一意搞社会主义四个现代化建

①《邓小平文选》第 2 卷，人民出版社，1994 年版，第 163 页。

设，把中国发展起来”[1]。

三是把现代化建设作为最大的政治。强调“社会主义现代化建设是我们当前最大的政治，因为它代表着人民的最大的利益、最根本的利益”[2]。

四是把现代化建设作为十一届三中全会以后最大的转变之一。强调正是在以现代化建设为中心的基础上，才“制定了一系列新的方针政策，主要是改革和开放政策”[3]。

五是把现代化建设上升到党的路线的高度。明确指出：“我们党在现阶段的政治路线，概括地说，就是一心一意地搞四个现代化。”党的总路线的内容：“不管怎样表述，实质是搞四个现代化，最主要的是搞经济建设，发展国民经济，发展社会生产力。”[4]随后党所制定的基本路线，也被称为现代化建设的路线。

邓小平这些多维度多层次的论证分析，表明了中共对于现代化一往情深的向往和追求，也表明了现代化建设在党的心目中和工作中前所未有的地位和分量。

民族大振兴，实现现代化，成为当代中国人民的理想和追求，也是鼓舞亿万人民不懈奋斗的精神动力。

此后的一届届党中央，继承毛泽东、邓小平的思想，一以贯之地把现代化作为中国共产党和中国人民的奋斗目标，坚持党的基本路线，团结和带领全国各族人民，沿着中国特色社会主义道路，自力更生，艰苦创业，坚持不懈地为把我国建设成为富强、民主、文明、和谐、美丽的社会主义现代化强国而奋斗。

展望前程，我们坚信：中国人民将坚定不移地沿着中国特色社会

①《邓小平建设有中国特色社会主义论述专题摘编》，中央文献出版社，1995年版，第84页。
②《邓小平文选》第2卷，人民出版社，1994年版，第163页。
③《邓小平文选》第3卷，人民出版社，1993年版，第237页。
④《邓小平文选》第2卷，人民出版社，1994年版，第276页。

主义道路继续前进，中国特色社会主义制度将在不断改革中更加巩固和完善，中国的发展将通过各个地区的共同进步达到普遍繁荣，中华民族将在完成祖国统一和建立富强民主文明和谐美丽的社会主义现代化强国基础上实现伟大的复兴！

五、靠奋斗创造未来

中华民族的伟大复兴是一个鼓舞人心的目标和前景。但实现这个目标，需要一系列重要的条件，根本的是要靠全国各族人民的共同努力和奋斗。

首先，要实现中华民族伟大复兴的目标，必须始终坚持走中国特色社会主义的正确道路。

中国人民在解救自身苦难、实现民族复兴的过程中，曾经寻求过多种救国救民的道路，但都没有获得成功。中国共产党领导新民主主义革命取得胜利，给中国带来历史性的变化。进而，中国共产党又全力带领人民向社会主义过渡和前进，经历了艰难的探索，走过了曲折的道路，取得了成就，也积累了经验，终于在1978年后兴起改革开放的历史大潮，靠着亿万人民的广阔实践，使国家和民族出现了生机和希望。中国人民不仅站了起来，而且逐步富了起来，强了起来。历史事实告诉我们，只有从中国国情出发，建设中国特色社会主义，中国才能走向现代化，进而走向民族复兴。建设中国特色社会主义，是中国各族人民的共同理想。实现中华民族伟大复兴的目标，与中国特色社会主义的目标是一致的。面向未来，只有继续坚定不移地沿着中国特色社会主义道路前进，才能真正实现中华民族的伟大复兴。

第二，要实现中华民族伟大复兴的目标，必须始终坚持党的基本理论、基本路线不动摇。

在中国这样经济文化比较落后的国家，怎样建设社会主义？怎样实现社会主义的现代化？我们经过了长期而艰难的探索。在总结正反两方面经验教训的基础上，在改革开放的实践中，终于逐步形成了关于如何建设中国特色社会主义的基本理论，以及党在社会主义初级阶段的基本路线。这是我们党的宝贵财富，也是实现中华民族伟大复兴的根本保证。实践证明，这些基本的东西不能变。形势越复杂，任务越繁重，斗争越尖锐，就越要坚持这些基本的东西。这是我们的主心骨，抓住这个主心骨，我们就能任凭风浪起，稳坐钓鱼船；就能真正抓住国际国内的各种机遇，迎接来自方方面面的各种挑战。如果在这些基本的东西上还反复折腾，中华民族伟大复兴的目标就难以实现。对此，一定要有清醒的认识。

第三，要实现中华民族伟大复兴的目标，必须始终跟上时代潮流，不断增强中华民族的生命活力。

民族是否振兴，不仅要从纵向上作历史的比较，更重要的是看在横向比较中是否走在了世界的前列、时代的前列。因此，实现中华民族伟大复兴，决不能关起门来做井底之蛙。人类历史上，曾经有多少个文明古国盛极一时，但曾几何时，又自我陶醉，不思进取，最终大浪淘沙，被时代的潮流所淹没。中华民族由于闭关自守，也多次与重要的历史机遇失之交臂。这样的教训再也不能忘记了。当今世界，政治多极化继续发展，经济全球化在曲折中前进，科技革命不断加速，人类社会生活正以前所未有的速度发生着深刻的变化。时代在进步，文明在升华。这种加速奔腾的潮流，既给我们提供了机遇，也向我们提出了挑战。中华民族要保持生命之活力，要跻身于世界先进民族之林，就必须紧紧把握时代的脉搏，随着时代的脚步一同前进，永远走在时代的前列。要始终放开眼界，紧密关注世界经济、政治、科技、文化发生的变化；以敏锐的眼光，及时捕捉反映世界潮流的最新趋势；以正确的战略策略，把握中国与世界的双向互动关系，努力取得和保持在世界舞台上主动和领先的地位。

第四，要实现中华民族伟大复兴的目标，必须坚持正确处理改革、发展、稳定的关系，保持生机勃勃和国泰民安的局面。

反思历史之教训，总结改革开放之经验，改革、发展、稳定，是关系中华民族大局的三枚棋子。发展，是中华民族活力之所在，也是活力之表现。发展是硬道理，解决中国的所有问题，根本在于发展。只有坚持发展，不断发展，持续发展，国家才能强盛，人民才能富足，中华民族才能够实现复兴。没有发展，什么都谈不上。在当代中国，发展又要通过深化改革、扩大开放，建立起生机勃勃的，既有强大动力、又始终和谐平衡的机制和体制，才能够得到实现。面向未来，改革开放的任务仍然非常繁重。必须以一往无前的勇气和决心，在改革开放方面取得新的进展，为中华民族更快更健康的发展奠定坚实的基础。稳定，是中华民族治国之要。历史上，种种内忧外患，次次社会动荡，无不给国家和人民造成巨大灾难，大伤中华民族的元气。如何在积极发展的同时，保持国家、民族和社会的稳定，始终是需要解决的一个重大课题。只要少些折腾，或者根本不再折腾，坚定不移地朝着未来的目标前进，中华民族的复兴就一定大有希望。

第五，要实现中华民族伟大复兴的目标，必须坚持调动一切积极因素，团结海内海外所有同胞，实现中华民族的大团结、大联合。

实现中华民族的伟大复兴，是所有炎黄子孙的共同愿望。在新的历史征程上，无论是推进现代化建设，还是完成祖国统一的任务，或者是维护世界和平与促进共同发展，都需要把中华民族所有爱国同胞的智慧和力量凝聚起来，把全体人民的积极性和创造性发挥出来。人越多越好，心越齐越好，力量越大越好，阻力越小越好。所以，在新的历史时期，我们一定要高举爱国主义、社会主义的旗帜，多做争取人心、凝聚力量的工作，坚持团结一切可以团结的力量，调动一切积极因素，化消极因素为积极因素，使整个中华民族形成一个强大的合力。只有把全体中华儿女都团结起来共同奋斗，实现中华民族的伟大复兴才更有成功的把握。

第六，要实现中华民族伟大复兴的目标，必须把远大理想和阶段任务结合起来，脚踏实地，艰苦奋斗，一步一个脚印地前进。

中华民族的伟大复兴，是一个伟大的目标，也是一个历史的进程。长远的目标是既定的，但在不同的阶段，有不同的条件、不同的任务和不同的需要解决的课题。因此，实现中华民族的伟大复兴，要把长远和根本的目标与一定时期的主要任务结合起来，分阶段分步骤地推进。不断把每个阶段的目标实现，那就意味着不断地接近了中华民族伟大复兴的理想，或者说，把中华民族伟大复兴的理想一步接着一步地转化成了现实。为了实现这些阶段性的目标，我们必须周密筹划，制定好长远的发展规划。按照以习近平同志为核心的党中央的战略部署，求真务实，脚踏实地，埋头苦干。正确处理现实条件与奋斗目标的关系，利用有利条件，克服不利条件。发扬中华民族吃苦耐劳、艰苦奋斗的精神。靠自己的双手，用头脑的智慧，建设更加美好的民族家园，把中华民族的伟大复兴变为现实。

在迈向新的未来之际，让我们套用毛泽东的语言，来迎接中华民族的伟大复兴：

中华民族的伟大复兴站在每个人民的面前，我们应该迎接它。

中华民族伟大复兴航船的桅顶已经冒出地平线了，我们应该拍掌欢迎它。

六、新时代的伟大使命

中共十九大在宣布中国特色社会主义进入新时代的基础上，鲜明地提出了“新时代中国共产党的历史使命”，并专门用一个部分作了全面深刻的阐述，突出强调了“四个伟大”。

总揽96年的奋斗历程，习近平总书记将中国共产党的初心和使命归结为：“为中国人民谋幸福，为中华民族谋复兴。”

新时代的历史使命，建立在96年来中国共产党不懈奋斗的基础之上，建立在中国特色社会主义阔步前进取得的辉煌成就之上；但同时，又具有与以往时候有着很大不同的新的特点，具有更大的时代高度、世界广度、变革深度。对当代中国共产党人而言，是一种更为宏大、更为艰巨、更为豪迈的伟大使命。

实现伟大梦想，必须进行伟大斗争，必须建设伟大工程，必须推进伟大事业。合起来，一共四个“伟大”。

中国特色社会主义新时代，就是进行伟大斗争、建设伟大工程、推进伟大事业、实现伟大梦想的新时代。

“四个伟大”，各有其特定的内涵和要求，相互之间又有着紧密的联系。

实现中华民族伟大复兴是近代以来中华民族的伟大梦想。中国共产党一经成立，就肩负起这一历史使命。2012年，习近平总书记提出“中国梦”的概念，形象地表达了对于中华民族伟大复兴的理想和愿景。中国梦的实现，将造福于中华民族全体人民，实现中华民族新的历史飞跃。所以，中国梦是一个伟大的梦想，是中国共产党人不懈奋斗的伟大目标、伟大任务和伟大使命。

实现伟大梦想，必须进行伟大斗争。1962年，毛泽东曾经指出：“从现在起，五十年内外到一百年内外，是世界上社会制度彻底变化的伟大时代，是一个翻天覆地的时代，是过去任何一个历史时代都不能比拟的。处在这样一个时代，我们必须准备进行同过去时代的斗争形式有着许多不同特点的伟大的斗争。”[①] 2013年6月，习近平总书记重温毛泽东的这一论断，提出要“进行具有许多新的历史特点的伟大斗争”，鲜明地展示了习近平总书记勇于斗争的精神和风格。十九大报告对这一伟大斗争作了进一步论述，用三个“坚决反对”、一个“坚决破除”、一个“坚决战胜”，以及五个“更加自觉”，概括了这一伟大斗争的内容，并特别提醒：“全党要充分认识这场伟大斗争的长期性、复杂性、艰巨性，发扬斗争精神，提高斗争本领，不断夺取伟大斗争新胜利。”

实现伟大梦想，必须建设伟大工程。当年，毛泽东曾经将党的建设称为“伟大的工程”。1994年的十四届四中全会又将改革开放以来的党的建设称为“新的伟大工程”。这一伟大工程自十一届三中全会以来，已经推进了将近40年。十八大以来，又展示出新的重要特点，取得了新的重大进展。十九大报告进一步要求：全党要更加自觉地坚定党性原则，勇于直面问题，敢于刮骨疗毒，消除一切损害党的先进性和纯洁性的因素，清除一切侵蚀党的健康肌体的病毒，不断增强党的政治领导力、思想引领力、群众组织力、社会号召力，确保我们党永葆旺盛生命力和强大战斗力。

实现伟大梦想，必须推进伟大事业。中国特色社会主义是改革开放以来党的全部理论和实践的主题，是我们将近40年来一直从事的空前深刻和辉煌的伟大事业，也是党和人民历尽千辛万苦、付出巨大代价取得的根本成就。没有中国特色社会主义，就不会有中国综合国力如此大幅度的提升，就不会有人民生活如此大幅度的提高，就不会有

①《在扩大的中央工作会议上的讲话》（一九六二年一月三十日），《毛泽东文集》第8卷，人民出版社，1996年版，第302页。

中国面貌、中国共产党的面貌、中国社会主义面貌如此大幅度的改变。十九大报告强调，全党要更加自觉地增强道路自信、理论自信、制度自信、文化自信，既不走封闭僵化的老路，也不走改旗易帜的邪路，保持政治定力，坚持实干兴邦，始终坚持和发展中国特色社会主义。

“四个伟大”，紧密联系、相互贯通、相互作用。伟大梦想不是空想，必须通过伟大斗争、伟大工程、伟大事业才能实现。无论是伟大斗争，还是伟大工程、伟大事业，都是为了实现伟大梦想，是实现伟大梦想的抓手和途径。坚持和发展中国特色社会主义的伟大事业，是新时代全党全国人民将继续长期从事的伟大实践。没有这一实践，任何梦想都不可能实现。党是中国特色社会主义事业的领导核心，办好中国的事情，关键在党。必须毫不动摇坚持和完善党的领导，毫不动摇把党建设得更加坚强有力。而伟大斗争，贯穿于伟大工程和伟大事业的各个方面，是实现伟大梦想的重要保障。所以，“四个伟大”是一个辩证统一的整体。深刻领会和把握新时代中国共产党的历史使命，就要辩证把握和妥善处理“四个伟大”相互之间的关系。

第三章

中国发展的战略步骤

——“三步走”战略

一、长达一百年的战略设计

梦想是美好的，但怎样才能一步步转化为现实呢？

2008 年初，我到美国和加拿大，向两国官员、议员、实业家、银行家和多个智库介绍中共十七大的情况。其中的一个项目，是与美洲国家组织的大使们举行早餐会。利用早餐会这种形式，向他们介绍中共十七大精神。介绍中，这些大使们特别表达了对于中国发展规划的兴趣，应他们要求，我又专门补充作了更详细的介绍，讲了邓小平的“三步走”战略，讲了十年规划、五年计划，讲了我们每年的工作要点等，这些战略和规划一环套一环，环环紧扣，非常严密。

他们听后，都深为叹服，说中国的做法很有价值，表示要向中国学习。我说，如果你们觉得适用的话，可以学习。但我心里想：“这个东西恐怕你们学不了。”因为这些国家多数是政党轮替的，一个政党上台，往往会把前任的某些主张给否定掉，自己说不定也会很快下台，很难有长远考虑和规划。但我们国家是共产党长期执政，有条件考虑那么长时间的发展战略，这是我们的优势。

这是一个小花絮，从这个小花絮引发开来，回顾我们国家的发展历程，邓小平所设计的“三步走”战略确实高瞻远瞩，对中国几十年来的发展起了巨大的规划和指导作用。

改革开放后，中国共产党深入研究中国国情后确认，从 1949 年中华人民共和国成立开始，到 21 世纪中叶 100 周年的时间内，中国都将处在社会主义的初级阶段。初级阶段的路怎么走？这一百年的中国怎样发展？这是改革开放以来党和国家一直思考和研究的大战略、大规划、大课题。

1978 年十一届三中全会前后，邓小平作为一个战略家，先是提出到 20 世纪末世界将是什么面貌、中国将是什么面貌的问题。而到上世纪 80 年代中期，他就将思考的目标进一步延伸到了 21 世纪的前 30 年至 50 年。1984 年 5 月，他在会见巴西总统菲格雷多时提出：“我们的目标是，到本世纪末人均达到八百美元。……在这样一个基础上，再发展三十年到五十年，我们就可以接近发达国家的水平。”①

1987 年 4 月，在会见西班牙客人时，他全面阐述了“三步走”的发展战略，向客人介绍说：“我们原定的目标是，第一步在八十年代翻一番。以一九八〇年为基数，当时国民生产总值人均二百五十美元，翻一番，达到五百美元。第二步是到本世纪末，再翻一番，人均达到一千美元。实现这个目标意味着我们进入小康社会，把贫困的中国变成小康的中国。那时国民生产总值超过一万亿美元，虽然人均数还很低，但是国家的力量有很大增加。我们制定的目标更重要的还是第三步，在下世纪用三十到五十年再翻两番，大体上达到人均四千美元。做到这一步，中国就达到中等发达的水平。这是我们的雄心壮志。”②

这样一个战略构想，时间跨度之大，令人惊讶。如果从 1949 年到 2049 年，即从中华人民共和国成立，到共和国诞辰 100 周年，就是 100 年。如果从 1980 年算起，就是 70 年。对一个国家的发展作如此长远的构想和规划，恐怕邓小平是难得的一位，这凸显了他的战略眼光和战略思维。

这一构想得到了全党和全国人民的欢迎和赞同。1987 年，中共十三大充分肯定了邓小平的构想，并在党的文件中正式表达出来：第一步，从 1981 年到 1990 年国民生产总值翻一番，实现温饱；第二步，从 1991 年到 20 世纪末再翻一番，达到小康；第三步，到 21 世纪中叶

①《邓小平文选》第 3 卷，人民出版社，1993 年版，第 57 页。

②《邓小平文选》第 3 卷，人民出版社，1993 年版，第 226 页。

再翻两番，达到中等发达国家水平。

这就是著名的“三步走”战略。

邓小平提出、十三大确定的“三步走”发展战略，把我国社会主义现代化的进程具体化为切实可行的步骤，是激励全国人民为一个共同理想而努力奋斗的行动纲领，具有十分重要的意义。

1992年，在南方谈话中，邓小平语重心长地指出：“如果从建国起，用一百年时间把我国建设成中等水平的发达国家，那就很了不起！从现在起到下世纪中叶，将是很要紧的时期，我们要埋头苦干。我们肩膀上的担子重，责任大啊！”①

根据这样的构想，党和国家先后制定了连续几个国民经济和社会发展规划，把“三步走”的目标、任务和步骤一步步落到实处。

按照“三步走”的战略，我们首先在1987年提前三年实现了第一步翻一番的目标。1995年，又提前五年实现了翻两番的目标，中国的国民生产总值达到57600亿元。随后，继续向在20世纪末全面实现人均国民生产总值翻两番的目标前进。到20世纪末，中国整体上进入了小康社会。

对此，1997年的中共十五大报告给予高度肯定：“在中国这样一个十多亿人口的国度里，进入和建设小康社会，是一件有伟大意义的事情。这将为国家长治久安打下新的基础，为更加有力地推进社会主义现代化创造新的起点。”

到1997年，就要进入新世纪了，前两步已经实现，后面就要走第三步了。第三步怎么走？成为摆在党和国家面前的新课题。

为了把第三步即21世纪前50年再细化，1997年，中共十五大庄严宣告：“展望下世纪，我们的目标是，第一个十年实现国民生产总值

①《邓小平文选》第3卷，人民出版社，1993年版，第383页。

比二〇〇〇年翻一番，使人民的小康生活更加宽裕，形成比较完善的社会主义市场经济体制；再经过十年的努力，到建党一百年时，使国民经济更加发展，各项制度更加完善；到世纪中叶建国一百年时，基本实现现代化，建成富强民主文明的社会主义国家。”

这实际上是一个把邓小平的第三步设想加以展开的小“三步走”战略。按照这个战略，中国从20世纪末进入小康社会后，将分2010、2020、2050年三个阶段，逐步达到基本现代化的目标。

对这样一个战略，我当时曾形象地称：21世纪上半叶的发展战略可以简单和形象地叫作：“一、二、三，开步走！”

所谓一、二、三，就是指：

第一步，2010年。国民经济和社会发展的主要奋斗目标是：实现国民生产总值比2000年翻一番，人口控制在14亿以内，人民的小康生活更加宽裕，形成比较完善的社会主义市场经济体制。

第二步，从2010年到2020年。中共十五大所规定的目标是：“国民经济更加发展，各项制度更加完善。”

第三步，从2020年到2050年。通过30年的奋斗，基本实现现代化。这一段的时间更为长久，距离也更远，但目标更宏大。

新的或小的“三步走”，是对原有的大“三步走”战略的进一步展开。邓小平设计的“三步走”，对第三步只作了一个大略的构想。在走完前两步之际，把第三步的目标和步骤进一步具体化，作出新的规划，明确新的分三步加以实施的目标和任务，这对于全面规划党和国家未来进一步发展的蓝图，是非常必要的；对于动员全国人民继续保持拼搏进取精神，坚定、扎实、稳步地向富强民主文明和谐的社会主义现代化国家目标迈进，也是非常有利的。

几十年来，中国的整个发展进程，就是按照“三步走”的战略，一步一个脚印、一步一个台阶地向前推进的。

中国共产党团结和带领全国人民，一心一意奔小康，把“三步走”的战略变为现实。尽管遇到过各种各样的困难、各种各样的考验，但始终坚持党的基本路线不动摇，坚持以经济建设为中心不动摇，坚持“三步走”的发展战略不动摇。同时，根据时代发展的新情况、新条件，丰富和发展邓小平的战略思想，制定了不同阶段的发展目标，提出了其他一系列战略，使“三步走”战略一个个阶段性的目标稳步得到了实现。

二、富有韵味的中国式概念和愿景

“三步走”战略中，包含着一个极为重要的目标——“小康”和“小康社会”。

“小康”，是一个充满韵味的概念，念起来非常自然、亲切。

追根溯源，“小康”是一个典型的中国式概念。虽然我们今天是在现代的意义上使用它，但在中国的文化传统中，却是源远流长。

据研究，“小康”一词，最早出自《诗经》。《诗·大雅·民劳》中说：“民亦劳止，汔可小康。”至西汉，经学家戴圣编纂的《礼记》一书中《礼运》篇，描述了作为一种社会模式的“小康”状态，称：“今大道既隐，天下为家，各亲其亲，各子其子，货力为己。大人世及以为礼，城郭沟池以为固。礼义以为纪，以正君臣，以笃父子，以睦兄弟，以和夫妇，以设制度，以立田里，以贤勇知，以功为己。……是谓‘小康’。”

在这里，“小康”是与“大同”相对的一种社会状态或理想。大同，是财产公有、政治民主、社会文明、保障健全、秩序稳定的理想社会状态。而小康，则要低一个层次，是财产私有、生活宽裕、上下有序、家庭和睦、讲究礼仪的社会状态。

古代的思想家们，曾经对理想中的小康社会做过许多设计，赋予它很多思想内涵。其中，当然包含许多封建主义的糟粕。实际上，古代所说的小康社会，只不过是一种建立在落后生产力和封建私有制基础上的自给自足的小农社会，但它反映了长期处于贫困状态的普通百姓对于衣食无忧生活的向往。

所以，从古到今几千年来，“小康”“小康之家”“小康生活”等词在民间得到了广泛的流传。其含义也不像儒家典籍描述的那样规范，而是逐步地向人们的基本生活状态转移，越来越多地被解释为：“略有资产，足以自给之境”，“谓经济比较宽裕”，“经济较宽裕，可以不愁温饱”。有的干脆“指经济情况较为宽裕的人家”。

时代变迁，风雨沧桑。当中华民族的历史车轮前进到20世纪70年代末之后，“小康”这个概念由于邓小平的倡导而被赋予了新的时代内容。

1964年，根据毛泽东的提议，周恩来总理提出分两步走到20世纪末实现现代化的构想。此后一直到80年代以前，仍沿用这样的目标。但鉴于“文革”十年内乱耽误了时间，而且中国的底子还很薄，所以邓小平在1979年时“改了个口，叫中国式的现代化，就是把标准放低一点”①。不是像发达国家那样的现代化，“而是‘小康之家’”②。

时为1979年12月，日本首相大平正芳访问北京。在人民大会堂与邓小平会见时，他提出了一个问题：“中国根据自己独自的立场提出了宏伟的现代化规划，要把中国建设成为伟大的社会主义国家。中国将来会是什么样？整个现代化的蓝图是如何构思的？”

邓小平整整沉默了一分钟，然后发表了自己系统的见解，特别是

①《邓小平文选》第2卷，人民出版社，1994年版，第194页。

②《邓小平文选》第2卷，人民出版社，1994年版，第237页。

第一次提出了“小康之家”的概念，用来描述中国式的现代化进程。

同年 12 月 29 日，在会见新加坡政府代表团时，邓小平又重申了这一概念，指出：“所谓四个现代化，只能搞个‘小康之家’，比如说国民生产总值人均 1000 美元。即使我们的经济指标超过所有国家，人均收入仍不会很大。总之，既要有雄心壮志，也要脚踏实地。”①

由此，“小康”就成为邓小平理论和中国现代化发展战略中一个非常重要的概念和目标。在《邓小平文选》第二卷、第三卷中，一共有 40 处使用了“小康”概念。表达的文字，有的称“小康之家”，有的称“小康水平”，还有的称“小康的社会”或“小康的国家”。

邓小平把“小康”与他关于“三步走”的发展战略联系起来，对建设小康问题作了众多的论述。邓小平认为，实现第二步目标，实际上就是把贫困的中国变成了小康的中国。“所谓小康社会，就是虽不富裕，但日子好过。”② 在第一步发展过程中，中国是“小变化”，“达到小康水平，可以说是中变化。到下世纪中叶，能够接近世界发达国家的水平，那才是大变化”③。在小康基础上，“再发展三十年到五十年，力争接近世界发达国家的水平”④。

就这样，“小康”这个古老的话语，在现代条件下被邓小平灵活地加以改造和运用，赋予其现代的科学内涵，从而成了中国特色社会主义理论体系中一个十分重要的概念。

邓小平所设计的小康社会，借用了以往的“小康”概念，但其内容已经与过去大不相同。这种社会，不是建立在私有制基础上的“天下为家”的农耕社会，不是以儒家文化中的礼治为特征的封建社会，当然，也不是“大工”“大商”的资本主义社会，而是建立在以公有制

①《邓小平思想年谱》，中央文献出版社，1998 年版，第 140 页。
②《邓小平文选》第 3 卷，人民出版社，1993 年版，第 161 页。
③《邓小平文选》第 3 卷，人民出版社，1993 年版，第 143 页。
④《邓小平文选》第 3 卷，人民出版社，1993 年版，第 77 页。

为主体、多种所有制经济共同发展的基本经济制度之上，以人民共同富裕为目标的中国特色社会主义的社会。它上承温饱社会，下启基本实现现代化，是社会主义初级阶段中一个人民丰衣足食、生活较为富裕的历史时期。

围绕小康做文章，符合中国的国情，也符合中国的传统文化和社会心理。“大同”和“小康”两种社会模式，虽然在不同的时代有不同的内容，但它们都反映了中国老百姓们对于宽裕、殷实、稳定、安宁的社会生活的向往和追求，因此在人民群众中有着深远的影响。只要赋予其新的社会和时代内容，用来描述我们的社会和战略，对于老百姓来说，是很亲切，也是很有感召力的。

三、从全面建设到全面建成

随着20世纪末进入小康社会，中国特色社会主义事业在21世纪进入了新的发展阶段。

这是一个什么样的阶段？中共十五届五中全会明确将这个阶段界定为“全面建设小康社会、加快推进现代化的新的发展阶段”。2002年，中共十六大报告又郑重宣布：“当人类社会跨入二十一世纪的时候，我国进入全面建设小康社会、加快推进社会主义现代化的新的发展阶段。”

由于我们进入的小康社会还是较低水平、很不平衡的小康社会，所以，进入小康社会，还不等于建成了小康社会，更不等于已经走出小康社会而进入了现代化阶段。从总体上说，中国仍然是一个发展中国家，还处在社会主义的初级阶段。中国的经济实力、科技水平、教育程度等，与发达国家相比还有很大差距。按人均国内生产总值，我们只是跨进了下中等收入国家的门坎。全国的发展也不平衡，不少地方还处于比较落后的状态。农村和城镇部分居民的收入增长缓慢，失业人员增多。全国还有为数不少的贫困人口，即使已经脱贫的，也有返贫现象。

所以，中共十六大报告指出：必须看到，我国正处于并将长期处于社会主义初级阶段，现在达到的小康还是低水平的、不全面的、发展很不平衡的小康，人民日益增长的物质文化需要同落后的社会生产之间的矛盾仍然是我国社会的主要矛盾。巩固和提高目前达到的小康水平，还需要进行长时期的艰苦奋斗。

那么，如何继续建设小康社会？如何进一步规划未来？中共十六大明确提出："要在本世纪头二十年，集中力量，全面建设惠及十几亿人口的更高水平的小康社会。"

这样，中共十六大就明确提出了"全面建设小康社会"的战略目标和战略任务。

全面建设，就是在现有的小康社会基础上，进一步展开建设的工程，全面推进各方面的建设事业，全面提高小康社会的水平。

到 2007 年，中共十七大进一步要求："为夺取全面建设小康社会新胜利而奋斗。"

十七大报告还为我们勾画了一幅未来小康的图景：

"到全面建设小康社会目标实现之时，我们这个历史悠久的文明古国和发展中社会主义大国，将成为工业化基本实现、综合国力显著增强、国内市场总体规模位居世界前列的国家，成为人民富裕程度普遍提高、生活质量明显改善、生态环境良好的国家，成为人民享有更加充分民主权利、具有更高文明素质和精神追求的国家，成为各方面制度更加完善、社会更加充满活力而又安定团结的国家，成为对外更加开放、更加具有亲和力、为人类文明作出更大贡献的国家。"

这五个“成为”是一幅美好的愿景，也是我们努力的方向。中国应该成为具有这五个方面面貌的国家，中国也有条件和基础成为这样的国家。关键在于我们自己的努力。

中共十七大之后，我们胜利实现了21世纪第一个10年的战略目标，取得了令世界瞩目的成就。随之，进入了21世纪的第二个10年，“三步走”战略的实施又进入了新的阶段。

以十八大为标志，距离2020年的时间已经只有8年。当21世纪的第一个10年已经过去、第二个10年已经开始之际，我们不仅应该展望和规划未来5年，而且应该以更加长远和宏大的视野，进一步展望和规划未来10年乃至到21世纪中叶的未来40年，确定奋斗目标，抓紧推进工作。

鉴于21世纪小“三步走”战略的第一步目标已经超额实现，鉴于到第二步目标只有不到10年时间，中共十八大召开之前，我和其他许多同志一样，都曾建议，似有必要明确提出到2020年“全面建成小康社会”的任务。这一建议以适当的方式报给了中央。

2012年的十八大，全面分析了党和国家面临的形势和任务，根据全面建设小康社会的进展情况，在原来“全面建设小康社会”的基础上，进一步提出到2020年“全面建成小康社会”的任务。所以，十八大报告在标题中非常醒目地宣示：“坚定不移沿着中国特色社会主义道路前进，为全面建成小康社会而奋斗。”

“全面建成小康社会”与“全面建设小康社会”相比较，关键和点睛之处，是将“建设”改成了“建成”。一字之改，目标更加明确，任务更加具体，时间更加紧迫。

十八大规定，要在十六大、十七大确立的全面建设小康社会目标的基础上，努力实现以下新的要求：

——经济持续健康发展。转变经济发展方式取得重大进展，在发展平衡性、协调性、可持续性明显增强的基础上，实现国内生产总值和城乡居民人均收入比二〇一〇年翻一番。

——人民民主不断扩大。民主制度更加完善，民主形式更加丰富，依法治国基本方略全面落实，法治政府基本建成，司法公信力不断提高，人权得到切实尊重和保障。

——文化软实力显著增强。社会主义核心价值体系深入人心，文化产业成为国民经济支柱性产业，社会主义文化强国建设基础更加坚实。

——人民生活水平全面提高。基本公共服务均等化总体实现，全民受教育程度和创新人才培养水平明显提高，就业更加充分，收入分配差距缩小，社会保障全民覆盖。

——资源节约型、环境友好型社会建设取得重大进展。

这五个方面的要求，都与十六大、十七大提出的目标和要求相衔接，同时又有新的改进和提高。特别是明确提出“实现国内生产总值和城乡居民人均收入比二〇一〇年翻一番”，非常鼓舞人心。

关于数字指标，中共十六大确定的是，2020 年国内生产总值比 2000 年翻两番。十七大改成人均国内生产总值翻两番。由于到 2010 年，总量和人均都已超额完成任务，所以，中共十八大提出，到 2020 年国内生产总值比 2010 年翻一番。同时，又加了一个“城乡居民人均收入”的指标，成为两个指标。一个指标体现综合国力，一个指标体现人民生活。

这两个翻番的指标都是以 2010 年为基数的，2010 年的国内生产总值是 40.12 万亿元，到 2020 年翻一番，就是要达到 80.24 万亿元，只要保持 7.2% 的增长速度就行了。由于过去两年的增长速度均超过 7.2%，所以，后几年的速度只要达到 6.8% 就能实现。只要不出现大的问题，这种速度应该是比较容易达到的。城乡居民人均收入，2010 年是 1.9 万元，翻一番就是近 4 万。根据测算，也是可以达到的。所以，全面建成小康社会的目标和指标是鼓舞人心的，也是可以实现的。

至于总值翻番与人均翻番能否同步实现，这是一个比较复杂的问题。因为计算人均要考虑人口变动的情况，还要考虑城市人口与农村人口所占比例的变动。但总的来说，两个翻番是可能的。

四、“两个一百年”的奋斗目标

现在，在我们的面前，树立着两个标牌、两个目标。习近平总书记经常称之为“两个一百年”。

第一个“一百年”，就是到 2020 年中国共产党成立 100 周年的时候，全面建成小康社会。

当然，这里要介绍一点中国共产党成立的常识。

众所周知，中国共产党于 1921 年在上海和浙江嘉兴南湖成立。但事实上，此前的 1920 年 8 月，陈独秀等人就在共产国际帮助下，以上海马克思主义研究会为基础，成立了中国第一个共产党组织，名称就叫“中国共产党”，陈独秀为书记，李汉俊和李达先后代理过书记。除此之外，北京、武汉、长沙、广州、济南等地以及旅日、旅法华人中也陆续建立了中国共产党的一些早期组织。但由于没有召开全国代表大会，所以，按照共产国际的要求，上海的党组织便承担起筹备召开党代会的任务。

1921 年 7 月 23 日，13 名代表，另加 2 名共产国际代表，共 15 人，会聚上海法租界望志路 106 号（今兴业路 76 号），召开中国共产党第一次全国代表大会。由于法国巡捕的意外闯入，最后一天的会议转移到浙江嘉兴南湖举行。

大会通过中国共产党的第一个纲领和决议，选举产生中央局，正式宣告了中国共产党的成立，从此，中国出现了以马克思列宁主义为行动指南的统一的无产阶级政党。这个事件，在当时几乎悄无声息，并不为多少人所知，但却成为中国共产党迄今将近100年跋涉奋进的历史起点，也成为中国社会将近100年发生沧桑巨变的历史起点。

全面建成小康社会，将目标节点定在2020年，既是现实的需要和战略的安排，也是对中国共产党100年历史的总结和纪念。

到2020年中国共产党诞生100周年时，全面建成小康社会的目标状态如何呢?

2002年，中共十六大的要求是：经济更加发展、民主更加健全、科教更加进步、文化更加繁荣、社会更加和谐、人民生活更加殷实。

2007年，中共十七大提出了中国应该成为具有五个方面面貌的国家。

2012年的十八大进一步界定了全面建成小康社会的战略目标，提出了五个方面的要求。

全面建成小康社会之后，我们并没有到达终点。再往前行，还有更长远的目标。按照“三步走”战略，我们还有第二个“一百年”的目标，就是到2049年中华人民共和国成立100周年时，实现社会主义现代化，进入世界中等发达国家行列。

1949年9月21—30日，中国共产党、各民主党派、各人民团体、各地区、解放军、各少数民族、国外华侨及其他爱国民主分子的代表，在北平举行中国人民政治协商会议第一届全体会议。会议执行全国人民代表大会职权，通过起临时宪法作用的《中国人民政治协商会议共同纲领》以及《中国人民政治协商会议组织法》《中华人民共和国中央人民政府组织法》等文件。决定国都定于北平，北平改名为北京；采用公元纪年；在中华人民共和国国歌未正式制定前，以义勇军进行曲为国歌；国旗为红地五星旗。会议选举出中央人民政府委员会。10月1日，中华人民共和国中央人民政府成立。下午3时，首都30万军民齐集天安门广场，举行开国大典。毛泽东宣读中央人民政府公告，宣告中央人民政府成立。

中华人民共和国的成立，是中国历史发展进程中的重大事件，开辟了中华民族发展进步的历史新纪元，中国共产党成为领导人民掌握全国政权的执政党。

改革开放以后，中国共产党进一步科学认识中国国情，确认从1949年中华人民共和国成立到2049年的100周年，总体上都处于社会主义初级阶段。邓小平的“三步走”战略，就是为这一百年设计的发展战略和发展步骤。

到2049年或2050年，按照邓小平提出的“三步走”战略以及党和国家的多次界定，目标是基本实现现代化，建成富强民主文明和谐的社会主义国家。

这个目标，是鼓舞人心的，也是留有余地的。邓小平一再说，这是雄心壮志，实现这样的目标，是件了不起的事情。但我们的现代化仅仅是中国式的现代化，到21世纪中叶也只是达到中等发达国家水平。雄心壮志要有，但太大了也不行。他认为，上第三个台阶遇到的问题会更多，我们自己要小心谨慎。

但是，到庆祝中国共产党成立90周年时，时任总书记胡锦涛在讲到21世纪中叶的目标时，已经将长期使用的“基本实现”中的“基本”二字去掉，变成了“到新中国成立一百年时建成富强民主文明和谐的社会主义现代化国家”。2012年，十八大报告在讲到21世纪中叶的目标时，也同样没有了长期使用的“基本实现”中的“基本”二字，成为“在新中国成立一百年时建成富强民主文明和谐的社会主义现代化国家”。这表明，我们对到第二个“一百年”时实现现代化的目标更有把握，更有信心。

中国这个世界上最大的发展中国家，在短短30多年里就摆脱了贫困，并跃升为世界第二大经济体，创造了人类社会发展史上的奇迹。如果再干30年，成为世界上最大的发达国家，跻身于世界最发达国家的第一方阵，现在来看，应该是没有问题的。

这样，在我们面前就有三个依次递进的目标：第一个是到中国共产党成立一百年，即2020年左右，全面建成小康社会；第二个是到2050年左右，即在新中国成立一百年时，建成富强民主文明和谐（十九大加了“美丽”）的社会主义现代化国家（十九大改为“强国”）；第三个是在实现“两个一百年”目标的基础上，进一步实现中华民族的伟大复兴。

习近平总书记指出：“现阶段，建设中国特色社会主义的主要任务，就是到2020年中国共产党成立一百年时实现第一个百年奋斗目标、全面建成小康社会，为进而到本世纪中叶中华人民共和国成立一百年时实现第二个百年奋斗目标、建成富强民主文明和谐的社会主义现代化国家打下坚实基础。”

他还说：“今天，我们比历史上任何时期都更接近中华民族伟大复兴的目标，比历史上任何时期都更有信心、有能力实现这个目标。我们完全可以说，中华民族伟大复兴的中国梦一定要实现，也一定能够实现。”

五、决胜全面建成小康社会

全面建成小康社会，是21世纪前50年中国发展的一个重要台阶，也是把前20年与后30年连接起来的一个重要环节。中共十六大报告强调：“这是实现现代化建设第三步战略目标必经的承上启下的发展阶段。”

全面建成小康社会的目标是极为重要的阶段性目标。如果这个目标如期实现，不仅将给中国人民带来实际的利益和福祉，而且能为随后30年实现现代化的目标打下扎实的基础。但如果由于种种原因而不能如期实现，那就必然会影响到后面30年我们发展的目标和进程。

确定全面建成小康社会的目标，是对历史、对现实、对人民、对民族、对世界作出的一个巨大承诺。党执政的成效如何，这是一个重要的检验，也是向人民的一个交代。如果不能如期完好地实现，我们就无法向人民交代。

所以，中共十八大明确指出：“如期全面建成小康社会任务十分艰巨，全党同志一定要埋头苦干、顽强拼搏。”“确保到二〇二〇年实现全面建成小康社会宏伟目标。”

中共十八大的决定不可动摇，也不可大意。我们必须以非常严肃的态度来对待这个战略目标。全党不能有丝毫的懈怠，全国人民都不能有丝毫的懈怠。

习近平总书记指出：“全面建成小康社会，是我们党向人民、向历史作出的庄严承诺，是13亿多中国人民的共同期盼。”

目前，我国的国内生产总值已经从54万亿元增长到80万亿元，稳居世界第二。供给侧结构性改革深入推进，经济结构不断优化。数字经济等新兴产业蓬勃发展，高铁、公路、桥梁、港口、机场等基础设施建设快速推进。农业现代化稳步推进，粮食生产能力达到1.2万亿斤。城镇化率年均提高1.2个百分点，8000多万农业转移人口成为城镇居民。区域发展协调性增强，“一带一路”建设、京津冀协同发展、长江经济带发展成效显著。创新驱动发展战略大力实施，创新型国家建设成果丰硕，天宫、蛟龙、天眼、悟空、墨子、大飞机等重大科技成果相继问世。南海岛礁建设积极推进。开放型经济新体制逐步健全，对外贸易、对外投资、外汇储备稳居世界前列。

所有这些，都为如期实现全面建成小康社会奠定了重要和坚实的基础。

但是，掰开指头算，到2020年底还有几年的工夫？只有3年了。时间紧迫，刻不容缓。所以，十九大报告标题的第一句，就是“决胜全面建成小康社会”。用“决胜”一词，就是表明到了最后阶段，到了最关键时刻，甚至可以说到了读秒阶段。未来几年最紧迫、最重大的任务，就是要以巨大的努力，确保全面建成小康社会目标的如期实现。

十九大要求全党全国，按照十六大、十七大、十八大提出的全面建成小康社会各项要求，紧扣我国社会主要矛盾变化，统筹推进经济建设、政治建设、文化建设、社会建设、生态文明建设，突出抓重点、补短板、强弱项，特别是要坚决打好防范化解重大风险、精准脱贫、污染防治的攻坚战，确保全面建成小康社会的目标如期实现，而且要使全面建成小康社会得到人民认可、经得起历史检验。

这一要求，内容丰富，目标明确，统筹兼顾，重点突出，实际上可以理解为决胜全面建成小康社会的一个整体性布局和部署。

“紧扣我国社会主要矛盾变化”，是所有政策和行动的基础。

经济建设、政治建设、文化建设、社会建设、生态文明建设是总体布局，也是重要抓手。

引人注目的是，报告仅在这里就提出了七个战略。其中，乡村振兴战略是第一次提出。

突出抓重点、补短板、强弱项，体现的是“弹钢琴”的思想方法和工作方法。也是照顾全面、突出重点的辩证方法。

防范化解重大风险、精准脱贫、污染防治，是需要攻克的最大难点，所以称之为“攻坚战”。

全面建成小康社会的要求是什么？十六大、十七大、十八大已经先后提出。

十六大规定是六个“更加”：经济更加发展、民主更加健全、科教更加进步、文化更加繁荣、社会更加和谐、人民生活更加殷实。在十九大报告中，习近平总书记重申了这六个“更加”。

作为量化的主要指标，十八大规定了两个，到2020年“实现国内生产总值和城乡居民人均收入比二〇一〇年翻一番”。与以前相比，增加了一个“城乡居民人均收入”的指标。

当然，全面建成小康社会，并不仅仅是几个经济指标的问题。十七大报告专门用一段话描绘了到2020年全面建设小康社会目标实现之时，我们这个历史悠久的文明古国和发展中社会主义大国，将成为什么样的国家，用了五个“成为”。这个图景很亲切，很美好，很全面。但是，有待于我们努力去实现。这些要求提出时，看起来似乎并不算太高，但现在不到3年时间了，能不能确保所有这些目标真正实现？恐怕并不容易，所以决不可掉以轻心。

习近平总书记说，要使全面建成小康社会得到人民认可、经得起历史检验。这是一个非常具有针对性的要求。全面建成小康社会，时间紧迫、任务繁重，压力巨大，难免就会有人弄虚作假，甚至有人借机谋利。所以，确保全面建成小康社会是一个真实的结果和业绩，就必须防止任何偏向的出现。

我认为，全面建成小康社会，要有一整套指标体系。以前，有关部门做过一些研究，社会各界也做过一些研究。比如，1992年国家统计局提出过小康标准的指标体系，分为宏观经济条件、生活质量和生活效果三个领域，共12个指标。具体量化指标又分全国标准、城市标准和农村标准三类。此后，原国家计划委员会与国家统计局联合提出并征求12个部委意见，于1995年1月修改完成了全国人民生活小康水平的基本标准。该标准由经济水平、物质生活、人口素质、精神生活、生活环境等五个部分 16 项分指标组成。但这些关于小康水平的标准体系，都是以进入小康社会为标准而设定的，实际上相当于进入小康之家的门坎。全面建设小康社会，乃至全面建成小康社会，设定的标准就应该更高、更全面。

所以，在全面建成小康社会的进程中，迫切需要总结经验，汲取原有指标体系的精华，研究制定全面建成小康社会的新标准以及相应的指标体系，包括做好全面细致的计算工作。只有在严格科学计算的基础上，才能使全面建成小康社会的进程更加扎实、更加稳健，才能对全面建成小康社会目标实现与否做出确凿的认定。

因此，要根据全面建成小康社会的进程，及时总结经验，对原来各种非正式的指标体系进一步加以审核研究，形成一个更加全面、更加准确、更加规范的全面建成小康社会的指标体系，用以衡量我们小康社会建设的进展和成就。

六、“后小康社会”的路子怎么走

2020 年近在眼前。当我们全面建成小康社会后，就要开始 21 世纪的第三步行程，向此后 30 年的目标前进了。

2020 年后的中国是什么社会？这需要研究。按照“三步走”战略的定位，小康社会持续时间大约为 50 年。不算长，但也不算短。50 年，当然是一个不断发展变动的过程，前期与后期的水平差异是很大的。因此，小康社会也可以分成若干阶段。怎么分？最终应该看实际的发展状况。目前而言，21 世纪前 50 年的新“三步走”，正好是与之吻合的标志。

全面建成了的小康社会，还算不算小康社会？可能会有不同的看法。综合考虑，还是称小康社会为好，比较实际，也留有余地。这一段，基本上达到了全面小康社会的一系列指标，基本实现了全面建成小康社会的主要目标，但未必什么指标都能全部达到，什么任务都能完成。很可能还有不少方面有些欠缺，还有很多地区有不小差距。所以，我们可以把 2020 年后的社会叫作“全面的小康社会”“殷实的小康社会”，或“发达的小康社会”，也可以干脆叫“后小康社会”，或“小康后社会”。

再往前，我们是要进一步向实现现代化的目标迈进。也就是实现“两个一百年”的第二个“一百年”目标，在此基础上，进一步实现中华民族的伟大复兴。

那么，从 2020 年开始的 30 年，总体上就应该是从全面的小康社会进一步向现代化国家迈进和过渡的社会。现代化，不是哪一天突然实现的，它是一个逐步发展、逐步前进、逐步过渡的过程。在这个过程中，现代化的因素不断发展、增强。当到达某一个标志性的节点时，现代化的因素已经比较丰富和充盈，那么，我们就可以说向现代化的过渡已经实现了。因此，到 2020 年全面建成小康社会，我们可以说一只脚已经踏进了现代化。这时的小康社会还不算完全实现现代化的社会，而是在进一步向现代化过渡、前进的社会，是从全面小康向现代化过渡、发展的社会。再经过 30 年的努力，等到从全面小康社会向现代化目标过渡完毕，那我们的两只脚就都跨进现代化了。

几年前，我就提出，这样一个 30 年的发展过程，有没有必要再划分出一个新的“三步走”呢？如果划分，每一步是什么目标？应该仔细算一算账，分别确定每个阶段的目标。

这个 30 年的路子怎么走？也得琢磨，抓紧研究和制定既鼓舞人心又切实可行的战略部署。

2020 年即将迅速到来，所以，我认为，党和国家现在已经需要把制定2020年后的30年的奋斗目标和发展战略的任务提上日程，抓紧研究和制定全面建成小康社会向现代化目标前进的发展战略、发展目标、发展步骤。

根据到目前为止中国的发展速度和进程，特别是在国际上的影响和地位，可以认为，到2050年，如果不出什么意外，要说经济上实现现代化，而不是“基本现代化”，应该是差不多了。现代化本来就没有一个绝对的标准，主要是与其他发达国家加以比较。鉴于目前越来越小的差距，设想一下在正常情况下30年后的差距，中国与世界发达国家并驾齐驱，甚至有不小领先，已经是可以预料的。所以“基本”这个词也许可以不用了。

当然，现代化并不仅仅是经济一个现代化。它还包括许多方面的现代化，是全面的现代化，特别是人的现代化。从这个角度来说，我们距离现代化还有很大差距。按照现代化的要求，2020年后的30年，我们还有大量的工作要做，有大量的问题需要解决。对此，也不可过于乐观，不可掉以轻心。

正因为现代化是一个比较概念，所以，向现代化目标前进，必须注意与国际标准的衔接。小康、小康之家、小康社会、全面小康社会等，都是具有鲜明中国特色的概念。但这种特色，只有在与国际的联系和比较中才能充分显示出来。而实现现代化，更要与国际社会比较。根据专家的分析，我们进入小康的标准，即小康社会的低限，大体相当于国际通常的中下等收入国家的平均水平。而建成小康的标准，即小康社会的上限，大体相当于中上等收入国家的平均水平。对此，当然还有其他一些看法。不管如何评估，做一些适当的比较是必要的，也是有利的。这样，可以更加清楚地认识我们所处的历史方位，看到我们与国际水平的差距，也可以认真学习外国很多好的经验，为我所用，使我们的全面小康社会更快地向现代化的标准推进。

1989年6月，在谈到第三代领导集体的当务之急时，邓小平说："我建议组织一个班子，研究下一个世纪前五十年的发展战略和规划"[①]。现在，我们也恐怕要抓紧组织一个班子，在充分调查研究的基础上，制定2020年到2050年的发展战略了。

十九大前，我多次呼吁，如果在十九大报告中，对2020至2050年的30年作一个规划，更加明确地规定第二个奋斗目标的主要内容，以及实现这一目标的战略步骤、战略措施，并且用一段经典的语言加以概括，这将会是十九大报告的一个重大亮点，对走向未来的全党和全国人民将会是一个巨大的激励和鼓舞。

七、开启全面建设现代化强国新征程

现在，我们非常欣慰和振奋地看到，十九大第一次明确规划了从2020年到本世纪中叶总共30年的战略目标，以及实现这一目标的战略步骤、战略措施，并且用一段经典的语言加以概括，这是中共中央高瞻远瞩、统筹规划国家发展大计的重大举措。

报告将2020年到本世纪中叶的30年分成两个阶段来安排。

第一个阶段，从2020年到2035年，在全面建成小康社会的基础上，再奋斗15年，基本实现社会主义现代化。

需要注意的是，原来"三步走"战略确定的目标，是到本世纪中叶基本实现现代化，而现在提前到2035年就基本实现，提前了15年。这是令人鼓舞的。前面我已分析过，这也是有把握的。

十九大描绘了到2035年这个目标实现时的中国图景：我国经济实

①《邓小平文选》第3卷，人民出版社，1993年版，第312页。

力、科技实力将大幅跃升，跻身创新型国家前列；人民平等参与、平等发展权利得到充分保障，法治国家、法治政府、法治社会基本建成，各方面制度更加完善，国家治理体系和治理能力现代化基本实现；社会文明程度达到新的高度，国家文化软实力显著增强，中华文化影响更加广泛深入；人民生活更为宽裕，中等收入群体比例明显提高，城乡区域发展差距和居民生活水平差距显著缩小，基本公共服务均等化基本实现，全体人民共同富裕迈出坚实步伐；现代社会治理格局基本形成，社会充满活力又和谐有序；生态环境根本好转，美丽中国目标基本实现。

第二个阶段，从 2035 年到本世纪中叶，在基本实现现代化的基础上，再奋斗 15 年，把我国建成富强民主文明和谐美丽的社会主义现代化强国。

同样需要注意的是，这个目标用的是"现代化强国"。显然，已不是"中等发达国家水平"，而是世界领先的强国。标准更高了，要求更高了。

十九大也描绘了到本世纪中叶这个目标实现时的中国图景：我国物质文明、政治文明、精神文明、社会文明、生态文明将全面提升，实现国家治理体系和治理能力现代化，成为综合国力和国际影响力领先的国家，全体人民共同富裕基本实现，我国人民将享有更加幸福安康的生活，中华民族将以更加昂扬的姿态屹立于世界民族之林。

十九大对两个阶段目标相继实现之时中国的面貌，作如此总括性的勾画，如同淡淡的白描，文字很简炼，但整体的轮廓已经浮现，关键的状态已经清楚，各个领域的任务和目标已经明确。

从全面建成小康社会到基本实现现代化，再到全面建成社会主义现代化强国，是一个新的"两步走"战略，是新时代中国特色社会主义发展的战略安排，是为未来 30 多年中国发展勾画的宏伟蓝图。

特别需要注意的是，在现代化目标中，十三大是用“富强、民主、文明”三个修饰词作定语的。十七大增加了一个“和谐”，也就是将社会建设纳入了总体布局和现代化目标。这次十九大又增加了一个“美丽”，也就是在十八大将生态文明建设纳入总体布局的基础上，又将其纳入了现代化建设的目标，进一步提升了生态文明建设的地位。

这样，我们建设社会主义强国的目标就扩充为“富强民主文明和谐美丽”五个方面。这一扩展，更加体现了中国特色社会主义是全面发展的社会主义，中国的现代化是全面进步的现代化。

“富强民主文明和谐美丽”的五大目标，与基本纲领五个方面的建设相对应，与“五位一体”的总体布局相吻合。

十九大报告还第一次使用了“社会文明”的概念，将我们所要建设的文明扩充为物质文明、政治文明、精神文明、社会文明、生态文明五个文明。五个文明，分别对应于五个建设，解决了原来长期不够对应的问题。这是一个重要的理论创新。

此前，我们先后提出了物质文明、政治文明、精神文明、生态文明，但是一直缺一个社会文明。这是一个遗憾。所以，早在 2007 年，我和龚育之老师就联合指导一位博士研究生于建荣完成了一篇博士论文（我自己培养的是国际战略学博士研究生，同时协助龚育之老师培养科学社会主义博士研究生），题目就叫《中国特色社会主义社会文明研究》。我们认为，随着社会建设提上重要日程，迫切需要提出和使用一个“社会文明”的概念。这篇论文全面论述了什么是社会文明，为什么要提出社会文明的概念，社会文明与其他文明的关系，怎样建设中国特色社会主义社会文明，等等。10 年后，这一愿望终于在十九大文件中得以实现，现在河南省委研究室工作的于建荣立即打电话给我，分享了这一喜悦。

从“全面建成小康社会”到“全面建成现代化强国”，将是一个巨大的历史跨越。实现第一个“全面”，是中华民族的一个历史性成就；实现第二个“全面”，将会是中华民族更大的历史性飞跃。

制定这样一个战略目标和战略步骤，是具有长远意义的战略部署和战略规划。可以预见，这一战略安排，必将对中国到本世纪中叶的战略进程产生深远的影响，也必将成为未来很多次党代会、人大政协两会一再讨论和研究的主要话题，对外部世界当然也将产生深远的影响。

第四章

中国发展的战略布局

——从“五位一体”到“四个全面”

一、中国发展战略布局的演化

如前所述，战略，最初用于军事领域，意思是统率军队，后来一般指对战争全局的筹划和指导。到20世纪，战略一词逐步扩展到其他领域，出现了军事战略、经济战略、科技战略、教育战略等概念，乃至一个国家在整体层面上也有了战略。国家战略又包括国家安全战略、国家发展战略等。

布局，在棋类博弈中，指棋子布设的态势。棋局一开始，双方抢占要点，布设阵势，准备进入中盘战斗，这一阶段就叫布局。扩而大之，在一般意义上，布局就是对事物的全面规划和安排。通过这种安排，形成某种在随后的发展、博弈中可以运用、展开的基本态势。

无论下围棋，还是下象棋，或者下国际象棋，都有一个在战略上如何布局的问题。推进改革开放和社会主义现代化建设，更有一个战略布局问题。当今中国，采用什么样的发展战略和安全战略，对国家的资源和力量作什么样的布局、配置，对整个国家的发展、安全和进步，起着极为重要的作用。

善于着眼长远、谋划全局，这是中国共产党治国理政的一个长处和优势。

改革开放以来，中国共产党在明确建设中国特色社会主义历史使命，确立党的基本路线、基本理论、基本纲领的过程中，先后从不同角度对中国特色社会主义事业的布局作出了总体规划和部署。同时，随着时代条件和形势、任务的变化，这一总体布局又与时俱进，不断调整、丰富和发展，对指导中国特色社会主义各项事业的发展起到了重要作用。

1982 年 9 月，邓小平在中共十二大开幕词中第一次提出“建设有中国特色的社会主义”的命题，不仅把中国共产党几十年对社会主义探索的基本经验总结了出来，而且把党在未来漫长历史进程中的使命和任务集中概括了出来。

围绕这一使命和任务，全党解放思想、实事求是，推进改革开放，逐步形成了一整套从各个方面和领域全面建设中国特色社会主义的路线、方针和政策。

1986 年 9 月，中共十二届六中全会在《关于社会主义精神文明建设指导方针的决议》中明确规定：“我国社会主义现代化建设的总体布局是：以经济建设为中心，坚定不移地进行经济体制改革，坚定不移地进行政治体制改革，坚定不移地加强精神文明建设，并且使这几个方面互相配合，互相促进。”[①] 这是改革开放以来第一次对社会主义现代化建设的总体布局作出明确的界定。

1987 年，中共十三大制定社会主义初级阶段的基本路线，明确概括了“一个中心，两个基本点”的主要内容，并号召全国人民为建设富强、民主、文明的社会主义现代化国家而奋斗。在邓小平看来，这是一个根本的战略布局，所以，1989 年 11 月，他强调：“十三大确定了‘一个中心，两个基本点’的战略布局。”“这个战略布局我们一定要坚持下去，永远不改变。”[②]

1991 年，时任总书记江泽民在建党 70 周年纪念大会上，系统地论述了建设有中国特色社会主义的经济、政治、文化的主要内容和基本特征。1997 年，中共十五大进一步制定社会主义初级阶段的基本纲领，围绕富强、民主、文明的目标，明确规定了中国特色社会主义经济、政治和文化建设的基本政策和基本要求。当时虽然没有明确使用

①《十二大以来重要文献选编》（下），人民出版社，1996 年版，第 1173—1174 页。

②《邓小平文选》第 3 卷，人民出版社，1993 年版，第 345 页。

“总体布局”一词，但实际上构成了经济、政治、文化三位一体建设中国特色社会主义的总体布局。

2003年，时任总书记胡锦涛提出科学发展观的战略思想。2004年9月，中共十六届四中全会从加强党的执政能力建设的高度，明确提出了构建社会主义和谐社会的目标和任务。2006年10月，中共十六届六中全会通过《中共中央关于构建社会主义和谐社会若干重大问题的决定》，从中国特色社会主义事业总体布局和全面建设小康社会全局出发，对构建社会主义和谐社会作了全面部署。对这一部署，胡锦涛明确指出：提出构建社会主义和谐社会的战略目标，这表明，随着我国经济社会的不断发展，中国特色社会主义事业的总体布局，更加明确地由社会主义经济建设、政治建设、文化建设三位一体发展为社会主义经济建设、政治建设、文化建设、社会建设四位一体。

所以，2007年召开的中共十七大，与过去党代会的报告相比，专门增加了一个社会建设部分，实际上就是按照这个布局，对全面建设小康社会的各项事业和工作进行了总体部署。十七大修改后的党章，在社会主义现代化建设的目标中，在原有的“富强民主文明”基础上，加上了“和谐”一词。党章中对党的基本纲领的阐述，也增加了相应内容。

这种“四位一体”布局，要求把发展作为党执政兴国的第一要务，扭住经济建设这个中心，聚精会神搞建设、一心一意谋发展；要求全面推进经济建设、政治建设、文化建设、社会建设，促进现代化建设各个环节、各个方面相协调；要求统筹兼顾，正确认识和妥善处理中国特色社会主义事业中的重大关系，实现全面协调可持续发展的基本要求。

“四位一体”的总体布局，对指导中国特色社会主义事业全面发展和进步起到了重要作用。

随着现代化建设的发展，如何处理人与自然的关系，越来越进入中国人民的视野和脑际，成为国家发展需要解决的重大战略问题。所以，2007 年的十七大，第一次使用了“生态文明”的概念，要求坚持生产发展、生活富裕、生态良好的文明发展道路，建设资源节约型、环境友好型社会，使人民在良好生态环境中生产生活。十七大还把建设生态文明作为到 2020 年全面建设小康社会的重要目标之一，要求基本形成节约能源资源和保护生态环境的产业结构、增长方式、消费模式，生态环境质量明显改善，生态文明观念在全社会牢固树立。2008 年 12 月，胡锦涛在纪念中共十一届三中全会召开 30 周年大会上的讲话中，明确使用了“生态文明建设”的概念。此后，党和国家的有关文件均统一使用“经济建设、政治建设、文化建设、社会建设以及生态文明建设和党的建设”的表述，实际上将生态文明建设放在了与其他四方面建设大致并列的位置。

那么，生态文明建设应不应该进入中国特色社会主义事业的总体布局呢？答案应该是肯定的。

所以，到 2012 年的十八大，“大力推进生态文明建设”成为大会报告的一个单独的部分，也明确进入了中国特色社会主义事业的总体布局，成为“五位一体”总体布局的一个重要部分。这就进一步提升了生态文明建设的战略地位，也使我们的战略布局更加完善。

在此基础上，十八大报告强调：“建设中国特色社会主义，总依据是社会主义初级阶段，总布局是五位一体，总任务是实现社会主义现代化和中华民族伟大复兴。”

“五位一体”的总体布局，表明我们对建设中国特色社会主义目标、任务的认识进一步深化，使中国特色社会主义事业的战略规划和整体布局更加全面、协调和均衡。

二、“四个全面”战略布局的形成

中共十八大以来，以习近平同志为核心的党中央日益明晰地展示治国理政的大思路和新特点。特别是对全面建成小康社会、全面深化改革、全面依法治国、全面从严治党提出了很多重要的思想。在此基础上，进一步整合形成了“四个全面”的战略布局。

“四个全面”中的每一个“全面”，都包含着丰富的内容。这些内容，自改革开放以来，逐步形成，逐步发展，不断丰富，不断升华。到十八大以来，又有了新的大量的扩充，展示出新形势下的新特点。

中共十八大对每一个“全面”都作了深刻的论述和强调。

从全面建成小康社会来说，十八大报告的题目就是《坚定不移沿着中国特色社会主义道路前进，为全面建成小康社会而奋斗》。报告的第三部分，就是论述“全面建成小康社会和全面深化改革开放的目标”，要求：“全面把握机遇，沉着应对挑战，赢得主动，赢得优势，赢得未来，确保到二〇二〇年实现全面建成小康社会宏伟目标。”

从全面深化改革来说，十八大明确提出了全面深化改革的目标，强调“改革开放是坚持和发展中国特色社会主义的必由之路”。要坚持推进改革开放，“始终把改革创新精神贯彻到治国理政各个环节，坚持社会主义市场经济的改革方向，坚持对外开放的基本国策，不断推进理论创新、制度创新、科技创新、文化创新以及其他各方面创新，不断推进我国社会主义制度自我完善和发展”。

从全面依法治国来说，十八大要求：“坚持依法治国这个党领导人民治理国家的基本方略”“全面推进依法治国”“完善中国特色社会主义法律体系”“加快建设社会主义法治国家，发展社会主义政治文明”。强调：“法治是治国理政的基本方式。”要“最广泛地动员和组织人民依法管理国家事务和社会事务、管理经济和文化事业、积极投身社会主义现代化建设，更好保障人民权益，更好保证人民当家作主”。“要推进科学立法、严格执法、公正司法、全民守法，坚持法律面前人人平等，保证有法必依、执法必严、违法必究。”

从全面从严治党来说，十八大要求：“以改革创新精神全面推进党的建设新的伟大工程，全面提高党的建设科学化水平。”特别强调，新形势下，党面临着四大考验、四大危险。因此，必须“坚持党要管党、从严治党，全面加强党的思想建设、组织建设、作风建设、反腐倡廉建设、制度建设，增强自我净化、自我完善、自我革新、自我提高能力”。

十八大以来，以习近平同志为核心的党中央全面贯彻落实十八大精神，在治国理政方面又作出了进一步部署，在思想理论和大政方针上提出了许多新的思想。因此“四个全面”中每一个“全面”的内涵，都有了进一步的丰富、充实和发展，并表现出许多新的重要的特点。

就概念本身来说，每一个“全面”的概念，都可以回溯到改革开放以来 30 多年的历程。其间，都经历了一个逐步演化的过程。但现在的标准用语，则是十八大以来明确和正式使用的。

其中，“全面建成小康社会”，是十八大正式使用的。“全面深化改革”，是十八届三中全会正式使用的。至于“全面依法治国”，十八届四中全会用的是“全面推进依法治国”，到 2015 年 2 月，才把中间的“推进”两字去掉，正式使用“全面依法治国”。而“全面从严治党”，过去一直提“从严治党”，2014 年 12 月则正式使用了“全面从严治党”。

在每个“全面”逐步发展、逐步明晰的基础上，从 2014 年以来，习近平总书记对“四个全面”进行了重要的整合，明确提出了“四个全面”的概念，从而使“四个全面”成为了一个有机的整体。

根据现有公开的报道，我们大致可以看到习近平总书记逐步提出和论述“四个全面”战略布局的主要过程和节点：

2014 年 8 月，在听取各民主党派中央、全国工商联领导人和无党派人士意见和建议时，习近平总书记明确阐述了全面推进依法治国与全面建成小康社会和全面深化改革的关系，提出十八届四中全会文件要把握好这“三个全面”的逻辑联系。

在十八届四中全会上，习近平总书记在对《中共中央关于全面推进依法治国若干重大问题的决定》作说明时，明确说明起草文件的一个重要考虑，就是要“体现全面建成小康社会、全面深化改革、全面推进依法治国这‘三个全面’的逻辑联系”。

11 月，在福建考察调研时，习近平总书记再次列举了“三个全面”，要求“协调推进全面建成小康社会、全面深化改革、全面推进依法治国进程”。

到 12 月，在江苏考察调研时，习近平总书记在“三个全面”后增加了一个“全面从严治党”，要求“协调推进全面建成小康社会、全面深化改革、全面推进依法治国、全面从严治党，推动改革开放和社会主义现代化建设迈上新台阶”。这是在公开报道中习近平总书记第一次把“四个全面”并提，“三个全面”由此上升成为“四个全面”。

2014 年 12 月 31 日，习近平主席在全国政协新年茶话会上要求：“继续推进全面建成小康社会、全面深化改革、全面依法治国、全面从严治党，突出创新驱动，强化风险防控，加强民生保障，如期完成‘十二五’规划确定的各项目标任务。”

2015 年 2 月 2 日，在省部级主要领导干部研讨班开班式上，习近平总书记作了一个迄今最为明确的说明和界定，指出：“党的十八大以来，党中央从坚持和发展中国特色社会主义全局出发，提出并形成了全面建成小康社会、全面深化改革、全面依法治国、全面从严治党的战略布局。”于是，“四个全面”以战略布局的身份出现在全党全国人民面前。

2015 年 2 月 17 日，在春节团拜会上，习近平主席要求：“按照全面建成小康社会、全面深化改革、全面依法治国、全面从严治党的战略布局，更加扎实地推进经济发展，更加坚定地推进改革开放，更加充分地激发创造活力，更加有效地维护公平正义，更加有力地保障和改善民生，更加深入地改进党风政风。”

2015 年 3 月 28 日，在博鳌亚洲论坛 2015 年年会上的主旨演讲中，习近平主席又进一步把“四个全面”战略布局向世界作了介绍和宣示：“中国人民正在按照全面建成小康社会、全面深化改革、全面依法治国、全面从严治党的战略布局，齐心协力为实现‘两个一百年’奋斗目标、实现中华民族伟大复兴的中国梦而奋斗。”

“四个全面”既包含党和国家长远的发展方向和目标，坚持了改革开放以来建设中国特色社会主义的战略规划，又突出了当前和今后一个时期的主攻方向、重点领域和关键环节。涵盖内容广泛，主题集中鲜明，为推动改革开放和现代化建设迈上新台阶、开创新局面，提供了顶层设计和战略导引。因此，对于党和国家的全部工作都具有重要的指导意义。

三、辩证统一的逻辑关系

“四个全面”作为战略布局，当然应该是一个严密的整体。“四个全面”之间，必然有着内在的联系。要全面把握“四个全面”的精神实质和基本要求，就必须科学把握“四个全面”的逻辑关系。

那么，“四个全面”相互之间是什么样的关系？整体上是一种什么样的逻辑结构呢？

对此，习近平总书记在省部级主要领导干部研讨班开班式上亲自作了说明。他指出：这个战略布局，既有战略目标，也有战略举措，每一个“全面”都具有重大战略意义。全面建成小康社会是我们的战略目标，全面深化改革、全面依法治国、全面从严治党是三大战略举措。

习近平总书记的这个说明，清楚界定了每个“全面”的地位、作用，也从总体上界定了“四个全面”相互之间的逻辑关系。

从单个来说，“四个全面”的每一个都具有重要的战略地位和意义。

全面建成小康社会。这是十八大提出的到2020年的总目标，同时，也是实现社会主义现代化的一个阶段性的任务。这个目标包括经济持续健康发展，人民民主不断扩大，文化软实力显著增强，人民生活水平全面提高，资源节约型、环境友好型社会建设取得重大进展等一系列要求。因此，全面建成小康社会，就要全面推进经济、政治、文化、社会、生态文明等各方面的建设进程。

全面深化改革。十八大规定的到2020年的目标，同时包含发展目标和改革目标两个方面。报告这一部分的小标题就是：“全面建成小康社会和全面深化改革开放的目标”。全面建成小康社会，必须以更大的政治勇气和智慧，不失时机深化重要领域改革，坚决破除一切妨碍科学发展的思想观念和体制机制弊端，构建系统完备、科学规范、运行有效的制度体系，使各方面制度更加成熟、更加定型。不全面深化改革，全面建成小康社会的目标就很难实现。

全面依法治国。它是全面建成小康社会、加快推进社会主义现代化的重要保证，也是解决发展中面临的一系列重大问题，解放和增强社会活力、促进社会公平正义、维护社会和谐稳定、确保国家长治久安的根本要求。要保持我国经济社会长期持续健康发展势头，不断开拓中国特色社会主义更加广阔的发展前景，就必须紧密结合全面深化改革工作部署，夯实党和国家长治久安的法治基础。

全面从严治党。党是中国特色社会主义事业的领导核心。党的形象和威望、党的创造力凝聚力战斗力不仅直接关系党的命运，而且直接关系国家的命运、人民的命运、民族的命运。在新的历史起点上，党面临着执政考验、改革开放考验、市场经济考验、外部环境考验这四大考验，同时面临着精神懈怠危险、能力不足危险、脱离群众危险、消极腐败危险这四大危险。只有增强忧患意识，坚持全面从严治党，才能使党永远立于不败之地。

从相互关系来说，“四个全面”之间都有紧密的联系，必须相互配合，相互协调，互相渗透，共同推进。

总体上，全面建成小康社会是实现社会主义现代化和中华民族伟大复兴中国梦的阶段性战略目标，是现阶段党和国家事业发展的战略统领；全面深化改革是实现战略目标的关键一招、动力之源；全面依法治国是实现战略目标的基本方式、可靠保障；全面从严治党是发挥领导核心作用、为实现战略目标提供坚强组织保证的关键环节和根本前提。

在“四个全面”中，全面建成小康社会是战略目标，其他三个“全面”是战略举措。全面深化改革、全面依法治国、全面从严治党，作为三大战略举措，都要为全面建成小康社会服务，也要体现在全面建成小康社会的进程中。三大举措实施得不好，全面建成小康社会的进程就要受到影响，目标就不能保证实现。

全面深化改革，作为全面建成小康社会的动力之源，要为全面建成小康社会服务，也要贯穿在全面依法治国和全面从严治党中间。要通过全面深化改革推进全面依法治国，也要以改革创新的精神推进全面从严治党。通过全面深化改革推动建设社会主义法治国家，保持和发展党的先进性，提高党的领导水平和执政能力。

全面依法治国，才能为全面建成小康社会、全面深化改革、全面从严治党提供稳定、可靠的制度和法治保障，确保其他三个“全面”都在法律制度的轨道上运行。全面依法治国，也要坚持改革方向和问题导向，制定和实施具有重要意义的改革举措。全面深化改革，必须正确处理改革创新与于法有据的关系，确保全面深化改革在法治的轨道上进行，并提高法治化水平。

全面从严治党，在“四个全面”中处在总揽全局、协调各方的地位，起着关键性的作用。全面建成小康社会，全面深化改革，全面依法治国，都要靠党的坚强有力的领导，靠党的自身的先进性和纯洁性。党只有提高执政能力和领导水平，才能更好地领导其他几个“全面”的建设。反过来，党自身也必须以改革创新的精神，深化党的制度和其他各方面的改革。党必须在宪法法律范围内活动，依宪治国、依宪执政。把权力关进制度的笼子里，决不能脱离全面依法治国的轨道。

厘清“四个全面”的逻辑关系，关键是要把握“四个全面”战略布局的整体性、系统性和协同性。

中国特色社会主义事业、社会主义现代化建设，都是一个由各方面事业、工作，各领域建设、发展构成的统一整体。每一个方面、每一个领域、每一个区域、每一个部门，都有着紧密的联系，围绕着总的目标和任务展开，同时，相互之间又互相渗透、互相影响。每个部分都是局部，但局部连结起来就构成统一的整体。整体有赖于局部，局部服从于整体。所以，作为中国特色社会主义总体谋划和安排的总体布局，当然也就必然是一个严密的整体。必须始终以整体的眼光来领会和把握这个战略布局，正确处理好部分与部分、部分与整体的关系，把中国特色社会主义事业整体性地推向前进。

在中国特色社会主义事业的整体中，包含着许多不同层面和方面的系统。“四个全面”涵盖和囊括了所有的大系统。每个“全面”本身，也是一个个大系统。每个系统都由一系列有机联系的要素构成，各个要素不是孤立地存在着，而是在系统中都处于一定的位置上，起着特定的作用。要素之间相互关联，构成了一个不可分割的整体。实施“四个全面”，始终要有系统的观点和眼光，认真分析系统的结构和功能，研究系统、要素、环境三者的相互关系和变动的规律性，利用这些特点和规律去控制、管理、改造或创造某个系统，及时调整系统结构，协调要素关系，使系统达到优化目标，发挥“整体大于部分之和”的功能。

既然“四个全面”的战略布局具有整体性、系统性，那其中的各个系统、各个方面当然就要协同。协同，即谐调一致、和合共同，互相配合、协助会同，是指协调两个或者两个以上的不同资源或个体，协同一致地完成某一目标的过程或能力。协同，无论对自然还是对社会，都是非常重要的。没有协同，人类就不能生存，生产就不能发展，社会就不能进步。所以，习近平总书记提出“四个全面”，基本的要求就是协同、协调。“把握好逻辑联系”“凝心聚力”“协调推进”等，强调的都是这种协调、协同的意思。“四个全面”，每个都有巨大的重要性，让每个“全面”都能够协调一致，构成一个战略性的整体和全局，则具有更大的重要性。正因为如此，将“四个全面”有机地配合起来、协调推进，也就具有更大的复杂性和挑战性。所以，理解和把握“四个全面”战略布局，必须高度重视“四个全面”的协调问题，做好协调推进的大文章。

四、一条主线串起的升级版

“四个全面”战略布局，贯穿着一条中国特色社会主义的主线，是在中国特色社会主义的土壤中产生的，是中国特色社会主义发展的重要成果。理解和把握“四个全面”战略布局，要与对中国特色社会主义的认识和把握联系在一起。

因此，当我们从横的角度全面学习和研究了“四个全面”战略布局后，有必要进一步用历史的眼光，从中国特色社会主义伟大事业发展进程的角度来考察这一战略布局蕴含的意义和价值。

首先，“四个全面”战略布局是过程论与阶段论的统一。

研析“四个全面”战略布局，不仅要以实时性眼光考察它的静态结构，而且应该用历时性的眼光，考察它的动态结构。

创立、坚持和发展中国特色社会主义的历程，全面建成小康社会进而实现现代化的历程，走向中华民族伟大复兴的历程，都有三个进行时：过去进行时、现在进行时、将来进行时。中国所有的事业，过去在前进，现在在前进，将来仍将继续前进。

每一个阶段的前进，都需要有科学的谋划和战略的导引，因此，也都需要某种宏大长远的战略布局。这种战略布局，不是瞬时一闪而过的，而是在一定时间长远起作用的。这种战略布局的科学性越强，延续的时间就越强，发挥的作用就越大。同时，任何战略构想和布局，都有一定的针对性，都是为了解决一定时期的问题和任务而作的部署和安排。因此，任何战略构想和布局都不会停留在某一个特定的阶段上。它的内容和要求都会与时俱进，不断上升到新的台阶和高地，展示出新的更高的境界。

从过程论与阶段论相结合的角度来看，“四个全面”战略布局与“小康社会—全面小康—实现现代化—中华民族伟大复兴”的历史进程联系在一起。实施这个战略布局，是适应和伴随着这样一个历史进程而产生的，对推进这样一个重大的历史进程有着重大的意义。

按照过程论与阶段论相结合的思想，我们可以看到，“四个全面”战略布局具有历史的连贯性，每个“全面”的内涵都经历了长时间的实践过程，但每个“全面”又都在新的历史条件下做了充实、丰富和发展，呈现出新的面貌和特点。尤其是将“四个全面”整合起来，形成一个完整的整体，便出现了一个带有质的性质的跃升，具有了更高层次的境界和意义。

因此，按照过程论与阶段论相结合的思想展望未来，“四个全面”战略布局，将会对中国各方面的事业产生长远的影响。同时，随着时代条件和历史任务的变化，“四个全面”战略布局也一定会与时俱进，不断地适应形势发展和任务的变化，走在时代和历史的前列。

第二，“四个全面”战略布局体现了社会主义历史逻辑和理论逻辑的统一。

“四个全面”战略布局，既体现了社会主义的历史逻辑，又体现了社会主义的理论逻辑，把社会主义的历史逻辑和理论逻辑有机地结合在一起。

“四个全面”战略布局，就其性质而言，它坚持了社会主义的本质，抓住了始终解放和发展生产力这一关键和中心任务；就其目标而言，它把人民的利益和愿望摆在首位，坚持全面建成小康社会，并向建成富强民主文明和谐美丽的社会主义现代化强国前进；就其发展的动力和源泉而言，它正确处理生产力与生产关系、经济基础与上层建筑这一矛盾关系，坚持通过生产关系和上层建筑的变革来促进社会的发展进步；就其规范和保障而言，它推进全面依法治国，确保实现社会的公平正义，使整个国家和社会都在法治的轨道上运行；就其主体力量而言，它坚持以人为本、执政为民，依靠人民推进各项事业，同时，又发挥马克思主义政党的领导核心作用，全力加强党的自身建设，确保党的先进性，不断提高党的领导水平和执政能力。

因此，“四个全面”战略布局，从社会主义的历史深处走来，又向社会主义的未来深处走去，是社会主义的新蓝图、新谋划、新实践。

第三，“四个全面”战略布局是中国特色社会主义战略部署的又一个升级版。

“四个全面”战略布局是与中国特色社会主义紧紧联系在一起的，充分体现着和实现着坚持和发展中国特色社会主义的内在要求。“四个全面”战略布局是坚持和发展中国特色社会主义的基本框架，承载着把中国特色社会主义伟大事业推向前进的历史使命。对“四个全面”战略布局，不能离开中国特色社会主义来孤立地认识、理解和实施，而必须始终把它与中国特色社会主义联系和结合在一起，在中国特色社会主义的历史进程和战略布局中来认识和把握。

“四个全面”战略布局是在中国特色社会主义发展的历史进程中形成的，是中国特色社会主义发展的产物。它集中体现了在新的历史起点上奋力开拓中国特色社会主义新发展、新境界的决心，是把中国特色社会主义伟大事业不断推向前进的理想、规划和部署，是中国特色社会主义高度政治自觉、历史自觉、理论自觉、文化自觉的现实体现。推进中国特色社会主义伟大事业的目标、构想、原则、任务，都可以也应该在“四个全面”战略布局中体现出来。

因此，“四个全面”战略布局，从根本上来说，是坚持和发展中国特色社会主义的战略布局，是在新的历史征程上开创中国特色社会主义新局面的升级版。

第四，“四个全面”战略布局是坚持和发展中国特色社会主义的基本抓手。

在新的历史起点上，坚持和发展中国特色社会主义，就要坚定贯彻落实“四个全面”战略布局，按照“四个全面”战略布局，全面推进经济、政治、文化、社会、生态文明等各方面的建设，全面推进建设小康、深化改革、依法治国、从严治党的进程。通过贯彻落实“四个全面”战略布局，使中国特色社会主义伟大事业不断前进，创造更大的辉煌。只有贯彻落实好“四个全面”战略布局，才能真正坚持和发展中国特色社会主义。

因此，我们一定要以坚持和发展中国特色社会主义的高度自觉性和决定性，把“四个全面”战略布局学习好、领会好、贯彻好、落实好。要清醒认识目前我国在本国发展进程和世界舞台上所处的历史方位，坚定中国特色社会主义共同理想，增强克服任何艰难险阻、不断创造更大辉煌的信心和勇气；要坚定贯彻党在社会主义初级阶段的基本路线，紧紧抓住发展这个第一要务，在以经济建设为中心与坚持改革开放和坚持四项基本原则的统一中推进中国特色社会主义伟大实践；要加快转变经济发展方式，加快经济结构战略性调整，加快科技进步和创新，加快建设资源节约型、环境友好型社会，保持经济社会的长期平稳较快发展，保证“十三五”规划目标和任务的实现；要坚持不懈把改革创新精神贯彻到治国理政各个环节，坚定信心、砥砺勇气，明确深化改革开放的重点和突破口，加强改革开放的顶层设计，提高改革决策的科学性，增强改革措施的协调性，不失时机地把改革开放推向前进；要坚持不懈把以人为本作为中国特色社会主义的核心要求，高度重视保障和改善民生，正确处理社会矛盾，促进社会公平正义，实现改革发展稳定的统一；要坚持不懈统筹国际国内两个大局，坚定不移走和平发展道路，始终不渝奉行互利共赢的开放战略，妥善应对和处理国际环境提出的各种课题和矛盾，积极发展与世界不同国家的友好合作关系，推动建设持久和平、共同繁荣的和谐世界。

第五，把中国特色社会主义的大文章写在“四个全面”的战略布局上。

习近平总书记说，坚持和发展中国特色社会主义是一篇大文章。

“四个全面”战略布局，就是写中国特色社会主义大文章的谋篇布局。贯彻落实“四个全面”战略布局，根本上就是要写好中国特色社会主义的好文章、长文章、大文章。

中国特色社会主义的大文章写在哪里？我们说，既写在实践中，也写在理论上，现在我们还可以更加集中地说，写在“四个全面”的战略布局上。

“四个全面”战略布局是在新的历史起点上坚持和发展中国特色社会主义的总体部署和安排。在新的历史征程上高举中国特色社会主义伟大旗帜，就要更好地贯彻落实“四个全面”战略布局。

中国特色社会主义的文章，按照邓小平的说法，要几代、十几代、几十代地写下去，因此比“四个全面”战略布局的文章可能会更长。但“四个全面”战略布局也可以随着时代的发展有层层递进的 1.0 版、2.0 版、3.0 版……不管什么版，只要写好了，中国特色社会主义这篇文章也就写好了。“四个全面”战略布局的文章写得多好，中国特色社会主义这篇文章也就会写得多好。

第五章

中国发展的战略抉择

——改革开放

一、决定中国命运的关键一招

当代中国所有的发展战略，都与一个强劲的动力变革联系在一起。这就是改革开放。

改革开放，是中国历史发展的必然选择，是决定中国命运的关键一招。

1978年9月18日，时任中共中央副主席、国务院副总理的邓小平，在拨乱反正的关键时刻，亲临鞍山视察。

当时的鞍山市委领导人沈越一见邓小平，就愧疚地说："小平同志，前年'批邓'的时候，我也批了。想起您对鞍钢建设和发展的支持，真是太不应该……"

"不，这不是你们的错。这是中央的事。"邓小平安慰说，"你是市委第一书记，中央要批，你能不执行吗？"在场的人都会意地笑起来。

邓小平视察了鞍钢，听取了汇报，着重就新形势下鞍钢的改造和发展问题作了重要指示，从中展示了邓小平对发展国有企业的一系列重要思路。

"全国准备引进几百上千个项目，你们算是个大项目，60亿美金。""但是有一点，凡是引进的必须是革命，不是改良。""要以70年代先进水平为起点，采用当代世界最先进技术、设备、工艺，改造和建设鞍钢，使鞍钢成为老企业改造的样板。"

他还问道："美国矿山技术，年产1亿吨矿石，要用多少工人？"

鞍钢的负责人回答："不到1万人。"

"我再加一个。1万零1个人，怎么样？引进先进技术，一定要按照他们的先进管理方法，先进经营方法，先进定额，总之按照经济规律管理经济。要减人，减机构。”“现代化，自动化，人多不行，管理不好。”

不到一个月，1978 年 10 月，中断 20 多年的工会组织恢复活动，召开了中国工会第九次全国代表大会。邓小平受党中央、国务院委托，到会发表祝词。

就在这篇祝词中，邓小平第一次提出了改革的要求，明确指出：“各个经济战线不仅需要进行技术上的重大改革，而且需要进行制度上、组织上的重大改革。”

工会代表们听了邓小平的讲话特别是对改革的论述，无不如耳闻初春的惊雷，感到极大的振奋，一致要求尽快印发这篇祝词。全国总工会主席倪志福将打印出来的祝词送给邓小平作了最后的审定。

一个多月后，邓小平的这个思想在中央工作会议和十一届三中全会上，成为全党的共识。全会在实现伟大历史转折的同时，对我国经济管理体制的弊端进行了分析，提出了经济体制改革的方向和任务。一场新的伟大的革命就此拉开了序幕。

无独有偶，就在中央高层思路大调整的同时，社会底层的一股春潮也开始涌动。

1978 年，安徽遭到百年不遇的特大旱灾，全省受灾面积 6000 多万亩。9 月 1 日，省委常委召开紧急会议，研究如何度过灾荒。万里很动感情地提出：“与其抛荒，倒不如让农民个人耕种，充分发挥各自潜力，尽量多种‘保命麦’度过灾荒。”

于是，省委作出了“借地种麦”的决定。将凡是集体无法耕种的土地，借给农民种麦种菜，鼓励多开荒，谁种谁收。

闸门一开，水既流出，就再也收不回来了。正是省委的这一决定，直接引发了农民大包干的浪潮。

肥西县山南区，农民普遍要求像 1961 年那样包产到户。有几个公社顶住压力悄悄干，使当年的小麦和油菜全部播种完毕。但当时的中央和省委文件都规定“不准包产到户，不准联产计酬”，农民都希望再进一步把“两个不准”去掉。

1978 年 11 月 24 日，凤阳县梨园公社小岗生产队的 18 户农民聚集在一间小屋里，召开秘密会议，起草了一份保证书，然后用他们长满老茧的手，在这份“绝密”文件上按下了手印。

“我们分田到户，每户户主签字盖章，如以后能干，每户保证完成每户的全年上交和公粮，不在（再）向国家伸手要钱要粮（，）如不成，我们干部作（坐）牢杀头也干（甘）心，大家社员也保证把我们的小孩养活到十八岁。”

包产到户引起了强烈的反响。上至中央，下至基层，都有不同意见。但万里主政的安徽省委，坚定不移地给予支持。

实践显示了成效。由于实行“包产到户”和“联产计酬”的农业生产责任制，1979 年，安徽省粮食总产达 320 亿斤，超额完成国家计划。没有实行责任制的霍邱县大大减产，但该县的周集地区包产到户，增了产。

一场规模宏大的改革浪潮，由此拉开了序幕。

改革开放是决定中国命运的一招。十一届三中全会以来中国共产党制定的一系列新的方针政策，概括起来，就是改革开放。改革是推动社会主义发展的动力，是中国的第二次革命。

新中国建立以后的几十年间，中国的社会主义建设取得了很大的成就。但也走过了曲折的道路，所取得的成绩与人民的希望和要求还有差距，这种曲折和差距，既与指导思想上的失误有关，也与体制上的弊端有关。邓小平总结历史的经验教训，指出：我国原有的经济社会体制有自己的长处，在历史上也起过积极的作用。但是，由于照抄照搬别国模式和“左”的思想逐渐抬头，形成了过分单一的所有制结构和过分单一的计划经济体制。经济上缺乏活力，政治上过分集中，分配上吃大锅饭，管理上缺乏效率，越来越严重地束缚生产力的发展。几十年的实践证明，旧的一套是不成功的。因此，邓小平明确断定："不改革就没有出路。"[①]"如果现在再不实行改革，我们的现代化事业和社会主义事业就会被葬送。"[②]

1978年12月召开的十一届三中全会，实现了建国以来党的历史上具有深远意义的伟大转折。全会重新确立解放思想、实事求是的思想路线，作出了把党和国家工作重点转移到社会主义现代化建设上来的战略决策。尤其是全会作出实行改革开放的新决策，使中国开始了从"以阶级斗争为纲"到以经济建设为中心，从僵化半僵化到全面改革，从封闭半封闭到对外开放的历史性转变。十一届三中全会成为新时期的开始，也成为中国特色社会主义开始创立的标志。

1985年11月11日上午，邓小平会见美国前国务卿亨利·基辛格。在谈到中国改革问题时，基辛格说：像中国这样大规模的改革是任何人都没有尝试过的，世界上还没有别的国家尝试过把计划经济和市场经济结合起来。这是一个有历史意义的事件，因为你们的尝试是一个全新的试验。如果你们成功了，就将从哲学上同时向计划经济国家和市场经济国家提出问题。邓小平回答说："不说是个伟大的试验，但确实是个重大的试验。"

十一届三中全会之后34年，中共十八大结束不久，新任总书记习近平第一次到地方调研考察，就选择在改革开放中得风气之先的广东。他一路紧随邓小平的足迹，考察调研，指点江山，高度肯定改革开放的伟大意义。习近平总书记明确指出："改革开放是当代中国发展进步的活力之源，是我们党和人民大踏步赶上时代前进步伐的重要法宝，

①《邓小平文选》第3卷，人民出版社，1993年版，第237页。
②《邓小平文选》第2卷，人民出版社，1994年版，第150页。

是坚持和发展中国特色社会主义的必由之路。”

“改革开放是当代中国发展进步的活力之源”，这与邓小平同志当年所说的“改革开放是决定中国命运的一招”，有异曲同工之妙。其内涵和本质是完全一致的，都深刻揭示了新时期中国发展进步的最根本动力和源泉。

二、不断深化的改革历程

从中共十一届三中全会到现在，改革开放已经持续了将近40年。如果要分阶段的话，我认为大致可以分为“3+1”阶段。

第一个阶段，从十一届三中全会到十三届四中全会，是改革开放起步和全面展开的阶段。

粉碎“四人帮”以后，全国上下开始拨乱反正的进程。恢复高考，平反冤假错案，真理标准讨论，调整经济政策，进而把改革开放的任务提上了日程。

1978年的十一届三中全会，实现了新中国成立以来党的历史上具有深远意义的伟大转折，从而成为改革开放和现代化建设新时期的开端。

新时期的改革首先从农村开始。在高层领导的支持下，农民实行家庭联产承包责任制。从1985年开始，实行农村经济第二步改革，改革实行了30多年的农产品统派统购制度。

农村改革的成功经验，为整个经济体制改革提供了重要经验和有利条件。党的十二大后，以城市为重点的经济体制改革全面展开。1984年的十二届三中全会通过《关于经济体制改革的决定》，突破把计划经济同商品经济对立起来的传统观点，确认中国社会主义经济是公有制基础上的有计划的商品经济。在《决定》精神指导下，重点扩大企业的生产经营自主权。同时，在计划、财政、税收、价格、金融、商业、劳动工资等方面，也进行了不同程度的改革。

在改革的同时，实行对外开放的政策。从广义上说，开放也是改革。对外开放的主要形式有利用外资、引进技术、对外贸易、创办经济特区等多种。特别是经济特区，成为改革开放的一大特色和排头兵。

第二个阶段，从十三届四中全会到十六大，是改革开放以建立社会主义市场经济为主线深入发展的阶段。

这13年的历史可以分为1989—1992年、1992—1997年、1997—2002年三个小阶段。但这个历史时期与邓小平时期有一定的交叉。尤其是1989—1992年，邓小平作为改革开放的总设计师，对改革开放仍然发挥了重要的指导作用。特别是1992年的南方谈话，对推进改革开放的历史进程起了巨大的作用。以邓小平南方谈话和党的十四大为标志，改革开放和现代化建设进入新的发展阶段。

这一阶段的改革开放是以建立社会主义市场经济体制为主线全面和深入展开的。

从1979年开始，邓小平先后6次论述了市场经济问题。在1992年的南方谈话中，鲜明地指出："计划经济不等于社会主义，资本主义也有计划；市场经济不等于资本主义，社会主义也有市场。"社会主义能不能搞市场经济的问题，就此一锤定音。1992年10月，十四大庄严宣告：中国经济体制改革的目标是建立社会主义市场经济体制。随后，十四届三中全会通过《关于建立社会主义市场经济体制若干问题的决定》，勾画了社会主义市场经济体制的蓝图和基本框架。

按照建立社会主义市场经济的目标和框架，党中央带领全国人民全面推进农村、国有企业、财政、税收、金融、外贸、外汇、投资、价格、社会保障、住房、科技、教育等各方面体制的改革。坚持从实际出发，整体推进，重点突破，循序渐进，注重制度建设和创新，努力使市场在国家宏观调控下对资源配置起基础性作用。

第三个阶段，从十六大到十八大，是改革开放沿着科学发展道路继续推进的阶段。

把深化改革开放与科学发展、促进和谐结合起来，是这一阶段改革开放最大的特点。

科学发展与促进和谐给深化改革提出了新的任务和要求。这一阶段的改革开放，坚持以科学发展观为指针，既适应科学发展、促进和谐的要求深化改革，又通过改革开放保障科学发展、促进和谐。更加注重城乡、区域、经济社会协调发展，更加注重资源节约和环境保护，更加注重经济结构调整和自主创新，更加注重以人为本和改善民生，更加注重统筹国内国际两个大局。

与此同时，这一阶段的改革开放，仍然围绕“完善”社会主义市场经济这条主线不断深化。1993 年，党的十四届三中全会通过的文件，题目是《关于建立社会主义市场经济体制若干问题的决定》。10 年后，2003 年的十六届三中全会，又通过了一个《关于完善社会主义市场经济体制若干问题的决定》。两个《决定》在标题上就差一个词：一个是“建立”，一个是“完善”。一词之差，浓缩了中国社会主义市场经济发展的历史进程，标志着中国的经济体制改革跨入了一个新的历史发展阶段。

十八大之后，特别是十八届三中全会之后，改革开放进入了全面深化的新阶段。

中共十八大提出了全面建成小康社会和全面深化改革开放的目标，强调必须以更大的政治勇气和智慧，不失时机深化重要领域改革。习近平总书记指出，改革开放只有进行时，没有完成时。面对新形势新任务，我们必须通过全面深化改革，着力解决我国发展面临的一系列突出矛盾和问题，不断推进中国特色社会主义制度自我完善和发展。

2013年，中共十八届三中全会就全面深化改革问题作出重要决定，改革开放在新的历史起点上以更大的规模全面展开。

十八大后，我曾提出：从十八大开始的新一轮改革会不会成为中国改革开放的第四个阶段？现在看来，完全可以这样认为了。十八届三中全会对改革所作的顶层设计内容丰富、范围广泛，而且有相当的深度。经过梳理需要落实的事项有336项之多，如果都能得到实施，中国的面貌将会发生更加广泛的变化。所以，全面深化改革，将是十一届三中全会以来中国改革开放的第四个阶段。

由于这一阶段的全面深化改革还在展开和发展中，所以还没有成为一个完整的阶段。因此，从十一届三中全会以来的改革开放，总体上就是“3+1”阶段。

回顾改革开放兴起发展的历程，我们可以看到，中国改革开放的兴起是历史的必然和时代的要求；改革开放经历了不同的发展阶段，每个阶段都有内在的连贯性，又有不同的特点；40年来的改革开放总体上呈不断发展、不断深化、不断前进的态势；现在，改革开放的任务还没有完成，目前的改革正在更加全面地展开，有可能取得更大的成效。

回顾历史是为了服务现实。2012年12月31日，习近平总书记主持中央政治局第二次集体学习时指出：“历史、现实、未来是相通的。历史是过去的现实，现实是未来的历史。要把党的十八大确立的改革开放重大部署落实好，就要认真回顾和深入总结改革开放的历程，更加深刻地认识改革开放的历史必然性，更加自觉地把握改革开放的规律性，更加坚定地肩负起深化改革开放的重大责任。”

三、生活自身的逻辑

历史有它自身的逻辑，改革的兴起和发展，完全是历史逻辑自身的要求。

这个逻辑，也许可以说得玄而又玄，但其实非常简单，即，它只不过是生活本身的逻辑，也就是人的最基本的需求而已。

比如，所有制历来被当作传统理论最核心的问题，围绕着这个核心，我们筑起了似乎不可触碰的一堵高墙。但只要把生活的逻辑摆在改革的基点上，这堵高墙就立刻让路，多种所有制经济便应运而生。

中华人民共和国成立之初，由于战争造成的破坏，城市失业工人达400万，占1949年底在业职工人数的一半；农村的破产农民几千万，城市新增失业人数也超过了100万。经过政府各方面的努力，到50年代中期，城镇待业由1952年的13.2%降至1957年的5.9%，400万失业人员基本上得到安置。

“二五”计划期间（1958—1962年），由于“左”的思想的影响，在劳动就业工作中提出了“人人有事做，处处无闲人”的不切实际的口号，致使1958—1960年职工增加2500万人。“三年困难”时期，不得不精简了2000多万职工。

70年代末至80年代初，“文化大革命”期间上山下乡的几千万知识青年返城，使1979年的失业人数达到1538万人，失业率达5.9%。经过1979—1985年7年时间的努力，城镇新就业人数达到5451万人，失业人数减到238.5万人，失业率由6.4%下降到1.8%。

大批知识青年返回城镇后，要吃饭、要生活，自然就需要安排工作；城镇现有的大批人口也逐渐进入就业年龄，急需政府给予安置；此外，还有“文革”期间全国招收了很多农民进城务工，使不少部门劳动力富余。这几大因素，造成了全国劳动力就业的严重困境。

无论讲何种道理、提何种口号，吃饭总是第一位的。多少年来，由于实行严格的计划经济和政府管制，所有人的就业必须由政府来安排，任何人不允许自谋职业、自主创业。现在，面对着这么大批人口的就业问题，政府还能包得下来吗？光靠国营、集体经济能解决他们的工作岗位吗？答案显然是否定的。因此，只能“八仙过海，各显神通”了。

于是，回到城市的知识青年们，只能自己去修鞋、修车、卖茶叶蛋……北京前门的“大碗茶”，就是为解决回城知青的工作而办起来的。

但在高度集中、严格管控的社会里，所有这些工作，都要有一份官方的通行证和护身符。于是，1979 年，国务院批转全国工商局长会议的报告，允许一些有正式户口的闲散劳动力从事修理、服务等个体手工劳动，以解决一部分人的就业问题。

1980 年 6 月，中共中央召开全国劳动就业工作会议，提出要改革劳动就业制度，摒弃“统包统配”的方式，实际上把发展个体经济作为解决就业问题的一条重要渠道提了出来。

1981 年，国务院公布《关于城镇非农业个体经济若干政策性规定》，提出：个体经济“一般是个人经营或家庭经营；必要时，经过工商行政管理部门的批准，可以请一至两个帮手；技术性较强或者有特殊技艺的可以带两三个最多不超过五个学徒”。这项政策虽然有限制性规定，但不仅肯定了个体经济的合法存在，而且实际上为雇工开了一条门缝。

1978 年，全国城乡个体户近 14 万。到 1981 年，即发展为 182.9 万户、227.4 万人。

生活给思想出了一道尖锐的问题：怎样看待雇工问题？能否承认雇工大户的合法地位？

党内外对此都有不同的看法。1982 年，经邓小平提出，中央政治局讨论并通过了对私营企业采取“看一看”的方针。

1982 年 9 月，中共十二大提出：“在农村和城市，都要鼓励劳动者个体经济在国家规定的范围内和工商行政管理下适当发展。”

同年，全国人大五届五次会议通过的《中华人民共和国宪法》第十条规定：在法律规定范围内的城乡劳动个体经济是社会主义公有制经济的补充。国家保护个体经济的合法的权利和权益。

这一规定意味着首先正式承认了个体经济的合法地位，从而使个体户进入高速发展的状态。

生活是需要务实的。务实的精神开始表现在政策上，更出现在生活中。

200 万浙江农民，凭借一技之长，跨县出省，走向全国，修鞋、弹棉花、开发廊、做服装、配眼镜，形成号称“二百万”的“浙军”。

随之，又有了“川军”出川，“湘军”离湘。

城镇的各种摊位店铺像雨后春笋般涌现出来，在很多街道上达到鳞次栉比的地步。

1987 年，中共十三大第一次公开明确地承认私营经济的合法存在，并提出党对私营经济的基本政策是鼓励、保护、引导、监督和管理。

不久，根据十三大的建议，1988 年的全国人大七届一次会议修改宪法，规定“国家允许私营经济在法律规定的范围内存在和发展。私营经济是社会主义公有制经济的补充。国家保护私营经济的合法权利和利益，对私营经济实行引导、监督和管理”。

从此，私营经济进入了合法发展的阶段。1989 年，全国私营企业户数达到 9 万户，从业人员 185 万人。在治理整顿期间，私营企业一直稳定在 10 万户左右。

1984 年，在北京诞生了我国第一家由全民所有制企业改造而成的股份制企业——北京天桥百货股份公司。1984 年 11 月，上海飞乐音响公司改制为股份有限公司，向公众发行 50 万元股票，成为我国第一家向公众发行股票的股份公司。

股票的发行必然带来股票市场的降生。股票发行是一级市场。股票交易是二级市场。如果没有股票交易的市场，金融市场乃至市场经济是难以运转起来的。

1986 年 11 月，美国证券大王——纽约证券交易所董事长范尔霖率团访华。他给邓小平带来了两件特殊的礼物：纽约证券交易所的一枚证章和一本证券样本。

范尔霖心中颇有点忐忑不安。股票、证券交易，在中国长期被当作资本主义的东西。邓小平会收下这种礼物吗？

使他十分高兴的是，在会见中，邓小平不仅收下了，而且还回赠了他一份新中国发行的第一张股票——5 元面值的飞乐股票。

当天的电视新闻中，人们只看到邓小平向范尔霖赠送了一份礼物，但送的是什么，并不清楚。

然而，此举在国外却引起了广泛的关注和兴趣。《朝日新闻》发表整版评论，称中国企业将全面推行股份制，中国经济终将走向市场化。

邓小平赠送的虽然仅是面值 5 元的股票，但其实际价值却无可估量。范尔霖当即改变行程，直奔上海西康路 101 号，亲自办理了股票转让手续。

1990 年 12 月 19 日，共和国第一家证券交易所——上海证交所正式开张营业。1993 年交易额达到 5200 亿元，全市股票上市品种达到 129 个，证券交易会员 481 家，交易席位达到 2554 个。

1997 年，中共十五大把公有制为主体、多种所有制经济共同发展确定为我国社会主义初级阶段的一项基本经济制度，提出公有制实现形式可以而且应当多样化，非公有制经济是社会主义市场经济的重要组成部分，要把按劳分配和按生产要素分配结合起来。通过实行这一基本的制度，逐步消除了所有制结构不合理所造成的羁绊，进一步解放和发展了我国的生产力。

所以，中国的改革开放，实际就是生活的逻辑。这种逻辑，是简单的，但也是不容阻挡的。

四、市场经济是洪水，但不是猛兽

曾几何时，市场经济被多数人视为洪水猛兽。社会主义能不能搞市场经济？老祖宗没有说过，自然就谁也不能实行。但生活，又向这一教条发起了冲击。

有人从业、有人买卖、有人生产、有人经营……所有这些，都要有市场。

于是，1978 年底和 1979 年初，当改革的春潮正在涌动之时，中国经济界已有人提出市场经济的概念。

1979 年 2 月、4 月，在四川成都和江苏无锡的讨论会上，不少人提出:“市场经济是社会主义商品经济的必然产物。”“只要社会主义实行商品制度，市场经济的存在就是不可避免的，要人为地取缔它，是办不到的。”“在社会主义商品经济中，市场经济的性质同资本主义是有本质区别的。”“社会主义市场经济是建立在生产资料公有制的基础上的新型的市场经济。”

但是，由于对市场经济问题有明显的不同意见，这些观点在这之后的一段时间内沉默了。①

① 参见 1979 年 3 月 17 日《光明日报》的报道《计划经济与市场经济能不能结合？》。

当我们的大多数人头脑中还视“市场经济”为洪水猛兽的时候，邓小平，这位改革开放的总设计师，思想却极为解放，眼光却极为深邃。从1979年开始，他先后6次论述了市场经济问题。

1994年11月，《邓小平文选》第二卷修订再版时，收进了邓小平15年前的一篇谈话，标题赫然就是:《社会主义也可以搞市场经济》!

1979年11月26日，邓小平会见来访的美国不列颠百科全书出版公司编委会副主席吉布尼和加拿大华裔教授林达光。席间，吉布尼含蓄地问道，中国将来某个时候会不会在继续社会主义计划经济的同时，也发展某种形式的市场经济？林达光则更加直接地问道:“您是不是认为过去中国犯了一个错误，过早地限制了非资本主义的市场经济，这方面限制得太快，现在就需要在社会主义计划经济的指引之下，扩大非资本主义的市场经济作用？”

面对这种单刀直入的进逼，邓小平从容不迫，胸有成竹地侃侃而谈:“说市场经济只存在于资本主义社会，只有资本主义的市场经济，这肯定是不正确的。社会主义为什么不可以搞市场经济，这个不能说是资本主义。”“市场经济不能说只是资本主义的。市场经济，在封建社会时期就有了萌芽。社会主义也可以搞市场经济。”

这篇谈话当时没有公布，党内也没有传达。编《邓小平文选》第二卷第一版时也没有收入。就是说，它整整沉默了15年。仅此一点，就不难看出，探索市场经济的历程是多么艰难。

经过6年时间的酝酿、探索、试验和实践，中国经济体制全面改革的时机逐步成熟。1984年10月，中共中央召开十二届三中全会通过了《关于经济体制改革的决定》。这份文件深刻总结历史经验，科学分析我国经济体制模式的弊端，确定了经济体制改革的性质、目的、任务、方向和重点，为我国以城市为重点的经济体制改革制定了系统的纲领。

这个《决定》明确提出："社会主义经济是在公有制基础上的有计划的商品经济。"这个论断虽然没有出现市场经济，但比起传统的"计划经济"，已经进了一大步。

对这个《决定》，邓小平给予了高度的评价，称它"是马克思主义的基本原理和中国社会主义实践相结合的政治经济学"。

十二届三中全会之后，党中央、国务院先后作出了商业、外贸、财政、金融、税收、价格等方面改革的方案。中国的改革进入了城市、农村以及科技、教育、政治全面改革的新阶段。

1992年早春，一列火车从北京出发南下。邓小平，这位改革开放的总设计师，在他88岁高龄之际，又采取了一个意味深长的举动——视察南方改革开放的前沿地区。

一路上，他不断发表重要谈话，给处在十字路口的中国指明了方向，犹如一股强劲的东风，催开了改革开放的又一个春天。

"要坚持党的十一届三中全会以来的路线、方针、政策，关键是坚持'一个中心、两个基本点'。"

"改革开放胆子要大一些，敢于试验，不能像小脚女人一样。"

"计划经济不等于社会主义，资本主义也有计划；市场经济不等于资本主义，社会主义也有市场。"

邓小平的精辟论断对社会主义可不可以搞市场经济这个长期争论不已的问题，作了一个清楚、透彻的总回答。

邓小平的谈话内容不胫而走。2月28日，中共中央2号文件将邓小平的谈话整理印发全党。3月9日至10日，中央政治局会议认真讨论改革和发展的若干重大问题，作出了抓住有利时机、加快改革开放步伐的重大决策。

1992年6月9日，在省部级干部进修班的结业仪式上，江泽民同志发表了重要讲话。关于经济体制改革目标问题，他提出了三种可供选择的方案：一是计划与市场相结合的社会主义商品经济体制；二是社会主义有计划的市场经济体制，三是社会主义的市场经济体制。他个人比较倾向于使用“社会主义市场经济体制”这个提法。

这个意见得到了邓小平同志的肯定，经过征求各地的意见，也得到了全党广泛的赞同。

十四大之后，按社会主义市场经济目标制定经济体制改革总体方案的任务提上了日程。

不管是偶然还是必然，“三中全会”这四个字与我们的改革开放结下了不解之缘。

1993 年 11 月，中共中央召开十四届三中全会，通过了《关于建立社会主义市场经济体制若干问题的决定》。

为了写好这份文件，中央组织了 16 个专题调研组织，深入各地进行调查研究。江泽民等多次听取专题汇报，进行深入讨论，提出重要意见。

这份纲领性的文件，推动着中国的经济体制改革由侧重于突破旧体制转向侧重于建立新体制，由政策调整转向制度创新，由单项改革转向综合配套改革，由重点突破转向整体推进与重点突破相结合，从而进入了一个重要的新阶段。

2003 年的十六届三中全会，通过了《中共中央关于完善社会主义市场经济体制若干问题的决定》。与 10 年前十四届三中全会通过的《中共中央关于建立社会主义市场经济体制若干问题的决定》相比，差别就在于一个词：一个是“建立”，一个是“完善”。虽仅一词之差，但却浓缩了我国社会主义市场经济发展的历史进程，标志着我国的经济体制改革跨入了一个新的历史发展阶段。

在改革的进程中，市场的分量越来越重，也越来越发挥着更大的作用。

十五大提出“使市场在国家宏观调控下对资源配置起基础性作

用”，十六大提出“在更大程度上发挥市场在资源配置中的基础性作用”，十七大提出“从制度上更好发挥市场在资源配置中的基础性作用”，十八大提出“更大程度更广范围发挥市场在资源配置中的基础性作用”。到十八届三中全会的《决定》，则更进一步把市场在资源配置中的“基础性作用”改变为“决定性作用”。同时，后面仍强调，要“更好发挥政府作用”。

习近平总书记说：“理论和实践都证明，市场配置资源是最有效率的形式。”“作出‘使市场在资源配置中起决定性作用’的定位，有利于在全党全社会树立关于政府和市场关系的正确观念，有利于转变经济发展方式，有利于转变政府职能，有利于抑制消极腐败现象。”“当然，我国实行的是社会主义市场经济体制，我们仍然要坚持发挥我国社会主义制度的优越性、发挥党和政府的积极作用。市场在资源配置中起决定性作用，并不是起全部作用。”

所以，全面深化改革，要求积极稳妥地从广度和深度上推进市场化进程，大幅度减少政府对资源的直接配置，推动资源配置依据市场规则、市场价格、市场竞争实现效益最大化和效率最优化。同时要更好发挥政府作用，保持宏观经济稳定，加强和优化公共服务，保障公平竞争，加强市场监管，维护市场秩序，推动可持续发展，促进共同富裕，弥补市场失灵。

为了发挥市场对于资源配置的决定性作用，仅 2014 年，国务院各部门就取消和下放了 246 项行政审批事项，提前完成减少 1/3 行政审批事项的目标任务。取消评比达标表彰项目 29 项、职业资格许可和认定事项 149 项。新登记市场主体达到 1293 万户。其目的，就是为了强调各类市场主体的活力，把可以由市场解决的问题交给市场。但在取消审批事项的同时，也要避免以往经常出现的“一管就死，一放就乱”的循环现象。

五、以更大的勇气和智慧全面深化改革

从十一届三中全会以来，改革开放不断发展和深化。虽然时有挑战、曲折，但始终一路高歌猛进。这场历史上从未有过的大改革大开放，极大地调动了亿万人民的积极性，使我国成功实现了从高度集中的计划经济体制到充满活力的社会主义市场经济、从封闭半封闭到全方位开放的伟大转变。中国的活力越来越强，国家经济实力和综合国力大幅度增强。

新时期最鲜明的特点是改革开放，新时期最显著的成就是快速发展，新时期最突出的标志是与时俱进。改革开放近40年来，中国人民的面貌、社会主义中国的面貌、中国共产党的面貌发生了历史性变化。改革开放使社会主义和马克思主义在中国大地上焕发出勃勃生机，给人民带来更多福祉，使中华民族大踏步赶上时代前进潮流、迎来伟大复兴的光明前景。今天，一个面向现代化、面向世界、面向未来的社会主义中国巍然屹立在世界东方。中国的改革开放，不仅使中国人民稳定地走上了富裕安康的广阔道路，而且为世界经济发展和人类文明进步作出了重大贡献。

事实雄辩地证明，改革开放是决定当代中国命运的关键抉择，是发展中国特色社会主义、实现中华民族伟大复兴的必由之路。邓小平当年说“改革开放是决定中国命运的关键一招”，习近平总书记重申邓小平的论断，同时强调“改革开放是当代中国发展进步的活力之源”，“没有改革开放，就没有中国的今天，也就没有中国的明天”。

中国改革开放的成绩是有目共睹的，但社会现实中也确实遇到了很多问题。对这些问题，社会各界都非常关注。但这些问题的根本原因是什么？进而按什么样的思路来解决这些问题？不仅是仁者见仁，智者见智，甚至出现极化现象，社会思潮呈现明显的分化和对立趋向。

一些人对改革开放滋长了怀疑情绪，社会上和干部队伍中也出现了某种程度上的“改革疲劳症”。改革开放还能不能继续坚持下去？已经成为国际国内很多人担心的问题。

改革开放进程中出现的很多问题，是客观存在，必须高度重视，切实加以解决。但解决这些问题，首先必须分析判断它们是什么原因造成的？进而，应该按什么样的思路来解决这些问题？如果病因诊断错了，开出的药方也就会出错。

只要坚持历史的、科学的、辩证的态度和方法，全面分析和研究当今中国社会的各种问题，我们就不难发现，这些问题有的是历史遗留的，有的是改革开放以后新产生的。无论何种状况，它们都与制度和体制的不完善有关。所有这些病症，都不可能通过回到过去封闭僵化的老路上去得到解决，当然也不可能通过照搬西方模式来得到解决。唯一的办法，就是继续全面深化改革开放。中国过去将近 40 年的快速发展靠的是改革开放，中国未来的健康发展也必须坚定不移地依靠改革开放。

因此，习近平总书记多次表达了对于改革问题的态度。2012 年 12 月 7—11 日，十八大刚刚结束不久，习近平总书记到外地考察，首先选择了广东深圳、珠海、佛山、广州。在考察中，他强调，党的十八大向全党全国发出了深化改革开放新的宣言书、新的动员令。要增强改革的系统性、整体性、协同性，做到改革不停顿、开放不止步。

随后，习近平总书记多次论述改革问题，明确指出：“改革开放是一项长期的、艰巨的、繁重的事业，必须一代又一代人接力干下去。”他强调：“实践发展永无止境，解放思想永无止境，改革开放也永无止境，停顿和倒退没有出路。”“改革开放只有进行时没有完成时。没有改革开放，就没有中国的今天，也就没有中国的明天。改革开放中的矛盾只能用改革开放的办法来解决。”“现在我国改革已经进入攻坚期和深水区，我们必须以更大的政治勇气和智慧，不失时机深化重要领域改革。”

中共十八大鲜明地提出“全面深化改革”的要求。在“四个全面”的战略布局中，全面深化改革起着动力和保障的作用。习近平总书记指出:“改革开放是决定当代中国命运的关键一招，也是决定实现‘两个一百年’奋斗目标、实现中华民族伟大复兴的关键一招。”十八大把全面建成小康社会和全面深化改革两个目标紧密联系在一起，深刻阐述了两者之间的关系，强调:“全面建成小康社会，必须以更大的政治勇气和智慧，不失时机深化重要领域改革，坚决破除一切妨碍科学发展的思想观念和体制机制弊端，构建系统完备、科学规范、运行有效的制度体系，使各方面制度更加成熟更加定型。”

全面深化改革，需要巨大的勇气和胆略。中共十八届三中全会以全面深化改革为主要议题，作出《中共中央关于全面深化改革若干重大问题的决定》，鲜明地表现了以习近平同志为核心的党中央坚定不移全面深化改革的决心和勇气，是我们党在新形势下坚定不移贯彻党的基本路线、基本纲领、基本经验、基本要求，坚定不移高举改革开放大旗的重要宣示和重要体现。

在对十八届三中全会《决定》进行说明时，习近平总书记专门强调了“增强推进改革的信心和勇气”问题，强调：面对未来，要破解发展面临的各种难题，化解来自各方面的风险和挑战，更好发挥中国特色社会主义制度优势，推动经济社会持续健康发展，除了深化改革开放，别无他途。当前，在改革开放问题上，党内外、国内外都很关注，全党上下和社会各方面期待很高。改革开放到了一个新的重要关头。我们在改革开放上决不能有丝毫动摇，改革开放的旗帜必须继续高高举起，中国特色社会主义道路的正确方向必须牢牢坚持。全党要坚定改革信心，以更大的政治勇气和智慧、更有力的措施和办法推进改革。

六、统筹把握全面深化改革的总体部署

中共十八届三中全会的《决定》，鲜明地使用了“全面深化改革”的用语和标题。所以，中国这一轮改革的特点，首先是它的全面性、综合性。因此，要把握中共十八大后全面深化改革的要求，就要从整体性上了解改革的总体部署。

第一，全面深化改革的总目标。

十八届三中全会的《决定》确定：“全面深化改革的总目标是完善和发展中国特色社会主义制度，推进国家治理体系和治理能力现代化。”这个目标包含两个方面的重要内容：

一是“完善和发展中国特色社会主义制度”。

原来我们说制度，一般都笼统地说“社会主义制度”。但按邓小平的说法：“改革开放以来，我们立的章程并不少，而且是全方位的。经济、政治、科技、教育、文化、军事、外交等各个方面都有明确的方针和政策，而且有准确的表述语言。”所以，中国今天的制度已经在很大程度上不同于以往对社会主义制度的理解和解释。为了更加准确地界定中国当今制度的内涵外延，2011 年，胡锦涛在七一讲话中第一次使用了“中国特色社会主义制度”的概念。

邓小平说，制度问题更带有根本性、全局性、稳定性和长期性。他还设想，到 2020 年时形成比较完善的制度。改革开放的成果要最终固化下来，必然要见诸于一整套完善、严密的制度甚至制度体系。过去将近 40 年，我们建立了中国特色社会主义的制度。未来全面深化改革，当然首先也要在完善制度上下功夫。所以，在中共十八届三中全会的《决定》中，“制度”一词共出现了 183 次，平均 118 个字就有一个“制度”。“体制”一词也出现了 88 次。到 2020 年只有短短几年，我们能不能真正形成比较成型和完善的制度？还需要做出更大的努力。

习近平总书记指出："应该看到，中国特色社会主义制度是特色鲜明、富有效率的，但还不是尽善尽美、成熟定型的。中国特色社会主义事业不断发展，中国特色社会主义制度也需要不断完善。邓小平1992年在视察南方重要谈话中指出：'恐怕再有三十年的时间，我们才会在各方面形成一整套更加成熟、更加定型的制度。'中共十八大强调，要把制度建设摆在突出位置，充分发挥我国社会主义政治制度优越性。我们要坚持以实践基础上的理论创新推动制度创新，坚持和完善现有制度，从实际出发，及时制定一些新的制度，构建系统完备、科学规范、运行有效的制度体系，使各方面制度更加成熟更加定型，为夺取中国特色社会主义新胜利提供更加有效的制度保障。"

二是"推进国家治理体系和治理能力现代化"。

这个概念和论断在中国共产党的文件上都是第一次出现。在十八届三中全会的《决定》中，"治理"这个概念一共使用了24次，包括国家治理、政府治理、国际经济治理、社会治理、社区治理、法人治理、环境治理、综合治理、系统治理、依法治理、源头治理，等等。

使用国家治理体系和治理能力这个概念，表明我们的价值取向更加注重于国家和社会的治理及其效果。制度好不好，检验和评价的标准是什么？归根结底要看治理的效果。但同时，治理效果的好坏，根本上还是取决于制度是否科学和完善。所以，一定要把总目标中的两个方面有机地结合起来，真正把中国特色社会主义制度的优势转化为治理国家的效能。

推进国家治理体系和治理能力的现代化，就要适应时代变化，既改革不适应实践发展要求的体制机制、法律法规，又不断构建新的体制机制、法律法规，使各方面制度机制更加科学、更加完善，实现党、国家、社会各项事务治理民主化、法治化、科学化、制度化、规范化、程序化、高效化；同时，还要使国家治理者善于运用法治思维和法律制度治理国家，把各方面的制度优势转化为治理国家的效能，提高党科学执政、民主执政、依法执政的水平，提高各级干部和公务人员参与国家和社会治理的素质和能力。

第二，全面深化改革的出发点和落脚点。

中共十八届三中全会的《决定》在指导思想里明确规定，全面深化改革要“以促进社会公平正义、增进人民福祉为出发点和落脚点”。

以增进人民福祉为出发点和落脚点很容易理解。我们的所有改革，根本上都是要提高人民的生活水平。当然，这种生活不仅仅是物质生活，还包括精神生活。综合起来，就是提高人民群众生活的幸福程度。所以，《决定》用了“人民福祉”这个词。

“促进社会公平正义”这句，是近年来我们在深化对社会公平正义问题认识的基础上，把它作为一个重要的目标和任务而列进去并加以强调的。

根据检索统计，在中共十四大报告中，“公平”一词用了 2 次，“正义”一词用了 3 次。十五大报告中，“公平”一词用了 3 次，“正义”一词没有使用。十六大报告中，“公平”一词用了 4 次，“正义”一词用了 2 次。十七大报告中，“公平”一词用了 15 次，“正义”一词用了 8 次。十八大报告中，“公平”一词用了 21 次，“正义”一词用了 8 次。十八届三中全会的《决定》中，“公平”一词用了 20 次，“正义”一词用了 3 次。

中共十八大报告明确指出：“公平正义是中国特色社会主义的内在要求。”“必须坚持维护社会公平正义。”“要在全体人民共同奋斗、经济社会发展的基础上，加紧建设对保障社会公平正义具有重大作用的制度，逐步建立以权利公平、机会公平、规则公平为主要内容的社会公平保障体系，努力营造公平的社会环境，保证人民平等参与、平等发展权利。”

全面深化改革，要求各方面的改革都坚持公平、正义的要求，体现了我们对社会公平正义问题的高度重视。

第三，全面深化改革的各项内容和措施。

全面深化改革，主要包括“六个紧紧围绕”，即紧紧围绕使市场在资源配置中起决定性作用深化经济体制改革，紧紧围绕坚持党的领导、人民当家作主、依法治国有机统一深化政治体制改革，紧紧围绕建设社会主义核心价值体系、社会主义文化强国深化文化体制改革，紧紧围绕更好保障和改善民生、促进社会公平正义深化社会体制改革，紧紧围绕建设美丽中国深化生态文明体制改革，紧紧围绕提高科学执政、民主执政、依法执政水平深化党的建设制度改革。

十八届三中全会之后，中央把全面深化改革的重要举措梳理为336个项目，制定了专门的分工方案。每一项任务都有有关部门牵头或参加。凡属于重大改革的由相关专项小组协调，属于具体改革举措的由主管部门牵头，属于跨部门改革举措的由有关部门参加。中央全面深化改革领导小组负责总协调，并进行检查督促。各部门各单位都要按照中央要求，抓紧制定落实任务的实施方案，所有分工任务都要提出阶段性时间进度安排，对各项任务，要做到有布置、有督促、有检查，确保不折不扣完成。

2013年12月30日，中共中央政治局会议决定成立中央全面深化改革领导小组，习近平亲自担任组长。2014年1月22日，中央全面深化改革领导小组召开第一次会议。习近平强调，要把握大局、审时度势、统筹兼顾、科学实施，坚定不移朝着全面深化改革目标前进。会议决定下设经济体制和生态文明体制改革、民主法制领域改革、文化体制改革、社会体制改革、党的建设制度改革、纪律检查体制改革6个专项小组。

全面深化改革的战略重点、优先顺序、主攻方向、工作机制、推进方式和时间表、路线图等，已经明确。2014 年，中央全面深化改革领导小组确定的 80 个重点改革任务基本完成。中央有关部门还完成了 108 个改革任务，各方面共出台 370 条改革成果。2015 年、2016 年，又有更多的改革方案出台和实施。当前和今后一个时期，我们的一项重要政治任务，就是齐心协力贯彻落实好中央作出的各项决策部署，把改革开放推向深入。

至 2017 年 8 月，中央全面深化改革领导小组共召开 38 次会议，审议通过一大批重要改革文件，中央和国家机关有关部门推出 1500 多项改革举措，主要领域四梁八柱性质的改革主体框架已经基本确立。

十九大在回顾和总结过去五年的工作时，明确指出的一项成就是：全面深化改革取得重大突破。蹄疾步稳推进全面深化改革，坚决破除各方面体制机制弊端。改革全面发力、多点突破、纵深推进，着力增强改革系统性、整体性、协同性，压茬拓展改革广度和深度，推出 1500 多项改革举措，重要领域和关键环节改革取得突破性进展，主要领域改革主体框架基本确立。中国特色社会主义制度更加完善，国家治理体系和治理能力现代化水平明显提高，全社会发展活力和创新活力明显增强。

同时，十九大还把“坚持全面深化改革”作为新时代坚持和发展中国特色社会主义基本方略的第三条。强调只有社会主义才能救中国，只有改革开放才能发展中国、发展社会主义、发展马克思主义。必须坚持和完善中国特色社会主义制度，不断推进国家治理体系和治理能力现代化，坚决破除一切不合时宜的思想观念和体制机制弊端，突破利益固化的藩篱，吸收人类文明有益成果，构建系统完备、科学规范、运行有效的制度体系，充分发挥我国社会主义制度优越性。

进入新时代、新航程，十九大对各方面改革作出了进一步部署。要求深化供给侧结构性改革，建设现代化经济体系，把发展经济的着力点放在实体经济上，把提高供给体系质量作为主攻方向，显著增强我国经济质量优势。

同时，要求加快完善社会主义市场经济体制。强调经济体制改革必须以完善产权制度和要素市场化配置为重点，实现产权有效激励、要素自由流动、价格反应灵活、竞争公平有序、企业优胜劣汰。

为此，要完善各类国有资产管理体制，改革国有资本授权经营体制，加快国有经济布局优化、结构调整、战略性重组，促进国有资产保值增值，推动国有资本做强做优做大，有效防止国有资产流失。

深化国有企业改革，发展混合所有制经济，培育具有全球竞争力的世界一流企业。全面实施市场准入负面清单制度，清理废除妨碍统一市场和公平竞争的各种规定和做法，支持民营企业发展，激发各类市场主体活力。

深化商事制度改革，打破行政性垄断，防止市场垄断。加快要素价格市场化改革，放宽服务业准入限制，完善市场监管体制。创新和完善宏观调控，发挥国家发展规划的战略导向作用，健全财政、货币、产业、区域等经济政策协调机制。完善促进消费的体制机制，增强消费对经济发展的基础性作用。

深化投融资体制改革，发挥投资对优化供给结构的关键性作用。加快建立现代财政制度，建立权责清晰、财力协调、区域均衡的中央和地方财政关系。建立全面规范透明、标准科学、约束有力的预算制度，全面实施绩效管理。深化税收制度改革，健全地方税体系。

深化金融体制改革，增强金融服务实体经济能力，提高直接融资比重，促进多层次资本市场健康发展。健全货币政策和宏观审慎政策双支柱调控框架。

深化利率和汇率市场化改革。健全金融监管体系，守住不发生系统性金融风险的底线。

与此同时，还要深化机构和行政体制改革。统筹考虑各类机构设置，科学配置党政部门及内设机构权力，明确职责。统筹使用各类编制资源，形成科学合理的管理体制，完善国家机构组织法。转变政府职能，深化简政放权，创新监管方式，增强政府公信力和执行力，建设人民满意的服务型政府。赋予省级及以下政府更多自主权。在省市县对职能相近的党政机关探索合并设立或合署办公。深化事业单位改革，强化公益属性，推进政事分开、事企分开、管办分离。

随着十九大的闭幕，中国改革的蓝图正在向着全面建设现代化强国的目标铺展，相信中国改革的潮流也应该会不断向着未来奔流。

七、深入探寻和驾驭改革的客观规律

改革的发生和发展，如同其他任何事物和运动一样，客观上都有其内在的规律。20 世纪 80 年代，我在对全部社会主义国家改革历程进行研究，出版《社会主义改革史》专著的基础上，提出社会主义改革有三大规律。时间过去 30 年，事实证明，这些规律是客观存在的。推进新形势下的改革，非常需要进一步研究改革的规律问题。要能够从认识和驾驭改革规律的高度，深刻认识和把握十八大、十八届三中全会、十九大和习近平总书记关于全面深化改革的一系列战略思想，进一步掌握改革的主动权，保证改革开放继续深入和不断取得成功。

第一，研究和把握改革的自觉有序性规律，自觉推动改革开放有序进行和不断深化。

改革是社会主义条件下社会变革的新形式。社会主义改革是社会主义自身的内在要求，是在社会主义自身基础上的自我改进、自我完善，因此，是一场主体自觉性运动。这一基本性质，决定了改革是在党和国家的领导下，按照马克思主义的思想路线，依靠社会主义自身的力量，依靠人民群众的实践自觉地进行的。因此，社会主义改革首先和基本的规律，就是自觉有序性规律。

自觉有序性规律包含着两层内容：

第一层内容，也是最主要的内容，是改革的自觉性。就是说，改革是在执政党自觉认识到传统体制的弊病和改革必要性的基础上提出的要求；改革的主体力量是共产党及其领导下的广大人民群众；改革的目标是自觉的、明确的；改革的行动不是任何个人的盲目行为，而是改革主体一系列具有自觉性的行动。

第二层内容，是改革的有序性。就是说，改革作为一种主体自觉性的运动，必须在相对有序的状态下进行。具体说，改革必须有计划地进行，每一项改革措施都要有比较周密的计划、方案和行动的部署；改革必须有步骤地进行，不能一哄而起；改革必须有组织地进行，不能随意放任、各行其是，同时，也要鼓励和发挥人民群众的创造性。

改革的主体自觉性，决定了改革的有序性。自觉性和有序性紧密联系在一起。自觉有序是社会主义改革的内在要求和基本特征。任何成功的改革，无一不是自觉有序地进行的。

近40年来，我们的改革总体上都是自觉推进的，也是有序进行的。在新形势下，全面深化改革，依然在于自觉和有序。自觉，就能坚持，就能深化，就能发展。同时，全面深化改革必须有序进行，不能出现任何混乱现象。

第二，研究和把握改革的整体性协同规律，科学认识和把握全面深化改革的总体布局。

改革不是对社会某一领域和某一方面的完善和修补，而是对传统体制的全面改造，是从宏观到微观的全方位综合治理，是对社会物质关系和思想关系的深刻变革。参加改革的是整个党及其领导下的千千万万人民，是不同部门、不同职业的人们组成的浩浩荡荡的改革大军。因此，改革不仅是一个统一的整体，而且是一个复杂的大系统。制约和决定其运行状态的基本规律之一，便是整体性协同规律。

改革的整体性，表现在每个领域、每个部门的改革互相联系、互相制约，构成一个统一的整体；每个区域的改革也互相联系、互相制约，在空间上构成一个统一的整体；由各领域、各部门、各地区结合而成的改革整体，具有任何子系统所不能取代的整体功能；每个部门和局部的改革都不能脱离整个系统，而整个系统的改革又影响和决定着部分和局部的改革。

改革的整体性决定了改革的各个部分之间具有密切的协同关系。即各部分的改革不能孤立进行，而必须互相配合，在规模和速度上保持大致均衡的关系，既要有重点突破，又要有整体推进，各部分之间互相呼应，协同运动，使改革沿着有序化的方向发展。当然，这种协同，不是静态的平衡，而是动态的协同，而且这种整体的和谐、匀称、协调的状态不是天然就有的，而是需要通过自觉的调节、控制和协同的方式才能形成。如果不能自觉地实行协同，改革就不可能有序、稳定和持续地进行。

“全面深化改革”，表明了这次改革的特点，首先是全面性、综合性；同时，改革的各个方面，又必须相互协同。习近平总书记指出，要“更加注重改革的系统性、整体性、协同性”。十八届三中全会的《决定》突出强调了整体性和协同性两个词，说明了掌握整体性协同规律至关重要。

第三，研究和把握改革的周期性发展规律，驾驭和引导改革始终保持健康强劲的势头。

所谓周期性发展规律，同样包含着两个方面的内容：

一方面是说，社会主义改革具有一定的阶段性，有大致的先后顺序，有逐步发展和深化的过程。只有在前一阶段发展的基础上，才能进入之后的阶段。每一阶段的改革完成之后，又会相继提出新的改革任务和要求。改革总是这样一个阶段一个阶段地向前推进的。

另一方面是说，从一个较长的历史过程看，改革的基本任务不是通过一次改革行动就能完成的；相反，往往要经过多次反复、多次试验、多次改革才能够完成。虽然人们主观上总是想把改革顺利地推进到底、一次成功，但客观上，由于各种分力的制约，最后构成的历史合力却决定了很难做到这一点。改革的高潮持续一段时间后，必然会有一个稳定、调整、消化、巩固的过程，甚至会中途停顿、倒退，暂时进入低潮状态。当积累了新的问题，或新的条件具备以后，改革将再度掀起高潮。

为什么会出现这种周期性发展的现象？

马克思说过："人类始终只提出自己能够解决的任务，因为只要仔细考察就可以发现，任务本身，只有在解决它的物质条件已经存在或者至少是在生成过程中的时候，才会产生。"在一定的时空环境和历史条件下，改革只能提出、也只能解决业已成熟、能够完成的任务。一旦超出历史条件的许可，试图解决那些尚未成熟、难以解决的问题，改革就必然会遇到重重障碍，出现低潮甚至危机。只有等新的条件成熟了，改革才能在新的层次上继续展开。所以，改革的周期性并不是人为追求的，而是客观的历史条件造成的。

这样一种潮涨潮落的现象表明，改革的轨迹不可能是一条直线，而只能是波浪式地前进的。这种现象，不是我们愿意看到的，但毕竟是客观的存在。我们只能承认它、重视它、研究它，而不能否认它、忽视它。因此，为了保证改革不断取得阶段性的成功，并不断深化，取得最后的胜利，必须自觉驾驭、主动推进改革的进程。特别是要注意影响改革周期性发展变化的敏感问题，如价格改革问题、民主化问题、民族问题、腐败问题、社会公正问题、群体性事件问题、网络问题等，谨慎处置，科学解决。

八、提高全面深化改革的科学化水平

改革是一场伟大的革命，也是一项巨大的系统工程。为了确保改革取得预期的效果，必须提高党领导改革开放的科学化水平。治国理政要提高科学化水平，党的建设要提高科学化水平，全面深化改革也要提高科学化水平。

全面深化改革，需要高超的智慧和艺术。过去社会主义国家的改革历史证明，不改革，没出路；但改得不好，也可能照样没出路。为什么？因为改革既是一种客观的社会物质运动，又是一种主观见之于客观的能动的社会实践。它既需要客观条件，也需要主观努力。就主观而言，它所需要的，不仅是决心，还要有方略；不仅是勇气，还要有智慧；不仅是公众的愿望，还要有领导的才能；不仅是坚定的目标，还要有稳健的步伐；不仅是局部的措施，还要有全局的谋划；不仅要积极争取正面的良效，还要预见和防范可能出现的问题。总之，既要有坚韧不拔的毅力，更要有高超的政治艺术。

从这个意义上，还在 20 世纪 80 年代，我就把改革比作一枚导弹，强调它所有的设计、制造、组装、发射、控制、引导，直至达到目标，都要建立在深入的科学研究、切实遵循一切相关的科学规律之上；同时，又最大限度地发挥人的主体能动性，善于运用和驾驭规律，不仅在发射前，就为它计算和规定所要达到的目标以及运行的轨道和程序，而且在发射后，还必须实行严格的控制和引导，不断调整它的运行路线和方式，使它最终能准确地达到目标。这种过程和举措，我把它称作是改革的战略策略制导。改革的战略策略制导必须尽可能地正确，尽可能地少犯错误。如果改革的战略策略及其制导上发生错误，改革这枚导弹就很可能打歪，甚至打到自己头上。

所以，全面深化改革，既需要勇气，又需要智慧。两者缺一不可。只有把两者结合起来，才能确保改革沿着正确的方向前进，为全面建成小康社会提供强大的动力和保障。

目前，有一些干部群众对改革的意愿和热情下降。一个重要原因，是一些地方和部门制定的政策不合理、不科学，伤害了他们的利益。因此，全面深化改革，必须坚持科学的思想路线，运用辩证唯物主义的思维方式，进一步提高改革决策的科学性，使改革开放中的具体政策制定得更加科学、合理。不能闭门造车，凭想象办事；不能对政策制定马马虎虎，造成很多漏洞；不能事先缺乏研究和预见，没有防患于未然，等到问题成了堆或惹出了麻烦再去补救。

十八大之后，习近平总书记专门对改革开放的方法论问题作了系统深入的论述，对如何提高改革开放科学化水平提出了明确的要求，强调在改革开放中必须坚持正确的方法论。他指出，必须认真总结和运用改革开放的成功经验，更加深刻地认识改革开放的历史必然性，更加自觉地把握改革开放的规律性，更加坚定地肩负起深化改革开放的重大责任。

坚持科学的改革开放方法论，进一步提高改革开放的水平，必须注意以下几个突出的问题：

第一，处理好顶层设计与实践探索的关系。

要加强改革的顶层设计和整体谋划。全面深化改革内容丰富而又复杂。特别是经过近40年的改革后，现在的改革已经进入了攻坚期和深水区。很多改革涉及的利益错综复杂，很多改革已经不是呈块块状态，而往往涉及到很多系统性整体性的问题，尤其会涉及很多既有的整体性的文件和规定。对这些方面进行改革，往往需要由中央或中央有关部门统一制定改革的方案和政策，否则地方上难以操作和实施。因此，没有顶层设计就很难推进改革。如果这里改了那里没改，还会出现很多混乱。所以，加强顶层设计和整体谋划，是保证改革成功的必要条件之一。十八届三中全会的《决定》，就是一个全面深化改革的整体性方案，也是一次最高层面的顶层设计。只有在这个顶层设计和整体谋划下实行改革，才能使改革有条不紊地推进。中央成立的全面深化改革领导小组，负责改革总体设计、统筹协调、整体推进、督促落实。这从组织上为顶层设计和整体谋划创造了重要条件。

要正确处理高层统筹与地方积极性的关系。改革是关系全党和全国人民根本利益的大事，所以要调动各方面的积极性。既要有中央的积极性，又要有地方和基层的积极性。但两个积极性的关系一定要密切协同，不能只有单一方面的积极性。在改革的部署和举措上，中央和地方也要密切协同。有些改革，必须由中央决定、中央部署，地方不能随便行动。有些改革，可以允许地方先行先试。地方则要准确领会中央的精神和意图，凡是部署的，都要坚决行动。对于没有直接部署，但在自己职权范围之内的，也可以根据条件进行尝试和探索，发挥自己的先导和示范作用。上下呼应，上下协同，保持整体步调的一致。

第二，处理好改革创新与依法治国的关系。

改革与法治，确实有矛盾的一面。改革，就是破除旧体制中一切不适应生产力发展需要、不符合时代进步要求的东西，就是对传统体制和传统观念实行深刻的变革。按邓小平和我们党改革开放以来的一贯说法，改革是中国的第二次革命。既然是革命，那就意味着要大胆地试、大胆地闯，要解放思想，勇于变革，不被过去的条条框框所束缚，敢于创立新的体制和规范。

但如此一来，便不可避免地遇到与既有法律的关系问题。如果既有的体制制度都已经由法律加以规范和限定了，那么，进行改革，在某种意义上，就不得不冲破原有的某些法律制度。如果不冲破，就不可能进行改革。但如果冲破法律制度的规范，那岂不是目无法制，破坏法制的统一性、权威性了？这与我们依法治国的方略岂不是南辕北辙、背道而驰了？

对这个矛盾，我们可以从以下几个方面来认识和把握：

一是坚持依法治国，这本身就是改革的重要内容和基本方略。旧体制的一个重要弊端，就是法制不健全，很多问题没有法律规范，或者有法律也不认真执行。所以，总体上，改革创新必须与依法治国统一起来。在深化改革的过程中建立和完善中国特色社会主义法律体系，加强和完善依法治国的方略；同时，在依法治国的过程中深化改革，用法治的办法来推进改革、规范改革、保障改革。

二是以往的旧体制，确实也有一些是由过去的法律规定了的。对此，该改的还是必须改，通过改革来完善原有的法律规范。但在改革过程中要注意及时修订法律，把改革的成果转化为法律。或者采取特殊措施，授予在一定范围内先行先试的权力，一旦成熟，就对有关法律加以修订，然后在更大的范围内依法实施。改革开放以来，我们很多改革都是用这样的方法解决了的。

三是经过40年的改革开放之后，我们的法律体系已经越来越系统、越来越完善。现在所进行的改革，很多不是没有法律规范，而是可能与现有法律并不完全一致的问题。在这种情况下，就要严格依法办事，尽可能将改革举措放在法治的轨道上推进。很多改革，要争取在深入调研的基础上先立法，然后实施，或者由国家权力机关授权先进行试验，然后再修改法律。

所以，在全面深化改革过程中，我们所要做的一项重要工作，就是根据改革的方案、措施和政策，及时做好对现有法律立改废的工作。

没有的抓紧立法，部分不适应的抓紧修改，过时的及时废止，使所有的改革都能于法有据，严格在法治轨道上进行，从而使依法治国方略在全面深化改革中得到进一步贯彻和完善。

第三，处理好改革与发展、稳定的关系。

这是一个老问题，但在全面深化改革中，必须继续关注，进一步提高处理这一关系的科学化水平。

改革、发展、稳定是新时期现代化建设的棋盘上三枚具有战略性的棋子。每一枚棋都下好了，相互促进，就会全盘皆活。如果有一枚下不好，其他两枚也会陷入困境，造成全局受挫。改革是动力，发展是目的，稳定是前提。三者之间相互依存，辩证统一，缺一不可。没有改革，就不可能全面建成小康社会；没有发展，同样不能全面建成小康社会，也不可能实现现代化，不可能保持党和国家的长治久安；没有稳定，改革和发展都无从进行。

在全面深化改革中，处理好改革与发展、稳定的关系，既推进改革开放，又保持稳定的政治环境和社会秩序，具有极为重要的意义。稳定是改革和发展的前提，只有社会稳定，改革、发展才能不断推进；只有改革、发展不断推进，社会稳定才能具有坚实基础。正确认识和处理改革、发展、稳定三者的关系，不是一时的权宜之计，而是我们在全面建成小康社会以及整个现代化建设过程中都必须牢牢把握和坚持的一个重要方针。

在全面深化改革中，我们要始终坚持把改革的力度、发展的速度和社会可承受的程度统一起来，把改善人民生活作为正确处理改革、发展、稳定关系的结合点，在社会稳定中推进改革和发展，通过改革和发展促进社会稳定。只有正确认识和处理了改革、发展、稳定三者的关系，保持改革、发展和稳定的相互协调和相互促进，才能通过全面深化改革，全面建成小康社会，保持国家长治久安和人民富裕幸福。

第六章

中国对外开放的基本国策

一、坚实国门的悄然打开

改革与开放是紧密联系在一起的。在改革的同时，中国实行了对外开放。开放也是改革。

开放的大门是怎样打开的？我们看几个小故事。

第一个小故事：

1978 年春夏，中国高层组织了两个赴国外考察团。

一个是国务院副总理谷牧为团长，有杨波、钱正英等参加的西欧考察团。另一个是李一氓为团长，有于光远、乔石等参加的南斯拉夫、罗马尼亚考察团。

组成这样的考察团赴国外考察经济，这在共和国的经济建设史上还是第一次。

西方各国对中国的这一举动极为重视，有的国家总统亲自到机场迎接中国代表团。

考察团一路考察，一路议论。开眼看世界，深感世界之大、变化之快，中国不应自我封闭，而应扩大对外经济文化交流和吸引外资，参与国际市场竞争。

考察团回国后，向政治局委员整整汇报了一天，并分别撰写了很有分量的考察报告，上交中央，受到中央决策层的重视。

为了借鉴和吸收国外的经验，随后在十一届三中全会之前召开的中央工作会议专门印发了《苏联在二、三十年代是怎样利用外国资金和技术发展经济的》《香港、新加坡、南朝鲜、台湾的经济是怎样迅速发展起来的》《战后日本、西德、法国经济建设是怎样迅速发展起来的》等参考材料。这些材料开阔了大家的眼界和思路，成为十一届三中全会前后作出改革开放历史性决策的重要依据之一。

邓小平等老一辈革命家，看到了世界发展的趋势和潮流，看到了中国与世界的差距和内在联系，深切感受到，实行改革开放，是现代化大生产的客观要求，是世界经济发展的必然产物，是中国走向现代化的必由之路。中国必须通过改革开放尽快赶上时代潮流。如不改革开放，就很可能要被开除“球籍”。

第二个小故事：

1979 年 1 月 17 日，邓小平约见胡厥文、胡子昂、荣毅仁、周叔弢、古耕虞等工商业家座谈如何加快经济建设。邓小平谈起合资问题：“现在经济建设的摊子铺得大了，感到知识不够，资金也不足。”“现在搞建设，门路要多一点，可以利用外国的资金和技术，华侨、华裔也可以回来办工厂。吸收外资可以采取补偿贸易的办法，也可以搞合营，先选择资金周转快的行业做起。”

邓小平还特意点将，对荣毅仁说：你来牵头办实体，搞成对外开放的窗口。

在邓小平的鼓励下，几位实业家很快就向中央提交了建立国际信托投资公司的报告。1979 年 10 月，公司成立，很快成为中国对外开放的一个窗口。

1979 年 6 月，五届人大二次会议通过的《政府工作报告》正式提出“采用国际通用的各种合理的形式吸收国外资金”的重要政策。从此，吸引外资的工作全面展开。

第三个小故事：

这是上海市委党史研究室提供的故事。

1979 年 7 月，75 岁的邓小平开始了他十一届三中全会后的第一次南方考察。他先去了安徽，之后来到上海。在上海的住处是一个神秘的代号——414。当年的中国，这种神秘的代号在全国各地有很多很多。

“414”是一个当时统称的“招待所”。多少年后，我也曾经在这里住过，知道这是当时全国最大的花园别墅。“414”位于上海西郊长宁区一个原先僻静的花园地带（现在院子大门前面已是车流滚滚了），历来只接待党和国家的最高领导人。自从1967年毛泽东最后一次住过这里之后，这座偌大的别墅整整关了十几年。

每天清晨，邓小平都要在花园里散步。几天下来，邓小平走遍了“414”的每一个角落。随后的一天，邓小平把上海市委招待处处长叫过来，指了指“414”的院子，说：“这么大的房子，这么大的花园，管理它要花多少钱哟！专门为我们几个大老爷，一年又能住几天！”“这么一块美景如画的黄金宝地，我看应该对外开放，让外国人来住，收取外汇，支援四化建设……”

以后的几天中，邓小平早晨散步时，就帮助陪同的市委招待处处长规划“414”对外开放后的设想。他在会见全体上海市委常委时，又专门对大家说：“我这次来‘414’住了十来天，天天都在谈生意经。这么大的花园别墅，给外国人住，可以收外汇嘛。我给你们半年时间准备，半年以后，‘414’就对外开放！”

在邓小平的直接关心下，1980年，“414”正式挂牌“西郊宾馆”对外开放，它接待的第一批客人是美国的林德普雷顿豪华旅游团。之后，还先后接待了英国女王伊丽莎白二世、苏联领导人戈尔巴乔夫、日本天皇等国家元首。

“414”的开放，不仅收到了良好的经济效益，推进了上海西郊虹桥开发区的建立和发展，而且作为一个典型的案例，昭示了刚刚制定不久的开放政策，让世界各国看到了中国实行对外开放的决心。

中国为什么要实行对外开放？这是由以下四个原因决定的。

第一，对外开放是世界发展的基本趋势和必然要求。第二次世界大战后，随着经济规模的扩大、科技革命的兴起、交通工具的改进和信息技术的发展，国际分工进一步向纵深发展，各国经济对国际资源和国际市场的依赖程度越来越大。世界各国的社会再生产过程更加紧密地联结起来，造成了互相依存的局面。除了传统的国际商品交换继续扩大外，资本和技术上的交往与合作日益突出，世界经济已经进入了一个走向全球化的时代。邓小平敏锐地把握当代世界的发展趋势，精辟地指出："现在的世界是开放的世界。"①"任何一个国家要发展，孤立起来，闭关自守是不可能的，不加强国际交往，不引进发达国家的先进经验、先进科学技术和资金，是不可能的。"②

第二，对外开放是对历史上闭关自守教训的深刻反思。中国历史上有过一定程度开放的经历，但由于多年"左"的错误的干扰，曾经实行封闭半封闭的政策，不仅拉大了与发达国家的差距，而且对这种差距还浑然不知。"文化大革命"一结束，我们突然发现，当时的世界经济快速发展，科技进步日新月异，人类的社会生活正以前所未有的速度发生着深刻的变化。时代在进步，文明在升华。社会主义面临着严峻的挑战，中国也面临着严峻的挑战。邓小平总结经验教训，指出："中国在西方国家产业革命以后变得落后了，一个重要原因就是闭关自守。建国以后，人家封锁我们，在某种程度上我们也还是闭关自守，这给我们带来了一些困难。三十几年的经验教训告诉我们，关起门来搞建设是不行的，发展不起来的。"③"鉴于过去的教训，必须改变闭关自守的状态，必须调动人民的积极性，这样才制定了开放和改革的政策。"④我们最大的经验就是不要脱离世界，不要关起门来。"现在世界的发展一日千里，每天都在变化"，"关门可不行啊，中国不可能再回

①《邓小平文选》第3卷，人民出版社，1993年版，第64页。
②《邓小平文选》第3卷，人民出版社，1993年版，第117页。
③《邓小平文选》第3卷，人民出版社，1993年版，第64页。
④《邓小平文选》第3卷，人民出版社，1993年版，第224页。

到过去那种封闭的时代。”①

第三，对外开放是中国发展的迫切需要。十一届三中全会前后，邓小平就指出，要实现现代化，就要善于学习，大量取得国际上的帮助，引进国际上的先进技术。门路要多一点，可以利用外国的资金和技术。后来，他又进一步指出：“中国的发展离不开世界。”②“中国要谋求发展，摆脱贫穷和落后，就必须开放。”③在制定了三步走的发展战略后，邓小平又一再强调：“要达到这个新的目标，离开对外开放政策不可能。”“没有对外开放政策这一着，翻两番困难，翻两番之后再前进更困难。”④“我们的对外开放政策，本世纪内不能变，下个世纪的前五十年也不能变。五十年以后又怎么样？那时，中国同外国在经济上将更加紧密地联系起来，千丝万缕的联系怎么能断得了呢？”⑤因此，实行对外开放不是权宜之计，而是中国长期的基本国策，是实现我国社会主义现代化宏伟目标的根本需要。

第四，对外开放是经济体制改革的重要内容。对外开放是建立和完善社会主义市场经济的必要条件。市场经济是开放的经济。在封闭的条件下，不可能建立现代市场经济体系。邓小平说：“我们在制定对内经济搞活这个方针的同时，还提出对外经济开放。”⑥过去的关门政策有两种，一种是对国外，一种是对国内。因此，实行开放政策必须是两个方面的开放，既对国外开放，也对国内开放。他甚至指出：“一个对外经济开放，一个对内经济搞活。改革就是搞活，对内搞活也就是对内开放，实际上都叫开放政策。”⑦对外开放和对内搞活是一个统一方

---

①《邓小平文选》第3卷，人民出版社，1993年版，第299页。
②《邓小平文选》第3卷，人民出版社，1993年版，第78页。
③《邓小平文选》第3卷，人民出版社，1993年版，第266页。
④《邓小平文选》第3卷，人民出版社，1993年版，第89—90页。
⑤《邓小平建设有中国特色社会主义论述专题摘编》，中央文献出版社，1995年版，第242页。
⑥《邓小平文选》第3卷，人民出版社，1993年版，第78页。
⑦《邓小平文选》第3卷，人民出版社，1993年版，第98页。

针的有机联系的两个方面。我国要建立起社会主义市场经济体制，必要的条件之一就是继续扩大对外开放，充分利用国际国内两个市场、两种资源，优化资源配置，积极参与国际竞争与国际经济合作，发展外向型经济，使国内经济与国际经济实现互接互补。

二、南海边上的圆圈

中国对外开放，最有特色、最引起世界瞩目的，是在南海边“画”了几个圈——建立了几个特区。当然，这个圈可不是那么轻而易举地“画”出来的，它是一个沉甸甸的战略决策。

1977 年 11 月 11—20 日，刚刚复出不久的邓小平，与中央军委有关负责人从北京乘专机到广州，下榻于松园宾馆，为即将召开的军委全会起草有关文件。

在广州期间，邓小平听取了广东省领导干部的工作汇报。当广东省领导汇报到当时广东所面临的一个难题，那就是靠港澳边境地区偷渡风猖獗，边防部队防不胜防时，邓小平当即插话：“这是我们的政策有问题，不是部队所能管得了的。”[①]

“政策有问题”，广东的领导干部听了，有点不解其意。后来，随着历史的推进，广东的党政领导人才真正认识到：邓小平这一论断真是一语中的、入木三分。

50 年代，由于世界局势的动荡，许多巨富豪商纷纷将资金转入较为自由、稳定的香港，一时间，数百亿美元的游资涌入香港，急寻放贷或投资的出路，甚至到了存款者倒贴给银行利息的地步。香港的企

① 吴南生：《经济特区的创立》，《广东党史》，1998 年，第 6 期。

业家们，抓住机遇，去建大楼、办工厂、开商店，财源滚滚而来。

多好的机遇。这时，毛泽东到了珠江口的广州。广东省委和港澳工委的负责人郑重地向毛泽东汇报香港的经济形势。当他们汇报到“香港有 14 家中资银行，可以大量吸收国际游资，一方面扩大自己的业务，好好赚他一笔，另一方面更为重要的是，把游资用存款或投资形式引入国内建设”时，毛泽东的眼睛亮了。

毛泽东说：好呵，外国的游资这么多，可以利用嘛。他告诉陶铸等人：你们的想法不错，写个报告，我把这个意见带回北京去商量。

报告送到了北京，最高决策层也商讨过。但当时认为风险大，借外债声誉不好，有伤国体，于是就不了了之了。

香港利用这个机遇，奇迹般地腾飞起来。而驻港的 14 家中资银行，却只好看着大批资金从门前流过。资金极度匮乏的内地，眼巴巴丧失了一次机遇。

30 年后，差距显示了出来。是时，深圳农民的年收入是 134 元，而一河之隔的香港新界农民的年收入却是 13000 元港币，落差实在太大。光靠堵来反偷渡，不是治本的办法。治本要靠好的政策，靠发展生产力。生产发展了，人民生活改善了，边境就安定了，人也不会外流了。

这一新的重大思路在习仲勋治下成了现实。

1978 年，习仲勋还没有平反，就到广东主持工作。解决深圳、保安的逃港潮问题，是中央交给他的任务。经过调研，他认为确实主要是由我们的政策和经济太落后造成的。他认为，外逃不能叫外逃，而应该叫外流。所以，他把抓回来的农民都放了，并开始在一定范围放开政策，允许当地农民多种一点自留地，生产出来的产品可以到对面去销售，也可以请香港人到这边投资办点企业。这么一试，效果很好，于是进而萌发出在更大范围实行特殊政策的念头。

1979年4月，在中央工作会议期间，习仲勋郑重向中央提出，广东邻近港澳，可以发挥这一优势，在对外开放上做点文章。希望中央给点权，让广东能够充分利用自己的有利条件，先走一步。他代表省委正式向中央提出广东要求实行特殊政策、灵活措施以及创办贸易合作区的建议。他的提议，得到中央政治局常委的赞同和支持。

邓小平非常赞同广东富有新意的设想。当他听说贸易合作区的名称定不下来，大家意见不一致时，就说:“就叫特区嘛，过去陕甘宁就是特区。中央没有钱，可以给些政策，你们自己去搞，杀出一条血路来！”①

根据邓小平的提议，中央工作会议作出决定，对广东、福建两省在对外经济活动中实行特殊政策、灵活措施，并在广东的深圳、珠海、汕头和福建的厦门试办出口特区。

随后，谷牧同志带工作组到广东、福建考察，研究试办特区问题。7月15日，中共中央、国务院批转广东和福建两个省委的报告，同意对广东实行特殊政策和灵活措施，试办深圳、珠海、汕头三个出口特区，积极吸收侨资、外资，引进国外先进技术和管理经验。

1980年3月24—30日，谷牧受中共中央、国务院的委托，在广州主持召开广东、福建两省会议。采纳了广东省的建议，把“出口特区”改名为具有更丰富内涵的“经济特区”。

同年，广东福建两省利用地处沿海、毗邻港澳、交通便利的特点，吸收国际上自由贸易区和出口加工区的经验，在深圳、珠海、汕头、厦门划出一定地区，建立了经济特区。

由此，特区成了中国改革开放的一大特色和排头兵。

经济特区诞生后，发展速度之快，令人眼花缭乱。然而，还是有

① 谷牧:《中国对外开放的风风雨雨》,《半月谈》, 1998年，第15期。

一些人心存疑虑，不时发表非议之词。就在特区遇到很大压力的时候，邓小平决定亲自出动，到特区视察。

1984 年 1 月 22 日，邓小平乘专列从北京南下到经济特区视察。他对广东省党政负责人说：办特区是我倡议的，中央定的，是不是能够成功，我要来看一看。①

在这次视察中，邓小平亲眼目睹了深圳和珠海的巨大变化，对两个经济特区留下了良好的印象。29 日，在珠海宾馆，邓小平在一张摆着宣纸、笔墨的写字台前，干脆利索地题写了“珠海经济特区好”几个大字。2 月 1 日，他又在广州珠岛宾馆写下了：“深圳的发展和经验证明，我们建立经济特区的政策是正确的。邓小平，一九八四年一月二十六日。”② 在落款时，邓小平没有落在广州下笔的时间，而是把时间稍稍提前了一点，落在他离开深圳的那一天。

2 月 5 日，邓小平离开广州，乘专列前往厦门视察。听取厦门的汇报后，邓小平又写下了“把经济特区办得更快些更好些”的题词。

这几幅题词，表明了邓小平对特区的鲜明态度。视察回京之后，他对中央几位负责人谈话，明确指出：“我们建立特区，实行开放政策，有个指导思想要明确，就是不是收，而是放。”“除现在的特区之外，可以考虑再开放几个港口城市，如大连、青岛。这些地方不叫特区，但可以实行特区的某些政策。”③

在邓小平的倡议下，是年 5 月 4 日，中共中央、国务院作出进一步开放的决定，开放大连、秦皇岛、天津、烟台、青岛、连云港、南通、上海、宁波、温州、福州、广州、湛江、北海 14 个沿海港口城

① 王震：《关于陪同邓小平同志视察广东、福建、上海的情况报告》，1984 年 2 月 27 日。见中共广东省委办公厅编印《中央对广东工作指示汇编》(1983—1985)，第 128 页。

② 中共广东省委宣传部、广东省新闻出版局摄制《中国特区》第二集《必由之路》，张荣谈话记录。

③《邓小平文选》第 3 卷，人民出版社，1993 年版，第 51—52 页。

市，并扩大这些地方经济管理权限，对外商投资实行类似经济特区的政策。1985 年 2 月，中共中央、国务院又决定开放长江三角洲、珠江三角洲和闽南厦漳泉三角地区。随后开放环渤海地区和海南岛，1988 年决定将海南岛改制为海南省，办成全国最大的经济特区。

1990 年，邓小平提出要把上海当作一张王牌抓起来。于是，又一项战略措施付诸实施，中共中央、国务院作出开发和开放上海浦东新区的战略决策，在浦东实行经济技术开发区和某些经济特区的政策。全国逐步形成全方位、多层次的开放格局。

三、对外开放的基本格局

对外开放除了经济特区外，还包括发展对外贸易、引进外资、扩大对外经济技术交流与合作等多个方面。

对外开放从十一届三中全会开始起步。1984 年，十二届三中全会《关于经济体制改革的决定》把对外开放正式定为“基本国策”。党和国家采取一系列重大的开放步骤，对外开放进入进一步扩大和稳定发展的阶段。

1992 年邓小平南方谈话和中共十四大以后，对外开放再次出现高潮。先后以开发开放浦东为龙头，组成沿江开放地带；开发 13 个内陆边境城市，组成沿边开放地带；开放所有内陆省会城市，带动和促进中西部地区的对外开放和发展。至此，形成了全方位、多层次、宽领域的开放格局。

中国的对外开放主要采取了以下几种途径、形式、方法和措施：

第一，利用外资。这是邓小平对外开放思想中极富胆识和创见的部分。中国现代化建设面临的一个严重问题就是资金不足。利用国外资金，是缓解国内资金短缺矛盾的一条有效途径。所以，对外开放一开始，邓小平提出的就是吸引外资问题。“吸收外国资金、外国技术，甚至包括外国在中国建厂，可以作为我们发展社会主义社会生产力的补充。”[①] 多年的实践证明，利用外资扩大了中国同各国之间经济技术的交流与合作，促进了国内经济的发展。

第二，引进技术。针对中国科技力量薄弱的现状，邓小平强调要积极引进发达国家的先进技术和管理经验，来促进中国科技的发展和管理水平的提高。他多次指出，“我们要有计划、有选择地引进资本主义国家的先进技术”[②]，要学习世界上所有国家的“先进的技术、先进的科学、先进的管理”[③]，要“利用外国的智力”[④] 来为我国社会主义现代化建设服务。

第三，对外贸易。邓小平反复强调，“要大力发展对外贸易”，[⑤] 努力打开世界市场，“开辟贸易途径”，[⑥] 以提高我们产品的竞争能力和创汇能力。邓小平认为只有通过扩大贸易，才能获得广阔的国际市场来实现我国经济发展的战略目标，才能增加外汇收入，实现贸易收支平衡。实行对外贸易，不但可以使我们获得实现现代化所必需的技术设备或产品，而且为我们进入世界市场、积累资金、获得技术信息提供了重要途径。

第四，创建经济特区。选择若干对外交通便利的地区，在对外经济活动中采取更加灵活和开放的特殊政策，实行减免关税、降低地价等优惠办法，创造良好的投资环境，鼓励和吸引外商、外资办企业和

①《邓小平文选》第 2 卷，人民出版社，1994 年版，第 351 页。
②《邓小平文选》第 2 卷，人民出版社，1994 年版，第 168 页。
③《邓小平文选》第 2 卷，人民出版社，1994 年版，第 351 页。
④《邓小平文选》第 3 卷，人民出版社，1993 年版，第 32 页。
⑤《邓小平文选》第 2 卷，人民出版社，1994 年版，第 257 页。
⑥《邓小平文选》第 3 卷，人民出版社，1993 年版，第 119 页。

其他事业，以达到发展经济的目的。建立对外经济特区，对中国更好地利用外资，引进国外先进技术，发展对外贸易，提高企业管理水平都起着重要作用，而且也可以使世界透过特区了解中国的政策。因此，经济特区在中国对外开放中发挥着基地和窗口的作用。邓小平指出："特区是个窗口，是技术的窗口，管理的窗口，知识的窗口，也是对外政策的窗口。从特区可以引进技术、获得知识，学到管理，管理也是知识。"①

几十年来，中国的对外开放在实践中不断发展、扩大和深化。从步骤上来说，是从扩大进出口贸易到借用国外贷款和吸收外商的直接投资，从允许客商在我国举办合资、合作和独资企业，到兴办经济特区，再开放沿海和内地城市。从地域上来说，是从南到北、从东到西、从沿海到内地逐步开放，大体是按经济特区—沿海开放城市—沿海经济开发区—长江三角洲及沿江经济区—内地中心城市—铁路公路交通沿线、沿江和沿边地带这样的序列推进。通过多年的努力，到 90 年代初，就逐步形成了全方位、多层次、宽领域的对外开放格局。

所谓全方位，就是不论对资本主义国家还是社会主义国家，对发达国家还是发展中国家，都实行对外开放政策。各民族各国家，无论大小、发展程度如何、属于什么性质和类型，都有自己的长处，只要可以和中国互通有无，中国都在平等互利的基础上积极发展同它们的经济贸易关系。基于这样的原则，改革开放以来，中国已经与绝大多数国家和地区开展了贸易往来。

所谓多层次，就是根据各地区的实际和特点，通过经济特区、沿海开放城市、经济技术开发区、沿海经济开放区、沿边和沿江地区以及内陆省区等不同程度不同形式的开放，形成全国范围内的对外开放

---

①《邓小平文选》第 3 卷，人民出版社，1993 年版，第 51—52 页。

格局。这种格局的形成是一个在不断总结经验的基础上，有重点、有层次，由点到面、逐步推进、全面展开的过程。

所谓宽领域，就是立足于中国国情，对国际商品市场、国际资本市场、国际技术市场、国际劳务市场的开放，把对外开放拓宽到能源、交通等基础产业以及金融、保险、房地产、科技、教育、文化、服务业等。

2001年12月，中国正式成为世界贸易组织的成员国。从1986年7月10日中国正式提出恢复关贸总协定缔约国地位的申请，到2001年12月11日中国正式加入WTO，这一场世界罕见的马拉松进程，持续了整整15年零5个月，即总共185个月的时间。

加入WTO，是党和政府面对世界多极化、经济全球化和科学技术突飞猛进的国际形势，从国内进一步改革开放的需要出发，高瞻远瞩，审时度势，作出的重大战略决策。加入WTO，是中国改革开放和现代化建设不断深入发展的必然结果。透过争取加入WTO的进程，我们可以清晰地看到中国改革开放前进的步伐。加入WTO，标志着中国作为WTO正式成员享受权利、履行义务、更深入地参与经济全球化进程的开始，标志着中国对外开放进入了一个全面开放的新的阶段。

四、正确把握对外开放的基本国策

对外开放是中国一项长期的基本国策。为了正确地坚持这一国策，中国注意坚持了几个重要的战略思想。

第一，正确对待和借鉴现代文明的成果。

实行对外开放，一个关键是要正确地对待资本主义国家创造的现代文明成果。资本主义国家经过几百年的发展，特别是经过战后几十年相对稳定的发展，在经济、科技、教育、文化和社会管理方面，积累了丰富的经验，取得了许多历史性的文明成果。说到底，那里的文明成果，也是劳动人民创造出来的。社会主义不是离开人类文明大道的固步自封的产物，而是对人类文明的继承和发展。邓小平说：“社会主义要赢得与资本主义相比较的优势，就必须大胆吸收和借鉴人类社会创造的一切文明成果，吸收和借鉴当今世界各国包括资本主义发达国家一切反映现代社会化生产规律的先进经营方式、管理方法。”①

在对外开放中，当然也会带进一些腐朽落后的东西。这就好比窗子打开了，在新鲜空气流通的同时，也会有苍蝇混进来。邓小平说：“开放以后，一些腐朽的东西也跟着进来了，中国的一些地方也出现了丑恶现象，如吸毒、嫖娼、经济犯罪等。要注意很好地抓，坚决取缔和打击，决不能任其发展。”② 他明确表示：“我们要有计划、有选择地引进资本主义国家的先进技术和其他对我们有益的东西，但是我们决不学习和引进资本主义制度，决不学习和引进各种丑恶颓废的东西。”③

第二，正确处理对外开放与独立自主、自力更生的关系。

独立自主、自力更生，是中国社会主义革命和建设的一项重要方针，邓小平曾经说过：“中国的经验第一条就是自力更生为主。”④ 在改革开放新时期仍然需要坚持独立自主、自力更生的方针。但是自力更生决不等于自我封闭，拒绝国际经济交流与合作。“像中国这样大的国家搞建设，不靠自己不行，主要靠自己，这叫做自力更生。但是，在坚持自力更生的基础上，还需要对外开放，吸收外国的资金和技术来帮助我们发展。”⑤

①《邓小平文选》第3卷，人民出版社，1993年版，第373页。
②《邓小平文选》第3卷，人民出版社，1993年版，第379页。
③《邓小平文选》第2卷，人民出版社，1994年版，第168页。
④《邓小平文选》第2卷，人民出版社，1994年版，第406页。
⑤《邓小平文选》第3卷，人民出版社，1993年版，第78—79页。

对外开放的实践证明，中国这样大的社会主义国家搞现代化建设，必须处理好扩大开放和坚持自力更生的关系，把立足点放在依靠自己力量的基础上。要引进先进技术，但必须把引进和开发、创新结合起来，形成自己的优势；要利用国外资金，但同时更要重视自己的积累。这样才能争取时间，加快缩小与发达国家的差距。独立自主不是闭关自守，自力更生不是盲目排外。讲独立自主、自力更生，绝不是要闭关锁国、关起门来搞建设，而是要把对外开放提高到一个新的更高水平。”

第三，把“引进来”与“走出去”相结合。

根据新的历史条件，江泽民在2000年1月进一步提出，要抓紧研究和实施“走出去”的战略。这是一个新的全局性的战略决策。中共十六大进一步提出，要适应经济全球化和加入世界贸易组织的新形势，在更大范围、更广领域和更高层次上参与国际经济技术合作和竞争，充分利用国际国内两个市场，优化资源配置，拓宽发展空间，以开放促改革促发展。中国对外开放，最初主要是引进来，包括引进外资，引进先进技术，引进管理经验，引进重大项目，引进国外人才等等。这对当时的中国来说，是非常必要的。但当到了一定阶段，光是被动地单方引进就不够了。在新的形势下，中国已经有条件“走出去”，应适度地对外投资，建厂办企业，扩大劳务输出，深化各种对外经济合作。通过走出去，不仅可以更好地学习外国经验，利用外国技术，还可以进一步贡献中国经验、中国技术、中国智慧。

中国在实行对外开放战略的过程中，不断随着形势的发展，提高对外开放的水平。十五大报告首先提出了这一任务，指出：“面对经济、科技全球化趋势，我们要以更加积极的姿态走向世界，完善全方位、多层次、宽领域的对外开放格局，发展开放型经济，增强国际竞争力，促进经济结构优化和国民素质提高。”十六大进一步要求，适应经济全球化和加入世界贸易组织的新形势，在更大范围、更广领域和更高层次上参与国际经济技术合作和竞争，充分利用国际国内两个市场，优化资源配置，拓宽发展空间，以开放促改革促发展。

提高对外开放水平，首先要求拓展视野，从战略上把握中国经济与世界经济的双向互动关系。深入研究世界经济的运行规律，密切关注世界经济的最新动态和趋势，关注商品、资本、金融、股票、证券各种市场的行情，在世界经济发展的大潮中因势利导，掌握中国经济发展的主动权。既充分利用外部的有利条件，又防止外部危机和动荡可能对我国造成的冲击。既积极参与经济全球化的进程，又注意维护我国的经济安全。

提高对外开放水平，要求更加充分地利用国际国内两种资源。在合理开发和保护自己资源的同时，扩大对外合作的领域，充分利用外部的资源和条件。积极引进外资，提高利用外资的水平和效益。学习和引进先进技术，加大技术改造的力度。与跨国公司建立更加密切的关系，借助其技术、资本、管理经验和销售渠道，扩大自己生产、经营的规模。

提高对外开放水平，要求更加充分地利用国际国内两个市场。在拓展国内市场的同时，更加广泛地开拓国际市场。大力实施“走出去”的战略、以质取胜和市场多元化的战略，多渠道、多方式扩大商品、劳务、技术和服务的出口，合理调控进口，发挥自己的比较优势，提高在世界进出口总额中所占的比例。加快实行经济结构的战略性调整，提高企业生存、发展和在国际市场上竞争的能力。

提高对外开放水平，要求认真研究和掌握世界经济的运行规则。讲信用、负责任，认真履行作为世界贸易组织和其他组织成员的有关义务，兑现我们的承诺。同时也充分享受和行使自己应有的权利，用国际规则作根据，维护我们的利益，反对侵害我们利益的行为。积极推动建立公正合理的国际经济新秩序。

五、开创对外开放新局面

随着改革开放的推进，中国对外开放取得巨大成就，开放程度不断提高，与世界经济的联系越来越密切，对全球经济发展作出了重要贡献。但与此同时，中国对外开放中也存在一些突出矛盾和问题，主要是出口商品大量的还是低附加值的劳动密集型产品，自主创新能力不强，外贸顺差不断增加，国际收支不平衡矛盾加剧。

根据新的实际，十七大要求，必须适应对外开放面临的新形势，抓住和用好重要战略机遇期，把“引进来”和“走出去”更好结合起来，扩大开放领域，优化开放结构，提高开放质量，完善内外联动、互利共赢、安全高效的开放型经济体系，形成经济全球化条件下参与国际经济合作和竞争新优势，把我国的对外开放提高到一个新阶段。

2012 年，十八大进一步要求：“全面提高开放型经济水平。适应经济全球化新形势，必须实行更加积极主动的开放战略，完善互利共赢、多元平衡、安全高效的开放型经济体系。”十八届三中全会要求：“适应经济全球化新形势，必须推动对内对外开放相互促进、引进来和走出去更好结合，促进国际国内要素有序自由流动、资源高效配置、市场深度融合，加快培育参与和引领国际经济合作竞争新优势，以开放促改革。”

为加快培育参与和引领国际经济合作竞争新优势，全面开创对外开放新局面，党和国家提出了一系列要求，采取了一系列举措。

一是完善对外开放战略布局。

经过 40 年的努力，中国对外开放的基础和条件已经发生了根本性变化，开放布局需要完善，更需要创新。十八大报告提出：“统筹双边、多边、区域、次区域开放合作。”中共中央关于“十三五”规划的建议指出：“完善对外开放战略布局。推进双向开放，促进国内国际要素有序流动、资源高效配置、市场深度融合。”采取的措施主要有：

优化对外开放区域布局。加强对外资的产业和区域投向引导，深化沿海开放，支持沿海地区全面参与全球经济合作和竞争，培育有全球影响力的先进制造基地和经济区。加快内地开放，提升沿边开放，加强内陆沿边地区口岸和基础设施建设，开辟跨境多式联运交通走廊，发展外向型产业集群，形成各有侧重的对外开放基地。提高边境经济合作区、跨境经济合作区发展水平。实现对内对外开放相互促进。

完善对外贸易布局。加快对外贸易优化升级，从外贸大国迈向贸易强国。加快转变外贸增长方式，创新外贸发展模式。立足以质取胜，调整进出口结构，促进加工贸易转型升级，大力发展服务贸易，壮大装备制造等新的出口主导产业，加强营销和售后服务网络建设，提高传统优势产品竞争力，巩固出口市场份额，努力促进对外贸易从数量增加为主向质量提高为主转变，提高对外贸易质量和效益。

完善投资布局。扩大开放领域，放宽准入限制，创新利用外资方式，优化利用外资结构，积极有效引进境外资金和先进技术。发挥利用外资在推动自主创新、产业升级、区域协调发展等方面的积极作用。扩大高新技术产业和先进制造业对外开放。支持企业扩大对外投资，推动装备、技术、标准、服务走出去，深度融入全球产业链、价值链、物流链，建设一批大宗商品境外生产基地，培育一批跨国企业。积极搭建国际产能和装备制造合作金融服务平台。

二是形成对外开放新体制。

着力完善法治化、国际化、便利化的营商环境，健全有利于合作共赢并同国际贸易投资规则相适应的体制机制。建立便利跨境电子商务等新型贸易方式的体制，健全服务贸易促进体系，全面实施单一窗口和通关一体化。提高自由贸易试验区建设质量，在更大范围推广复制。

全面实行准入前国民待遇加负面清单管理制度，促进内外资企业一视同仁、公平竞争。完善境外投资管理，健全对外投资促进政策和服务体系。有序扩大服务业对外开放，扩大银行、保险、证券、养老等市场准入。

扩大金融业双向开放。有序实现人民币资本项目可兑换，推动人民币加入特别提款权，成为可兑换、可自由使用货币。转变外汇管理和使用方式，从正面清单转变为负面清单。放宽境外投资汇兑限制，放宽企业和个人外汇管理要求，放宽跨国公司资金境外运作限制。加强国际收支监测，保持国际收支基本平衡。推进资本市场双向开放，改进并逐步取消境内外投资额度限制。

同更多国家签署高标准双边投资协定、司法协助协定，争取同更多国家互免或简化签证手续。构建海外利益保护体系。完善反洗钱、反恐怖融资、反逃税监管措施，完善风险防范体制机制。

三是完善双边和多边合作机制。

秉持亲诚惠容，坚持共商共建共享原则，以企业为主体，实行市场化运作，推进同有关国家和地区多领域互利共赢的务实合作，打造陆海内外联动、东西双向开放的全面开放新格局。主要措施有：

推进基础设施互联互通和国际大通道建设，共同建设国际经济合作走廊。加强能源资源合作，提高就地加工转化率。共建境外产业集聚区，推动建立当地产业体系，广泛开展教育、科技、文化、旅游、卫生、环保等领域合作，造福当地民众。

加强同国际金融机构合作，参与亚洲基础设施投资银行、金砖国家新开发银行建设，发挥丝路基金作用，吸引国际资金共建开放多元共赢的金融合作平台。

加强对外合作。积极开展国际能源资源互利合作。实施自由贸易区战略，加强双边多边经贸合作。扎实促进互利共赢，维护和完善全球经贸体系，主动承担与我国发展水平和能力相适应的国际责任，力所能及地加大对发展中国家的援助和支持，妥善处理产品质量、气候变化、生态环境、知识产权等问题，维护企业合法权益和国家利益。采取综合措施促进国际收支基本平衡。

注重防范国际经济风险。切实维护国家经济安全，完善相应的法律法规，构建有效的国家经济安全体制机制，增强国家经济安全监测和预警、危机反应和应对的能力，依法保护我国海外资产和人员安全。

加快同周边国家和区域基础设施互联互通建设，推进丝绸之路经济带、海上丝绸之路建设，形成全方位开放新格局。建立开发性金融机构，允许沿边重点口岸、边境城市、经济合作区在人员往来、加工物流、旅游等方面实行特殊方式和政策。

四是创新对外投资和合作方式。

深入实施“走出去”战略，从我国经济发展的战略需要出发，支持有条件的企业按照国际通行规则对外直接投资和跨国经营，完善对境外投资的协调机制和风险管理，健全对外投资服务体系，办好境外经济贸易合作区，支持当地发展经济、改善民生。支持企业在研发、生产、销售等方面开展国际化经营，加快培育我国的跨国公司和国际知名品牌。积极开展国际能源资源互利合作。

扩大企业及个人对外投资，确立企业及个人对外投资主体地位，允许发挥自身优势到境外开展投资合作，允许自担风险到各国各地区自由承揽工程和劳务合作项目，允许创新方式走出去开展绿地投资、并购投资、证券投资、联合投资等。

加快同有关国家和地区商签投资协定，改革涉外投资审批体制，完善领事保护体制，提供权益保障、投资促进、风险预警等更多服务，扩大投资合作空间。

支持内陆城市增开国际客货运航线，发展多式联运，形成横贯东中西、联结南北方对外经济走廊。推动内陆同沿海沿边通关协作，实现口岸管理相关部门信息互换、监管互认、执法互助。

五是深化内地和港澳、大陆和台湾地区合作发展。

全面准确贯彻“一国两制”“港人治港”“澳人治澳”、高度自治的方针，发挥港澳独特优势，提升港澳在国家经济发展和对外开放中的地位和功能，支持港澳发展经济、改善民生、推进民主、促进和谐。

支持香港巩固国际金融、航运、贸易三大中心地位，参与国家双向开放、“一带一路”建设。支持香港强化全球离岸人民币业务枢纽地位，推动融资、商贸、物流、专业服务等向高端高增值方向发展。支持澳门建设世界旅游休闲中心、中国与葡语国家商贸合作服务平台，促进澳门经济适度多元可持续发展。

加大内地对港澳开放力度，加快前海、南沙、横琴等粤港澳合作平台建设。加深内地同港澳在社会、民生、科技、文化、教育、环保等领域交流合作。深化泛珠三角等区域合作。

坚持“九二共识”和一个中国原则，秉持“两岸一家亲”，以互利共赢方式深化两岸经济合作。推动两岸产业合作协调发展、金融业合作及贸易投资等双向开放合作。推进海峡西岸经济区建设，打造平潭等对台合作平台。扩大两岸人员往来，深化两岸农业、文化、教育、科技、社会等领域交流合作，增进两岸同胞福祉，让更多台湾普通民众、青少年和中小企业受益。

六、坚持互利共赢的开放战略

经过 40 年的改革开放，中国已经日益紧密地与外部世界联系在一起。中国与世界双方的依存度都达到了相当的水准。

《今日美国报》曾经以人们一天的活动为例，生动地描述了美国人对中国商品的依赖程度：

早上起床，闹钟把你叫醒，一看，钟是 Made in China（中国制造）；刷牙洗脸，牙膏牙刷和毛巾是中国制造；上班，公文包、拎包或背包都是中国制造；如果下雨，打的雨伞是中国制造；办公室里，文具甚至电脑，可能都是中国制造；吃快餐，调料是中国制造；回家，便鞋是中国制造，甚至耐克鞋也可能是中国制造；晚上在家用餐，刀叉等餐具是中国制造；看电视，遥控器是中国制造；上床睡觉，睡衣、拖鞋、床单又是中国制造。

也许这番描述有些夸张。中国商品也有质量较差、款式陈旧、缺乏名牌、不完全适合美国消费者口味等问题。但中国商品如此深入而广泛地渗入美国人的生活中，不能不说是中国经济与世界经济日益融合的一个标志。

当然，这种融合完全是按市场规律所发生的融合。在对外开放的过程中，中国商品不断增加了国际竞争力。同时，很大一部分也是外资企业所生产的商品。有些外国人曾做过一项试验：坚持不用中国商品，看看日常生活能否维持下去，结果发现做不到。这说明，任何商品要在国际市场上站住脚，一定要靠自身的竞争力，而不是大打贸易战。

归根结底，中国实行的不是单向取利的开放战略，而是互利共赢的开放战略。

十六届五中全会在关于“十一五”规划的建议中首先明确提出：实行互利共赢的开放战略，统筹国内发展和对外开放，不断提高对外开放水平，增强在扩大开放条件下促进发展的能力。

十七大进一步确认：“中国将始终不渝奉行互利共赢的开放战略。”具体的立场和政策是：“继续以自己的发展促进地区和世界共同发展，扩大同各方利益的汇合点，在实现本国发展的同时兼顾对方特别是发展中国家的正当关切。”“继续按照通行的国际经贸规则，扩大市场准入，依法保护合作者权益。”“支持国际社会帮助发展中国家增强自主发展能力、改善民生，缩小南北差距。”“支持完善国际贸易和金融体制，推进贸易和投资自由化便利化，通过磋商协作妥善处理经贸摩擦。”“中国决不做损人利己、以邻为壑的事情。”

十七届五中全会在关于“十二五”规划的建议中要求，实施互利共赢的开放战略，进一步提高对外开放水平，与国际社会共同应对全球性挑战、共同分享发展机遇。

十八大进一步重申和强调，中国将始终不渝地奉行互利共赢的开放战略，通过深化合作促进世界经济强劲、可持续、平衡增长，从而使这一战略更加成熟和完善。为此，要适应经济全球化新形势，实行更加积极主动的开放战略，完善互利共赢、多元平衡、安全高效的开放型经济体系。包括形成以技术、品牌、质量、服务为核心的出口竞争新优势，提高利用外资综合优势和总体效益，加快实施自由贸易区战略，推动同周边国家互联互通，等等。

坚持互利共赢的开放战略就是既要通过对外开放实现自身发展，又要通过自身发展促进地区和世界共同发展。习近平总书记对互利共赢问题作了多次阐述和强调。他指出：“我们要坚持开放的发展，让发展成果惠及各方。在经济全球化时代，各国要打开大门搞建设，促进生产要素在全球范围更加自由便捷地流动。各国要共同维护多边贸易体制，构建开放型经济，实现共商、共建、共享。”

坚持互利共赢的开放战略是推动建设人类命运共同体的必然要求。经济全球化的发展，是生产力发展的必然趋势。全世界不同地区和国家在全球化的进程中形成了谁也离不开谁的命运共同体。彼此开放、彼此开展经济交流和合作，对大家有利，对世界有利。任何国家试图谋取单赢的结局几乎是不可能的。在国际交往中实现双赢、共赢，符合时代潮流，符合全球化的客观规律和要求，体现了一种积极的开放观，有利于扩大同各方的利益汇合点，有利于推动建设持久和平、共同繁荣的和谐世界。

坚持互利共赢的开放战略也是我国长远发展的战略要求。改革开放40年来，我国经济社会持续快速发展的一条重要经验，就是始终坚持互利共赢的开放战略。通过实施对外开放的基本国策，中国从世界获得了资金、资源、技术、管理经验，使中国获得了前所未有的发展。同时，中国对外开放，也有利于世界经济的发展，有利于国际资本的流动和发挥效益，也为世界各国提供了大量必需的商品，为世界经济作出了重大贡献。坚持互利共赢的开放战略，符合中国人民的根本利益和世界人民的共同利益。既可以实现自身发展，也为其他国家提供了发展机遇；既可以给中国人民带来实惠，也可以为世界人民提供机遇。

“十三五”规划对坚持互利共赢的开放战略作出了进一步的部署。“十三五”期间的开放是全面开放、深度开放，是利用国内国际两个市场、两种资源的开放，是对内、对外同步双向的开放。中共十八届五中全会关于“十三五”规划的建议指出：全面建成小康社会必须遵循的原则之一是：坚持统筹国内国际两个大局。全方位对外开放是发展的必然要求。必须坚持打开国门搞建设，既立足国内，充分运用我国资源、市场、制度等优势，又重视国内国际经济联动效应，积极应对外部环境变化，更好利用两个市场、两种资源，推动互利共赢、共同发展。

七、实施更加积极主动的开放战略

十八大以后，根据对外开放的新形势，习近平总书记提出，必须实施更加积极主动的开放战略，创建新的竞争优势，全面提升开放型经济水平。

在参加十二届全国人大二次会议上海代表团的审议时，习近平总书记强调："要牢牢把握国际通行规则，加快形成与国际投资、贸易通行规则相衔接的基本制度体系和监管模式，既充分发挥市场在资源配置中的决定性作用，又更好发挥政府作用。"

在主持中共中央政治局第十九次集体学习时，习近平总书记指出："站在新的历史起点上，实现'两个一百年'奋斗目标、实现中华民族伟大复兴的中国梦，必须适应经济全球化新趋势、准确判断国际形势新变化、深刻把握国内改革发展新要求，以更加积极有为的行动，推进更高水平的对外开放，加快实施自由贸易区战略，加快构建开放型经济新体制，以对外开放的主动赢得经济发展的主动、赢得国际竞争的主动。"

十八大后，这样的开放战略逐渐形成，并已开始布局。最为突出的是，提出"一带一路"倡议、建立亚洲基础设施投资银行（简称亚投行）、建立自由贸易区。

首先，是以"一带一路"引领建立三个共同体。

古代亚欧大陆上的中国和其他国家，通过开展贸易活动，走出了连接几大洲的贸易和人文交流通路，后统称为"丝绸之路"。2013 年 9 月和 10 月，习近平主席在出访中亚和东南亚国家期间，先后提出共建"丝绸之路经济带"和"21 世纪海上丝绸之路"（现简称"一带一路"）的重大倡议，得到国际社会高度关注。

根据"一带一路"倡议，在陆上将依托国际大通道，以沿线中心城市为支撑，以重点经贸产业园区为合作平台，共同打造新亚欧大陆桥、中蒙俄、中国—中亚—西亚、中国—中南半岛等国际经济合作走廊；海上，将以重点港口为节点，共同建设通畅安全高效的运输大通道。特别是推动中巴、孟中印缅两个经济走廊合作、发展。

借用古代“丝绸之路”的历史符号，通过“一带一路”倡议，将进一步发展与沿线国家的经济合作伙伴关系，争取建立一个政治互信、经济融合、文化包容的利益共同体、命运共同体和责任共同体。

2015 年 3 月 29 日，习近平主席与出席博鳌亚洲论坛 2015 年年会的中外企业家代表座谈时强调：“我们提出丝绸之路经济带和 21 世纪海上丝绸之路倡议，将促进中国与沿线国家的贸易与投资，促进沿线国家的互联互通与新型工业化，促进各国共同发展，人民共享发展成果。中国对外合作的机遇在扩大。我们支持多边贸易体制，致力于多哈回合谈判，倡导亚太自由贸易区，推进区域全面经济伙伴关系谈判，倡导筹建亚投行，全方位推进经济金融合作，作经济全球化和区域一体化的积极推动者。”

2013 年 10 月，在亚太经合组织工商领导人峰会演讲中，习近平主席强调：“我们将实行更加积极主动的开放战略，完善互利共赢、多元平衡、安全高效的开放型经济体系，促进沿海内陆沿边开放优势互补，形成引领国际经济合作和竞争的开放区域，培育带动区域发展的开放高地。”

因此，可以说，“一带一路”是促进共同发展、实现共同繁荣的合作共赢之路，是增进理解信任、加强全方位交流的和平友谊之路。借助“一带一路”，要做好区域开放大文章，充分发挥“一带一路”“长三角”“珠三角”及港澳等地发展优势，进一步扩大区域开放。

其次，是建立亚洲基础设施投资银行。

亚洲拥有全球六成人口，经济占全球经济总量的 1/3，是当今世界最具经济活力和增长潜力的地区。但因建设资金有限，一些国家铁路、公路、桥梁、港口、机场和通讯等基础建设严重不足，这在一定程度上限制了该区域的经济发展。据有关计算，各国要想维持现有经济增长水平，内部基础设施投资至少需要 8 万亿美元，平均每年需投资 8000 亿美元。8 万亿美元中，68% 用于新增基础设施的投资，32% 是维护或维修现有基础设施所需资金。现有的多边机构并不能提供如此巨额的资金，亚洲开发银行和世界银行也仅有 2230 亿美元，两家银行每年能够提供给亚洲国家的资金大概只有 200 亿美元，没有办法满足这个资金的需求。筹集更多的资金投入基础设施建设，是亚洲国家的共同愿望。

而从中国来说，现在中国的外汇储备充足，且已成为世界第三大对外投资国，2012 年中国对外投资同比增长 17.6%，创下了 878 亿美元的新高。如何更好地发挥中国资金的作用，是急需解决的一个大问题。与之关联的是，经过 40 年的发展和积累，中国在公路、桥梁、隧道、铁路等方面的工程建造能力在世界上已经是首屈一指。在基础设施装备制造方面也已经形成完整的产业链。中国在国外的工程建造已经有雄厚的基础，如果进一步整装化，通过大规模的资金筹集和对外投资，将中国基础设施建设的相关产业更快地推向国际，将能有效地配合“一带一路”倡议的实施。

2013 年 10 月 2 日，习近平主席提出筹建亚洲基础设施投资银行的倡议。2014 年 10 月 24 日，包括中国、印度、新加坡等在内 21 个首批意向创始成员国的财长和授权代表在北京签约，共同决定成立亚洲基础设施投资银行。

截至 2015 年 4 月 15 日，亚投行意向创始成员国确定为 57 个，其中域内国家 37 个、域外国家 20 个。涵盖了除美日和加拿大之外的主要西方国家，以及亚欧区域的大部分国家，成员遍及五大洲。2015 年

6月29日，《亚洲基础设施投资银行协定》签署仪式在北京举行，亚投行57个意向创始成员国财长或授权代表出席了签署仪式，其中已通过国内审批程序的50个国家正式签署《协定》。各方商定，在2015年年底之前，经合法数量的国家批准后，《协定》即告生效，亚投行正式成立。根据开放原则，其他国家和地区今后仍可以作为普通成员加入亚投行。

亚投行是一个政府间性质的亚洲区域多边开发机构，重点支持基础设施建设，其宗旨在于促进亚洲区域的建设互联互通化和经济一体化的进程，并且加强中国及其他亚洲国家和地区的合作。总部设在北京。亚投行法定资本1000亿美元。

创立亚投行，对加强亚洲地区的基础设施建设、促进亚洲国家经济发展与区域经济一体化具有重要意义。它有助于弥补亚洲发展中国家在基础设施投资领域存在的巨大缺口，减少亚洲区内资金外流，投资于亚洲的“活力与增长”；有助于扩大全球投资需求，支持世界经济复苏，补充亚洲开发银行在亚太地区的投融资与国际援助职能，继续推动国际货币基金组织和世界银行的改革；有助于通过基础设施项目，推进亚洲区域经济一体化建设，推动亚洲地区经济增长，促进经济发展并改善就业；有助于通过提供平台将本地区高储蓄率国家的存款直接导向基础设施建设，实现本地区内资本的有效配置，并最终促进亚洲地区金融市场的迅速发展。

亚洲基础设施投资银行的建立，也可带动中国产业的转型升级，推动中国金融服务业改革发展并进一步与国际接轨，并将推进人民币国际化的进程，成为人民币国际化的制度保障，推动人民币走向世界。亚投行的设立，体现了一种新的战略思维、大局思维，把中国在世界经济舞台上的地位再次提升了一个档次。

“亚投行”虽然名为亚洲，但这一倡议却获得了全球认可，其创始成员遍及亚洲、欧洲、非洲、南美洲和大洋洲，在世界上掀起了一股“亚投行热”。这一措施，是继建立金砖国家开发银行、上合组织开发银行之后，中国进入国际金融体系并发挥主导作用的又一举措，是资本力量在中国外交战略中发挥更大作用的最新表现。

《亚洲基础设施投资银行协定》的签署，引发了海外各界人士的热议，他们纷纷表示，亚投行的成立将为推动亚洲各个国家和地区基础设施建设，促进亚洲发展起到巨大的作用。

英国广播公司刊文指出，当前亚洲地区基础设施需求量巨大，亚投行投入运行后，将与其他投资机构形成互补关系，为亚太地区低收入国家提供更多投资，解决其基础设施建设方面的资金需求。参与亚投行的国家涵盖了亚洲、大洋洲、欧洲、拉丁美洲和非洲等五大洲，这是中国国际地位提升的表现。

英国《金融时报》中文网刊文认为，大多数当前遇到经济困境的欧洲国家对亚投行非常支持，因为其拥有巨大的潜力，可通过基础设施建设将欧亚经济联系到一起。亚投行未来投资的项目将有助于改善周边国家的经济水平，增加国民收入，提升总体经济需求，推动亚洲国家共同体的建立与发展，加强中国与邻国间的经济联系。

最后，是建立自由贸易区。

自由贸易区，是指由国家指定的交易贸易区，主权国家或地区在其关境内外，划出特定的区域，准许外国商品豁免关税、自由进出。实质上是采取自由港政策的关税隔离区，是一种比世贸组织相关规定更加优惠的贸易安排。狭义仅指提供区内加工出口所需原料等货物的进口豁免关税的地区，类似出口加工区。广义还包括自由港和转口贸易区。

中国自由贸易区是指在国境内关外设立的，以优惠税收和海关特殊监管政策为主要手段，以贸易自由化、便利化为主要目的的多功能经济性特区，原则上是指在没有海关“干预”的情况下允许货物进口、制造、再出口。

自由贸易区从自由港发展而来，通常设在港口的港区或邻近港口地区，尤以经济发达国家居多。20 世纪 60 年代后期，一些发展中国家利用这一形式，并建成特殊工业区，发展成出口加工区。20 世纪 80 年代开始，许多国家的自由贸易区向高技术、知识和资本密集型发展，形成“科技型自由贸易区”。

自由贸易区范围现已遍及各大洲，是区域经济一体化的主要形式之一。其中，北美自由贸易区是世界上最大的自由贸易区。其他还有中欧自由贸易区、欧盟—拉美自由贸易区等。截至 2013 年 6 月 19 日，全球已有 1200 多个自由贸易区，其中 15 个发达国家设立了 425 个，占 35.4%；67 个发展中国家共设立 775 个，占 64.6%。

20 多年前，中国内地第一个保税区在上海外高桥成立。当时，它的英文译名就叫“Free Trade Zone”（自由贸易园区），而不是“Bonded Area”（保税区）。时至今日，包括外高桥保税区在内，中国的海关特殊监管区已有约 110 个，对促进中国外贸发展起到了巨大作用。

中共十七大把自由贸易区建设上升为国家战略，十八大提出要加快实施自由贸易区战略。十八届三中全会提出要以周边为基础加快实施自由贸易区战略，形成面向全球的高标准自由贸易区网络。

2013 年上半年，商务部、上海市人民政府会同国务院有关部门，拟定《中国（上海）自由贸易试验区总体方案》（草案），上报国务院审批。2013 年 7 月 3 日，国务院常务会议讨论并原则通过该方案草案。2013 年 8 月，国务院正式批准设立上海自由贸易试验区。

上海自由贸易实验区运行以来，得到广泛好评。为顺应市场需求，中央决定继续实施一系列深化改革举措，把上海自贸区的成功经验逐步推广至全国。2014 年 12 月 28 日，全国人大常委会授权国务院在广东自由贸易试验区、天津自由贸易试验区、福建自由贸易试验区以及上海自由贸易试验区扩展区域暂时调整有关法律规定。2015 年 3 月 24 日，中共中央政治局审议通过广东（三大片区：广州南沙自贸区、深圳蛇口自贸区、珠海横琴自贸区）、天津、福建自由贸易试验区总体方案、进一步深化上海自由贸易试验区改革开放方案。至 2017 年，自贸试验区试点已扩大至广东、天津、福建、辽宁、浙江、河南、湖北、重庆、四川、陕西等地。

除了这类国内自贸区建设外，我国还建立了与国际或海外合作的各种形式的自贸区。目前，中国在建自贸区 20 个，涉及 32 个国家和地区。其中，已签署自贸协定 12 个，涉及 20 个国家和地区，分别是中国与东盟、新加坡、巴基斯坦、新西兰、智利、秘鲁、哥斯达黎加、冰岛和瑞士的自贸协定，内地与香港、澳门的更紧密经贸关系安排，以及大陆与台湾的海峡两岸经济合作框架协议；正在谈判的自贸协定 9 个，涉及 23 个国家，分别是中国与韩国、海湾合作委员会、澳大利亚、斯里兰卡和挪威的自贸协定，以及中日韩自贸区、《区域全面经济合作伙伴关系》协定谈判和中国—东盟自贸协定（“10+1”）升级谈判、中国—巴基斯坦自贸协定第二阶段谈判。此外，中国完成了与印度的区域贸易安排联合研究，正与哥伦比亚等开展自贸区联合可行性研究，还加入了《亚太贸易协定》。

建立自由贸易区是中国政府全力打造中国经济升级版的重要举措，其核心是营造一个符合国际惯例的、对内外资的投资都要具有国际竞争力的国际商业环境。这是顺应全球经贸发展新趋势，更加积极主动对外开放的重大举措。其力度和意义堪与 80 年代建立深圳特区和 90 年代开发浦东相媲美。

提出“一带一路”倡议，建设亚投行和自由贸易区，是在中国综合国力发生重大变化的情况下所采取的重大战略举措。它表明，中国在世界经济和政治舞台上，已经不再仅仅是应对世界发生的事件，被动地做出自己的反应，而是主动设置议题，采取措施，推动世界经济和政治的发展，以“四两拨千斤”的方式，撬动了世界格局的变化，引发了国际关系的重大变动，使我们处在更加主动的位置上。提出“一带一路”倡议，建设亚投行和自由贸易区，是我们主动应对国际化、利用国际化、推动国际化、把握国际化的最新和最重要、最典型的体现。

八、积极参与全球经济治理

中国的发展离不开世界，世界的发展也离不开中国。

随着经济全球化的快速发展，世界经济遇到了越来越多的问题，需要各国合作给予恰当的治理。同时，随着全球经济格局调整和中国经济实力提升，中国对外部世界的影响越来越大。外部世界越来越强烈地希望中国发挥应有的作用，积极参与全球经济治理。而中国本身也需要更加主动地发出自己的声音，打破少数国家对全球经济法律规则的“垄断”，推动建立更为合理均衡的国际经济新秩序。

所以，十八大以来，党和政府明确提出了参与全球经济治理的任务和要求。

在中央全面深化改革领导小组第十六次会议上，习近平总书记指出:“要积极参与国际经贸规则制定，推动国际经济秩序朝着更加公正合理的方向发展。”

在 2013 年博鳌亚洲论坛年会上，习近平主席强调:“要稳步推进国际经济金融体系改革，完善全球治理机制，为世界经济健康稳定增长提供保障。”

习近平总书记出席中央外事工作会议时强调："要切实推进多边外交，推动国际体系和全球治理改革，增加我国和广大发展中国家的代表性和话语权。"

在接受《华尔街日报》采访时，习近平主席指出："推动全球治理体系朝着更加公正合理有效的方向发展，符合世界各国的普遍需求。中美在全球治理领域有着广泛共同利益，应该共同推动完善全球治理体系。这不仅有利于双方发挥各自优势、加强合作，也有利于双方合作推动解决人类面临的重大挑战。"

中共中央关于"十三五"规划的建议指出："积极参与全球经济治理。推动国际经济治理体系改革完善，积极引导全球经济议程，促进国际经济秩序朝着平等公正、合作共赢的方向发展。"

积极参与全球经济治理，需要做、可以做的事情很多。所以，中国政府提出了一系列举措：

推动国际经济治理体系改革完善，积极引导全球经济议程，促进国际经济秩序朝着平等公正、合作共赢的方向发展。加强宏观经济政策国际协调，促进全球经济平衡、金融安全、经济稳定增长。积极参与网络、深海、极地、空天等新领域国际规则制定。

推动多边贸易谈判进程，促进多边贸易体制均衡、共赢、包容发展，形成公正、合理、透明的国际经贸规则体系。支持发展中国家平等参与全球经济治理，促进国际货币体系和国际金融监管改革。

加快实施自由贸易区战略，推进区域全面经济伙伴关系协定谈判，推进亚太自由贸易区建设，推进区域经济一体化，致力于形成面向全球的高标准自由贸易区网络，平等参与、充分协商，最大程度增强自由贸易安排的开放性和包容性，提高亚太开放型经济水平、维护多边贸易体制。致力于合作共赢。

积极承担国际责任和义务。坚持共同但有区别的责任原则、公平原则、各自能力原则，积极参与应对全球气候变化谈判，落实减排承诺。反对保护主义，促进公平竞争。

扩大对外援助规模，完善对外援助方式，为发展中国家提供更多免费的人力资源、发展规划、经济政策等方面咨询培训，扩大科技教育、医疗卫生、防灾减灾、环境治理、野生动植物保护、减贫等领域对外合作和援助，加大人道主义援助力度。主动参与2030年可持续发展议程。

积极维护国际公共安全。反对一切形式的恐怖主义，积极支持并参与联合国维和行动，加强防扩散国际合作，参与管控热点敏感问题，共同维护国际通道安全。加强多边和双边协调，参与维护全球网络安全。推动国际反腐败合作。

推动落实可持续发展议程。要求把落实可持续发展议程纳入各自国家发展战略，确保有效落实。要建立全面发展伙伴关系，调动政府、企业、民间等各方面力量，为落实可持续发展议程作出贡献。要推动包容和谐发展，尽早实现可持续发展议程设定的各项指标，同时通过落实可持续发展议程，为提升发展质量和效益创造新的空间、实现相互促进。

中国40年的高速发展，最根本原因是改革开放，改革开放已经成为中国发展的必由之路。习近平总书记指出："改革开放只有进行时没有完成时。没有改革开放，就没有中国的今天，也就没有中国的明天。"在APEC会议上，习近平总书记指出："我愿重申，中国利用外资的政策不会变，对外商投资企业合法权益的保护不会变，为各国企业在华投资兴业提供更好服务的方向不会变。中国开放的大门永远不会关上！"

十九大的召开，又对新时代的对外开放提出了新的要求，作出了新的部署。面对国内外的某些担心，十九大继续强调并宣布："开放带来进步，封闭必然落后。中国开放的大门不会关闭，只会越开越大。”为此，要求推动形成全面开放新格局。其中包括：

要以“一带一路”建设为重点，坚持引进来和走出去并重，遵循共商共建共享原则，加强创新能力开放合作，形成陆海内外联动、东西双向互济的开放格局。

拓展对外贸易，培育贸易新业态新模式，推进贸易强国建设。实行高水平的贸易和投资自由化便利化政策，全面实行准入前国民待遇加负面清单管理制度，大幅度放宽市场准入，扩大服务业对外开放，保护外商投资合法权益。凡是在我国境内注册的企业，都要一视同仁、平等对待。

优化区域开放布局，加大西部开放力度。赋予自由贸易试验区更大改革自主权，探索建设自由贸易港。

创新对外投资方式，促进国际产能合作，形成面向全球的贸易、投融资、生产、服务网络，加快培育国际经济合作和竞争新优势。

- 依法治国方略
- 从科教兴国到创新驱动战略
- 可持续发展战略
- 区域协调发展总体战略
- 扶贫开发战略
- 人才强国战略

第 二 编

中国经济政治社会发展各方面的重要战略

第一章

依法治国方略

一、第一次专题研究法治建设的中央全会

2014年10月23日，中国共产党第十八届中央委员会第四次全体会议胜利闭幕。经过出席全会的中央委员表决，一致通过了《中共中央关于全面推进依法治国若干重大问题的决定》。这是中国共产党依法治国的宣言，也是建设社会主义法治国家的号角。

这是中国共产党成立90多年、中华人民共和国成立将近70年来，第一次专题研究法治建设的中央全会，全会《决定》也是由中央全会通过的第一个关于加强法治建设的专门决定。因此，用历史的眼光来说，十八届四中全会在中国建设社会主义法治国家的征程上树起了一座新的里程碑。

把全面推进依法治国，作为十八届四中全会的主题，是以习近平同志为核心的党中央为推进依法治国、坚持和拓展中国特色社会主义法治道路而作出的重大决策。

中共十八大提出，法治是治国理政的基本方式，要加快建设社会主义法治国家，全面推进依法治国；到2020年，依法治国基本方略全面落实，法治政府基本建成，司法公信力不断提高，人权得到切实尊重和保障。

十八大闭幕不久的2012年12月4日，习近平总书记出席首都各界纪念现行宪法公布施行30周年大会并发表重要讲话，明确提出“坚持依法治国、依法执政、依法行政共同推进，坚持法治国家、法治政府、法治社会一体建设”的重大论断，强调：“依法治国是党领导人民治理国家的基本方略，法治是治国理政的基本方式。”

十八大以来，党中央高度重视依法治国，强调落实依法治国基本

方略，加快建设社会主义法治国家，必须全面推进科学立法、严格执法、公正司法、全民守法进程；要坚持党的领导，更加注重改进党的领导方式和执政方式；依法治国，首先是依宪治国；依法执政，关键是依宪执政；新形势下，党要履行好执政兴国的重大职责，必须依据党章从严治党、依据宪法治国理政；党领导人民制定宪法和法律，党领导人民执行宪法和法律，党自身必须在宪法和法律范围内活动，真正做到党领导立法、保证执法、带头守法。

随着新一届党中央治国理政全面展开，特别是十八届三中全会作出全面深化改革重大部署后，如何把依法治国放在党和国家工作大局中来考虑、来谋划、来推进，成为党中央议事日程中的重要内容。

十八届三中全会进一步提出，建设法治中国，必须坚持依法治国、依法执政、依法行政共同推进，坚持法治国家、法治政府、法治社会一体建设。全面贯彻落实这些部署和要求，关系加快建设社会主义法治国家，关系落实全面深化改革顶层设计，关系中国特色社会主义事业长远发展。

因此，2014 年 1 月，中央政治局作出决定：党的十八届四中全会要重点研究全面推进依法治国问题。党中央遂成立文件起草组，由习近平总书记担任组长，张德江、王岐山同志担任副组长。

文件起草组在成立以后的 8 个多月里，深入调查研究，广泛征求意见，开展专题论证，反复讨论修改。其间，中央政治局常委会召开 3 次会议、中央政治局召开 2 次会议分别审议全会《决定》。8 月初，《决定》征求意见稿下发党内一定范围征求意见，包括征求党内老同志意见，还专门听取了各民主党派中央、全国工商联负责人和无党派人士意见。

2014 年 10 月 20—23 日，中国共产党第十八届中央委员会第四次全体会议在北京举行。全会听取和讨论了习近平总书记受中央政治局委托作的工作报告，审议通过了《中共中央关于全面推进依法治国若干重大问题的决定》。习近平总书记就《决定（讨论稿）》向全会作了说明。全会召开期间，在习近平总书记主持下，文件起草组根据与会同志审议讨论意见，对全会《决定》又两上两下进行了多处修改。

全会高度评价长期以来特别是党的十一届三中全会以来我国社会主义法治建设取得的历史性成就，研究了全面推进依法治国若干重大问题，认为全面建成小康社会、实现中华民族伟大复兴的中国梦，全面深化改革、完善和发展中国特色社会主义制度，提高党的执政能力和执政水平，必须全面推进依法治国。

全会提出，面对新形势新任务，我们党要更好统筹国内国际两个大局，更好维护和运用我国发展的重要战略机遇期，更好统筹社会力量、平衡社会利益、调节社会关系、规范社会行为，使我国社会在深刻变革中既生机勃勃又井然有序，实现经济发展、政治清明、文化昌盛、社会公正、生态良好，实现我国和平发展的战略目标，必须更好发挥法治的引领和规范作用。

全会提出，全面推进依法治国，总目标是建设中国特色社会主义法治体系，建设社会主义法治国家。这就是，在中国共产党领导下，坚持中国特色社会主义制度，贯彻中国特色社会主义法治理论，形成完备的法律规范体系、高效的法治实施体系、严密的法治监督体系、有力的法治保障体系，形成完善的党内法规体系，坚持依法治国、依法执政、依法行政共同推进，坚持法治国家、法治政府、法治社会一体建设，实现科学立法、严格执法、公正司法、全民守法，促进国家治理体系和治理能力现代化。实现这个总目标，必须坚持中国共产党的领导，坚持人民主体地位，坚持法律面前人人平等，坚持依法治国和以德治国相结合，坚持从中国实际出发。

与此相应，全面依法治国的重大任务是：完善以宪法为核心的中国特色社会主义法律体系，加强宪法实施；深入推进依法行政，加快建设法治政府；保证公正司法，提高司法公信力；增强全民法治观念，推进法治社会建设；加强法治工作队伍建设；加强和改进党对全面推进依法治国的领导。

提出这个总目标和重大任务，既明确了全面推进依法治国的性质和方向，又突出了全面推进依法治国的工作重点和总抓手。《决定》中，提出了一系列新思想新观点，还提出了一系列重大改革举措，总计有 180 多项。

二、走向全面依法治国的历程

全面依法治国，是改革开放以来我国法治建设一步步发展深化而达到的一个新阶段、新境界。

中国是一个具有五千年文明史的古国，中华法系源远流长。

如果说古代中国是一个没有民主政治的国家，这个结论基本正确。但如果说古代中国是一个没有法律制度的国家，那就不太正确了。古代中国，确实缺乏民主，甚至没有古希腊、罗马那样的奴隶主民主政治，这是事实。但是，并不缺少法制制度。

早在公元前 21 世纪，中国就已经产生了奴隶制的习惯法。春秋战国时期（公元前 770—公元前 221 年），中国开始制定成文法，出现了自成体系的成文法典。第一部封建法典《法经》，为公元前 5 世纪时魏国著名政治家、法学家李悝所著。秦始皇“焚书坑儒”时，历朝的法律文书幸免于难。自先秦时始的国家政治还开始注意到监察职能的作用，如“清吏贵监”“明主治吏不治民”“治国之本在于治吏”，等等。封建中国政治制度中对政府官员的监督制衡机制，在一定程度上发挥了“彰善瘅恶，激浊扬清”的作用。唐朝（618—907 年）时，中国形成了较为完备的封建法典，并为以后历代封建王朝所传承和发展。中华法系成为世界独树一帜的法系，古老的中国为人类法制文明作出了重要贡献。

当然，中国古代的法律制度兼具法家和儒家学说的典型特色，一方面，某些刑法非常残酷，漠视人道人权；另一方面，又以德驭法，人治色彩非常严重。尤其是，这种法律制度归根结底是专为皇帝一个人服务的。每一个王朝，都是某一个家族的天下，作为天子的皇帝，几乎根本不受法律的约束。与此相联系，经常有“礼不下庶民，刑不上大夫”的做法，使法律的适用受到封建专制等级制度的限制。所以，在这种制度下，很难真正谈得上依法治国。也可以说，本质上是人治，但多少有一些法制；有一些法制，但本质上不是法治。

1840年鸦片战争后，中国逐渐变为半殖民地半封建的社会。为了改变国家和民族的苦难命运，一些仁人志士试图将近代西方国家的法治模式移植到中国，以实现变法图强的梦想。但由于各种历史原因，他们的努力只是取得局部的成效，但在总体上，并没有取得成功。

1931年在江西瑞金成立的中华苏维埃共和国，虽然还只是中国共产党在局部地区执政的尝试，但已对法制建设给予了必要的重视，制定了《中华苏维埃共和国宪法大纲》、土地法令、劳动法等。

中华人民共和国的建立，开启了中国法制建设的新步伐。从1949年到1954年，颁布实施了具有临时宪法性质的《中国人民政治协商会议共同纲领》，制定了中央人民政府组织法、工会法、婚姻法、土地改革法、全国人民代表大会和地方各级人民代表大会选举法等一系列法律、法令。1954年，一届全国人大一次会议通过中国第一部社会主义性质的宪法——《中华人民共和国宪法》。同时，制定了全国人民代表大会组织法、国务院组织法、地方各级人民代表大会和地方各级人民委员会组织法、人民法院组织法、人民检察院组织法，确立了国家生活的基本原则。1956年至1966年，国家立法机关共制定法律、法令130多部，奠定了新中国社会主义法律制度的初步基础，也为后来建设中国特色社会主义法律体系提供了宝贵经验。

但从1957年开始，法制建设遇到重大困难，社会主义法制的一些正确原则受到质疑和批判。从1959年底开始，法制建设处于半停滞状态。“文化大革命”期间，中国的民主法制建设遭到严重破坏，立法工作几乎陷于停顿，新中国初期建立的法制体系遭到严重破坏。

1978年的十一届三中全会，总结历史的经验教训，特别是汲取“文化大革命”的惨痛教训，作出把国家工作中心转移到社会主义现代化建设上来的重大决策，决定实行改革开放。同时提出，“为了保障人民民主，必须加强社会主义法制，使民主制度化、法律化，使这种制度和法律具有稳定性、连续性和极大的权威”，使之“不因领导人的改变而改变，不因领导人的看法和注意力的改变而改变，做到有法可依，有法必依，执法必严，违法必究”。在十一届三中全会前的中央工作会议上，邓小平指出：“应该集中力量制定刑法、民法、诉讼法和其他各种必要的法律，例如工厂法、人民公社法、森林法、草原法、环境保护法、劳动法、外国人投资法等等，经过一定的民主程序讨论通过，并且加强检察机关和司法机关。”

改革开放开创了中国法制建设的新时代。发展民主，健全法制，成为十一届三中全会以来中国党和国家坚定不移的基本方针。

1979年6月，邓小平提出“两手抓”的思想，最初所说的“两手”，就是民主与法制。他说：“民主和法制，这两个方面都应该加强，过去我们都不足。要加强民主就要加强法制。没有广泛的民主是不行的，没有健全的法制也是不行的。”“民主要坚持下去，法制要坚持下去。这好像两只手，任何一只手削弱都不行。”

1982年12月，五届全国人大五次会议通过了第四部《中华人民共和国宪法》，即 1982 年宪法，为新时期改革开放和社会主义现代化建设提供了根本保障，标志着中国开始迈出健全和完善社会主义法制的步伐。全国人大及其常委会根据中国经济、政治和文化发展的需要，进行了大规模的立法活动。中国的法制建设全面恢复，并进入快速发展阶段。

1992 年，十四大作出建立社会主义市场经济体制的重大战略决策，明确提出社会主义市场经济体制的建立和完善必须有完备的法制来规范和保障。

1996 年，在中共中央举办的法制讲座上，时任总书记江泽民首次提出依法治国的要求。八届全国人大四次会议通过的《中华人民共和国国民经济和社会发展“九五”计划和 2010 年远景目标纲要》，明确把“依法治国，建设社会主义法制国家”作为中国民主法制建设的远景目标。

1997 年 9 月，十五大对依法治国作出进一步阐述，把依法治国确定为治理国家的基本方略，并明确提出到 2010 年形成中国特色社会主义法律体系。强调依法治国是党领导人民治理国家的基本方略，是发展社会主义市场经济的客观需要，是社会文明进步的重要标志，是国家长治久安的重要保障。

1999 年 3 月，“依法治国”的基本方略和奋斗目标被写入宪法。

进入 21 世纪，为使依法治国基本方略得到全面落实，国家立法机关进一步加强立法工作，不断提高立法质量。国务院、地方人大及其常委会还制定了大量行政法规和地方性法规。2009 年以后，全国人大常委会、国务院、地方人大及其常委会集中开展了对法律法规的全面清理工作。

2002 年，十六大提出，发展社会主义民主政治，最根本的是要把坚持党的领导、人民当家作主和依法治国有机统一起来。

2007年，十七大提出，依法治国是社会主义民主政治的基本要求，强调要全面落实依法治国基本方略，加快建设社会主义法治国家。

经过改革开放以来将近40年的努力，中国的立法工作取得了举世瞩目的成就。截至2012年12月底，中国已制定现行宪法和有效法律共244部、行政法规721部、地方性法规8600多部，涵盖社会关系各个方面的法律部门已经齐全，各个法律部门中基本的、主要的法律已经制定，相应的行政法规和地方性法规比较完备，法律体系内部总体做到科学和谐统一。

2008年3月，时任全国人大常委会委员长吴邦国在十一届全国人大一次会议上指出：以宪法为核心，以法律为主干，包括行政法规、地方性法规等规范性文件在内的，由七个法律部门、三个层次法律规范构成的中国特色社会主义法律体系已经基本形成。2011年，在十一届全国人大四次会议期间，吴邦国进一步指出："党的十五大提出到2010年形成中国特色社会主义法律体系的立法工作目标如期完成。"

2012年，十八大提出，法治是治国理政的基本方式，要加快建设社会主义法治国家，全面推进依法治国。要求到2020年，依法治国基本方略全面落实，法治政府基本建成，司法公信力不断提高，人权得到切实尊重和保障。

十八届三中全会进一步提出，建设法治中国，必须坚持依法治国、依法执政、依法行政共同推进，坚持法治国家、法治政府、法治社会一体建设。

2014年10月的十八届四中全会，把法治建设作为中央全会的专门议题，讨论通过了《关于全面推进依法治国若干重大问题的决定》，对全面推进依法治国作出了系统部署，这成为党的历史上的第一，充分表明了以习近平同志为核心的党中央推进依法治国的决心和勇气。全会《决定》直面我国法治建设领域的突出问题，立足我国社会主义法治建设实际，明确提出了全面推进依法治国的指导思想、总目标、基本原则，提出了关于依法治国的一系列新观点、新举措，回答了党的领导和依法治国的关系等一系列重大理论和实践问题，对科学立法、严格执法、公正司法、全民守法、法治队伍建设、加强和改进党对全面推进依法治国的领导作出了全面部署，有针对性地回应了人民群众呼声和社会关切，成为我国法治建设的纲领性文件。从而标志着中国的法治建设进入了一个新阶段。

全面依法治国是与“四个全面”的战略布局紧紧联系在一起的。2015 年 2 月，习近平总书记在省部级主要领导干部研讨班开班式上，正式提出“四个全面”的战略布局。而“全面推进依法治国”中的“推进”二字，在这个正式表述中省掉了，“全面依法治国”成为“四个全面”战略布局中的正式表述和标准用语。

全面依法治国，在“四个全面”战略布局中占有重要的地位，是关系我们党执政兴国、关系人民幸福安康、关系党和国家长治久安的重大战略问题，是完善和发展中国特色社会主义制度、推进国家治理体系和治理能力现代化的重要方面。全面依法治国与其他三个“全面”紧密联系，是“四个全面”不可缺少的重要组成部分，对其他几个“全面”起着重要的保障作用。

三、执政治国方式的重大转变

法，《管子·七法》称：“尺寸也，绳墨也，规矩也，衡石也，斗斛也，角量也，谓之法。”《管子·明法解》又称：“法者，天下之程式也，万事之仪表也。”有法，才有规矩；有法，才有公正。有了法，国家才有秩序，社会才有康宁。

法律是治国之重器，法治是国家治理体系和治理能力的重要依托，是人类社会文明的重要内容。一个现代化的社会，必须是一个法治体系规范、严密、完备的社会。

治理国家是一项非常复杂的系统工程，需要运用多种手段和方式，如行政手段、经济手段、军事手段、文化手段、政策手段等。但所有这些手段，都必须以法治为基础，建立在法治的轨道之上，才能够保证其规范性、合理性、统一性、稳定性、权威性。因此，治理国家的各种方式和手段是相辅相成的关系。而法治手段，由于它特有的规范性、强制性、统一性、权威性，已经无一例外地成为现代国家治理国家和社会的一种最普遍、最有效的方式。

治理国家，到底用什么方式？这是政党执政和国家治理的一个最基本的问题，也是判断一个国家基本性质的重要标准。在这个问题上，我们进行了长期的探索，也走过了艰难曲折的历程。

过去很长一段时间，中国共产党治理国家曾较多地倚重于政策，习惯于发红头文件、讲领导指示、搞思想教育。这是在特定的历史条件下形成的，曾经发挥过重要作用。即使到今天，也自有其灵活、实际、管用、有效的一面。但从科学性、规范性、稳定性的角度来看，这种做法当然就有很多缺陷。特别是，它往往会随着领导人的改变而改变，随着领导人看法和注意力的改变而改变，造成政策多变的情况，甚至发生以人代法、以言代法的现象。

把依法治国作为治国方略，标志着中国共产党的执政方式从主要依靠政策等手段转变为主要依靠法治等手段，把国家和社会的管理工作都纳入法治的范围，以法律为基础，将各种手段结合起来，形成完整、统一、和谐的管理机制和治理体系，共同维护国家的长治久安。

实现这样的转变，标志着中国共产党治理国家的水平进一步提高，标志着社会主义民主法制建设进入了一个新阶段。

依法治国的本质，就是崇尚体现广大人民意志的法律在国家生活中的权威，不仅将法律手段作为治理国家的最基本方式之一，而且要求治理国家的行为本身都要有法律依据，严格遵照法律的规定进行。

依法治国，要求广大人民在党的领导下，依照宪法和法律规定，通过各种途径和形式管理国家事务，管理经济文化事业，管理社会事务，保证国家各项工作都依法进行，保证国家一切事务都在法治的轨道上运行，严格做到有法可依，有法必依，执法必严，违法必究，实现国家政治生活、经济生活、社会生活的法治化和规范化，实现社会主义民主的制度化、法律化，使这种制度和法律不因领导人的改变而改变，不因领导人的看法和注意力的改变而改变。

法律的制定和实施都以国家权力为后盾，但同时，法律又必须对权力给以规范、限定和制约，使这种权力不被滥用。所以，无论依法治国，还是依法行政，关键都要在“依”字上做文章，将权力纳入法制的轨道，不仅要用法律来约束被管理者，而且也要用法律来约束管理者。

坚持依法治国，与建设社会主义法治国家紧密联系在一起。建设社会主义法治国家，是依法治国所要实现的政治目标。它要求有比较完备的赖以遵循的法律体系；政府和公职人员严格依法行政，依法办事，依法管理国家的政治、经济、文化和其他各项社会事务；司法机关严格执法，确保法律的统一实施，维护法律的严肃性和权威性；全体公民有良好的法律意识和素质，能够自觉守法，运用法律武器维护自身合法权益，与各种违法犯罪行为作斗争。

实行依法治国，是社会文明和进步的重要标志，是社会主义民主的必然要求。在新的大环境、大形势下，十八届四中全会作出《关于全面推进依法治国若干重大问题的决定》。习近平总书记明确提出全面依法治国的要求，并将全面依法治国纳入“四个全面”的战略布局中，进一步突显了全面依法治国的极端重要性，展示了以习近平同志为核心的党中央坚持依法治国的决心和意志，把改革开放以来中国的社会主义法治建设推向了一个新的阶段，把依法治国基本方略的运用和实施提升到了一个新的境界，以新的态势开创了党和国家全面依法治国的新进程。

随着这一方略的实施，中国社会正在法治的道路上前进。

刑讯逼供，是中国数千年遗留下来的陋习，但现在正在被改造和逐步消除。十八大以来，人民法院依法纠正了一批重大冤错案件，充分体现了全面依法治国、深化司法改革的成效。最高人民法院会同有关部门出台推进以审判为中心的刑事诉讼制度改革意见，落实罪刑法定、证据裁判、非法证据排除、疑罪从无等原则，充分发挥庭审的决定性作用。公安、检查、法院办案都要实行录像制度。办案的一些指标被取消。办了错案实行终身追究和国家赔偿。审判薄熙来时甚至通过微博直播审判过程。这类改革，将从源头有效防范诸如呼格吉勒图、聂树斌等冤错案件的发生。

在强调依法治国的同时，中共并没有忽视道德建设在治理国家、整合社会中的作用，而是明确提出了“以德治国”的概念，要求把“依法治国”与“以德治国”结合起来，一再强调道德建设是社会主义精神文明建设的一个重要组成部分，社会主义市场经济越是发展，就越是要加强社会主义的道德建设。因此，必须把“依法治国”与“以德治国”紧密结合起来。

“依法治国”与“以德治国”的结合，体现了两种治国方式的不同特点和内在联系。法律是成文的道德，道德是内心的法律。任何法律，都体现着某种价值标准，旨在引导社会朝着某种方向的秩序前进，所以，法律规范必须有道德基础，建立在一定的价值标准之上，体现着社会对于善恶的评价以及相应的价值观。如果没有道德基础，甚至颠倒了善恶关系，这样制定出来的法，就可能成为“恶法”，当然也就不可能起到调节社会关系、维护国家秩序的作用；而道德规范，作为一定社会既定的价值取向，在很大程度上是制定和执行法律的思想和心理基础。比如，公平、公正，是立法、执法的要义和精髓。没有公平和公正，法律就失去了任何价值。但公平、公正，在一定意义上，也正是重要的道德评价的观念、标准和范畴。就具体的法律而言，在一定的条件下，道德规范也可能提升为法律制度，以强化其规范的力度。事实上，很多法律，都是先有道德规范，然后才制定出法律规范的。

就规范的性质和特点来说，法制是硬约束，道德是软约束。国家要有硬约束，没有硬约束，社会就会陷于混乱。但在一定的范围内，也需要有软约束。硬约束用外部的强制力量规范行为，而软约束则侧重于解决人的思想观念问题。两者用不同的方式解决不同的问题。法律和道德共同调整，才能收到良好的效果。还有一些领域，不适于用法治的办法来调整，或者，法治不可能去加以调整，这就需要道德去解决问题。如果没有道德发挥作用，就会出现规范的真空，造成社会秩序和人们思想的混乱。

四、实现从法律体系到法治体系的跨越

十八届四中全会提出："全面推进依法治国，总目标是建设中国特色社会主义法治体系，建设社会主义法治国家。"这是中共文件中第一次正式使用"中国特色社会主义法治体系"的概念。

法治体系不仅包括法律体系，还包括法律文本之外的实施、监督、保障等非文本体系。按照十八届四中全会《决定》所作的部署，法治体系应该包括：完备的法律规范体系、高效的法治实施体系、严密的法治监督体系、有力的法治保障体系以及完善的党内法规体系。

从基本无法可依，到逐步有法可依；从建立法律体系，到建设法治体系，这样一条线索，从一个重要方面反映了改革开放以来我国法治建设的主要历程。从“法律体系”到“法治体系”，虽然仅一字之差，但其范围大大扩大，系统更加完备，要求更加全面。因此，十八届四中全会在以往所提“法律体系”的基础上，进一步提出建设中国特色社会主义法治体系的目标，是中国共产党在法治建设理论和实践上的一个重大进步，标志中国法治建设进入了一个新的阶段，也标志中国特色社会主义法治建设实现了一步重大跨越。

法律体系是法治体系的前提和基础。建设法治体系、全面依法治国的首要任务，就是要建设和完善以宪法为核心的中国特色社会主义法律体系。

1997 年，中共十五大提出到 2010 年形成中国特色社会主义法律体系的目标。经过不懈努力，这一目标如期实现。

至 2017 年 9 月，十二届全国人大常委会共举行 29 次会议；十二届全国人大及其常委会共制定法律 22 件、修改法律 110 件次、通过有关法律问题和重大问题的决定 37 件、作出法律解释 9 件，我国现行有效法律共 260 件。

中国特色社会主义法律体系的建成，为进一步建设中国特色社会主义法治体系奠定了重要基础。

中国特色社会主义法律体系是以宪法为核心，以法律为主干，以行政法规、地方性法规为重要组成部分，由宪法相关法、民法、商法、行政法、经济法、社会法、刑法、诉讼与非诉讼程序法等多个部门的法律规范组成的有机统一整体。

第一，从法的渊源和位次来说，中国特色社会主义法律体系分成如下层次：

（1）宪法是中国特色社会主义法律体系的统帅。宪法是国家的根本法，在中国特色社会主义法律体系中具有最高的法律效力，一切法律、行政法规、地方性法规的制定都必须以宪法为依据，遵循宪法的基本原则，不得与宪法相抵触。各族人民、一切国家机关和武装力量、各政党和各社会团体、各企业事业组织，都必须以宪法为根本的活动准则，并负有维护宪法尊严、保证宪法实施的职责。

（2）法律是中国特色社会主义法律体系的主干。全国人大及其常委会制定的法律确立了国家经济建设、政治建设、文化建设、社会建设以及生态文明建设各个方面重要的基本的法律制度，解决的是国家发展中带有根本性、全局性、稳定性和长期性的问题，是国家法治的基础，行政法规和地方性法规不得与法律相抵触。

（3）行政法规是中国特色社会主义法律体系的重要组成部分。国务院根据宪法和法律，制定行政法规，将法律规定的相关制度具体化，是对法律的细化和补充。

（4）地方性法规是中国特色社会主义法律体系的又一重要组成部分。根据宪法和法律，省、自治区、直辖市和较大的市的人大及其常委会可以制定地方性法规。这是人民依法参与国家事务管理、促进地方经济社会发展的重要途径和形式，是对法律、行政法规的细化和补充，是国家立法的延伸和完善。

第二，从法律涉及的领域和门类来说，中国特色社会主义法律体系包括如下基本类别：

（1）宪法及相关法。宪法是根本大法，是中国特色社会主义法律体系的统帅和核心。宪法相关法是与宪法相配套、直接保障宪法实施和国家政权运作等方面的法律规范，调整的是国家政治关系。主要包括国家机构的产生、组织、职权和基本工作原则方面的法律，民族区域自治制度、特别行政区制度、基层群众自治制度方面的法律，维护国家主权、领土完整、国家安全、国家标志象征方面的法律，保障公民基本政治权利方面的法律。截至 2011 年 8 月底，中国已制定宪法相关法方面的法律 38 部和一批行政法规、地方性法规。

（2）民法、商法。民法是调整平等主体的公民之间、法人之间、公民和法人之间的财产关系和人身关系的法律规范，遵循民事主体地位平等、意思自治、公平、诚实信用等基本原则。商法调整商事主体之间的商事关系，遵循民法的基本原则，同时秉承保障商事交易自由、等价有偿、便捷安全等原则。截至 2011 年 8 月底，中国已制定民法、商法方面的法律 33 部和一大批规范商事活动的行政法规、地方性法规。

（3）行政法。行政法是关于行政权的授予、行政权的行使以及对行政权的监督的法律规范，调整的是行政机关与行政管理相对人之间因行政管理活动发生的关系，遵循职权法定、程序法定、公正公开、有效监督等原则，既保障行政机关依法行使职权，又注重保障公民、法人和其他组织的权利。截至 2011 年 8 月底，中国已制定行政法方面的法律 79 部和一大批规范行政权力的行政法规、地方性法规。

（4）经济法。经济法是调整国家从社会整体利益出发，对经济活动实行干预、管理或者调控所产生的社会经济关系的法律规范。经济法为国家对市场经济进行适度干预和宏观调控提供法律手段和制度框架，防止市场经济的自发性和盲目性所导致的弊端。截至 2011 年 8 月底，中国已制定经济法方面的法律 60 部和一大批相关行政法规、地方性法规。

（5）社会法。社会法是调整劳动关系、社会保障、社会福利和特殊群体权益保障等方面的法律规范，遵循公平和谐和国家适度干预原则，通过国家和社会积极履行责任，对劳动者、失业者、丧失劳动能力者以及其他需要扶助的特殊人群的权益提供必要的保障，维护社会公平，促进社会和谐。截至 2011 年 8 月底，中国已制定社会法方面的法律 18 部和一大批规范劳动关系和社会保障的行政法规、地方性法规。

（6）刑法。刑法是规定犯罪与刑罚的法律规范。它通过规范国家的刑罚权，惩罚犯罪，保护人民，维护社会秩序和公共安全，保障国家安全。刑法确立了罪刑法定、法律面前人人平等、罪刑相适应等基本原则。截至 2011 年 8 月底，中国已制定 1 部统一的刑法、8 个刑法修正案和 9 个有关刑法规定的法律解释，进一步完善了刑事法律制度，加强了对人权的保护，体现了中国社会文明的发展和国家民主法治的进步。

（7）诉讼与非诉讼程序法。诉讼与非诉讼程序法是规范解决社会纠纷的诉讼活动与非诉讼活动的法律规范。诉讼法律制度是规范国家司法活动、解决社会纠纷的法律规范，非诉讼程序法律制度是规范仲裁机构或者人民调解组织解决社会纠纷的法律规范。截至 2011 年 8 月底，中国已制定了诉讼与非诉讼程序法方面的法律 10 部。

上述法律部门确立的各项法律制度，涵盖了社会关系的各个方面，把国家各项工作、社会各个方面纳入了法治化轨道，为全面依法治国、建设社会主义法治国家提供了坚实的基础。

第三，中国特色社会主义法律体系具有自己鲜明的性质和特点。

由于历史文化传统、具体国情、社会制度和发展道路不同，各国的法律体系必然具有不同的内容和特征。中国特色社会主义法律体系，是新中国成立以来特别是改革开放将近 40 年来经济社会发展实践经验制度化、法律化的集中体现，是中国特色社会主义制度的重要组成部分，具有十分鲜明的中国特色。这种性质和特点主要表现在以下几个方面：

（1）体现中国特色社会主义的本质要求。一个国家法律体系的本质，由这个国家的法律确立的社会制度的本质所决定。中国是社会主义国家，实行公有制为主体、多种所有制经济共同发展的基本经济制度。这就决定了中国的法律制度必然是社会主义的法律制度，法律体系必然是中国特色社会主义性质的法律体系。中国特色社会主义法律体系所包括的全部法律规范、所确立的各项法律制度，都是从中国特色社会主义的本质要求出发，从人民群众的根本意志和长远利益出发的，有利于巩固和发展社会主义制度，体现了人民的共同意志，有助于维护人民的根本利益，保障人民当家作主的地位。

（2）体现改革开放和社会主义现代化建设的时代要求。中国特色社会主义法律体系与改革开放相伴而生、相伴而行、相互促进。一方面，形成这一法律体系，是改革开放和现代化建设顺利进行的内在要求，是在深入总结改革开放和现代化建设丰富实践经验基础上进行的。另一方面，这一法律体系的形成，为改革开放和社会主义现代化建设提供了必要的法制环境，发挥了积极的规范、引导、保障和促进作用。中国特色社会主义法律体系妥善处理了法律稳定性和改革变动性的关系，既反映和肯定了改革开放和现代化建设的成功做法，又为改革开放和现代化建设进一步发展预留了空间。

（3）体现结构内在统一而又多层次的国情要求。中国是统一的多民族的单一制国家，由于历史的原因，各地经济社会发展很不平衡。与这一基本国情相适应，遵循在中央统一领导下充分发挥地方主动性、积极性的宪法原则，中国确立了统一而又多层次的立法体制。与其相适应，中国特色社会主义法律体系表现为内在统一而又多层次的结构，由不同立法主体按照宪法和法律规定的立法权限制定，既具有不同法律效力，又都是整个法律体系的有机组成部分，共同构成一个科学和谐的统一整体。这既反映了法律体系自身的内在逻辑，也符合中国国情和实际。

（4）体现继承中国法治文化优秀传统和借鉴人类法治文明成果的文化要求。中国特色社会主义法律体系，一方面，注重继承中国传统法治文化优秀成分，适应改革开放和社会主义现代化建设需要进行制度创新，实现了传统文化与现代文明的融合；另一方面，注意研究借鉴国外立法有益经验，吸收国外法治文明先进成果，但又不简单照搬照抄，使法律制度既符合中国国情和实际，又顺应当代世界法治文明时代潮流，具有很强的包容性和开放性，充分体现了独特的文化特征。

（5）体现动态、开放、与时俱进的发展要求。一个国家的法律体系通常是对这个国家一定历史发展阶段现状的反映。随着经济社会的发展，法律体系需要不断丰富、完善、创新。中国处于并将长期处于社会主义初级阶段，整个国家还处于体制改革和社会转型时期，社会主义制度还需要不断自我完善和发展，这就决定了中国特色社会主义法律体系必然具有稳定性与变动性、阶段性与连续性、现实性与前瞻性相统一的特点，决定了中国特色社会主义法律体系必然是动态的、开放的、发展的，而不是静止的、封闭的、固定的，必将伴随中国经济社会发展和法治国家建设的实践而不断发展完善。

改革开放以来，经过长期努力，中国特色社会主义法律体系已经形成，国家生活和社会生活各方面总体上实现了有法可依，这是一个了不起的重大成就。但同时，我们也要看到，实践发展永无止境，立法工作也永无止境，完善中国特色社会主义法律体系任务依然很重。

比如，十八届四中全会提出编纂民法典的重要任务，这就是完善中国特色社会主义法律体系的重大举措。新中国成立后，我国曾于1954年、1962年、1979年、2001年先后4次启动民法制定工作，前两次由于各种原因而未能取得实际成果；后两次经认真研究，决定按照“成熟一个通过一个”的工作思路，先分别制定民事单行法律，条件成熟时再编纂民法典。适应改革开放和发展社会主义市场经济的需要，全国人大制定了民法通则，并先后出台继承法、收养法、担保法、合同法、物权法、侵权责任法等一系列民事单行法律。现在，编纂民法典的条件已经具备。全国人大常委会经研究，提出了民法典编纂“两步走”的工作思路：第一步，编纂民法典总则编，也就是制定民法总则；第二步，在民法总则出台后，进行民法典各分编的编纂工作，争取2020年形成统一的民法典。

中国特色社会主义法律体系的建成，并不意味法治建设的结束。全面依法治国，就是要在建成法律体系的基础上，更上一层楼，建设中国特色社会主义的法治体系。

十八届四中全会明确把建设中国特色社会主义法治体系作为全面推进依法治国的总抓手。习近平总书记说：“全面推进依法治国涉及很多方面，在实际工作中必须有一个总揽全局、牵引各方的总抓手，这个总抓手就是建设中国特色社会主义法治体系。依法治国各项工作都要围绕这个总抓手来谋划、来推进。”

为此，就要进一步努力，形成完备的法律规范体系、高效的法治实施体系、严密的法治监督体系、有力的法治保障体系，还要形成完善的党内法规体系。坚持依法治国、依法执政、依法行政共同推进，坚持法治国家、法治政府、法治社会一体建设，实现科学立法、严格执法、公正司法、全民守法，促进国家治理体系和治理能力现代化。

法律是治国之重器，良法是善治之前提。在中国特色社会主义法治体系中，法律体系依然具有重要的地位。其他所有体系，都要以法律体系为基础和依据。所以，建设中国特色社会主义法治体系，必须进一步完善以宪法为核心的中国特色社会主义法律体系。坚持立法先行，发挥立法的引领和推动作用。抓住提高立法质量这个关键，健全宪法实施和监督制度、完善立法体制、深入推进科学立法民主立法、加强重点领域立法。恪守以民为本、立法为民理念，贯彻社会主义核心价值观，把公正、公平、公开原则贯穿立法全过程，使每一项立法都符合宪法精神、反映人民意志、得到人民拥护。增强法律法规的及时性、系统性、针对性、有效性。

五、坚持党的领导、人民当家作主和依法治国的“三统一”

全面推进依法治国的指导思想要求：坚持党的领导、人民当家作主、依法治国有机统一，坚定不移走中国特色社会主义法治道路。

习近平总书记把这三者关系称为“三统一”，指出：“把坚持党的领导、人民当家作主、依法治国有机统一起来是我国社会主义法治建设的一条基本经验。”

这条基本经验，是在中国政治建设和发展中逐步总结出来的。2002 年，中共十六大报告明确提出：发展社会主义民主政治，“最根本的是要把坚持党的领导、人民当家作主和依法治国有机统一起来”。这是推进社会主义政治文明建设必须遵循的基本方针。

中共十八大报告进一步指出：“必须坚持党的领导、人民当家作主、依法治国有机统一，以保证人民当家作主为根本，以增强党和国家活力、调动人民积极性为目标，扩大社会主义民主，加快建设社会主义法治国家，发展社会主义政治文明。”

中共十九大再次强调：“坚持党的领导、人民当家作主、依法治国有机统一。党的领导是人民当家作主和依法治国的根本保证，人民当家作主是社会主义民主政治的本质特征，依法治国是党领导人民治理国家的基本方式，三者统一于我国社会主义民主政治伟大实践。”

党的领导、人民当家作主和依法治国，每一个都有特定的内涵，相互之间又有紧密的联系。

第一，党的领导是人民当家作主和依法治国的根本保证。

中国共产党是中国工人阶级的先锋队，同时是中国人民和中华民族的先锋队，是中国革命和中国特色社会主义事业的领导核心。中国共产党以全心全意为人民服务作为自己的根本宗旨。中国作为一个超过13亿人口的发展中大国，人民利益具有极大的广泛性，实现人民利益有着巨大的复杂性和艰巨性，这就必然要求有一个代表最广大人民根本利益的坚强的政治核心，来领导人民掌握好国家权力，正确处理好各种社会矛盾，把全国人民的意志和力量都凝聚起来。

党的领导是人民当家作主和依法治国的根本保证。无论是发展社会主义民主，还是建设社会主义法治国家，都要通过党的政治领导、思想领导和组织领导来实现。

坚持党的领导，是社会主义法治的根本要求，是党和国家的根本所在、命脉所在，是全国各族人民的利益所系、幸福所系，是全面推进依法治国的题中应有之义。

习近平总书记指出："党和法治的关系是法治建设的核心问题。"全面推进依法治国这件大事能不能办好，最关键的是方向是不是正确、政治保证是不是坚强有力，具体讲就是要坚持党的领导，坚持中国特色社会主义制度，贯彻中国特色社会主义法治理论。这三个方面实质上是中国特色社会主义法治道路的核心要义，规定和确保了中国特色社会主义法治体系的制度属性和前进方向。

党的领导和社会主义法治是一致的，社会主义法治必须坚持党的领导，党的领导必须依靠社会主义法治。只有在党的领导下依法治国、厉行法治，人民当家作主才能充分实现，国家和社会生活法治化才能有序推进。

第二，人民当家作主是社会主义民主政治的本质要求。

中华人民共和国的一切权力属于人民。一切为了人民、一切依靠人民是当代中国政治制度的根本特征。人民是国家的主人，就要依法行使当家作主的权力。人民当家作主是社会主义民主政治的本质和核心，是党的一切为了人民、一切依靠人民的根本立场、观点和群众路线在政治建设中的体现。真假民主的根本区别，就在于是否真正实现人民当家作主。共产党执政就是领导和支持人民当家作主，最广泛地动员和组织人民群众依法管理国家和社会事务，管理经济和文化事业，维护和实现人民群众的根本利益。

党的领导和人民当家作主是一致的。中国共产党实施对国家的领导，就是组织和支持人民当家作主，实现最广大人民的意志和利益。如果不坚持人民当家作主，就不能体现当代中国政治制度的本质，就不能真正实现党的正确领导。

人民是依法治国的主体和力量源泉。人民代表大会制度是保证人民当家作主的根本政治制度。无论是全面建成小康社会，还是全面深化改革、全面依法治国，都要坚持人民主体地位。无论是建立中国特色社会主义法治体系，还是建设社会主义法治国家，都要以保障人民根本权益为出发点和落脚点，保证人民依法享有广泛的权利和自由、承担应尽的义务，维护社会公平正义，促进共同富裕。

因此，全面依法治国，必须坚持为了人民、依靠人民、造福人民、保护人民。要把宪法法律作为保障人民权利的有力武器，同时也是每个公民必须遵守的行为规范。要保证人民在党的领导下，依照法律规定，通过各种途径和形式管理国家事务，管理经济文化事业，管理社会事务。同时，增强全社会学法、尊法、守法、用法意识，使法律为人民所掌握、所遵守、所运用。坚持法律面前人人平等，任何人都必须依照宪法法律行使权力或权利、履行职责或义务。

第三，依法治国是党领导人民治理国家的基本方略。

实行依法治国，是社会文明和进步的重要标志，是社会主义民主的必然要求。没有法律，不依法治国，社会主义民主就不可能实现，党的领导就会处于随意状态，当代中国政治制度就会散架，无从说起。所以，加强党的领导、实现人民当家作主，都必须坚持依法治国的方略。把依法治国作为治理国家的基本方略，标志着我们党的执政方式发生了一个重大的转变。建设社会主义法治国家，归根到底是为了实现社会主义民主政治制度化、规范化、程序化，为人民当家作主提供政治和法律制度保障。

全面依法治国，是坚持和发展中国特色社会主义的本质要求和重要保障，是实现国家治理体系和治理能力现代化的必然要求。面对新形势新任务，我们党要更好统筹国内国际两个大局，更好维护和运用我国发展的重要战略机遇期，更好统筹社会力量、平衡社会利益、调节社会关系、规范社会行为，使我国社会在深刻变革中既生机勃勃又井然有序，实现经济发展、政治清明、文化昌盛、社会公正、生态良好，实现我国和平发展的战略目标，必须更好发挥法治的引领和规范作用。

党的领导、人民当家作主、依法治国三者有机统一，不可分割。坚持三者的有机统一，必须把握好几个关系：

一是执政党的政策与宪法、法律的关系。执政党的政策既包括执政党自身建设的内部政策，也包括执政过程中用于领导国家和社会的政策，后者是执政党领导人民管理国家和社会事务的重要途径和方式。与国家法律相比较，政策可能具有灵活、高效的优势。但是，执政党的执政地位是由宪法和法律赋予的，依法治国要求执政党依法执政，任何组织和个人都不允许有超越宪法和法律的特权，都必须在宪法和法律范围内活动。执政党必须将符合最广大人民根本利益的主张依照法定程序，上升为国家法律。政策要符合法律，而决不能与法律相冲突，甚至凌驾于法律之上。

二是党的组织机构与国家机关之间的关系。党对国家和社会的领导要遵照“总揽全局、协调各方”的原则，而不能直接替代国家机关对国家和社会事务的处理。不能将各级国家权力机关、行政机关依法行使职权的行为同党的领导对立起来，不能将各级党委在依法执政中支持国家机关独立开展工作视为放弃党的领导，尤其不能直接干预司法机关依法行使司法职权。

三是坚持党的领导与公民对党的执政活动的监督之间的关系。党来自于人民，立足于人民，服务于人民，要由人民授权，也要接受人民的监督。党不能凌驾于人民之上。发挥广大人民群众的监督作用，是保持党的先进性的重要要求，是切实保障广大人民基本政治权利的重要要求，是人民当家作主的社会主义国家本质的重要要求。

总之，党的领导、人民当家作主和依法治国是一个有机的整体，不能分割或对立起来。它们紧密联系，统一于当代中国政治制度的完整体系之中，统一于建设中国特色社会主义民主政治和法治国家的伟大实践之中。

六、健全依法执政的制度和工作机制

2016 年 2 月 26 日的北京，人民大会堂二楼的东大厅里，国徽高悬，国旗鲜艳夺目。按照《全国人民代表大会常务委员会关于实行宪法宣誓制度的决定》，新任命的全国人大有关专门委员会副主任委员、常委会工作委员会副主任等 6 名国家工作人员在这里进行庄严隆重的宪法宣誓。这是维护宪法法律权威、捍卫宪法法律尊严的范例。

宣誓效忠宪法，这是世界上大多数有成文宪法国家所采取的一种制度。在 142 个有成文宪法的国家中，规定相关国家公职人员必须宣誓拥护或效忠宪法的有 97 个。宪法宣誓的主体、内容、程序，各国做法不尽相同，一般都在有关人员开始履行职务之前或就职时举行宣誓。

为了遵从宪法的权威，树立忠于宪法的意识，十八届三中全会决定建立宪法宣誓制度，规定凡经人大及其常委会选举或者决定任命的国家工作人员正式就职时公开向宪法宣誓。这样做，有利于彰显宪法权威，增强公职人员宪法观念，激励公职人员忠于和维护宪法，也有利于在全社会增强宪法意识、树立宪法权威。

宪法宣誓制度的建立，从一个侧面反映了中国共产党依法执政的决心。

中国共产党是中国的执政党，中国共产党能否依法执政，是依法治国的关键。全面依法治国，要坚持依法治国、依法执政、依法行政共同推进。从党在全面依法治国中的领导地位来说，落实全面依法治国的部署，就必须更好地贯彻依法执政的要求，进一步健全依法执政的制度和工作机制。

中共十六大明确提出“依法执政”的要求，并且规定要通过制定大政方针、提出立法建议、推荐重要干部、进行思想宣传、发挥党组织和党员的作用等五种具体的方式，来坚持依法执政，实施党对国家和社会的领导。党的十六届四中全会明确提出“依法执政是新的历史条件下党执政的一个基本方式”，加强和改进党对法治工作的领导，就必须健全依法执政的制度和工作机制。

中共十七大和十八大都要求，进一步提高党科学执政、民主执政、依法执政水平。十七大强调，要按照科学执政、民主执政、依法执政的要求，提高领导干部执政本领，改善领导方式和执政方式。十八大强调，要“更加注重改进党的领导方式和执政方式，保证党领导人民有效治理国家”。

中共十八届三中全会指出，建设法治中国，必须坚持依法治国、依法执政、依法行政共同推进，坚持法治国家、法治政府、法治社会一体建设。十八届四中全会对依法执政作出了进一步阐述，提出了更加系统的要求，强调“依法执政是依法治国的关键”，并第一次提出，“依法执政，既要求党依据宪法法律治国理政，也要求党依据党内法规管党治党”。

执政，是掌握和运用国家机器，综合运用经济、政治、法律、行政等各种手段，领导、管理国家和社会事务的过程和活动。共产党执政，就是领导和支持人民当家作主，最广泛地动员和组织人民群众依法管理国家和社会事务，管理经济和文化事业，维护和实现人民群众的根本利益。

执政，作为一项极为复杂和庞大的系统工程，它不是随意的、可以自行其是的，而是必须在一定的规矩、规则、程序基础上进行。中国人民熟知：“没有规矩，不成方圆。”沿用到国家治理、政党执政上，同样很有道理。为了保证一切国家事务都有章可循，为了保证一切执政活动都处在人民可以了解、控制和监督的范围内，就必须建立和完善中国特色社会主义法治体系，坚持依法治国、依法执政。

依法执政，不仅要求将法律手段作为执政的最基本方式之一，而且要求所有的执政行为都要有法律依据，都要严格遵照法律的规定进行。坚持依法执政，要求党必须在宪法和法律的轨道上从事执政活动。严格依法办事，善于运用国家政权处理国家事务。党对国家政权机关的领导及其相应的程序和手续都要符合法律的规定。各级党委要当依法治国和依法执政的模范实践者，善于依照法定的程序来实现党的意志，善于把党的领导、人民民主和依法办事统一起来，善于通过党组的工作来实现党对国家机关的领导。

依法执政，要与科学执政、民主执政结合起来，坚持“三个执政”的统一，全面提高“三个执政”的水平。

坚持科学执政，就是要严格按照共产党执政规律的要求，以科学的精神、科学的态度、科学的体制和科学的方法，正确地掌握和运用国家政权，实行科学决策、科学管理，保证所有的执政活动都在科学的轨道上运行。坚持科学执政，就要消除任何主观主义、官僚主义、形式主义的态度，大力弘扬求真务实的精神，坚持解放思想、实事求是、与时俱进，严谨、周密、细致、扎实地办一切事情。只有坚持科学执政，才能把尊重人民历史主体地位与尊重社会发展规律统一起来，把遵从人民意愿与顺应历史潮流统一起来，把为民办事、依法办事与按科学办事统一起来，掌握治国理政的主动权，逐步由必然王国进入自由王国。

坚持民主执政，就是要按民主的制度、民主的途径、民主的方式和民主的程序执政。坚持为人民执政，依靠人民执政，按照民主集中制的原则执政。要始终牢记为人民服务的宗旨，坚持立党为公、执政为民，坚持权为民所用、情为民所系、利为民所谋。进一步健全和完善民主执政的各项制度。通过发展党内民主带动人民民主。坚持民主选举、民主决策、民主管理和民主监督。丰富民主形式，扩大公民有序的政治参与，保证最广大人民当家作主的权利在我们党的执政制度中得到充分实现，保证最广大人民的合法权益在我们党的执政环境中得到充分保障，保证最广大人民的意愿在我们党的执政过程中得到充分体现。

依法执政，要在完善由宪法和法律规定的制度上下功夫。宪法和法律，是制度的载体和保障，它们实际上就是用来配置和制约权力的。它们越规范越完善，权力就越能得到有效的规范和制约。邓小平说："我们过去发生的各种错误，固然与某些领导人的思想、作风有关，但是组织制度、工作制度方面的问题更重要。这些方面的制度好，可以使坏人无法任意横行，制度不好可以使好人无法充分做好事，甚至会走向反面。"①"为了保障人民民主，必须加强法制。必须使民主制度化、法律化，使这种制度和法律不因领导人的改变而改变，不因领导人的看法和注意力的改变而改变。"②

①《邓小平文选》第2卷，人民出版社，1994年版，第333页。
②《邓小平文选》第2卷，人民出版社，1994年版，第146页。

现在，我们的制度已经很多了，但还有不足。为什么那么多干部出问题，并且窝案一个接一个？显然，根本的原因还是在制度。特别是吏治腐败，已经造成了广东茂名、湖南衡阳、山西省这类大面积的腐败现象。有的地方政治生态已经变质，好人也会变成坏人，这就很可怕了。

因此，要坚持标本兼治的原则，着重在改善制度和体制上下功夫，堵塞漏洞，消除弊端，形成正向激励和导向机制。要进一步完善市场经济体制，调整资源和利益分配关系，减少政府和领导干部对经济活动的直接干预；要加强民主法制建设，提高决策的民主化、科学化水平，减少繁琐的程序和手续；要加大对权力的监督力度，制定严格的规范，加大查处的力度，减少腐败现象的发生。在推进法治中国建设中，一定要更多地在完善制度上下功夫，靠制度来治国理政，靠制度来管党治党，靠制度来实现干部清正、政府清廉、政治清明。

全面依法治国，必须健全党领导依法治国的制度和工作机制，完善保证党确定依法治国方针政策和决策部署的工作机制和程序。

从总体上，要加强对全面推进依法治国的统一领导、统一部署、统筹协调。要正确处理政策和法律的关系，发挥好各自的优势，促进党的政策和国家法律互联互动。

对于各级党委来说，要完善党委依法决策的机制。党委要定期听取政法机关工作汇报，做促进公正司法、维护法律权威的表率。党政主要负责人要履行推进法治建设第一责任人职责。各级党委要领导和支持工会、共青团、妇联等人民团体和社会组织在依法治国中积极发挥作用。人大、政府、政协、审判机关、检察机关的党组织和党员干部都要坚决贯彻党的理论和路线方针政策，贯彻党委决策部署，模范遵守宪法法律，坚决查处执法犯法、违法用权等行为。

七、正确认识宪法法律与党规党纪的关系

十八届四中全会把形成完善的党内法规体系明确地包含在依法治国的总目标内，强调："依法执政，既要求党依据宪法法律治国理政，也要求党依据党内法规管党治党。"这是十八届四中全会一个重要的新思想。全面依法治国的"全面"，显然包含依法依规管党治党在内。

从学术的角度来说，党内法规能不能归入法律体系？可能有一些不同意见，还需要今后继续研究。但把党内法规归属于法治体系，这应该是能成立的。

在现实生活中，各级党组织和党员干部，都会面对宪法法律和党规党纪两种规范的约束。因此，无论治国理政还是管党治党，都要进一步认识和处理宪法法律与党规党纪的关系。这种关系，可以从以下三个方面来认识：

第一，宪法法律和党规党纪在本质上是统一的。

社会主义法治必须坚持党的领导，党的领导必须依靠社会主义法治。宪法赋予党治国理政的责任和使命，党必须在法治的轨道上治理国家。依法执政是党治国理政的基本方式。党要把自己的主张通过法定程序转化为国家意志，成为全国人民共同遵守的法律，领导立法、保证执法、支持司法、带头守法。

党领导制定宪法和法律，同时也制定用以约束自己的党规党纪，两者都是由党统一领导和组织制定的。宪法法律和党规党纪的调整对象和适用范围不一样，强制力也不一样，但本质上是统一的，都是为了正确地治国理政，确保国家正常运行、人民幸福安康。宪法和法律，要在党的领导下制定，遵循全国各族人民的意志。党规党纪，除了遵循全党意志外，还必须符合宪法法律的规定。

全面依法治国，从严治党，必须始终保持宪法法律与党规党纪的

统一性、协调性，发挥两者在不同领域、范围和对象中的作用，做到互相促进，而不能互相割裂，更不能互相取代。

第二，党规党纪必须符合宪法法律并与宪法法律相衔接。

宪法法律和党规党纪都有一个位阶问题，下位法不得与上位法相抵触。

中国宪法和有关法律规定：“宪法具有最高的法律效力，一切法律、行政法规、地方性法规、自治条例和单行条例、规章都不得同宪法相抵触。”“法律的效力高于行政法规、地方性法规、规章。”

中国共产党党章规定：“党必须在宪法和法律的范围内活动。”《中国共产党党内法规制定条例》则规定：制定党内法规，应当“遵守党必须在宪法和法律范围内活动的规定”。对党内法规草案，必须审核其“是否同宪法和法律不一致”。

因此，我们在任何工作中，包括在制定和执行党规党纪中，都必须坚持法治思维，增强宪法和法律意识，严格按照宪法和法律的规定办事。制定任何文件，作出任何决策，从事任何工作，都不能超出宪法法律的规定之外。党规党纪本身也不能违法。

按照十八届四中全会的规定，今后党内这类行为和文件，都要进行合法性审查。有关部门和单位，还要健全法律顾问制度，设立公职律师，防止任何违反宪法法律的现象发生。

第三，依照宪法法律和党规党纪从严管党治党。

治国必先治党，治党务必从严。党要依照宪法法律治理好国家，也要依照党规党纪治理好自身。如果党自身没有治理好，国家也很难治好。

宪法法律和党规党纪都是党治理国家的依据和手段，更是管党治党的依据和手段。治党治国，两套规范体系都要用好、遵循好。8900多万党员，既要自觉遵守党规党纪，又要模范遵守国法政纪。遵守宪法法律也是党规党纪的要求。

就行为标准来说，党规党纪对党员的要求比法律更高。党的先进性决定了党规党纪严于国家法律。国法是所有公民的行为底线，党纪是对党组织和党员立的规矩。志愿加入共产党，就意味着要接受党规党纪的约束。对于领导干部来说，还要遵守行使权力实施管理的很多专门规范，等于要受三种约束，要求不仅比一般公民，而且比普通党员还高。

当然，对党员施行的党规党纪都必须符合宪法法律的规定。执行对党员的纪律，不能与宪法法律的规定相违背，而且要符合宪法法律规定的程序，不能随意剥夺党员作为国家公民按照宪法法律应该拥有的权利。

八、坚决把权力关进法律和制度的笼子里

全面依法治国，关键是处理好权力与法律的关系，严格规范和约束权力，确保这种权力不被错用滥用。

习近平总书记说，要把权力关进制度的笼子里。制度是什么？这个制度的笼子是什么？制度，说到底，就是宪法和法律，就是由宪法和法律明确规定和保障的一整套制度体系。所以说，把权力关进制度的笼子里，也就是要把权力关进宪法和法律的笼子里。

第一，坚决把权力关进法律和制度的笼子里，就要正确认识权力的授受关系。

权力很有威力，但也是一把双刃剑。管住权力，首先要从根子上认识权力的授受关系，明白权力从何而来？应该为谁所用？

当年，有个美国记者问毛泽东：“你们办事，是谁给的权力？”毛

泽东回答："人民给的，人民要解放，就把权力委托给能够代表他们，能够忠实为他们办事的人，这就是我们共产党人。"① 中华人民共和国成立时制定的《共同纲领》和后来制定的宪法都明确规定："中华人民共和国的一切权力属于人民。"

所以，中国共产党掌权执政，本质上是受人民的委托管理国家和社会。但在现有的干部制度下，领导者的权力似乎是由一级级组织考察任命后授予的。于是，有些人便产生了一种错觉，认为权力不是来自人民，而是来自某某上级。于是，在权力的认识和使用上便产生了问题。

从历年查处的案件看，很多干部往往不懂得权力授受这些起码的道理，对权力的认识严重扭曲，认为权力是自己"苦心积虑得来的，千辛万苦挣来的，劳民伤财换来的"，甚至真的是"自己花钱买来的"。所以，一旦权力到手，就要捞回成本，还要赚上一笔。"多捞多得，少捞少得，不捞不得"。

由此可见，加强领导干部的权力观教育并不是无的放矢，而是非常紧要的。要使每一个干部都真正懂得，任何权力都是从人民而来，由人民授予，归人民所有，因此也只能用来为人民服务。

无论从组织还是个人来说，对权力都要持辩证的态度。要看到，权力其实是个复杂的多面体，它能创造辉煌，也能造成灾难；它能带来幸福，也能带来痛苦；它能增添荣耀，也能蒙上耻辱。今天在自己手上，明天就可能被拿走。

所以，权力可以使用，但切不可崇拜；只能当作为人民办事的工具，切不可当作个人追求的目标。

---

①《毛泽东选集》第 4 卷，人民出版社，1991 年版，第 1128 页。

第二，坚决把权力关进法律和制度的笼子里，就要加强对权力的制约和监督。

坚持依法治国、依法执政、依法行政，从本质上说，都是用法律来规范和约束权力，使之在法治的轨道上健康运行。

无数的事实证明，绝对的权力会带来绝对的腐败。我们党和国家过去所出现的一些问题和遇到的一些曲折，很大程度上与权力没有受到有效的约束有关。从不断查处的一些案件也可以看出，某些干部的思想和行为已经到了“无法无天”的地步。因此，必须进一步加强对权力的规范、约束和监督。无论是国家政权，还是党的内部，都要有一个合理的权力结构，恰当地配置权力资源，使它们互相联系、互相配合、互相制约。

全面依法治国、全面深化改革、全面从严治党，都要进一步规范和处理好代表与被代表、委托与被委托的关系，大力加强社会主义民主政治的建设，健全和完善权力运行的制约和监督体系。要坚定不移做好权力制约的文章，科学设置权力边界，合理优化权力结构，依法规范权力运行，确保决策权、执行权、监督权既相互制约又相互协调，确保各级领导干部按照法定权限和程序行使权力。

在党内，要进一步完善规章制度，实行严格的民主集中制，把集体领导与个人分工负责结合起来，防止个人凌驾于组织之上。要建立更加有效的防控体系，杜绝一切漏洞，防止发生各种违法乱纪的行为。

第三，坚决把权力关进法律和制度的笼子里，就要正确认识和处理权与法的关系。

人们常问：权大还是法大？这一问题要从不同层面来回答。

从国家的最高层面来说，权与法是统一的。没有权就没有法，权是法的后盾，法是权的体现，权要通过法来行使，法要体现权的威力。在制定宪法和法律过程中，权甚至比法还要大一点。但一旦宪法和法律确立，它就成为权的法律渊源和依据，为了保证法的权威性和稳定性，权就要转而在宪法和法律的规范下运行，权也就比法小了。

对于具体的每一级党组织和国家政权机关来说，所掌握的权力都有一定的范围和限度。他们在执行法律和处置公务时，都要有被授予的一定权力作后盾，但是这种权力绝不能超越于体现国家整体和长远利益的法律之上。超者，即为越权、违法。

对于领导干部个人来说，无论职位大小，都是受人民和国家委托来行使权力的，更不能超越于法律之上。否则，就是滥用职权。人们之所以提出权大还是法大的问题，主要在于不少干部无视法律而滥用职权。所以，对于具体的国家机关和工作人员来说，必须明确，法当然比权更大。权要依法行使，而不能以权侵法、以权违法。党的十八届四中全会提出建立领导干部干预司法活动、插手具体案件处理的记录、通报和责任追究制度，就是在司法领域对权力的一种约束和限制。

第四，坚决把权力关进法律和制度的笼子里，就要正确认识和处理民与法的关系。

民与法的关系，在不同的时代和制度下，有不同的理念和处理方式。以往各个历史时代，法往往是朝廷和官吏手中掌握的工具，主要是用来治理民众的。官员当然也会受到法的管辖，但往往不能做到法律面前人人平等。

但到现代法治国家，法有了两方面的功用。一方面，用来规范每一个公民的行为，调节社会关系。违反法律者，要依法加以处理或惩治。这当然也有治民的意思。但另一方面，它还要同时规范执掌立法、行政、司法权力的国家机关及其工作人员，要求其严格依法办事，这在某种意义上又是治官。由于在官与民这一对关系中，官处于矛盾的主要地位，所以，法对官的要求更严，即对其不仅有适用于民的法律，还有专门的针对官的法律，为官者实际要受双重法律约束。

中国是人民当家作主的国家。从国家本质和法治本质来说，依法治国是要保障公民的各项自由和权利，保障人民依法管理国家和社会事务的权力。所以，依法治国不能简单地变成依法治民。民当然要尊法、守法、依法，但国家机关及其工作人员更要尊法、守法、依法。因此，领导干部一定要处理好民与法、民与官的关系，首先从自己做起，敬畏法律，严守法律。既保证自己的个人行为符合法律的规定，也要保证自己的公务行为符合法律的规定。

第五，坚决把权力关进法律和制度的笼子里，就要正确认识和处理人与法的关系。

在现实生活中，人与法是经常遇到的一对关系。办事、做工作、解决问题，当然要发挥人的主观能动性。但对于法治国家来说，人的任何行为都必须在法律允许的范围之内，任何人都不能凌驾于法律之上。

对于公民来说，除了法律禁止的以外，都有作为或不作为的自由。但对于法律明文禁止的，则坚决不能为。为者，即为违法或犯罪。对于执掌权力的行政机关和公职人员来说，只有法律授予的权力才能行使，法无明文授权不得为，为者，即为越权；反之，对法律授予的权力则必须为之，不为即是失职，重者将追究法律责任。

所以，无论对何人，为与不为都是有法律要求和法律依据的。只有依法行事，才能不出问题。

第六，坚决把权力关进法律和制度的笼子里，就要抓住重点，堵塞最易出现的漏洞。

总结腐败发生的种种教训，可以发现，在某些领域和环节，往往是权力腐败的高发区。如位子、票子，以及房子、儿子、车子等，常常是滥用权力的主要领域。加强在这些领域的督察，是防止权力变异的有效措施。管好配偶和秘书，是防止大堤溃败的重要环节。一旦配偶和秘书失守，全军覆没的灾难就不可避免。抓住这些环节，对于防范权力滥用，具有四两拨千斤的效能。管钱管物管工程管资源的部门和人员，也最可能被打倒。加强对钱物工程资源的监督，也就成为消除腐败温床的有力措施。

所以，加强对权力的制约和监督，要深化腐败问题易发多发的重点领域和关键环节改革。通过全面深化改革，防止行政权力对各类经济活动的违规干预，从而减少腐败现象滋生蔓延的土壤和条件。

中共十九大把“坚持全面依法治国”作为坚持和发展中国特色社会主义的基本方略之一，强调“全面依法治国是中国特色社会主义的本质要求和重要保障。必须把党的领导贯彻落实到依法治国全过程和各方面，坚定不移走中国特色社会主义法治道路，完善以宪法为核心的中国特色社会主义法律体系，建设中国特色社会主义法治体系，建设社会主义法治国家，发展中国特色社会主义法治理论，坚持依法治国、依法执政、依法行政共同推进，坚持法治国家、法治政府、法治社会一体建设，坚持依法治国和以德治国相结合，依法治国和依规治党有机统一，深化司法体制改革，提高全民族法治素养和道德素质。”

在工作部署上，决定成立中央全面依法治国领导小组，加强对法治中国建设的统一领导。要求坚持厉行法治，推进科学立法、严格执法、公正司法、全民守法。加强宪法实施和监督，推进合宪性审查工作，维护宪法权威。推进科学立法、民主立法、依法立法，以良法促进发展、保障善治。建设法治政府，推进依法行政，严格规范公正文明执法。深化司法体制综合配套改革，全面落实司法责任制，努力让人民群众在每一个司法案件中感受到公平正义。加大全民普法力度，建设社会主义法治文化，树立宪法法律至上、法律面前人人平等的法治理念。各级党组织和全体党员要带头尊法学法守法用法，任何组织和个人都不得有超越宪法法律的特权，绝不允许以言代法、以权压法、逐利违法、徇私枉法。

第二章

从科教兴国到创新驱动战略

一、科学的春天

中国有着悠久的文明历史。在几千年的发展历程中，中国的科学技术也有过辉煌的成就。中国的四大发明曾经给世界带来了许多历史性的变革。

但在长期的封建社会里，中国的科学技术始终没有能够持续不断地发展并形成完整的现代科学技术的体系。特别是到近代，中国的科学技术远远地落在了欧美国家的后头。

是什么原因造成了这种状况呢?

通过对古今中外历史的比较研究和对社会发展内在规律的研究，我认为主要有四个原因：

第一，中国长期是一个皇权专制的大一统国家，国家政权始终为某一家族所有。这种家天下的政治结构和治理理念，最终都是为了维护和延续自身家族的统治。因此，无论是政治、法律、军事，还是思想、文化、道德，都逐步形成了一整套管制、约束的体系，形成了超稳定的政治、文化和社会结构。在这种结构里，没有思想的自由、言论的自由、创造的自由。一切自主的、创新的、但不一定符合皇族政权利益和要求的思想、理念、行为、人才，都会被压制甚至扼杀。尽管有些具有雄才大略的皇帝，在促进国家和社会的发展上有过贡献，但只要一触及家天下能否巩固的底线，就都以自身的利益为重了。在这样的社会里，就很难具备科学技术自由发展、创新超越的条件。

第二，中国自从实行井田制以来，就成为一个自给自足的农耕社会。农田比较分散，正好维持小家小户的基本生计。而国家为了维持社会稳定，一直把鼓励和保护农耕作为基本的国策。同时，始终把商人看作奸诈取巧之徒，认为从商经商不符合伦理之道。所以，国家总体上一直实行重农抑商政策。老百姓天天重复着同样的农耕生活，靠自家耕种和村镇少量的手工作坊就大体能维持基本的生活需求。商品流通发展不起来，手工作坊也就很难发展为现代工业。有关工业方面的科学技术就很少有人去研究，现代的科学思想和创造发明也就难以出现。

第三，中国的哲学、宗教、政治思想都比较注重宏观思维，而且十分辩证。无论自然、社会，还是王朝、个人，遇到什么事情，都首先从宏观上去思考、解析。而且不是探求客观，而是自省和责备自身。当难以解释时，就用阴阳之道、天地轮回之类的“辩证法”笼而统之地加以圆场。含糊其辞，朦朦胧胧，左右都是道理。再解释不了，就归结为天相、风水、命运之类，祈求菩萨保佑，或祈望皇上英明。因此，普遍不重视对自然的精细考察和研究，特别不重视实证研究。很少人能去对自然现象和人类社会“打破砂锅问到底”，也就很少人去做具体、精细的实验研究。科学发现和技术发明自然也就很少了。

第四，中国的人才选拔制度起了特殊的导向作用。实行科举制度之后，打破了贵族世家对于权力的垄断，底层百姓有了合法和稳定的上升通道。只要认真读书，写好文章，就可能取得功名，荣华富贵自然而来。这种制度即使用现在的眼光看来，也比较公平，有利于人才的涌现。但这种选拔制度固定化、程式化后，就把人的思想限制、禁锢在一定的范围之内了。而且，这种制度对于整个社会特别是知识分子有着强烈的导向作用。几乎所有的杰出人才，都专注于去博取功名，把大量精力耗费在阅读古籍、掌握典故、雕词琢句上。好处是，创造了世界上最辉煌的诗词歌赋，不好之处是，再也没有多少社会精英能够抵挡这种诱惑而去专注于科学技术的思考和研究了。

到了近代，科学技术落后的严重后果便显示了出来。

中华人民共和国成立之后，科学技术得到了一定程度的重视。在一些关键性的领域，运用国家的力量，也取得了堪称辉煌的成果。但是由于“左”的错误的发展，特别是在“文化大革命”中，科技、教育都受到严重的摧残，知识分子被排为“臭老九”，造成了科技和教育的严重断代。广大的知识分子，像久雨盼甘霖一样，盼望着春天的到来。

粉碎“四人帮”后，这个春天终于到来了。

1977年，邓小平第三次复出后，自告奋勇要求分管科技和教育工作。

1978年3月18日，中国科学界多年来的第一次盛会——全国科学大会在人民大会堂隆重开幕。邓小平在开幕式上发表重要讲话，明确指出：“科学技术是生产力，这是马克思主义历来的观点。”“现代科学技术正在经历着一场伟大的革命。”知识分子“已经是工人阶级自己的一部分”。邓小平还诚恳地表示：为了发展中国的科学技术事业，“我愿意当大家的后勤部长”。

邓小平的讲话大气磅礴，又情真意切。每到精彩之处，便爆发出雷鸣般的掌声。著名作家马识途会后以特约记者名义发表在《人民日报》上的一封信中说：“我本想记住鼓掌的次数，但是因为次数太多，我自己也忘乎所以了。陪伴掌声的又有多少无声的笑和擦不尽的眼泪呀。”

就在这次大会上，制定了《1978—1985年全国科学技术发展规划纲要》。

10年之后，即1988年9月5日，邓小平在会见捷克斯洛伐克总统胡萨克时进一步强调：“马克思说过，科学技术是生产力，事实证明这话讲得很对。依我看，科学技术是第一生产力。”9月12日，在另一次谈话中，他又说：“从长远看，要注意教育和科学技术。……最近，我见胡萨克时谈到，马克思讲过科学技术是生产力，这是非常正确的，现在看来这样说可能不够，恐怕是第一生产力。”

对于教育，邓小平也非常重视，并且经常把科技与教育联在一起加以论述和强调。早在 1978 年，邓小平就指出：“我们要实现现代化，关键是科学技术要能上去。发展科学技术，不抓教育不行。靠空讲不能实现现代化，必须有知识，有人才。”[①] 他把教育当作事关民族兴衰的大事，要求从提高整个民族素质的高度来认识发展教育事业的重要性。他强调，要尊重知识，尊重人才；教育要面向现代化，面向世界，面向未来，等等。他指出：“我们国家，国力的强弱，经济发展后劲的大小，越来越取决于劳动者的素质，取决于知识分子的数量和质量。一个十亿人口的大国，教育搞上去了，人才资源的巨大优势是任何国家比不了的。有了人才优势，再加上先进的社会主义制度，我们的目标就有把握达到。”[②]

春天一年又一年，中国在科学技术现代化的道路上不断前进。

1985 年 3 月，中共中央发出《关于科学技术体制改革的决定》，强调经济建设必须依靠科学技术、科学技术工作必须面向经济建设，要从我国的实际出发，对科学技术体制进行改革。

同年 5 月，中共中央又发出《关于教育体制改革的决定》，阐明了教育体制改革的措施、步骤和目的，提出有步骤地实行九年制义务教育，大力发展职业技术教育，改革高等学校的招生计划和毕业生分配制度，扩大高等学校办学自主权。

1986 年 3 月 3 日，王大珩、王淦昌等 4 名科学家提出一份“关于追踪世界高技术发展的建议”。仅隔两天，3 月 5 日，邓小平即在建议上作重要批示：“这个建议十分重要”，“此事宜速作决断，不可拖延”。

---

①《邓小平文选》第 2 卷，人民出版社，1994 年版，第 40 页。

②《邓小平文选》第 3 卷，人民出版社，1993 年版，第 120 页。

据此，有关部门制定了《高技术研究发展计划（863 计划）纲要》，选择 7 个重点领域 15 个主题，组织优秀科技队伍，跟踪世界高技术的发展。随后，便在生物技术、电子信息技术、能源技术及新材料领域取得 700 多项成果，达到国际 80 年代后期水平的 400 多项，其中部分已达到国际领先水平。建成了 15 个重点研究基地、中心以及一批试验网点。在初战告捷的基础上，国家又进一步制订了“超级 863 计划”。

1992 年 2 月 10 日，邓小平来到位于高新技术开发区的上海贝岭公司。在参观过程中，公司总经理指着一台大束流离子注入机说，这是集成电路生产的关键设备之一，就是通过合资第一次引进的。邓小平沉思了一会儿，意味深长地指着离子注入机问现场的人员，你们说这台设备姓“社”还是姓“资”。当大家正在发愣的时候，邓小平接着说，这台设备原来姓“资”，因为是资本主义国家生产的，现在它姓“社”，因为在为社会主义服务。“资”可以转化为“社”，“社”，也可能转化为“资”。对外开放就是要引进先进技术为我所用，这台设备现在姓“社”不姓“资”。

2 月 12 日，邓小平在视察上海闵行开发区时，又谈到姓“社”还是姓“资”的问题。他一边听取闵行开发区总经理的汇报，一边提问。当听到开发区是全国单位土地面积引进外资最多，基础设施投资回报是 1∶2.8，早已全部收回投资时，邓小平高兴地说，这有利于发展社会生产力，有利于提高综合国力，并提高嗓音讲，这有利于社会主义。他还说，到本世纪末，上海浦东和深圳要回答一个问题，姓“社”不姓“资”，两个地方都要作标兵。要讲综合国力，讲社会生产力，要回答改革开放有利于社会主义，不利于资本主义。现在不是争论得很多嘛。这是个大原则，要用事实来回答。

二、科教兴国战略

2017年5月5日14时，一个中国航空工业史上浓墨重彩的时刻：中国自行研制、具有完全自主知识产权的喷气式大型客机C919，在上海浦东国际机场第四跑道腾空而起，载着“中国梦”飞向蓝天。从此，一款属于中国的、完全按照世界先进标准研制的大型客机将翱翔于蓝天白云间，国产大飞机的历史也就此进入了新的篇章。

当年，我与商飞集团首任老总张庆伟进行过交流。他告诉我，C919采取的是“中国设计、系统集成、全球招标，逐步提升国产化”的方式，走的是自主研制、国际合作、国际标准的技术路线。

大型客机的研发生产能力是一个国家制造业水平的重要体现，更是一国科技实力和国际竞争力的显著标志。一架民机由300万—500万个零部件组成。它的研制和生产涉及航空学、机械学、电子学、信息学、材料学、力学、物理学等众多基础学科，覆盖制造、物流、管理、金融、服务、培训等多个领域。大飞机的研发和生产将产生明显的技术扩散作用，带动关键技术群体突破，对机械、电子、材料、冶金、仪表、石化等上游产业，对新能源、新材料、计算机等新兴产业，对基础设施、环保、金融等下游产业都具有强大的拉动作用。

C919的问世，意味着我国实现了民机技术集群式突破，也意味着我国具备了研制一款现代干线飞机的核心能力，打出了一张崭新的“中国名片”。这张名片，与航天、高铁等其他名片一起，共同构成了中国“科教兴国”和“创新驱动”战略的名片。

科学技术是一种在历史上起推动作用的革命力量。科学技术能够显著提高人类认识自然、改造自然的能力，推动社会的进步和文化生活的繁荣，促进人的全面发展。它是代表一个民族文明水平的重要标志，是社会主义现代化建设的战略重点和首要任务。

教育，是传播科技文化和思想道德观念的重要途径。教育对于培养“四有”新人，提高全民族的科学文化素质，具有极其重要的作用。“百年大计，教育为本”，把教育摆在优先发展的战略地位，并与科学技术紧密结合起来，这是我国社会主义现代化建设的根本大计和基础工程。

当代世界的竞争，实际上是科技和教育的竞争。世界科技革命正在形成新的高潮，一个科技和经济大发展的新时代正在来临。科技进步、经济繁荣和社会发展，从根本上说取决于劳动者的科学文化素质，取决于大批具有较高科学文化素质的人才的培养。对于我们这样一个经济还不发达、人口众多的国家来说，提高全民族的科学文化水平，更是一个迫切的问题。

根据邓小平的重要思想，在改革开放不断深入的进程中，党和国家制定了科教兴国的战略和部署。这是党和政府从国情和现代化建设的实际出发，在分析世界经济与科学技术发展趋势的基础上，为实现现代化建设“三步走”宏伟目标作出的一项重大战略部署。

1995 年 5 月，《中共中央国务院关于加速科技进步的决定》首次提出“科教兴国”的战略。在全国科学技术大会上，江泽民号召全党全国人民实施“科教兴国”战略。

1996 年 3 月，八届全国人大四次会议正式批准的《国民经济和社会发展“九五”计划和 2010 年远景目标纲要》，将科教兴国作为一条重要的指导方针和发展战略上升为国家意志。

1997 年，在中共十五大上，江泽民代表中共中央再次提出，把科教兴国战略与可持续发展战略作为跨世纪的国家发展战略。要把加快科技进步放在经济社会发展的关键地位，使经济建设真正转到依靠科技进步和提高劳动者素质的轨道上来。要加强基础性研究和高科技研究，加快实现高科技产业化；强化应用技术的开发和推广，促进科技成果向现实生产力转化，集中力量解决经济社会发展的重大和关键技术问题；深化科技和教育体制改革，促进科技、教育同经济的结合；把人才当作科技进步和经济社会发展最重要的资源，建立一整套有利于人才培养和使用的激励机制。

1998年3月19日，新当选的朱镕基总理在九届人大记者招待会上宣布："本届政府的最大任务之一是科教兴国。"

此后，2002年的中共十六大报告明确提出，要走新型工业化道路，大力实施科教兴国战略和可持续发展战略。

2007年的十七大报告进一步指出，要更好实施科教兴国战略、人才强国战略、可持续发展战略，着力把握发展规律、创新发展理念、转变发展方式、破解发展难题，提高发展质量和效益，实现又好又快发展，为发展中国特色社会主义打下坚实基础。

科教兴国战略的主要内容是：在科学技术是第一生产力思想的指导下，坚持教育为本，把科技和教育摆在经济、社会发展的重要位置，增强国家的科技实力及向现实生产力转化的能力，提高全民族的科技文化素质，把经济建设转移到依靠科技进步和提高劳动者素质的轨道上来，加快建设富强民主文明和谐的社会主义现代化国家。

科教兴国战略把科技、教育进步作为经济和社会发展的强大动力，是确保国民经济持续、快速、健康发展，增强国际竞争力的根本措施，对建设国家创新体系，促进科技创新与产业化，促进我国科技自主创新能力的提高，实现跨越式发展具有重要作用。

实施科教兴国战略，特别需要强化两个方面的改革：

一是深化科技体制改革，提高自主创新能力。通过改革，建立起适应社会主义市场经济体制和科技自身发展规律的新型科技体制，发挥市场和社会需求对科技进步的导向和推动作用，大力促进科技成果向现实生产力的转化。

二是优化教育结构，提高教育质量，面向现代化、面向世界、面向未来，改革办学体制和教育管理体制，合理配置教育资源，提高教育质量和办学效益，使教育与经济更加紧密地结合起来。

科教兴国战略伴随着改革开放的深入而不断推进。而中国大飞机的研制也伴随着科教兴国战略的实施而走过了不平凡的历程，显示了科教兴国的伟大力量。

1980 年 9 月 26 日，运 –10 客机曾飞上蓝天。然而，1982 年，由于经费、效益、与麦道飞机的关系等复杂原因，运 –10 的研制和生产没有能坚持下去，留下了一代航空人的遗憾。我到商飞公司时，还专门参观了当年的运 –10 飞机。抚今思昔，不禁感慨万分。

20 世纪 90 年代后期，随着民用航空的需求量大幅增长。研制中国自己民航飞机的问题重新提上日程。2002 年，新支线飞机项目立项正式批复，项目的型号代码为 ARJ21。2008 年 11 月 28 日，首架新型涡扇支线飞机 ARJ21–700 在上海成功首飞。ARJ21 飞机的研制为中国民机产业发展摸索了道路。

2006 年 2 月 9 日，在国务院颁布的《国家中长期科学和技术发展规划纲要（2006—2020 年）》中，大型飞机被确定为“未来 15 年力争取得突破的 16 个重大科技专项”之一。

2013 年 1 月 26 日，运 –20 首飞取得成功，并于 2016 年 7 月正式列装；2015 年 11 月 2 日，C919 总装下线；2016 年 7 月 23 日，AG600 总装下线。2017 年 5 月 5 日，C919 在上海浦东国际机场附近空域成功首飞，我国首款完全按照国际适航标准和主流市场标准研制的单通道干线飞机终于正式问世。

科教兴国战略展示了它强大的力量。

三、建设创新型国家

在实施科教兴国战略的过程中，党和国家进一步提出了建设创新型国家的战略目标。

创新，作为一个具有指导性、方针性的要求和范畴，其内涵和外延，经历了一个逐步扩展的过程。

十一届三中全会以来，邓小平大力倡导解放思想、实事求是的思想路线。在《邓小平文选》第二卷中，共有4次使用了“创新”一词。

第一次，是1978年9月18日在鞍山讲到如何用先进技术和管理方法改造企业时，邓小平要求：“引进技术改造企业，第一要学会，第二要提高创新。”第二、第三次，是在1978年12月中央工作会议的著名讲话中。在强调解放思想的重要性时，邓小平指出：“干革命、搞建设，都要有一批勇于思考、勇于探索、勇于创新的闯将。我们希望各级党委和每个党支部，都来鼓励、支持党员和群众勇于思考、勇于探索、勇于创新，都来做促进群众解放思想、开动脑筋的工作。”这里的创新，已经进一步扩展到了思想观念和思想方法上。第四次，是在1979年10月30日中国文学艺术工作者第四次代表大会上。邓小平指出：“在正确的创作思想的指导下，文艺题材和表现手法要日益丰富多彩，敢于创新。”这里的创新，指的是文艺创作。

在《邓小平文选》中，虽然创新这个范畴的内涵还没有充分展开，但邓小平的全部思想中，都贯穿着创新的精神。改革开放以来，我们在理论和实践上的一切发展和进步，都可以说是理论和实践创新的结果。无论是改革开放的大政策，还是联产承包责任制的实行、经济特区的建立；无论是揭示社会主义本质、提出三个有利于的标准、确认社会主义可以搞市场经济，还是用“一国两制”的构想推进祖国统一的大业，都是理论和实践的伟大创造，都是对马列主义毛泽东思想的重大创新。如果没有一系列理论和实践的创新，就不可能有改革开放和现代化建设的伟大成就。

在新的历史条件下，以江泽民同志为核心的党中央，坚持丰富和发展邓小平理论，不仅首先在科技领域扩展了“创新”这个范畴的内涵和外延，而且突出地把创新问题置于更加重要的战略地位上。

从1989年开始，以江泽民同志为核心的党中央逐步地提出了科技创新的问题。到1993年，江泽民进一步提出了如何处理社会主义市场经济体制与技术创新体制的关系问题。1995年，中央召开全国科学技术大会，江泽民发表重要讲话，确定了科教兴国的重要战略。在讲话中，江泽民总结历史发展的规律，进一步深化了我们对于创新问题的认识，提出：“创新是一个民族进步的灵魂，是国家兴旺发达的不竭动力。”

此后，江泽民从不同角度进一步论述了创新的内涵、地位、作用和意义。创新的范围从技术的层面进一步扩展为“技术创新”“科技创新”“创新意识”“创新能力”“创新人才”“国家创新体系”等等。

2000年6月，江泽民在考察甘肃、宁夏工作时，明确指出：“创新，包括理论创新、体制创新、科技创新及其他创新。”随后，对体制、科技、理论三大创新的内容，江泽民作了明确的界定：“我们进行体制创新，就是要不断完善适应发展社会主义市场经济、全面建设有中国特色社会主义要求的各方面的体制。”“我们进行科技创新，就是要使科学技术成为我国跨世纪发展的强大推动力量。”“我们进行理论创新，就是要使我们党的基本理论在继承的基础上不断吸取新的实践经验、新的思想而向前发展。”

随着创新内涵、外延的扩展，创新问题与党的建设和党的各项事业更加紧密地联系了起来。江泽民同志在原先强调“灵魂”和“动力”的基础上，更加全面地指出：“创新是一个民族的灵魂，是一个国家兴旺发达的不竭动力，也是一个政党永葆生机的源泉。”

2001 年 3 月 1 日，胡锦涛在中央党校开学典礼上，还与理论创新相对应，提出了“实践创新”的概念。他强调：“在国际竞争日趋激烈，国内改革和建设任务艰巨繁重，客观实际不断变化的情况下，各级领导干部要始终坚持马克思主义的辩证唯物主义和历史唯物主义观点，坚持实践是检验真理的唯一标准，坚持脚踏实地，开动脑筋，充分发挥历史主动性和革命创造性，不断研究新情况、解决新问题、创造新经验，努力推进党的理论创新和实践创新。”

以胡锦涛同志为总书记的党中央，从全面建设小康社会、开创中国特色社会主义事业新局面的全局出发，科学分析我国基本国情，全面判断我国战略需求，作出了推进自主创新、建设创新型国家的重大决策。

2005 年 10 月，中共十六届五中全会提出，要把增强自主创新能力作为国家战略，致力于建设创新型国家。随后，国务院颁布《国家中长期科学和技术发展规划纲要（2006—2020 年）》，以增强自主创新能力为主线，以建设创新型国家为奋斗目标，对我国未来 15 年科学和技术发展作出全面规划和部署。中共十七大提出，要坚持走中国特色自主创新道路，把增强自主创新能力贯彻到现代化建设各个方面。中共十八大报告提出，到 2020 年中国进入创新型国家行列。

习近平总书记指出：“当今世界，谁牵住了科技创新这个‘牛鼻子’，谁走好了科技创新这步先手棋，谁就能占领先机、赢得优势。”

科学技术是第一生产力，是推动人类文明进步的革命力量。当今时代，科学技术特别是战略高技术正日益成为经济社会发展的决定性力量，成为综合国力竞争的焦点。国家核心竞争力越来越表现为对智力资源和智慧成果的培育、配置、调控能力，表现为对知识产权的拥有、运用能力。谁在知识和科技创新方面占据优势，谁就能在综合国力竞争中占据更有利的战略地位。面对世界科技发展的大势，面对日趋激烈的国际竞争，我们必须把科学技术真正置于优先发展的战略地位，加快自主创新步伐，增强国家核心竞争力，带动我国社会生产力实现质的飞跃，努力在激烈的国际竞争中赢得和保持发展的主动权。

经过长期努力，我国科技实力有了显著提高，形成了比较完整的学科布局，培养了一支勇于攀登世界科技高峰的优秀科技队伍，部分重要领域的研究开发能力已跻身世界先进行列。我们已经具备了建设创新型国家的重要基础和良好条件。同时，必须清醒地看到，我国科技的总体水平同世界先进水平相比仍有较大差距，同经济社会发展的要求还有许多不相适应的地方。我们比以往任何时候都更加迫切地需要坚实的科学基础和有力的技术支撑，必须下更大的气力、做更大的努力，进一步深化科技体制改革，大力推进科技进步，努力建设创新型国家。

建设创新型国家的总体目标是：到2020年，使我国的自主创新能力显著增强，科技促进经济社会发展和保障国家安全的能力显著增强，基础科学和前沿技术研究综合实力显著增强，取得一批在世界具有重大影响的科学技术成果，进入创新型国家行列，为全面建成小康社会提供强有力的支撑。

建设创新型国家，要把增强自主创新能力作为发展科学技术的战略基点，走中国特色自主创新道路，推动科学技术的跨越式发展；要把增强自主创新能力作为调整经济结构、转变经济增长方式的中心环节，建设资源节约型、环境友好型社会，推动国民经济又快又好发展；要把增强自主创新能力作为国家战略，贯穿到现代化建设各个方面，激发全民族创新精神，培养高水平创新人才，形成有利于自主创新的体制机制，大力推进理论创新、制度创新、科技创新，不断巩固和发展中国特色社会主义伟大事业。

自主创新能力是国家竞争力的核心。增强自主创新能力是我国应对未来挑战的重大选择，是统领我国未来科技发展的战略主线，是实现建设创新型国家目标的根本途径。一个国家只有拥有强大的自主创新能力，才能有效地应对激烈的国际竞争。特别是在关系国民经济命脉和国家安全的关键领域，真正的核心技术、关键技术是买不来的，必须依靠自主创新。要把提高自主创新能力摆在全部科技工作的首位，根据全面建成小康社会的紧迫需求、世界科技发展趋势和我国国力，对我国科技发展作出总体部署，统筹当前和长远，超前部署前沿技术和基础研究，把握科技发展的战略重点，确定若干重点领域，抓住一批重大关键技术，实施若干重大专项，建设一批创新基地，培育大批创新企业，扎实提高持续创新能力，培育新兴产业，不断为建设创新型国家奠定坚实基础。

四、创新驱动发展战略

在实施科教兴国战略、建设创新型国家的基础上，以习近平同志为核心的党中央进一步提出了“创新驱动发展战略”。这是党和国家在新的发展阶段确立的立足全局、面向全球、聚焦关键、带动整体的国家重大发展战略。

2012 年，中共十八大把“实施创新驱动发展战略”作为“加快完善社会主义市场经济体制和加快转变经济发展方式”的重要内容和措施之一，强调科技创新是提高社会生产力和综合国力的战略支撑，必须摆在国家发展全局的核心位置。

创新驱动的含义，就是将创新作为引领发展的第一动力，坚持科技创新与制度创新、管理创新、商业模式创新、业态创新和文化创新相结合，推动发展方式向依靠持续的知识积累、技术进步和劳动力素质提升转变，促进经济向形态更高级、分工更精细、结构更合理的阶段演进。

实施创新驱动战略具有重大的意义。创新驱动是国家命运所系，是世界大势所趋，是发展形势所迫。在我国加快推进社会主义现代化、实现“两个一百年”奋斗目标和中华民族伟大复兴“中国梦”的关键阶段，必须始终坚持抓创新就是抓发展、谋创新就是谋未来，让创新成为国家意志和全社会的共同行动，走出一条从人才强、科技强到产业强、经济强、国家强的发展新路径，为我国未来十几年乃至更长时间创造一个新的增长周期。

如何实施创新驱动战略?

十八大强调要坚持走中国特色自主创新道路，以全球视野谋划和推动创新，提高原始创新、集成创新和引进消化吸收再创新能力，更加注重协同创新。具体有七个方面的要求：

深化科技体制改革，推动科技和经济紧密结合，加快建设国家创新体系，着力构建以企业为主体、市场为导向、产学研相结合的技术创新体系；完善知识创新体系，强化基础研究、前沿技术研究、社会公益技术研究，提高科学研究水平和成果转化能力，抢占科技发展战略制高点；实施国家科技重大专项，突破重大技术瓶颈；加快新技术新产品新工艺研发应用，加强技术集成和商业模式创新；完善科技创新评价标准、激励机制、转化机制；实施知识产权战略，加强知识产权保护；促进创新资源高效配置和综合集成，把全社会智慧和力量凝聚到创新发展上来。

为了加快实施创新驱动战略，2015 年 3 月，中共中央、国务院印发了《关于深化体制机制改革加快实施创新驱动发展战略的若干意见》。2016 年 1 月，中共中央、国务院又印发了《国家创新驱动发展战略纲要》，要求各地区各部门结合实际认真贯彻执行。

《纲要》把实施创新驱动的战略目标分成三步走：

第一步，到2020年进入创新型国家行列，基本建成中国特色国家创新体系，有力支撑全面建成小康社会目标的实现。

——创新型经济格局初步形成。若干重点产业进入全球价值链中高端，成长起一批具有国际竞争力的创新型企业和产业集群。科技进步贡献率提高到60%以上，知识密集型服务业增加值占国内生产总值的20%。

——自主创新能力大幅提升。形成面向未来发展、迎接科技革命、促进产业变革的创新布局，突破制约经济社会发展和国家安全的一系列重大瓶颈问题，初步扭转关键核心技术长期受制于人的被动局面，在若干战略必争领域形成独特优势，为国家繁荣发展提供战略储备、拓展战略空间。研究与试验发展（R&D）经费支出占国内生产总值比重达到2.5%。

——创新体系协同高效。科技与经济融合更加顺畅，创新主体充满活力，创新链条有机衔接，创新治理更加科学，创新效率大幅提高。

——创新环境更加优化。激励创新的政策法规更加健全，知识产权保护更加严格，形成崇尚创新创业、勇于创新创业、激励创新创业的价值导向和文化氛围。

第二步，到2030年跻身创新型国家前列，发展驱动力实现根本转换，经济社会发展水平和国际竞争力大幅提升，为建成经济强国和共同富裕社会奠定坚实基础。

——主要产业进入全球价值链中高端。不断创造新技术和新产品、新模式和新业态、新需求和新市场，实现更可持续的发展、更高质量的就业、更高水平的收入、更高品质的生活。

——总体上扭转科技创新以跟踪为主的局面。在若干战略领域由并行走向领跑，形成引领全球学术发展的中国学派，产出对世界科技发展和人类文明进步有重要影响的原创成果。攻克制约国防科技的主要瓶颈问题。研究与试验发展（R&D）经费支出占国内生产总值比重达到2.8%。

——国家创新体系更加完备。实现科技与经济深度融合、相互促进。

——创新文化氛围浓厚，法治保障有力，全社会形成创新活力竞相迸发、创新源泉不断涌流的生动局面。

第三步，到2050年建成世界科技创新强国，成为世界主要科学中心和创新高地，为我国建成富强民主文明和谐的社会主义现代化国家、实现中华民族伟大复兴的中国梦提供强大支撑。

——科技和人才成为国力强盛最重要的战略资源，创新成为政策制定和制度安排的核心因素。

——劳动生产率、社会生产力提高主要依靠科技进步和全面创新，经济发展质量高、能源资源消耗低、产业核心竞争力强。国防科技达到世界领先水平。

——拥有一批世界一流的科研机构、研究型大学和创新型企业，涌现出一批重大原创性科学成果和国际顶尖水平的科学大师，成为全球高端人才创新创业的重要聚集地。

——创新的制度环境、市场环境和文化环境更加优化，尊重知识、崇尚创新、保护产权、包容多元成为全社会的共同理念和价值导向。

实现创新驱动是一个系统性的变革，《纲要》要求按照“坚持双轮驱动、构建一个体系、推动六大转变”进行布局，构建新的发展动力系统。

双轮驱动就是科技创新和体制机制创新两个轮子相互协调、持续发力。抓创新首先要抓科技创新，补短板首先要补科技创新的短板。明确支撑发展的方向和重点，加强科学探索和技术攻关，形成持续创新的系统能力。体制机制创新要调整一切不适应创新驱动发展的生产关系，统筹推进科技、经济和政府治理等三方面体制机制改革，最大限度释放创新活力。

一个体系就是建设国家创新体系。要建设各类创新主体协同互动和创新要素顺畅流动、高效配置的生态系统，形成创新驱动发展的实践载体、制度安排和环境保障。明确企业、科研院所、高校、社会组织等各类创新主体功能定位，构建开放高效的创新网络，建设军民融合的国防科技协同创新平台；改进创新治理，进一步明确政府和市场分工，构建统筹配置创新资源的机制；完善激励创新的政策体系、保护创新的法律制度，构建鼓励创新的社会环境，激发全社会创新活力。

六大转变就是发展方式从以规模扩张为主导的粗放式增长向以质量效益为主导的可持续发展转变；发展要素从传统要素主导发展向创新要素主导发展转变；产业分工从价值链中低端向价值链中高端转变；创新能力从“跟踪、并行、领跑”并存、“跟踪”为主向“并行”“领跑”为主转变；资源配置从以研发环节为主向产业链、创新链、资金链统筹配置转变；创新群体从以科技人员的小众为主向小众与大众创新创业互动转变。

《纲要》还规定了八个方面的战略任务：（一）推动产业技术体系创新，创造发展新优势；（二）强化原始创新，增强源头供给；（三）优化区域创新布局，打造区域经济增长极；（四）深化军民融合，促进创新互动；（五）壮大创新主体，引领创新发展；（六）实施重大科技项目和工程，实现重点跨越；（七）建设高水平人才队伍，筑牢创新根基；（八）推动创新创业，激发全社会创造活力。

根据创新驱动战略，在关系国家安全和长远发展的重点领域，部署了一批重大科技项目和工程。

面向 2020 年，继续加快实施已部署的国家科技重大专项，聚焦目标、突出重点，攻克高端通用芯片、高档数控机床、集成电路装备、宽带移动通信、油气田、核电站、水污染治理、转基因生物新品种、新药创制、传染病防治等方面的关键核心技术，形成若干战略性技术和战略性产品，培育新兴产业。

面向2030年，坚持有所为有所不为，尽快启动航空发动机及燃气轮机重大项目，在量子通信、信息网络、智能制造和机器人、深空深海探测、重点新材料和新能源、脑科学、健康医疗等领域，充分论证，把准方向，明确重点，再部署一批体现国家战略意图的重大科技项目和工程。

习近平总书记在对关于“十三五”规划的建议作说明时指出：当前，我国科技创新已步入以跟踪为主转向跟踪和并跑、领跑并存的新阶段，急需以国家目标和战略需求为导向，瞄准国际科技前沿，布局一批体量更大、学科交叉融合、综合集成的国家实验室，优化配置人财物资源，形成协同创新新格局。主要考虑在一些重大创新领域组建一批国家实验室，打造聚集国内外一流人才的高地，组织具有重大引领作用的协同攻关，形成代表国家水平、国际同行认可、在国际上拥有话语权的科技创新实力，成为抢占国际科技制高点的重要战略创新力量。

中共十九大要求，加快建设创新型国家。强调创新是引领发展的第一动力，是建设现代化经济体系的战略支撑。要求瞄准世界科技前沿，强化基础研究，实现前瞻性基础研究、引领性原创成果重大突破。加强应用基础研究，拓展实施国家重大科技项目，突出关键共性技术、前沿引领技术、现代工程技术、颠覆性技术创新，为建设科技强国、质量强国、航天强国、网络强国、交通强国、数字中国、智慧社会提供有力支撑。加强国家创新体系建设，强化战略科技力量。深化科技体制改革，建立以企业为主体、市场为导向、产学研深度融合的技术创新体系，加强对中小企业创新的支持，促进科技成果转化。倡导创新文化，强化知识产权创造、保护、运用。培养造就一大批具有国际水平的战略科技人才、科技领军人才、青年科技人才和高水平创新团队。

第三章

可持续发展战略

一、可持续发展战略

1995 年，一个重要的概念——“可持续发展”，被中共中央作为国家发展的重大战略正式提出，并付诸实施。

人类工业化的发展，创造了巨大的生产力和物质财富，但也带来了环境污染等副产品。一方面，资源以加速度在迅速耗费；一方面，对环境和生态的污染在不断增加。一减一增，我们赖以生存的地球还能供养人类多少年？我们的子孙后代今后将靠什么生活？

面对这一严峻的现实和问题，一个重要的思想终于诞生——发展必须可持续。人类需要的不是竭泽而渔的发展，而是可以世代持续的发展。

早在 20 世纪 60 年代，《寂静的春天》、“太空飞船理论”和罗马俱乐部等，就向人类发出了警告。1972 年，联合国在瑞典斯德哥尔摩召开第一次“人类环境会议”，鲜明地提出了“只有一个地球”的口号，通过了《人类环境宣言》。这次会议成为世界环境保护史上的第一个里程碑。1987 年，由布伦特兰夫人担任主席的世界环境和发展委员会，在世界上第一次提出了“可持续发展”的概念。1989 年 5 月举行的第 15 届联合国环境署理事会，经过反复磋商，通过了《关于可持续发展的声明》。

1992 年，联合国在巴西里约热内卢召开环境与发展大会，102 位国家元首或政府首脑亲自与会。会议以“可持续发展”为指导方针，制定并通过了《21 世纪行动议程》和《里约宣言》等重要文件，正式提出了可持续发展战略，并要求各国根据本国的情况，制定各自的可持续发展战略、计划和对策。这次会议成为世界环境保护史上的又一个里程碑。在联合国的推动下，保护环境、实现可持续发展已越来越成为整个人类的共识。“人类只有一个地球”的口号，在世界产生极大的震撼。

时任中国国务院总理李鹏出席了这次会议，并代表中国政府向联合国环境与发展大会提交了《中华人民共和国环境与发展报告》，阐述了中国关于可持续发展的基本立场和观点，作出了履行《21世纪行动议程》等会议文件的庄严承诺。

中国政府行动迅速。1992年7月，里约会议结束不到一个月，中国国务院环境保护委员会就组成了由52个部门300余名专家参加的工作小组，编制《中国21世纪议程——中国21世纪人口、环境与发展白皮书》。《议程》文本先后五易其稿，于1994年3月在国务院常务会议上正式通过，确立了中国可持续发展的总体战略框架和各个领域的主要目标。中国成为世界上第一个编制出本国21世纪议程行动方案的国家，表明了中国坚定实施可持续发展战略的决心。

1995年9月，中共十四届五中全会正式将可持续发展战略写入《关于制定国民经济和社会发展“九五”计划和2010年远景目标的建议》，提出“必须把社会全面发展放在重要战略地位，实现经济与社会相互协调和可持续发展”。这是在党的文件中第一次使用“可持续发展”的概念。江泽民在会上发表《正确处理社会主义现代化建设中的若干重大关系》的讲话，强调“在现代化建设中，必须把可持续发展作为一个重大战略”。

此后，他又指出：“经济的发展，必须与人口、环境、资源统筹考虑，不仅要安排好当前的发展，还要为子孙后代着想，为未来的发展创造更好的条件，决不能走浪费资源、先污染后治理的路子，更不能吃祖宗饭、断子孙路。”

1996年3月，根据十四届五中全会精神，八届全国人大四次会议批准了《国民经济和社会发展“九五”计划和2010年远景目标纲要》，将可持续发展作为一条重要的指导方针和战略目标上升为国家意志，明确提出了实行经济体制和经济增长方式两个根本性转变。“九五”计划具体提出了可持续发展各领域的阶段目标，并专门编制了生态建设和环境保护重点专项规划，在社会和经济的其他领域也全面体现了可持续发展战略的要求，从而形成了一个具有中国特色的，以经济建设为中心，经济与社会、经济与自然相互协调和可持续发展的新的社会发展蓝图。

1997年，中共十五大进一步明确将可持续发展战略作为我国经济发展的战略之一，明确指出，要更好实施可持续发展战略，实现速度和结构质量效益相统一、经济发展与人口资源环境相协调，使人民在良好生态环境中生产生活，实现经济社会永续发展。

此后的历次党代会、人大会议，都突出强调了可持续发展战略的实施和要求。2007年的中共十七大明确指出，必须坚持全面协调可持续发展。坚持生产发展、生活富裕、生态良好的文明发展道路，建设资源节约型、环境友好型社会，实现速度和结构质量效益相统一、经济发展与人口资源环境相协调，要在全社会牢固树立生态文明观念，使人民在良好生态环境中生产生活，实现经济社会永续发展。

实施可持续发展战略，是根据我国国情作出的正确抉择。我国人口众多，人均资源占有量少，总体上资源紧缺是我国的一个基本国情。改革开放以来，我国经济社会发展取得了举世瞩目的成就，但由于经济增长过度依赖资源消耗的传统发展模式，特别是随着我国工业化、城镇化的加快发展和人口不断增加，能源、水、土地、矿产等资源不足的问题越来越突出。制定这一战略，体现了中国政府和人民对“我们生存的家园”的深切关怀，是一项惠及子孙后代的战略性举措，是中华民族对于全球未来的积极贡献。

根据有关词条的界定：可持续发展，就是要在经济社会发展过程中，把推进生产发展、实现生活富裕、保持生态良好有机统一起来，既要考虑当前发展的需要，又要考虑未来发展的需要，努力实现社会经济系统和自然生态系统的良性循环。

而可持续发展的核心思想则是：经济发展，保护资源和保护生态环境协调一致，让子孙后代能够享受充分的资源和良好的资源环境。同时包括：健康的经济发展应建立在生态可持续能力、社会公正和人民积极参与自身发展决策的基础上；它所追求的目标是：既要使人类的各种需要得到满足，个人得到充分发展；又要保护资源和生态环境，不对后代人的生存和发展构成威胁；它特别关注的是各种经济活动的生态合理性，强调对资源、环境有利的经济活动应给予鼓励，反之则应予以摈弃。

所谓可持续发展战略，则是指实现可持续发展的行动计划和纲领，是国家在多个领域实现可持续发展的总称，其目的是要使各方面的发展目标，尤其是社会、经济与生态、环境的目标相协调。

制定和实施可持续发展战略，对于中国经济社会的协调发展，实施现代化建设的“三步走”战略目标具有重要意义。

实施可持续发展战略涉及经济社会发展的各个领域、各个方面、各个环节，必须从社会主义现代化建设全局的高度，准确认识经济社会发展中出现的新矛盾和新问题，正确处理经济发展与人口、资源、环境的关系，统筹考虑当前发展和长远发展的需要，坚持生产发展、生活富裕、生态良好的文明发展道路，建设资源节约型、环境友好型社会。

为了实施可持续发展战略，党中央、国务院制定了一系列适合中国国情的方针政策，正确处理和协调了环境与发展二者之间的关系，为遏制环境质量恶化、改善生态状况做了大量工作。大力开展了江河污染治理、国土资源整治、荒漠化治理、防护体系建设、生物多样性保护等工程。黄河、长江等 7 大流域水土流失综合治理持续开展。加大荒漠化治理力度、推广节水灌溉技术、加强草原和生态农业建设。各项工作的开展，使我国生态环境建设和保护进入了一个新阶段。实施可持续发展战略取得了显著成绩，人口过快增长势头得到控制，自然资源保护和管理得到加强，环境保护与生态建设步伐加快，部分城市和地区环境质量有所改善，等等。

从气候变化到生物多样性保护，从防治荒漠化公约到保护臭氧层，中国对已经签署、批准和加入的国际公约和协议，认真地承担着自己的责任与义务。我们对共同家园所作的承诺和行动，受到了国际社会的好评。

二、把保护环境作为基本国策

我担任中央党史研究室副主任期间，曾按照中央部署，主持编写《中华人民共和国大事记》和《中国共产党历史大事记》。在编写这些大事记的过程中，我发现，党和国家对环境保护的认识，其实在 70 年代就开始了。我们撰写的 1973 年的一件大事就是：8 月 5 日—20 日，国务院召开首次全国环境保护会议，制定了《关于保护和改善环境的若干规定（试行草案）》。这是我国第一部环境保护的综合性法规。这就是中国环境保护的起步。

背后的故事是：1971 年冬到 1972 年初，人们发现北京市场出售的淡水鱼有异味，有些人吃了鱼后出现中毒症状。与此同时，发现官厅水库下游有大量鱼类死亡。经有关部门调查，主要是工业废水污染了官厅水库的水源。污染事件引起了周恩来的重视，他指示成立官厅水库水源保护领导小组，由刚被“解放”出来的万里任组长，并要求尽快查清污染情况。这一事件使周恩来较早注意到环境保护的重要性和紧迫性。

随后，在周恩来的安排下，中国派出代表团参加1972年6月在瑞典斯德哥尔摩举行的人类环境会议。这是人类第一次有关保护环境的国际会议。中国代表团通过会议内外的交流，开阔了视野。在回国后的总结汇报中提出了我国环境问题的严重性，指出：中国城市和江河污染程度不比西方国家轻，而在自然生态某些方面破坏的程度甚至在西方国家之上。周恩来明确表示：对环境问题再也不能放任不管了，应当把它提到国家的议事日程上来。他指示，要立即召开全国性的环境保护会议。

于是，就在1973年8月5日至20日，在北京召开了第一次全国环境保护会议，有300多人参加。会议越开越深入、越开越热烈。于是，中央决定，会议最后一天，在人民大会堂召开各界代表出席的万人大会，国务院领导李先念、华国锋、余秋里到会讲话，把环境保护推向社会。

这次会议取得了明显成效。一是作出了环境问题“现在就抓，为时不晚”的结论；二是将“全面规划，合理布局，综合利用，化害为利，依靠群众，大家动手，保护环境，造福人民”确定为我国第一个环境保护工作方针；三是审议通过我国第一部环境保护的法规性文件——《关于保护和改善环境的若干规定（试行草案）》。

第一次全国环境保护会议揭开了中国环境保护事业的序幕。这在“文化大革命”的特殊年代里实属不易。会后，中央到地方相继建立环境保护机构，有关环境保护的法规先后出台。经过积极治理，到1975年，官厅水库的水质明显改善。从1973年起，根据官厅水库水源保护的经验，北京市按河系组织起来，成立了7个水源保护领导小组及其办公室，开始了北京市的水源保护工作。

改革开放后，环境保护工作更加突出出来。我们在大事记中列入和没有列入的有：

1979年颁布的《环境保护法》使其步入法制轨道。

1983年召开的第二次全国环境保护会议，正式把环境保护确定为我国的一项基本国策。

1984年5月8日，国务院作出《关于环境保护工作的决定》，指出保护和改善生活环境和生态环境，防治环境受污染和自然环境破坏，是我国社会主义现代化建设的一项基本国策。

1992年8月，中共中央国务院批准制定了指导中国环境与发展的纲领性文件《中国环境与发展十大对策》。

1994年，我国政府制定的《中国21世纪议程》，明确提出了跨世纪人口、经济、社会、环境和资源协调发展的奋斗目标。

1998年，中国政府又制定了《全国生态环境建设规划》。

1999年3月13日，中央人口资源环境工作座谈会召开，江泽民讲话指出，控制人口增长，保护自然资源，保持良好的生态环境，这是根据我国国情和长远发展的战略目标而确定的基本国策。

2002年1月10日，国务院西部开发办公室召开退耕还林工作电视电话会议，确定全面启动退耕还林工程。4月11日，国务院发出《关于进一步完善退耕还林政策措施的若干意见》。

"十五"计划首次提出主要污染物排放总量减少的目标。"十一五"规划首次将能源消耗强度和主要污染物排放总量减少作为约束性指标，提出推进形成主体功能区。"十二五"规划提出合理控制能源消费总量。

习近平总书记说，现在看，这样做既是必要的，也是有效的。根据当前资源环境面临的严峻形势，在继续实行能源消费总量和消耗强度双控的基础上，水资源和建设用地也要实施总量和强度双控，作为约束性指标。

人类的生存和发展，离不开所处的环境。国家的建设，也不能不考虑环境问题。所谓环境，按我国环境保护法的定义，就是指“影响人类生存和发展的各种天然和经过人工改造的自然因素的总体，包括大气、水、海洋、土地、矿藏、森林、草原、野生生物、自然遗迹、人文遗迹、自然保护区、风景名胜、城市和乡村等”。人与环境、人与自然，构成一个紧密联系、相互影响的大系统。

“我们既要绿水青山，也要金山银山。”“绿水青山就是金山银山。”习近平总书记的这几句话，形象地说出了环境和生态保护的重要价值。十八大以来，面对环境污染严重、生态系统退化、资源约束趋紧的严峻形势，以习近平同志为核心的党中央，从中国特色社会主义事业“五位一体”总布局的战略高度，加大环境保护的力度，强力推进生态文明建设，努力实现中华民族的永续发展。

在调研中，在会议上，习近平总书记就建设生态文明、保护生态环境问题发表了一系列重要讲话：“良好生态环境是最公平的公共产品，是最普惠的民生福祉。”“保护生态环境就是保护生产力，改善生态环境就是发展生产力。”“在生态环境保护问题上，就是要不能越雷池一步，否则就应该受到惩罚。”“要把生态环境保护放在更加突出位置，像保护眼睛一样保护生态环境，像对待生命一样对待生态环境。”句句都是警世箴言。

中国从上到下坚决向污染宣战。《大气污染防治行动计划》和《水污染防治行动计划》先后发布实施，被称为“气十条”和“水十条”，各有10个方面35项具体措施。各地多措并举防治大气污染。2015年，全国338个城市可吸入颗粒物（PM10）年均浓度同比下降7.4%；细颗粒物（PM2.5）平均浓度为50微克/立方米，其中161个可比城市同比下降 11.3%。各地以水环境质量考核为抓手，突出重点流域、城市黑臭水体治理。一些地方一度不能洗涤、不能灌溉的河流，水质改善，恢复了生机。

2015 年 12 月 12 日，联合国气候变化巴黎大会通过《巴黎协定》，成为全球气候治理进程中的里程碑。时任联合国秘书长潘基文高度评价中国作用，认为中国对《巴黎协定》的达成作出了历史性的突出贡献。中国把应对气候变化融入国家经济社会发展中长期规划，通过法律、行政、技术、市场等手段全力推进。中国向国际社会宣布了低碳发展的系列目标，包括 2030 年左右使二氧化碳排放达到峰值并争取尽早实现，2030 年单位国内生产总值二氧化碳排放比 2005 年下降 60%—65%等。虽然需要付出艰苦的努力，但有信心和决心实现我们的承诺。目前，中国已成为世界节能和利用新能源、可再生能源的第一大国。

2003 年前，我一直在中央党校工作，并且从 1996 年起就担任中央党校校委委员，兼任过几个部门和单位的负责人。中央党校聚集着来自各个地区、各个领域、各个部门的领导干部。1998 年，为了进一步提高各级领导干部对环境保护问题的认识，我作为科研部主任专门组织召开了全国党校系统“跨世纪发展战略——领导干部与环境保护”理论研讨会。会后撰写了情况汇报，由校委报送给国务院有关领导同志，领导又批转给国家环保总局及有关部委，引起了各方面的高度重视。

我在汇报和有关文章中强调：中国问题的关键在于人，尤其在各级领导干部。能不能保护好我们生存的环境，同样在于各级领导干部。保护环境、实现可持续发展，既是每一个公民的责任，更是领导干部的重要责任。倡导保护环境、倡导实行可持续发展战略，这应该说是时代发展对传统的领导思想、领导机制、领导方式的一个重大的挑战。

我提出：我们的领导者必须适应新的时代的要求，把人与自然的关系、把环境保护的要求纳入我们的战略视野，在我们的头脑中要有保护环境的意识。要从人民的根本利益出发，从国家和民族的长远大计出发，吸取各个国家的经验教训，科学地制定我们的发展战略，包括各个地区的发展战略，使我们的发展战略充分体现人与自然的和谐统一，体现保护环境、可持续发展的目标和精神。

我还特别强调：应该改进和完善干部工作，全面和辩证地理解干部的能力和政绩。把重视环境问题作为对领导干部的一项重要要求。考察和选拔领导干部时，既要看他解决一时一地问题时的表现和能力，也要看他解决长远问题时所作的努力和贡献；既要看他抓经济工作取得的成效，也要看他在资源和环境方面付出了多大的代价；既要看经济方面的指标和数据，也要看社会全面进步方面的指标和数据；既要看他在任内做了多少事情，也要看他为后任乃至子孙后代留下了什么。只有在干部制度的这些方面进一步完善起来，才能产生一种内在的动力机制，引导我们的领导干部逐步增强环境保护和可持续发展的意识，并把它贯彻到领导工作的各个领域和环节中去。

很荣幸的是，若干年后，这些建议都成了党中央对领导干部的重要要求。

三、走向生态文明新时代

建设生态文明，是中共十七大提出的实现全面建设小康社会奋斗目标的新要求。

2012 年的十八大，进一步把生态文明建设纳入中国特色社会主义事业“五位一体”的总体布局，首次把“美丽中国”作为生态文明建设的宏伟目标。十八大审议通过《中国共产党章程（修正案）》，将

“中国共产党领导人民建设社会主义生态文明”写入党章，作为党的基本纲领的一项重要内容。

更富前瞻和激情的是，十八大提出了“走向生态文明新时代”的预言和号召，指出：“走向生态文明新时代，建设美丽中国，是实现中华民族伟大复兴的中国梦的重要内容。”

随后的顶层设计与战略部署密集推出。2013 年的十八届三中全会，提出加快建立系统完整的生态文明制度体系。

2015 年 3 月 25 日，习近平主持召开中共中央政治局会议，审议通过了《关于加快推进生态文明建设的意见》。

会议指出，生态文明建设事关实现“两个一百年”奋斗目标，事关中华民族永续发展，是建设美丽中国的必然要求，对于满足人民群众对良好生态环境新期待、形成人与自然和谐发展现代化建设新格局，具有十分重要的意义。

会议认为，党的十八大和十八届三中、四中全会对生态文明建设作出了顶层设计和总体部署。各地区各部门统一思想、扎实工作，在生态文明建设上不断取得新的重大进展。当前和今后一个时期，要按照党中央决策部署，把生态文明建设融入经济、政治、文化、社会建设各方面和全过程，协同推进新型工业化、城镇化、信息化、农业现代化和绿色化，牢固树立“绿水青山就是金山银山”的理念，坚持把节约优先、保护优先、自然恢复作为基本方针，把绿色发展、循环发展、低碳发展作为基本途径，把深化改革和创新驱动作为基本动力，把培育生态文化作为重要支撑，把重点突破和整体推进作为工作方式，切实把生态文明建设工作抓紧抓好。

会议强调，要全面推动国土空间开发格局优化、加快技术创新和结构调整、促进资源节约循环高效利用、加大自然生态系统和环境保护力度等重点工作，努力在重要领域和关键环节取得突破。

会议从生产方式、生活方式、理念风尚、制度建设、全球视野方面提出了“五个必须”，要求通过多措并举、多管齐下，使青山常在、清水长流、空气常新，让人民群众在良好生态环境中生产生活。

——必须加快推动生产方式绿色化，构建科技含量高、资源消耗低、环境污染少的产业结构和生产方式，大幅提高经济绿色化程度，加快发展绿色产业，形成经济社会发展新的增长点。

——必须加快推动生活方式绿色化，实现生活方式和消费模式向勤俭节约、绿色低碳、文明健康的方向转变，力戒奢侈浪费和不合理消费。

——必须弘扬生态文明主流价值观，把生态文明纳入社会主义核心价值体系，形成人人、事事、时时崇尚生态文明的社会新风尚，为生态文明建设奠定坚实的社会、群众基础。

——必须把制度建设作为推进生态文明建设的重中之重，按照国家治理体系和治理能力现代化的要求，着力破解制约生态文明建设的体制机制障碍，以资源环境生态红线管控、自然资源资产产权和用途管制、自然资源资产负债表、自然资源资产离任审计、生态环境损害赔偿和责任追究、生态补偿等重大制度为突破口，深化生态文明体制改革，尽快出台相关改革方案，建立系统完整的制度体系，把生态文明建设纳入法治化、制度化轨道。

——必须从全球视野加快推进生态文明建设，把绿色发展转化为新的综合国力和国际竞争新优势。

会议要求，加强顶层设计与推动地方实践相结合，深入开展生态文明先行示范区建设，形成可复制可推广的有效经验。全党上下要把生态文明建设作为一项重要政治任务，以抓铁有痕、踏石留印的精神，真抓实干、务求实效，把生态文明建设蓝图逐步变为现实，努力开创社会主义生态文明新时代，为推动世界绿色发展、维护全球生态安全作出积极贡献。

“走向社会主义生态文明新时代”，“开创社会主义生态文明新时代”。一个是“走向”，一个是“开创”，看到这两个口号，我很有感慨。

2000 年 1 月，我曾经在《中国环境报》头版头条，发表过一篇访谈，明确提出：“21 世纪是环境经济的时代。”这个“时代”表现在两个方面：第一，在 21 世纪，所有的产业、行业、领域、部门、企业和产品，都将无一例外地渗透和贯穿着环境保护的要求；第二，以环境保护为宗旨、目的、服务对象的产业将迅速发展壮大，成为 21 世纪经济的新的增长点和重要支柱。当时我强调，这是时代发展的必然趋势，必须充分认识并高度重视。我还形象地说：“随着经济结构的调整，在 21 世纪，环境经济将会如一轮初升的朝阳，冉冉升起。”

现在，事实证明，这样的时代正在到来，这样的朝阳正在升起。十八大提出“走向社会主义生态文明新时代”的要求，不仅比之环境经济的时代，内容更加丰富；而且，从人类文明的高度，预示了历史发展的方向。这对我们全面建成小康社会并向现代化迈进，具有非常重要的意义。

这样一个时代，并不是遥不可及的，而是已经出现在我们的身边；也不是虚无缥缈的，而是渗透在我们的生产和生活中。

怎样理解这个生态文明建设的新时代？

所谓生态文明，是对人类文明分解和深化认识后而界定的一种新型文明，它既包括人类对传统文明形态特别是工业文明进行深刻反思和探索的认识成果，又包括人类在发展物质文明过程中保护和改善生态环境的实践成果，总的表现为人与自然和谐程度的提高和人们生态观念的增强两大方面。

生态文明新时代，主要是从生产力发展特征和对人与自然关系认识所取得的成果的角度，对人类社会发展进程的一种界定。可以有广义和狭义两种用法。广义，把以往的人类文明概括为三个阶段：第一阶段是原始文明，第二阶段是农业文明，第三阶段是工业文明。现在，则进入了生态文明。狭义，是指整体社会文明的一个方面，即与物质文明、政治文明、精神文明相并列的一种文明形态。十八大报告主要从狭义的角度规定了“五位一体”的现实任务，但又从广义的角度揭示了时代的趋势。“走向生态文明新时代”，就是既立足于现实又面向未来的大要求。

这是一个必然到来的新时代。我们所有人，无论是国家，还是百姓，无论是政府，还是企业，都应该充分认识这个时代到来的紧迫性，及时把握这个时代发展的大趋势，加快推进经济结构战略性调整，加快转变经济发展方式，争取在这个新时代的大潮中掌握先机和主动。

怎么走向或开创这个生态文明建设的新时代？我在 2013 年的一个研讨会上，提出了九个字：看趋势，调位置，干实事。

看趋势，就是要密切关注和紧紧把握走向生态文明新时代的大趋势。

走向生态文明新时代，首先要求我们密切关注和紧紧把握这个时代走向的重要趋势。这个趋势有大趋势，有中趋势，有小趋势，可以在不同层面上考察。

大趋势，就是要从世界、从时代、从整体上看，人类社会已经越来越清醒地认识到人与自然必须和谐相处，并把建设生态文明落实到生产方式和生活方式中。加强生态和环境保护、实现可持续发展，已经成为当代世界一个基本的趋势和潮流。在联合国的推动下，保护环境、实现可持续发展已越来越成为整个人类的共识。国际社会正在就气候变化、资源利用、生态保护等重大问题进行不同形式的谈判，达成大大小小的各种协议，约束和规范各个国家的行为。

中趋势，就是无论世界，还是中国，都在抓紧进行经济结构的战略性调整，大力推动绿色发展、循环发展、低碳发展，节约资源，保护环境，采取各种措施扭转生态环境恶化的趋势，全面促进资源节约，加大自然生态系统和环境保护力度。很多法律正在出台，很多技术正在运用，很多成果正在推广。

小趋势，就是生态文明建设的要求正在渗透到每一个产业、行业的发展之中，市场正在按照生态文明的理念推出各种类型的新产品、新服务，企业发展和市场竞争越来越突出生态的要求。围绕生态文明的竞争也更加剧烈。能否积极主动地开发符合生态文明的技术、产品和服务，将决定一个企业的前途和命运。

调位置，就是调整生态文明建设在思想观念、总体布局和发展战略中的位置。

首先要调整生态文明在我们思想观念中的地位。树立尊重自然、顺应自然、保护自然的生态文明理念。二是要把握生态文明在总体布局中的战略地位。三是要处理好生态建设与其他几个建设、生态文明与其他几个文明的关系。四是要提升生态文明在不同层级发展战略中的地位。

改革开放以来，党和国家先后从不同角度对中国特色社会主义事业的总体布局作出了规划和部署。与此同时，还先后提出了物质文明、精神文明、政治文明三个文明。到十七大，第一次使用了生态文明的概念，使三个文明发展为四个文明，但还没有列入总体布局。

到十八大，不仅把“大力推进生态文明建设”作为报告单独的一个部分加以论述，而且明确将它作为“五位一体”总体布局的一个重要部分。从“四位一体”发展到“五位一体”，明显提升了生态文明建设的战略地位。

在 2012 年 7 月 23 日的讲话中，时任中共中央总书记胡锦涛提出了一个重要的新论断：“推进生态文明建设，是涉及生产方式和生活方式根本性变革的战略任务。”十八大报告又进一步强调：“建设生态文明，是关系人民福祉、关乎民族未来的长远大计。”因此，十八大要求：“把生态文明建设放在突出地位，融入经济建设、政治建设、文化建设、社会建设各方面和全过程。”

2015年，中共中央、国务院印发了《关于加快推进生态文明建设的意见》《生态文明体制改革总体方案》。

干实事，就是把生态文明建设的任务落到实处。

一是加快实施主体功能区战略。严格按照主体功能定位发展，构建科学合理的城市化格局、农业发展格局、生态安全格局。坚持人口资源环境相均衡、经济社会生态效益相统一的原则，控制开发强度，调整空间结构，促进生产空间集约高效、生活空间宜居适度、生态空间山清水秀，给自然留下更多修复空间，给农业留下更多良田，给子孙后代留下天蓝、地绿、水净的美好家园。

二是全面落实节约资源的根本之策。坚持节约优先、保护优先、自然恢复为主的方针。生产领域，尽可能减少单位产品的资源消耗强度和能源消耗强度，减少污染物排放，减少废弃物产生。大力发展节能产业、资源循环利用产业、发展环保产业。积极发展循环经济，促进生产、流通、消费过程的减量化、再利用、资源化。生活领域，加强全过程节约管理，大幅降低能源、水、土地消耗强度，提高利用效率和效益，推动能源生产和消费革命。

三是加紧环境污染的治理和生态系统的修复。实施重大生态修复工程，增强生态产品生产能力，推进荒漠化、石漠化、水土流失综合治理，扩大森林、湖泊、湿地面积，保护生物多样性。

四是加强生态文明制度建设。加强生态文明考核评价制度建设，增加生态文明在考核评价中的权重。健全国土空间开发保护、耕地、水资源、环境等基本的管理制度。建立资源有偿使用制度和生态补偿制度。建立市场化机制，用市场化办法促进资源节约和生态环境保护。

健全生态环境保护责任追究制度和环境损害赔偿制度。

五是每一个地方、每一个企业、每一个人都从我做起。

十八大以来，环境保护合力形成，绿色发展日益亮丽，生态文明建设力度空前加大。无论是“走向”还是“开创”，这个“生态文明的新时代”正在一步步成为现实。

四、坚持绿色发展

2015年10月召开的十八届五中全会，提出“五大发展理念”，将绿色发展作为“十三五”乃至更长时期经济社会发展的一个重要理念，成为中国共产党关于生态文明建设、社会主义现代化建设规律性认识的最新成果。

绿色，是五大新发展理念之一。绿色，代表着生命的活力，代表着生态文明。坚持绿色发展，已经成为中国发展的一道亮丽的风景。

“十三五”规划要求：坚持绿色富国、绿色惠民，为人民提供更多优质生态产品，推动形成绿色发展方式和生活方式，协同推进人民富裕、国家富强、中国美丽。

为此，要促进人与自然和谐共生。有度有序利用自然，调整优化空间结构，划定农业空间和生态空间保护红线，构建科学合理的城市化格局、农业发展格局、生态安全格局、自然岸线格局，设立统一规范的国家生态文明试验区。

根据资源环境承载力调节城市规模，依托山水地貌优化城市形态和功能，实行绿色规划、设计、施工标准。

支持绿色清洁生产，推进传统制造业绿色改造，推动建立绿色低碳循环发展产业体系，鼓励企业工艺技术装备更新改造。发展绿色金融，设立绿色发展基金。

加强资源环境国情和生态价值观教育，培养公民环境意识，推动全社会形成绿色消费自觉。

为此，要加快建设主体功能区。发挥主体功能区作为国土空间开发保护基础制度的作用，落实主体功能区规划，完善政策，发布全国主体功能区规划图和农产品主产区、重点生态功能区目录，推动各地区依据主体功能定位发展。以主体功能区规划为基础统筹各类空间性规划，推进“多规合一”。

推动京津冀、长三角、珠三角等优化开发区域产业结构向高端高效发展，防治“城市病”，逐年减少建设用地增量。推动重点开发区域提高产业和人口集聚度。重点生态功能区实行产业准入负面清单。加大对农产品主产区和重点生态功能区的转移支付力度，强化激励性补偿，建立横向和流域生态补偿机制。整合设立一批国家公园。

维护生物多样性，实施濒危野生动植物抢救性保护工程，建设救护繁育中心和基因库。强化野生动植物进出口管理，严防外来有害物种入侵。严厉打击象牙等野生动植物制品非法交易。

以市县级行政区为单元，建立由空间规划、用途管制、领导干部自然资源资产离任审计、差异化绩效考核等构成的空间治理体系。

为此，要推动低碳循环发展。推进能源革命，加快能源技术创新，建设清洁低碳、安全高效的现代能源体系。提高非化石能源比重，推动煤炭等化石能源清洁高效利用。加快发展风能、太阳能、生物质能、水能、地热能，安全高效发展核电。加强储能和智能电网建设，发展分布式能源，推行节能低碳电力调度。有序开放开采权，积极开发天然气、煤层气、页岩气。改革能源体制，形成有效竞争的市场机制。

推进交通运输低碳发展，实行公共交通优先，加强轨道交通建设，鼓励自行车等绿色出行。实施新能源汽车推广计划，提高电动车产业化水平。提高建筑节能标准，推广绿色建筑和建材。

主动控制碳排放，加强高能耗行业能耗管控，有效控制电力、钢铁、建材、化工等重点行业碳排放，支持优化开发区域率先实现碳排放峰值目标，实施近零碳排放区示范工程。

实施循环发展引领计划，推行企业循环式生产、产业循环式组合、园区循环式改造，减少单位产出物质消耗。加强生活垃圾分类回收和再生资源回收的衔接，推进生产系统和生活系统循环链接。

为此，要全面节约和高效利用资源。坚持节约优先，树立节约、集约、循环利用的资源观。

强化约束性指标管理，实行能源和水资源消耗、建设用地等总量和强度双控行动。实施全民节能行动计划，提高节能、节水、节地、节材、节矿标准，开展能效、水效领跑者引领行动。

实行最严格的水资源管理制度，以水定产、以水定城，建设节水型社会。合理制定水价，编制节水规划，实施雨洪资源利用、再生水利用、海水淡化工程，建设国家地下水监测系统，开展地下水超采区综合治理。坚持最严格的节约用地制度，调整建设用地结构，降低工业用地比例，推进城镇低效用地再开发和工矿废弃地复垦，严格控制农村集体建设用地规模。探索实行耕地轮作休耕制度试点。

建立健全用能权、用水权、排污权、碳排放权初始分配制度，创新有偿使用、预算管理、投融资机制，培育和发展交易市场。推行合同能源管理和合同节水管理。

倡导合理消费，力戒奢侈浪费，制止奢靡之风。在生产、流通、仓储、消费各环节落实全面节约。管住公款消费，深入开展反过度包装、反食品浪费、反过度消费行动，推动形成勤俭节约的社会风尚。

为此，要加大环境治理力度。以提高环境质量为核心，实行最严格的环境保护制度，形成政府、企业、公众共治的环境治理体系。

2013 年 9 月，国务院印发《大气污染防治行动计划》。2015 年 4 月 2 日，印发《水污染防治行动计划》。2016 年 5 月 28 日，印发《土壤污染防治行动计划》。至此，针对我国面临的大气、水、土壤环境污染问题的 3 个行动计划全部制定出台。

深入实施这些计划，推进多污染物综合防治和环境治理，实行联防联控和流域共治。实施工业污染源全面达标排放计划，实现城镇生活污水垃圾处理设施全覆盖和稳定运行。扩大污染物总量控制范围，将细颗粒物等环境质量指标列入约束性指标。坚持城乡环境治理并重，加大农业面源污染防治力度，统筹农村饮水安全、改水改厕、垃圾处理，推进种养业废弃物资源化利用、无害化处置。

改革环境治理基础制度，建立覆盖所有固定污染源的企业排放许可制，实行省以下环保机构监测监察执法垂直管理制度。建立全国统一的实时在线环境监控系统。健全环境信息公布制度。探索建立跨地区环保机构。开展环保督察巡视，严格环保执法。

为此，要筑牢生态安全屏障。坚持保护优先、自然恢复为主，实施山水林田湖生态保护和修复工程，构建生态廊道和生物多样性保护网络，全面提升森林、河湖、湿地、草原、海洋等自然生态系统稳定性和生态服务功能。

开展大规模国土绿化行动，加强林业重点工程建设，完善天然林保护制度，全面停止天然林商业性采伐，增加森林面积和蓄积量。发挥国有林区林场在绿化国土中的带动作用。扩大退耕还林还草，加强草原保护。严禁移植天然大树进城。创新产权模式，引导各方面资金投入植树造林。

加强水生态保护，系统整治江河流域，连通江河湖库水系，开展退耕还湿、退养还滩。推进荒漠化、石漠化、水土流失综合治理。强化江河源头和水源涵养区生态保护。开展蓝色海湾整治行动。加强地质灾害防治。

随着生态文明建设各项战略举措的推进和落实，绿色发展日益成为人们的共识，引领社会各界形成新的发展观、政绩观和新的生产生活方式。

政绩考核的“指挥棒”，越来越清晰地指向绿色低碳。十八届三中全会明确要求“纠正单纯以经济增长速度评定政绩的偏向”。2013 年底，中组部印发《关于改进地方党政领导班子和领导干部政绩考核工作的通知》，规定各类考核考察不能仅仅把地区生产总值及增长率作为政绩评价的主要指标，要求加大资源消耗、环境保护等指标的权重。

随后出台的《党政领导干部生态环境损害责任追究办法（试行）》，又对领导干部保护生态不力而造成后果的问题实行追责，强调显性责任即时惩戒，隐性责任终身追究，让各级领导干部耳畔警钟长鸣。各个地方都把更多的精力放在转方式、优结构、改善生态环境上，努力实现有质量、有效益、可持续的增长。表示决不能要了金山银山丢了绿水青山，丢了绿水青山，金山银山也不会长久，最终也会丢掉。

绿色发展，需要超越和扬弃旧的发展方式和发展模式。

不知大家是否知道：正在紧张忙碌的 2022 年冬奥组委，办公地点就设在原来的首钢内？ 2017 年 11 月，我到冬奥组委去宣讲十九大精神。冬奥组委所有的办公场所，都是利用原首钢的厂房改造的，有的还是原先的矿石贮藏罐。这一做法，既保留了工业遗址，又有了新的用途，一举两得，充分体现了绿色奥运的理念，受到了国际人士的广泛赞扬。

首都钢铁集团是北京市建厂历史最久、影响力最大的国有企业之一，为首都经济、社会发展作出了重要的贡献。十六大以来，首都钢铁集团按照党中央、国务院和北京市委、市政府的战略决策部署，实施了钢铁业向河北的搬迁调整，同时，对原有产业进行转型升级。进一步加快建设京西绿色发展新区，使首钢地区的环境得到明显改善。建设新首钢高端产业综合服务区，在8.63平方公里的土地上，以科技、文化创新双轮驱动加快产业转型，实现了北京西部地区服务业、第三产业的快速发展。

前所未有的生态保护投入和力度，使得我国自然保护区数量和面积持续增加，居于世界前列。截至2014年底，全国自然保护区数量达2729个，占陆地国土面积14.8%。90.5%的陆地生态系统类型、85%的野生动物种类得到保护，大熊猫等一大批重点保护和濒危的野生动植物种群恢复壮大。

中共中央、国务院印发的《国有林场改革方案》和《国有林区改革指导意见》，明确“三步走”，到2017年实现全面停止全国天然林商业性采伐。2015年4月1日，东北、内蒙古重点国有林区全部停止天然林商业性采伐。2016年，天然林商业性采伐在全国范围内停止。从黑龙江到吉林、内蒙古，广袤的原始森林里，多年不绝的伐木声已戛然而止。数以十万计的林业工人放下斧锯，从“砍木头”转为“种树看林子”。这标志着我国重点国有林区已经从“开发利用”转入“全面保护”的发展新阶段。

到2016年底，绿色发展取得新进展。制定了实施生态文明建设目标评价考核办法，建设了一批国家生态文明试验区。强化大气污染治理，二氧化硫、氮氧化物排放量分别下降5.6%和4%，74个重点城市细颗粒物（PM2.5）年均浓度下降9.1%。优化能源结构，清洁能源消费比重提高1.7个百分点，煤炭消费比重下降2个百分点。推进水污染防治，出台土壤污染防治行动计划。开展中央环境保护督察，严肃查处一批环境违法案件，推动了环保工作深入开展。

2016年9月5日下午，G20杭州峰会落下帷幕，通过一天半的讨论，会议达成诸多共识，也让世界目光聚焦“中国时刻”，聚焦“天堂”杭州。

G20 杭州峰会的成果之一，是制定落实 2030 年可持续发展议程行动计划。会议聚焦在两个“第一次”上：第一次将发展问题置于全球宏观政策框架的突出位置；第一次围绕落实《2030 年可持续发展议程》制定行动计划。通过集体和国别行动，为联合国可持续发展议程提供强有力支持。中国为推进议程发挥了表率和领导作用，中国宣布率先适时发布中国落实 2030 议程国别行动方案。这既是中国响应 G20 集体行动方案的一项具体行动，更是中国为推进联合国 2030 议程发挥表率和领导作用的一项战略性举措。

中共十九大把“坚持人与自然和谐共生”作为坚持和发展中国特色社会主义的基本方略之一，强调建设生态文明是中华民族永续发展的千年大计。必须树立和践行绿水青山就是金山银山的理念，坚持节约资源和保护环境的基本国策，像对待生命一样对待生态环境，统筹山水林田湖草系统治理，实行最严格的生态环境保护制度，形成绿色发展方式和生活方式，坚定走生产发展、生活富裕、生态良好的文明发展道路，建设美丽中国，为人民创造良好生产生活环境，为全球生态安全作出贡献。

第四章

区域协调发展总体战略

一、东部率先发展与“两个大局”

中国有960万平方公里的陆地面积和广袤的海域面积，地域辽阔，不同地区的地质地貌以及气候、资源禀赋等各不相同。有些地方人口密集，有些地方人烟稀少。经济、社会、文化、生活、习俗都呈现多样化的特点。由于历史、地理、资源条件等各方面的原因，各地在经济发展基础、水平和速度方面存在着明显的差距。如何统筹协调，使这些不同地区都能够比较均衡地发展起来，是治理和发展中国必须解决的重大课题。

社会主义现代化的主要目的是使全体中国人民共同富裕起来。但共同富裕不等于同时、同步富裕。不同地区的自然条件不同，原有的经济基础不同，教育、文化程度不同，因而很难达到同时、同步富裕。实践证明，搞平均主义只能使大家共同贫穷。

由于东部地区地处沿海，交通比较发达，文化基础深厚，历史上已经积累了一定的经济基础，加上开埠和开放都比较早，得风气之先，大胆试、大胆闯，中央也比较早地对这些地区网开一面，实行特殊政策，放开对这些地区的体制和政策束缚，所以，改革开放首先在东部沿海地区起步、发展，并迅速见到了明显成效。十一届三中全会以来，东部沿海地区的发展速度惊人，经济社会面貌日新月异。长江三角洲、珠江三角洲、闽东南三角地区、环渤海湾周边地区，欣欣向荣，一派生机，成为全球经济发展最具生命力的地区之一。

从个人来说，过去旧的计划经济体制有助于集中力量办大事，但也在很大程度上束缚了人的积极性创造性。东部地区人口众多，可用资源较少，单靠国家解决就业十分困难，农村人多地少的矛盾也一直很突出，加上这些地区商品经济比较发达，个人和家庭都有创业经商的传统。所以从改革开放一开始，全国各地，尤其是东部地区，受旧体制束缚较少的人，就率先走上自谋职业的道路，或者进行承包经营，因此也就首先走上了个人致富的道路。

面对这种一部分地区一部分人逐渐先富起来的态势，要不要限制他们的发展？答案是否定的。东部地区、特别是东南沿海地区主要不是中央给予了多少特殊的补助和照顾，而是采取了放开搞活的政策，解开了捆绑在东部人民身上的旧绳索，使这些地区的创造活力焕发了出来。即使国家所作的投资，很多也是考虑了投入产出的效益问题，放在东部地区，能够尽快获得回报，不仅有利于国家发展的大局，也有助于以多种方式支持西部地区发展。至于个人致富，同样也不是政府的恩赐，而是松绑、放开、搞活的结果。多数人都是先走一步、率先创业而得到了应有的收益，属于勤劳致富。

所以，从改革开放一开始，中央就采取了允许和鼓励一部分人、一部分地区先富起来的政策。早在1978年，邓小平就把打破平均主义“大锅饭”，允许一部分地区、一部分人先富起来，作为解放思想、激发人民群众生产积极性的一个大政策提了出来。他说：“我们坚持走社会主义道路，根本目标是实现共同富裕，然而平均发展是不可能的。过去搞平均主义，吃‘大锅饭’，实际上是共同落后，共同贫穷，我们就是吃了这个亏。改革首先要打破平均主义，打破‘大锅饭’。”让一部分人、一部分地区先富起来，带动其他人、其他地区，逐步走向共同富裕，这是一个能够影响和推进整个国民经济发展的大政策。

这个大政策，反映了社会生产发展不平衡的规律。共同富裕，不是同步富裕。共同富裕要经历一个过程。全国各地区发展不平衡是一个长期的历史现象。由于各地经济基础不同，自然条件不同，劳动者劳动能力不同，生产发展水平不同，收入必然有差别。邓小平指出：

“让一部分人、一部分地区先富起来，大原则是共同富裕。一部分地区发展快一点，带动大部分地区，这是加速发展、达到共同富裕的捷径。”

这个政策是“允许”一部分地区和一部分人先富起来，而不是“只许”一部分地区和一部分人先富起来。原则上，所有人都富，这些是允许的，也是鼓励的。但是，由于各个地区各种人的条件不同，自身的理念和创造精神不同，要让所有人同时富起来是不可能的。国家政策不能对走在前面的地区和人喝令禁止，而只能允许他们先走。这样的大政策，以承认差别、克服平均主义、打破“大锅饭”为着眼点，以诚实劳动、合法经营为条件，以最终实现共同富裕为目标，是激发和调动各方面人们劳动积极性，更好发展经济的新办法。“新办法比老办法好”。

而且，这个大政策能够产生积极的示范作用，“允许一部分地区、一部分企业、一部分工人农民，由于辛勤努力成绩大而收入先多一些，生活先好起来。一部分人生活先好起来，就必然产生极大的示范力量，影响左邻右舍，带动其他地区、其他单位的人们向他们学习。这样，就会使整个国民经济不断地波浪式地向前发展，使全国各族人民都能比较快地富裕起来。”

所以，“走社会主义道路，就是要逐步实现共同富裕。共同富裕的构想是这样提出的：一部分地区有条件先发展起来，一部分地区发展慢点，先发展起来的地区带动后发展的地区，最终达到共同富裕。”①

但是，我们的目标不是只有一部分地区一部分人能够先富起来，而是要让所有地区和全体人民都能够共同富裕。在整个社会主义初级阶段，社会成员之间收入存在一定差距是必然的，但是，如果收入差

①《邓小平文选》第3卷，人民出版社，1993年版，第373页。

距悬殊，任其扩大，就会造成多方面的严重后果。邓小平指出："社会主义最大的优越性就是共同富裕，这是体现社会主义本质的一个东西。如果搞两极分化，情况就不同了，民族矛盾、区域间矛盾、阶级矛盾都会发展，相应地中央和地方的矛盾也会发展，就可能出乱子。"

所以，早在上世纪80年代，邓小平就提出了"两个大局"的思想。"沿海地区加快对外开放，使这个拥有两亿人口的广大地带较快地先发展起来，从而带动内地更好地发展，这是一个事关大局的问题。内地要顾全这个大局。反过来，发展到一定的时候，又要求沿海拿出更多力量来帮助内地发展，这也是个大局。那时沿海也要服从这个大局。"①

"两个大局"的思想，要求东部沿海地区利用有利条件，较快地先发展起来。争取走在全国的前面，力争用20年时间率先实现现代化，以更好地带动全国的现代化。内地也要根据自己的条件加快建设。国家要尽力支持内地的发展，沿海要注意带动和帮助内地。这是一个事关大局的问题。到一定的时候，东部地区也要支援西部的发展，这也是一个大局。邓小平设想，到20世纪末达到小康水平的时候，就要突出地提出和解决地区发展差距的问题。

对于个人来说，也是如此。要鼓励所有人主动发展经济，不要去损害大家发展的积极性，也不要阻碍人们勤劳致富。但同时，也必须把调节个人收入分配、防止两极分化，作为带有全局性意义的大事来抓。要通过先富的示范作用，激励更多的人勤劳致富。对先富的人，还可以通过合理的税收，防止差距的扩大，并用于支持后富的人们。如果老是一部分人富，大多数人长期富不起来，甚至处于贫困状态，改革就会走偏了方向。

---

①《邓小平文选》第3卷，人民出版社，1993年版，第277—278页。

根据“两个大局”的思想，党和政府及时把“坚持区域经济协调发展，逐步缩小地区发展差距”作为一个重要方针提了出来。从“九五”期间开始，党和政府更加重视支持内地的发展，实施了有利于缓解差距扩大趋势的政策，并逐步加大工作力度，积极朝着缩小差距的方向努力。十五大进一步提出“促进地区经济合理布局和协调发展”，通过优先安排基础设施和资源开发项目、逐步实行规范的财政转移支付制度等方式，加大对中西部地区的支持力度，从多方面努力，逐步缩小地区发展差距。1999 年，党中央进一步作出了抓紧实施西部大开发的战略决策。

上世纪 90 年代，我就撰文指出，东西部的发展及其关系，实行的应该是一种均衡与非均衡相结合的战略，简称“均—非战略”。总的要着眼于均衡和协调地发展，努力实施促进均衡、缩小差距的战略。但在其具体的内容和实际运作过程中，又不能简单地要求绝对均衡。在不同时期、不同领域，更多地要根据实际条件，采取不同性质的非均衡战略措施，从而促使东西部地区由不均衡向均衡演进。均衡与非均衡是对立统一的辩证关系。这种战略，既有一定时期的均衡，也有一定时期的非均衡，既有向东部地区倾斜的非均衡，也有向西部地区倾斜的非均衡。手段可能是非均衡，出发点和最终结果则是均衡。要解决东西部地区发展的差距问题，必须灵活而适度地掌握这种均衡与非均衡的辩证关系。

缩小地区发展差距，需要东部地区支持帮助中西部地区，但不是采用放慢、削弱东部地区发展的方法，而是着眼于在共同发展过程中，尽可能加快中西部地区的发展。对于东部地区来说，应该继续充分利用有利条件，进一步挖掘发展潜力，能快则快，在进一步推进改革开放中实现更高水平的发展，有条件的地方，争取率先基本实现现代化，以便增强帮助中西部地区的能力，更好地支持和带动中西部地区的发展。

所以，推动东部地区率先发展，是党中央、国务院在20世纪80年代开始就一直坚持的重大发展战略。进入新世纪后，针对东部地区发展现状和国内外形势的新变化，中央对“东部率先发展”提出了新的要求，2005年十六届五中全会通过的《中共中央关于制定国民经济和社会发展第十一个五年规划的建议》指出，东部地区要努力提高自主创新能力，加快实现结构优化升级和增长方式转变，提高外向型经济水平，增强国际竞争力和可持续发展能力。十七大再次强调，要积极支持东部地区率先发展。

中央对东部地区率先发展的要求是：东部地区要率先转变经济发展方式，把经济社会发展切实转入科学发展轨道；率先增强自主创新能力，为全面建成小康社会提供强有力的科技支撑；率先改革开放，努力创造有利于经济社会又好又快发展的体制环境；率先构建社会主义和谐社会，切实保证社会主义现代化建设顺利进行。

在国家积极支持和推动下，在自身的不懈努力下，东部地区瞄准国际先进水平，着力克服薄弱环节，继续保持率先发展的良好态势，经济实力和整体素质进一步提高，并在带动和帮助中西部地区发展方面发挥了重要作用。

按照“十三五”规划，东部地区要更好发挥对全国发展的支撑引领作用，增强辐射带动能力。加快实现创新驱动发展转型，打造具有国际影响力的创新高地。加快推动产业升级，引领新兴产业和现代服务业发展，打造全球先进制造业基地。加快建立全方位开放型经济体系，更高层次参与国际合作与竞争。在公共服务均等化、社会文明程度提高、生态环境质量改善等方面走在前列。推进环渤海地区合作协调发展。支持珠三角地区建设开放创新转型升级新高地，加快深圳科技、产业创新中心建设。深化泛珠三角区域合作，促进珠江—西江经济带加快发展。

二、西部大开发战略

在东部地区快速发展的同时，西部地区的差距日益凸现出来。改革开放以来，西部地区总体上也是在发展，但由于种种主客观的原因，西部的发展速度落后于东部地区，一比较，差距就拉大了。如何遏制这种差距拉大的趋势，促进西部地区更快更好地发展，以最终实现东西部之间的均衡发展，就成了党和国家必须考虑的重大问题。

早在20世纪50年代，毛泽东在《论十大关系》的讲话中就强调，要处理好沿海工业和内地工业的关系。1988年，邓小平提出“两个大局”战略思想。1992年，邓小平在南方谈话中提出：在本世纪末达到小康水平的时候，就要突出地提出和解决这个问题。

到90年代末，也就是邓小平所说的世纪末，时任总书记江泽民着眼于实现“三步走”战略第三步目标，于1999年6月提出，加快中西部地区发展步伐的条件已经具备，时机已经成熟，要“抓住世纪之交历史机遇，加快西部地区开发步伐”，这是一项振兴中华的宏伟战略任务。

从此，一个影响新世纪中国西部发展面貌的重大战略——西部大开发战略正式出台。

1999年9月22日，十五届四中全会通过的决定正式提出，国家实施西部大开发战略。1999年11月15日至17日召开的中央经济工作会议也着重指出，要不失时机地实施西部大开发战略。

2000年1月，中共中央国务院印发《关于转发国家发展计划委员会〈关于实施西部大开发战略初步设想的汇报〉的通知》。国务院组成西部地区开发领导小组。国务院召开西部地区开发会议，研究加快西部地区发展的基本思路和战略任务。会议提出了实施西部大开发战略的初步设想，并确定当前和今后一个时期要抓好的几件大事：一是加快基础设施建设；二是加强生态环境保护和建设；三是积极调整产业结构；四是大力发展科技和教育；五是加大改革开放力度。西部大开发战略的实施全面展开。

10月26日，国务院下发《关于实施西部大开发若干政策措施的通知》，提出增加资金投入、改善投资环境、扩大对外对内开放、吸引人才和发展科技教育等方面的政策。

中共十六大以来，中共中央多次强调要积极推进西部大开发，促进区域协调发展。2004年3月，国务院印发了《关于进一步推进西部大开发的若干意见》。国务院领导多次强调，中央实施西部大开发的战略绝不会动摇，国家对西部大开发的支持力度不会减弱，西部地区经济社会发展步伐不会减慢。

中共十七大重申要继续实施区域发展总体战略，深入推进西部大开发。2010年6月，中共中央国务院印发《关于深入实施西部大开发战略的若干意见》，对今后10年深入实施西部大开发战略作出部署。

西部大开发的范围主要包括重庆、四川、贵州、云南、西藏、陕西、甘肃、青海、宁夏、新疆、内蒙古、广西12个省、自治区、直辖市等地。整个西部地区国土面积约占全国国土总面积的71%，1999年末人口约占全国的29%，其中少数民族人口占全国的75%左右。

西部大开发的根本目的，是要落实邓小平关于“两个大局”的思想，逐步消除东西部地区在发展上的差距，全面推进全国的现代化进程，实现全国的共同富裕。

实施西部大开发战略，加快西部地区发展，是党中央、国务院审时度势、总揽全局，经过深思熟虑作出的重大决策，对于扩大内需、实现经济平稳较快发展，增强民族团结、社会稳定和边防巩固，促进东中西部地区协调发展和最终实现共同富裕，具有重要的现实意义和深远的历史意义。

实施西部大开发的重点任务是：加快基础设施建设；加强生态环境保护和建设；巩固农业基础地位，调整工业结构，发展特色旅游业；发展科技教育和文化卫生事业。力争用5到10年时间，使西部地区基础设施和生态环境建设取得突破性进展，西部开发有一个良好的开局。

实施西部大开发战略的总体目标是：经过几代人的努力，到21世纪中叶全国基本实现现代化时，从根本上改变西部地区相对落后的面貌，努力建成一个山川秀美、经济繁荣、社会进步、民族团结、人民富裕的新西部。

西部大开发，不是一个空洞的口号，而是一个实实在在的系统工程。要付诸实施，并取得明显成效，就必须采取一系列有力的战略措施，保证使这项工程落到实处。我在2000年初就撰文提出，当前和今后一段时期，要集中力量抓好以下几个方面的工作：一是加快西部地区的基础设施建设；二是加强生态环境保护和建设；三是积极调整产业结构；四是加快发展科技和教育；五是大力培养人才；六是切实加强领导，加大支持力度，推动西部大开发迅速展开。

其中关于加强生态环境保护和建设，我强调：加强生态环境保护和建设，是西部大开发的重中之重。日益恶化的生态环境，极大地制约着西部地区的经济和社会发展，对中华民族的生存和发展也构成了严重的威胁。只有采取有力的措施，加强生态环境保护和建设，尽快恢复林草植被，防止水土流失，不断改善山川地貌和生态环境，才能使丰富的资源得到有效的保护和利用，才能改善投资环境，更好地引进资金、技术和人才；同时，也才能有效地减轻长江、黄河中下游地区的洪涝灾害，促进全国经济和社会的可持续发展。因此，在西部大开发中，必须把生态环境的保护和建设作为一项重大的战略措施抓紧抓好。要实施生态环境保护和建设工程，加强三北防护林建设。坚决减少和杜绝砍伐天然林。继续搞好小流域治理。防止沙漠化的扩展。

有计划、有步骤地退耕还林还草。采取“退耕还林（草）、封山绿化、以粮代赈、个体承包”的政策，引导和支持农民退耕，并大力治理荒山荒坡。

让我们感到非常高兴的是，国家对西部的生态环境问题给予了高度的重视。2002 年 1 月 10 日，国务院西部开发办公室召开退耕还林工作电视电话会议，确定全面启动退耕还林工程。4 月 11 日，国务院发出《关于进一步完善退耕还林政策措施的若干意见》。退耕还林的措施，对西部生态环境的改善发挥了重要的作用。

西部大开发战略实施以来，国家通过规划指导、政策扶持、项目安排等加大对西部地区的支持力度。2000—2007 年间，中央对西部地区的各类财政转移支付累计近 15000 亿元，国债、预算内建设资金和部门建设资金累计安排西部地区 7300 多亿元。西部地区生产总值从 16655 亿元增加到 47455 亿元，年均增长达到 11.6%，超过全国同期经济增长水平。西部地区广大人民群众共享了改革开放的丰硕成果，看到了更加光明美好的发展前景。

早在 1995 年，我就发表《实行均一非战略，缩小东西差距》一文，提出：要缩小东西部的绝对差距，首先要在发展速度上使西部能赶上或超过东部。但由于各种原因，要在“九五”的五年内使西部的速度赶上东部，是很困难的。而且，经济社会的发展如同滚雪球一样，大球小球同样滚一圈，但它们增加的体积是不一样的。西部即使在发展速度上能赶上东部，东西部的绝对差距也难以很快缩小。所以，在 2000 年前，估计东西部差距仍将是扩大的趋势。我们的任务主要是尽力遏制这种扩大的势头。到 2000 年至 2010 年，我们的目标要转为使中西部的发展速度逐步赶上或稍稍超出东部地区，但绝对差距不一定能缩小。到 2010 年以后，则要争取使中西部主要是中部地区的发展速度略快于东部，东部地区则保持稳定发展的势头。这样，才能使绝对差距和相对差距不再扩大并逐步缩小。到 2020 — 2050 年期间，应争取比较全面地缩小东西部之间的差距，做到全国各地区大体上的共同富裕。

在西部大开发战略提出后，我又对西部通过大开发追赶东部地区的战略进程做了测算。我说：根据新的“三步走”战略，同时，根据速度的计算，我们是不是可以大致这样设想：在 2010 年前，用两个五年计划的时间，集中上一批大的基础设施工程；同时，通过经济结构的调整，形成一批新的经济增长点；逐步理顺体制和机制，改善经济和社会环境；部分地区发展速度逐步赶上东部，有的争取稍有超出（但绝对总量与东部仍将相距甚远）。这一阶段，大致仍是打基础的阶段。从 2010 年到 2020 年，则要争取西部部分有条件的地区进入较快发展的状态。国家要尽快完成已经开始的工程，同时继续投入力量建设一批新的大型工程。但更重要的是，要依靠西部地区自己的活力和动力，实现自主开发和自主发展。条件较好的地区，要开始缩小与东部地区的差距。到 2020 年至 2050 年，西部地区要力争有更多的地区在发展速度上赶上和超过东部地区，进入起飞状态，条件差的地区也要有所前进，从而使西部与东部的差距进一步缩小。当然，在整体上，即使到 2050 年，东西部地区之间的差距仍然是会存在的，西部某些地区可能仍较落后。但大致上，可以实现共同富裕。

现在，我们高兴地看到，目前西部地区的发展速度已经越来越多地赶上和超过东部地区。这是一个良好的趋势。只有继续如此，西部地区才有可能逐步缩小差距，实现全面建成小康社会的目标。但同时，我们也要清醒地看到，东西部的差距决不仅仅表现在发展速度和经济总量上。西部地区要真正赶上东部地区，还要持续不断地作出更大的努力。

以习近平同志为核心的党中央高度重视西部大开发战略的实施。

“十三五”规划对深入推进西部大开发作了进一步部署，要求把深入实施西部大开发战略放在优先位置，更好发挥“一带一路”建设对西部大开发的带动作用。加快内外联通通道和区域性枢纽建设，进一步提高基础设施水平，明显改善落后边远地区对外通行条件。大力发展绿色农产品加工、文化旅游等特色优势产业。设立一批国家级产业转移示范区，发展产业集群。依托资源环境承载力较强地区，提高资源就地加工转化比重。加强水资源科学开发和高效利用。强化生态环境保护，提升生态安全屏障功能。健全长期稳定资金渠道，继续加大转移支付和政府投资力度。加快基本公共服务均等化。加大门户城市开放力度，提升开放型经济水平。

实施西部大开发战略，事关国家经济社会发展的全局，必将大大增强我国经济发展的动力和抵御风险的能力，也将促进少数民族和民族地区的发展进步，加强民族团结，维护祖国统一，实现各民族的共同繁荣。

三、振兴东北地区等老工业基地

继20世纪80年代初开始采取有力措施推动东部地区率先发展和世纪之交实施西部大开发战略后，党中央、国务院又于2003年提出振兴东北地区等老工业基地战略。

东北地区等老工业基地是新中国工业的摇篮。党和国家在东北等老工业地区集中投资建设了具有相当规模的以能源、原材料、装备制造为主的战略产业和骨干企业，为我国形成独立、完整的工业体系和国民经济体系作出了重大贡献。

在迎接中华人民共和国成立60周年之时，我根据中央部署，主持编写了《中华人民共和国大事记》，其中，就列举了50年代东北地区的多个重要成就：

1953年7月1日，新中国第一座大型露天煤矿——阜新海州露天煤矿建成投产。

同年12月26日，鞍山钢铁公司三大工程——大型轧钢厂、无缝钢管厂、七号炼铁炉举行开工生产典礼。

1956年7月13日，长春第一汽车制造厂试制成功第一批国产“解放”牌汽车。1958年5月、8月，第一辆国产“东风”牌轿车和“红旗”牌轿车相继诞生。

1960年3月22日，中共中央批转《鞍山市委关于工业战线上的技术革新和技术革命运动开展情况的报告》。毛泽东代中央起草批示，将鞍钢实行的“两参一改三结合”的管理制度称作“鞍钢宪法”，要求在工业战线加以推广。

东北的历史贡献是令人赞叹的，但东北地区实行的是典型的苏联式计划经济体制，集中有余，活力不足。随着改革开放的不断深入，由于种种原因，作为老工业基地的体制性、结构性矛盾便日益显现，如何进一步发展遇到了许多困难和问题。

党中央、国务院高度重视东北地区等老工业基地的改革和发展。十六大报告强调，要“支持东北地区等老工业基地加快调整和改造”。

2003年，国务院领导同志两次赴东北，实地考察了部分国有大企业，多次召开座谈会，讨论振兴东北老工业基地大计，强调要把老工业基地调整、改造和振兴摆到更加突出的位置，走出加快振兴新路子。

2003年10月，中共中央、国务院正式印发《关于实施东北地区等老工业基地振兴战略的若干意见》，提出振兴东北地区等老工业基地的指导思想、方针任务和政策措施，吹响了振兴东北老工业基地的号角，标志这一战略正式实施。12月，国务院振兴东北地区等老工业基地领导小组成立。

2007年8月，国家发改委、国务院振兴东北地区等老工业基地领导小组办公室发布了经国务院批复的《东北地区振兴规划》，提出东北振兴的目标是：经过10到15年的努力，实现东北地区的全面振兴。将东北建设成为具有国际竞争力的装备制造业基地、国家新型原材料和能源的保障基地、国家重要商品粮和农牧业生产基地、国家重要的技术研发与创新基地，以及国家生态安全的重要保障区。

十七大再次强调指出，要全面振兴东北地区等老工业基地。

振兴东北老工业基地战略是着眼于实现全面建成小康社会目标全局的一项重大举措，是中央继建设沿海经济特区、开发浦东新区和实施西部大开发战略之后，加快区域经济协调发展的又一项重大战略决策。

振兴东北地区等老工业基地的指导思想是：以邓小平理论和“三个代表”重要思想为指导，深入贯彻落实科学发展观，全面贯彻党的十七大精神，进一步解放思想、深化改革、扩大开放，着力推进体制创新和机制创新，转变经济发展方式；按照走新型工业化道路的要求，坚持以市场为导向，推进产业结构优化升级，提高企业的整体素质和竞争力；坚持统筹兼顾，实现东北地区等老工业基地经济和社会全面、协调和可持续发展，为全面建成小康社会和实现社会主义现代化作出新贡献。实施东北地区等老工业基地振兴战略的目标是：经过10到15年的努力，实现东北地区的全面振兴。将东北建设成为具有国际竞争力的装备制造业基地、国家新型原材料和能源的保障基地、国家重要商品粮和农牧业生产基地、国家重要的技术研发与创新基地，以及国家生态安全的重要保障区。

振兴东北地区等老工业基地要重点把握好以下原则：

一是坚持深化改革、扩大开放，以改革开放促进调整改造。加快国有经济的战略性调整，继续推进国有企业改革，积极发展非公有制经济，通过扩大开放，拓展发展空间。

二是坚持主要依靠市场机制，正确发挥政府作用。产业结构调整、生产要素整合、技术改造、企业改组，应主要由市场决定和选择，同时发挥政府规划引导和政策导向作用，创造良好的发展环境和公平竞争的市场秩序。

三是坚持有所为、有所不为，充分发挥比较优势。振兴老工业基地绝不是不加区别振兴所有产业和企业，要立足于整合现有资源，集中力量使重点地区、重点优势产业以及重点行业和企业得到振兴和发展，在市场竞争中实现优胜劣汰，避免盲目重复建设和产业趋同化。

四是坚持统筹兼顾，注重协调发展。促进工业与农业、服务业协调发展，城市与农村协调发展，经济与社会协调发展，人与自然协调发展。

五是坚持自力更生为主，国家给予必要扶持。挖掘自身潜力，激发内在活力，充分发挥老工业基地广大干部和群众的积极性、创造性，同时，国家在完善社会保障体系、解决企业历史遗留问题、支持重点企业技术改造、重大基础设施建设和改善生态环境等方面给予支持。

六是坚持从实际出发，讲求实效。充分认识振兴老工业基地任务的艰巨性、复杂性和长期性，统筹规划，从长计议，量力而行，分步实施，切忌追求过高目标和提出不切实际的口号。在实施调整改造的各项措施时，要始终关心群众的切身利益，高度重视扩大就业和社会保障体系建设，妥善处理好改革、发展和稳定的关系，使人民群众在实施老工业基地振兴战略中得到实惠。

按照规划，中央先后在东北地区实行了一系列促进振兴的优惠政策。以加快体制创新和机制创新、大力推进产业结构优化升级、进一步扩大对内对外开放、切实做好就业和社会保障工作等为重点，振兴战略得到进一步展开。

经过努力，东北地区等老工业基地振兴战略取得初步成效。2004

年至2006年，东北三省地区生产总值年均增速为12.6%，与实施振兴战略前的3年（2001—2003年）相比，增速提高2.6个百分点，经济总量增长五成左右。一批重大项目顺利实施，一批重点老企业的技术水平有了显著提高，自主创新和生产制造能力不断增强。资源开发补偿机制和衰退产业援助机制日益形成。国有经济战略性调整和国有企业改制改组步伐逐步加快，企业活力明显增强，一些曾经濒临困境的老企业焕发生机，国有经济控制力和影响力进一步提高。产业整合，优势互补，东北地区开始呈现出差异化发展、协作分工的良性态势。

以习近平同志为核心的党中央对东北振兴和发展高度重视。“十三五”规划进一步对大力推动东北地区等老工业基地振兴作出了规划，要求加快市场取向的体制机制改革，积极推动结构调整，加大支持力度，提升东北地区等老工业基地发展活力、内生动力和整体竞争力。加快服务型政府建设，改善营商环境，加快发展民营经济。大力开展和积极鼓励创业创新，支持建设技术和产业创新中心，吸引人才等各类创新要素集聚，使创新真正成为东北地区发展的强大动力。加快发展现代化大农业，促进传统优势产业提质增效，建设产业转型升级示范区，推进先进装备制造业基地和重大技术装备战略基地建设。支持资源型城市转型发展，组织实施好老旧城区改造、沉陷区治理等重大民生工程。加快建设快速铁路网和电力外送通道。深入推进国资国企改革，加快解决厂办大集体等问题。支持建设面向俄日韩等国家的合作平台。

2016年2月，中共中央、国务院印发《关于全面振兴东北地区等老工业基地的若干意见》。10月，国务院召开振兴东北地区等老工业基地推进会议，李克强总理主持并讲话。11月，国务院印发《关于深入推进实施新一轮东北振兴战略加快推动东北地区经济企稳向好若干重要举措的意见》，一系列举措相继出台。

四、中部崛起

东部率先发展，西部实施大开发战略。夹在东部和西部之间的中部怎么办？在答案没有出来之前，中部地区不免有点失落和不安，于是就有了几句流传的自嘲："非东非西，不东不西，不是东西。"眼看别人在快速发展，中部会不会"塌陷"？

答案很快就出来了。

2004 年的《政府工作报告》，第一次明确提出要促进中部地区崛起。2004 年 12 月，中央经济工作会议再次提到促进中部地区崛起。2005 年《政府工作报告》中再次提出，要抓紧研究制定促进中部地区崛起的规划和措施。

2006 年 4 月，中共中央、国务院正式发布了《关于促进中部地区崛起的若干意见》，强调促进中部地区崛起是我国新阶段总体发展战略布局的重要组成部分，要求把中部地区建设成为重要的粮食生产基地、能源原材料基地、现代装备制造及高技术产业基地和综合交通运输枢纽，使中部地区在发挥承东启西和产业发展优势中崛起。文件标志着促进中部地区崛起战略的形成和正式实施。

随后的十七大明确指出，要大力促进中部地区崛起。

中部地区位于我国内陆腹地，包括山西、安徽、江西、河南、湖北、湖南六省。促进中部地区崛起，是继鼓励东部地区率先发展、实施西部大开发、振兴东北地区等老工业基地战略后，党中央国务院从我国现代化建设全局出发作出的又一重大决策，是我国新阶段总体发展战略布局的重要组成部分，对于形成东中西部地区互动、优势互补、相互促进、共同发展的新格局，具有重大的现实意义和深远的历史意义。

促进中部地区崛起，就是要把改革开放和科技进步作为动力，着力增强自主创新能力、提升产业结构、转变增长方式、保护生态环境、促进社会和谐，建设全国重要的粮食生产基地、能源原材料基地、现代装备制造及高技术产业基地和综合交通运输枢纽，在发挥承东启西和产业发展优势中崛起，实现中部地区全面协调可持续发展，为全面建成小康社会作出新贡献。

为贯彻落实好中央的部署要求，国务院办公厅下发了《关于落实中共中央国务院关于促进中部地区崛起若干意见有关政策措施的通知》，分解了工作任务，明确了责任部门，还下发了《关于中部六省比照实施振兴东北地区等老工业基地和西部大开发有关政策范围的通知》，确定了26个城市比照实施振兴东北地区等老工业基地有关政策和243个县（市、区）比照实施西部大开发有关政策。在此基础上，出台了关于“两个比照”政策的实施意见。为强化促进中部地区崛起工作的组织与推动，国家批准成立了促进中部地区崛起工作办公室，并建立了促进中部地区崛起部际联系会议制度。

根据中央部署，促进中部地区崛起重点抓的工作主要有几个方面：

一是加大对中部地区优化结构和深化改革的支持力度，在认真落实已出台政策的基础上，丰富和细化中部地区“两个比照”有关政策，统筹研究扩大“两个比照”政策实施范围。

二是积极推进“三个基地、一个枢纽”建设。继续实施国家优质粮食产业工程。扎实推进重要粮食生产基地建设；加强能源原材料、现代装备制造和高技术产业基地建设，加快山西、安徽、河南等大型和特大型煤炭基地建设，重点支持中部地区钢铁、化工、建材产业优化升级；继续大力推进综合交通运输枢纽体系建设，启动和加快实施中部地区重大交通基础设施项目。

三是认真实施武汉城市圈和长株潭城市群“两型社会”综合配套改革实验区总体方案，推动皖江城市带承接产业转移示范区建设，编制江西鄱阳湖生态经济区规划，大力发展循环经济。

四是加快体制机制创新，推进对内对外开放。以加强与东部沿海地区交流合作为重点，研究制定促进中部地区承接产业转移的指导意见，支持企业承接境外装备制造业转移。继续深化大中型国有企业改革，大力发展非公有制经济。

按照中央的部署，国务院有关部门和中部六省围绕建设“三个基地、一个枢纽”的中心任务开展工作，促进中部地区崛起取得积极进展。主要表现在：一是粮食产区农田水利基本设施条件进一步改善，粮食综合生产能力明显提高。二是加大投入力度，建设了一批能源原材料开发利用基地。三是安排专项资金支持发展清洁高效发电技术装备、高压输变电设备、大功率电动机车、大型施工机械、数控系统等制造业，现代装备制造及高技术产业有较大发展。四是加大了省际公路干线建设和国省道升级改造力度，沿长江及主要支流航道建设了一批集装箱、大宗散货码头，在综合交通运输枢纽建设方面取得明显成效。

2012 年 8 月，国务院印发《关于大力实施促进中部地区崛起战略的若干意见》。

以习近平同志为核心的党中央对中部地区的发展和崛起非常关心，多次作出重要指示。“十三五”规划对促进中部地区崛起作了进一步规划，确定制定实施新时期促进中部地区崛起规划，完善支持政策体系，推动城镇化与产业支撑、人口集聚有机结合，形成重要战略支撑区。支持中部地区加快建设贯通南北、连接东西的现代立体交通体系和现代物流体系，培育壮大沿江沿线城市群和都市圈增长极。有序承接产业转移，加快发展现代农业和先进制造业，支持能源产业转型发展，建设一批战略性新兴产业和高技术产业基地，培育一批产业集群。加强水环境保护和治理，推进鄱阳湖、洞庭湖生态经济区和汉江、淮河生态经济带建设。加快郑州航空港经济综合实验区建设。支持发展内陆开放型经济。

五、区域协调发展总体战略

区域协调发展总体战略，是改革开放以来党和政府实施的重要发展战略。

2008 年，我在与美国人士交流时，有人问到这样一个问题：胡锦涛、温家宝的政策与江泽民、朱镕基的政策有什么区别？是否江泽民、朱镕基更注重东部，而胡锦涛、温家宝更注重西部？

我的回答是，我们对于区域发展的战略和政策有一个逐步发展的过程。邓小平当年首先提出“两个大局”的思想。上世纪 90 年代中期，江泽民及时提出区域协调发展问题，1998 年又提出西部大开发战略。进入新世纪新阶段，胡锦涛进一步提出科学发展观，强调“五个统筹”，更加突出地解决区域发展差距问题。所以，他们的思想和政策不是谁更重视谁的问题，而是既一脉相承又与时俱进的关系。

在区域协调发展问题上，不同的时期面临着有所不同的问题，因而，也相应提出了有所侧重的战略。最后，统筹的问题自然产生。

从“两个大局”开始，到东部率先、西部开发，再到东北振兴、中部崛起……一连串的战略相继实施，人们自然要问，所有这些战略怎么统筹协调呢？

答案就在“区域发展总体战略”上。

坚持区域协调发展，是改革开放以来我们党的重要战略思想。从邓小平，到江泽民、胡锦涛，都先后提出了促进区域协调发展的一些重要思想，逐步实施了多个区域发展战略。在此基础上，中共十六大以后，以胡锦涛同志为总书记的党中央从科学发展观的角度，进一步强调统筹区域发展，并逐步形成了区域协调发展总体战略。

中共十六届三中全会提出“五个统筹”的思想，其中之一，就是协调。

中共十六届五中全会审议通过的《中共中央关于制定国民经济和社会发展第十一个五年规划的建议》中进一步提出，促进城镇化健康发展，坚持大中小城市和小城镇协调发展，提高城镇综合承载能力；继续发挥珠江三角洲、长江三角洲、环渤海地区对内地经济发展的带动和辐射作用；继续发挥经济特区、上海浦东新区的作用，推进天津滨海新区等条件较好地区的开发开放，带动区域经济发展。

中共十六届六中全会审议通过的《中共中央关于构建社会主义和谐社会若干重大问题的决定》再次提出，落实区域发展总体战略，促进区域协调发展，形成分工合理、特色明显、优势互补的区域产业结构，推动各地区共同发展；加大对欠发达地区和困难地区的扶持，改善中西部地区的基础设施和教育、卫生、文化等公共服务设施，逐步缩小地区间基本公共服务差距；加大对革命老区、民族地区、边疆地区、贫困地区以及粮食主产区、矿产资源开发地区、生态保护任务较重的地区和人口较少民族的支持；支持经济发达地区加快产业结构优化升级和产业转移，扶持中西部地区优势产业项目，加快这些地区的资源优势向经济优势转变，鼓励东部地区带动和帮助中西部地区发展，扩大发达地区对欠发达地区和民族地区的对口援助，形成以政府为主导、市场为纽带、企业为主体、项目为载体的互惠互利机制，建立健全资源开发有偿使用制度和补偿机制，对资源衰退和枯竭的困难地区经济转型实行扶持措施。

2007 年的十七大进一步指出，要继续实施区域发展总体战略，深入推进西部大开发，全面振兴东北地区等老工业基地，大力促进中部地区崛起，积极支持东部地区率先发展。加大对革命老区、民族地区、边疆地区、贫困地区发展扶持力度。帮助资源枯竭地区实现经济转型。更好发挥经济特区、上海浦东新区、天津滨海新区在改革开放和自主创新中的重要作用。

大力实施区域发展总体战略，是实现我国经济社会又好又快发展、确保实现全面建成小康社会、进而基本实现现代化宏伟目标的重大举措，是发挥我国社会主义制度优越性、促进社会和谐稳定的重大举措，也是保证我国各族人民共享改革发展成果、逐步实现共同富裕的重大举措。

区域发展总体战略的基本内容，就是要积极推进西部大开发，振兴东北地区等老工业基地，促进中部地区崛起，鼓励东部地区率先发展，继续发挥各个地区的优势和积极性，通过健全市场机制、合作机制、互助机制、扶持机制，逐步扭转区域发展差距拉大的趋势，形成东中西相互促进、优势互补、共同发展的新格局。

实施区域发展总体战略，要坚持缩小区域发展差距，统筹制定区域发展规划，使地区经济发展差距扩大的趋势得到进一步缓解，地区间的社会发展差距进一步缩小，逐步形成公共服务和人民生活水平差距趋向缩小的区域协调发展态势。

为此，在实施区域发展总体战略过程中，要健全区域协调互动机制，加快健全有利于促进区域协调发展的市场机制、合作机制、互助机制、扶持机制。一是健全市场机制，遵循市场经济规律，突破行政区划界限，引导产业转移，促进生产要素在区域间自由流动。二是健全合作机制，鼓励和支持各地区开展多种形式的区域经济协作和技术、人才合作，形成以东带西、东中西共同发展的格局。三是健全互助机制，发达地区要采取对口支援、社会捐助等方式帮扶欠发达地区，东部地区要在率先发展中带动和帮助中西部地区发展。四是健全扶持机制，加大转移支付和财政性投资的力度，按照公共服务均等化原则，加大国家对欠发达地区的支持力度。国家继续在经济政策、资金投入和产业发展等方面，加大对中西部地区的支持，重大项目布局充分考虑支持中西部发展。

实施区域发展总体战略，除了对全国不同区域的发展进行统筹协调外，还采取了一个跨区域的重大战略举措——划分不同类型的主体功能区。这是促进区域协调发展的一个新思路、新举措，对于缩小区域差距，实现可持续发展，具有重要意义。

主体功能区是基于不同区域的资源环境承载能力、现有开发密度和发展潜力等，将特定区域确定为特定主体功能定位类型的一种空间单元。划分主体功能区，就是根据资源环境承载能力、现有开发密度和发展潜力，统筹考虑未来我国人口分布、经济布局、国土利用和城镇化格局，将国土空间划分为优化开发、重点开发、限制开发和禁止开发四类主体功能区，按照主体功能定位调整完善区域政策和绩效评价，规范空间开发秩序，形成合理的空间开发结构。

在实施区域发展总体战略过程中，国家和各个地区，都根据资源环境承载能力、发展基础和潜力，按照发挥比较优势、加强薄弱环节、享受均等化基本公共服务的要求，进一步明确了区域发展的战略布局、功能定位、发展重点、经济布局、政策导向等重大问题，努力完善区域政策，争取逐步形成主体功能定位清晰、东中西良性互动、基本公共服务和人民生活水平差距趋向缩小的区域协调发展格局。

实施区域发展总体战略的一个重要内容，是支持革命老区、民族地区和边疆地区发展。国家加大了对革命老区、民族地区、边疆地区、贫困地区发展的扶持力度。同时，引导发达地区通过对口支援、社会捐助等方式给予帮扶。国家通过加大财政转移支付力度和财政性投资力度，完善革命老区振兴发展支持政策，大力推动了赣闽粤原中央苏区、陕甘宁、大别山、左右江、川陕等重点贫困革命老区振兴发展，积极支持沂蒙、湘鄂赣、太行、海陆丰等欠发达革命老区加快发展。保护自然生态，改善基础设施条件。优先解决特困少数民族贫困问题，扶持人口较少民族的经济社会发展，推进兴边富民行动。继续实行支持西藏、新疆及新疆生产建设兵团发展的政策。

实施区域发展总体战略，还包括统筹城乡发展。坚持走中国特色城镇化道路，按照统筹城乡、布局合理、节约土地、功能完善、以大带小的原则，促进大中小城市和小城镇协调发展。以增强综合承载能力为重点，以特大城市为依托，形成辐射作用大的城市群，培育新的增长极。按照循序渐进、节约土地、集约发展、合理布局的原则，积极稳妥地推进城镇化，逐步改变城乡二元结构。城镇化的基本措施包括：分类引导人口城镇化、形成合理的城镇化空间格局、加强城市规划建设管理、健全城镇化发展的体制机制等等。特别是深化户籍制度改革，逐步建立城乡统一的人口登记制度，受到了广泛的欢迎。

区域协调发展总体战略的实施，加强了我国东中西部之间的经济交流和合作，实现了优势互补和共同发展，为我国经济发展开拓了新的空间。

六、统筹规划，协调发展

十八大以来，以习近平同志为核心的党中央高度重视区域协调发展问题，并把这一战略置于“四个全面”战略布局、实现“两个一百年”的战略目标中，继续不断地向前深入推进，取得了显著的成绩。

习近平总书记从世界观方法论的高度深刻论述了统筹协调发展的重要性。他指出：“统筹兼顾是中国共产党的一个科学方法论。它的哲学内涵就是马克思主义辩证法。”“唯物辩证法认为，事物是普遍联系的，事物及事物各要素之间相互影响、相互制约，整个世界是相互联系的整体，也是相互作用的系统。它要求我们必须从客观事物的内在联系去把握事物，去认识问题，去处理问题。城乡联系、区域联系、经济与社会的联系、人与自然的联系、国内发展与对外开放的联系，都是客观存在的。如果我们违背联系的普遍性和客观性，不注意协调好它们之间的关系，就会顾此失彼，导致发展失衡。”

习近平总书记强调：“涉及经济、政治、文化、社会发展各个领域，其根本要求是统筹兼顾。”“我们要充分认识到，经济发展与政治、文化、社会建设必须协调共进。”“十三五”期间，我们要搞好经济与社会、城乡区域、人与自然、国内国外、政治经济文化、新“四化”、政府与市场、经济建设与国防建设等重大关系的协调发展，以确保如期全面建成小康社会。

习近平总书记指出：“区域协调发展是统筹发展的重要内容，与城乡协调发展紧密相关。区域发展不平衡有经济规律作用的因素，但区域差距过大也是个需要重视的政治问题。区域协调发展不是平均发展、同构发展，而是优势互补的差别化协调发展。”“城乡联动，就是要打破城乡二元结构，把发展块状经济与推进城市化结合起来，与推进区域经济协调发展结合起来，与加快农业农村现代化结合起来。”

习近平总书记指出：“发展要城乡协调、地区协调。”“要采取有力措施促进区域协调发展、城乡协调发展，加快欠发达地区发展，积极推进城乡发展一体化和城乡基本公共服务均等化。”

十八届五中全会对新形势下深化推进区域协调发展总体战略提出了进一步要求。强调区域协调发展、城乡协调发展，是全面建成小康社会的必然要求。“十三五”期间，要进一步“推动区域协调发展，塑造要素有序自由流动、主体功能约束有效、基本公共服务均等、资源环境可承载的区域协调发展新格局”。要“推动城乡协调发展，健全城乡发展一体化体制机制，健全农村基础设施投入长效机制，推动城镇公共服务向农村延伸，提高社会主义新农村建设水平”。

五中全会还提出了重要的区域发展建议，指出：推进“一带一路”建设，推进同有关国家和地区多领域互利共赢的务实合作，推进国际产能和装备制造合作，打造陆海内外联动、东西双向开放的全面开放新格局。深化内地和港澳、大陆和台湾地区合作发展，提升港澳在国家经济发展和对外开放中的地位和功能，支持港澳发展经济、改善民生、推进民主、促进和谐，以互利共赢方式深化两岸经济合作，让更多台湾普通民众、青少年和中小企业受益。

“十三五”规划要求深入实施西部开发、东北振兴、中部崛起和东部率先的区域发展总体战略，创新区域发展政策，完善区域发展机制，促进区域协调、协同、共同发展，努力缩小区域发展差距。

规划要求创新区域合作机制，加强区域间、全流域的协调协作。完善对口支援制度和措施，通过发展“飞地经济”、共建园区等合作平台，建立互利共赢、共同发展的互助机制。建立健全生态保护补偿、资源开发补偿等区际利益平衡机制。鼓励国家级新区、国家级综合配套改革试验区、重点开发开放试验区等平台体制机制和运营模式创新。

“十三五”规划还要求拓展区域发展空间。以区域发展总体战略为基础，以“一带一路”建设、京津冀协同发展、长江经济带建设为引领，形成沿海沿江沿线经济带为主的纵向横向经济轴带。发挥城市群辐射带动作用，优化发展京津冀、长三角、珠三角三大城市群，形成东北地区、中原地区、长江中游、成渝地区、关中平原等城市群。发展一批中心城市，强化区域服务功能。支持绿色城市、智慧城市、森林城市建设和城际基础设施互联互通。推进重点地区一体发展，培育壮大若干重点经济区。推进城乡发展一体化，开辟农村广阔发展空间。

十八大以来，区域发展总体战略的深入推进，取得了显著的成效。首先，地区差距不断缩小。据有关数据分析，2012 年以来，西部地区居民人均可支配收入年均增速为 10.3%，比中部地区高 0.4 个百分点，比东部地区高 0.9 个百分点，比东北地区高 1.8 个百分点。2016 年，东部与西部、中部与西部、东北地区与西部收入相对差距分别比 2012 年缩小 0.06、0.02、0.08。

其次，城乡差距持续缩小。2016 年，城镇居民人均可支配收入比 2012 年增长 39.3%，实际增长 28.6%，年均实际增长 6.5%；农村居民人均可支配收入比 2012 年增长 47.4%，实际增长 36.3%，年均实际增长 8.0%。农村居民人均可支配收入年均实际增速快于城镇居民收入增速 1.5 个百分点，2016 年城乡居民人均可支配收入之比为 2.72（农村居民收入 =1），比 2012 年下降 0.16。基尼系数下降。2016 年全国居民人均可支配收入基尼系数为 0.465，比 2012 年的 0.474 下降 0.009，居民收入差距总体在缩小。

李克强总理在 2017 全国“两会”上的报告中概括了成绩和进展：促进区域城乡协调发展，新的增长极增长带加快形成。深入实施“一带一路”建设、京津冀协同发展、长江经济带发展三大战略，启动建设一批重点项目。编制西部大开发“十三五”规划，实施新一轮东北振兴战略，推动中部地区崛起，支持东部地区率先发展。加快推进新型城镇化，深化户籍制度改革，全面推行居住证制度，又有 1600 万人进城落户。发展的协同叠加效应不断显现。

十九大要求继续实施区域协调发展战略，并对不同类型地区提出了不同要求。包括，加大力度支持革命老区、民族地区、边疆地区、贫困地区加快发展，改善生产生活条件；强化举措推进西部大开发形成新格局，深化改革加快东北等老工业基地振兴，发挥优势推动中部地区崛起，创新引领率先实现东部地区优化发展，建立更加有效的区域协调发展新机制；以城市群为主体构建大中小城市和小城镇协调发展的城镇格局，提高城市群质量，推进大中小城市网络化建设，引导特色小镇健康发展；增强对农业转移人口的吸引力和承载力，加快户籍制度改革落地步伐，加快农业转移人口市民化；围绕“一带一路”建设，创新对外投资方式，以投资带动贸易发展、产业发展；以疏解北京非首都功能为“牛鼻子”推动京津冀协同发展，高起点规划、高标准建设雄安新区；以共抓大保护、不搞大开发为导向推动长江经济带发展，生态优先、绿色发展；科学规划粤港澳大湾区建设；支持资源型地区经济转型发展；加快边疆发展，确保边疆巩固、边境安全。坚持陆海统筹，加快建设海洋强国。

第五章

扶贫开发战略

一、中国特色的扶贫之路

改革开放以来，党和政府为解决部分地区贫困人口的温饱问题，有计划、有组织地进行了大规模的扶贫开发，极大地改变了中国农村的面貌。

1978年，中国农村有贫困人口2.5亿。针对这种状况，十一届三中全会制定了一系列加快农业发展的政策措施。此后，农村改革的推进极大地促进了农业生产的发展，使农村贫困现象大幅度缓解。

1984年9月29日，中共中央、国务院联合发出《关于帮助贫困地区尽快改变面貌的通知》，要求集中力量解决十几个连片贫困地区的问题。到1985年，按当时的标准，没有解决温饱的贫困人口减少到1.25亿人。

在实施奔小康战略过程中，党和政府对解决农村贫困人口的温饱问题特别关注，不断加大扶贫开发的工作力度。

从1986年起，中国的扶贫工作进入新的历史时期。中国政府采取一系列重大措施，在全国范围内开展了有计划、有组织、大规模的扶贫开发工作。国务院成立专门工作机构，安排专项资金，制定专门的优惠和扶持政策，并对传统的救济式扶贫进行改革，确定了开发式扶贫的方针。

进入90年代，国务院提出的“七五”期间解决大多数贫困地区群众温饱问题的目标虽已基本实现，但标准低，不稳定，不平衡，差别比较大。1991年3月，全国扶贫开发工作会议在北京举行。会议提出“八五”期间的扶贫开发工作，要实现两个目标：一是加强农田基本建设，提高粮食产量，使贫困地区的多数农户有稳定的解决温饱问题的基础；二是发展多种经营，进行资源开发，建设区域性支柱产业，使贫困户有稳定的经济收入来源，为争取到本世纪末贫困地区多数农户过上比较宽裕的生活创造条件。

此后，党和国家对扶贫开发工作紧抓不懈，多次召开扶贫工作会议进行部署。到1993年底，全国农村没有解决温饱的贫困人口，由1978年的2.5亿人减少到8000万人。这部分贫困人口主要集中在那些自然环境恶劣、生产生活条件差的地区，扶贫的难度越来越大。

针对这种情况，为进一步加快扶贫开发步伐，解决农村贫困问题，缩小地区差距，1994年3月，中国制定并从当年开始实施《国家八七扶贫攻坚计划》。这个计划明确提出，要集中人力、物力、财力，用7年左右时间，也就是到2000年末，力争基本解决8000万农村贫困人口的温饱问题。中国的扶贫开发进入攻坚阶段。

《国家八七扶贫攻坚计划》是20世纪后7年全国扶贫开发工作的纲领，也是国民经济和社会发展计划的重要组成部分，是一份世人瞩目的有明确目标、明确对象和时间期限的国家扶贫纲领性计划。

《计划》指出，扶贫攻坚的奋斗目标：一是到20世纪末，使全国绝大多数贫困户年人均纯收入按1990年不变价格计算达到500元以上，扶持贫困户创造稳定解决温饱问题的基础条件，减少返贫人口；二是加强基础设施建设；三是改变文化、教育、卫生的落后状态，把人口自然增长率控制在国家规定的范围内。

攻坚计划提出继续坚持开发式扶贫方针，明确了扶贫开发的基本途径和主要形式，制定了信贷、财税、经济开发方面的优惠政策，并对资金的管理使用、各部门的任务、社会动员、国际合作、组织与领导等作出规定。还提出，今后7年，每年再增加10亿元以工代赈资金、10亿元扶贫专项贴息贷款等。

根据这一计划，扶贫工作迅速形成全党动手、全社会动员、合力扶贫的新局面。经过广大干部群众的艰苦努力，扶贫开发取得了显著效果。到 2000 年底，八七扶贫攻坚的目标基本实现。根据中国政府当时的贫困标准，农村绝对贫困人口减少到约 3000 万人。

2001 年 5 月，中国政府制定并颁布了《中国农村扶贫开发纲要（2001—2010 年）》，提出低收入标准，进一步明确了 2001—2010 年扶贫开发总的奋斗目标。经过努力，到 2007 年底，中国绝对贫困人口减少到约 1400 万，低收入人口减少到约 2800 万。

在 30 多年的时间内，中国解决了 2 亿多贫困人口的温饱问题，贫困地区农民收入明显增加，基础设施和社会服务显著改善，整体经济水平不断提高，这在中国历史上和世界范围内都是了不起的成就，充分体现了中国特色社会主义制度的优越性。

改革开放以来，中国扶贫的最大特色，就是开发式扶贫。基本内涵是：鼓励贫困地区广大干部、群众发扬自力更生、艰苦奋斗的精神，在国家的扶持下，以市场需求为导向，依靠科技进步，开发利用当地资源，发展商品生产，解决温饱进而脱贫致富。

这种扶贫开发的基本途径包括：

重点发展投资少、见效快、覆盖广、效益高、有助于直接解决群众温饱问题的种植业、养殖业和相关的加工业、运销业。

积极发展能够充分发挥贫困地区资源优势、又能大量安排贫困户劳动力就业的资源开发型和劳动密集型的乡镇企业。

通过土地有偿租用、转让使用权等方式，加快荒地、荒山、荒坡、荒滩、荒水的开发利用。

有计划有组织地发展劳务输出，积极引导贫困地区劳动力合理、有序地转移。

对极少数生存和发展条件特别困难的村庄和农户，实行开发式移民。

这种扶贫开发的主要形式有：

依托资源优势，按照市场需求，开发有竞争力的名特稀优产品。实行统一规划，组织千家万户连片发展，专业化生产，逐步形成一定规模的商品生产基地或区域性的支柱产业。

坚持兴办贸工农一体化、产加销一条龙的扶贫经济实体，承包开发项目，外联市场，内联农户，为农民提供产前、产中、产后的系列化服务，带动群众脱贫致富。

引导尚不具备办企业条件的贫困乡村，自愿互利，带资带劳，到投资环境较好的城镇和工业小区进行异地开发试点，兴办第二、第三产业。

扩大贫困地区与发达地区的干部交流和经济技术合作。

在优先解决群众温饱的问题的同时，帮助贫困县兴办骨干企业，改变县级财政的困难状况，增强自我发展能力。

在发展公有制经济的同时，放手发展个体经济、私营经济和股份合作制经济。

对贫困残疾人开展康复扶贫。

东西互助是促进东西部共同发展、优势互补、缩小东西部差距的重要途径。中国在开发式扶贫中实行了对口支援的方式。它于20世纪50—60年代开始萌芽，70年代末正式提出和实施，是邓小平“两个大局”思想的具体体现和生动形式。1979年，中央全国边防工作会议确定了东部发达省市对口支援边境及少数民族地区的具体方案。中共中央第一次确定了我国内地省市对口支援少数民族地区的具体对口安排，即北京支援内蒙古自治区，河北支援贵州，江苏支援广西壮族自治区、新疆维吾尔自治区，山东支援青海，上海支援云南、宁夏回族自治区，全国支援西藏自治区。1984年通过的《民族区域自治法》，首次以国家法律的形式明确规定了上级国家机关组织和支持对口支援的法律原则。

随着援藏援疆、三峡工程移民安置，唐山、汶川地震灾后重建，对口支援发展成三种主要模式，一是边疆地区对口支援，二是灾害损失严重地区对口支援，三是重大工程对口支援。

在扶贫开发中，沿海共有6个省、3个直辖市、4个计划单列市对口扶持西部的10个省区，对口扶贫工作要求落实到县一级。东部地区富裕县市要充分利用自己的人才、技术、资金、市场、信息、管理等各种优势，在互惠互利的基础上，与西部贫困县共同开发当地资源，发展经济。对口支援这种方式，是在我国政治环境中产生、发展和不断完善的一项具有中国特色的政策模式，也是中国特色社会主义制度优越性的重要表现。

2008年10月，中共十七届三中全会通过的《中共中央关于推进农村改革发展若干重大问题的决定》，明确提出实行新的扶贫标准，对农村低收入人口全面实施扶贫政策，不再实行对绝对贫困和低收入人口区别对待的政策，扶贫对象覆盖4007万，这标志着我国扶贫开发进入一个新阶段。

2011年5月，中共中央、国务院印发《中国农村扶贫开发纲要（2011—2020年）》。11月，召开中央扶贫开发工作会议，决定将国家扶贫标准由2009年的1196元提高到2300元（2010年不变价）。中国扶贫又进入了新的阶段。

二、打赢扶贫攻坚战

十八大以来，以习近平同志为核心的党中央把扶贫开发摆到治国理政的重要位置，提升到事关全面建成小康社会、实现第一个百年奋斗目标的新高度，纳入“五位一体”总体布局和“四个全面”战略布局进行决策部署，打响了一场新的脱贫攻坚战，迎来了历史性的跨越和巨变。

新中国成立以来，特别是改革开放以来，中国组织大规模有计划的扶贫开发，7 亿多农村贫困人口摆脱贫困。这一成绩举世瞩目，也受到了世界普遍好评。

中国的扶贫标准既参考联合国的标准，也从自己的实际出发，根据中国大多数人生活水平、消费水平加以确定。现行的脱贫标准，是农民年人均纯收入按 2010 年不变价计算为 2300 元，2014 年现价脱贫标准则为 2800 元。今后，还会综合考虑物价水平和其他因素，逐年更新按现价计算的标准。若按每年 6% 的增长率调整，测算 2020 年全国脱贫标准约为人均纯收入 4000 元。

按照新的扶贫标准，2012 年，中国扶贫对象有 1.22 亿人。2014 年末，还有 7017 万农村贫困人口。到 2015 年年底，全国还有 14 个集中连片特殊困难地区、832 个贫困县、12.8 万个建档立卡贫困村，贫困人口达 5575 万人，相当于中等人口规模国家的总人数。贫困人口大多数分布在革命老区、民族地区、边疆地区、集中连片特困地区。这些地区的农民人均纯收入仅为全国农村水平的六成。贫困发生率比全国平均水平高近 16 个百分点。如何实现这样规模的人口脱贫，是摆在我们全面建成小康社会面前的严峻任务。

习近平总书记高度重视扶贫开发工作。十八大以来，他多次深入贫困地区调研，形成了包括科学扶贫、精准扶贫、内源扶贫等在内的新时期中国扶贫开发战略思想。

2012 年 12 月 29 日，担任中共中央总书记 40 多天的习近平冒着零下十几度的严寒，赶赴地处集中连片特困地区的河北省阜平县。在村民家中，他盘腿坐在炕上，同乡亲们手拉手，嘘寒问暖，了解他们日子过得怎么样。他指出，全面建成小康社会，最艰巨最繁重的任务在农村、特别是在贫困地区。没有农村的小康，特别是没有贫困地区的小康，就没有全面建成小康社会。

随后 4 年多来，习近平总书记 30 多次到国内各地考察，几乎每次都提到扶贫。从黄土高坡到茫茫林海，从雪域高原到草原牧区，从西北边陲到云贵高原，几乎走遍了全国 14 个集中连片特困地区。

2015 年，十八届五中全会提出贫困人口全部脱贫、贫困县全部摘帽的目标任务。11 月 27 日，中央扶贫开发工作会议召开。习近平总书记强调，脱贫攻坚的冲锋号已经吹响。我们要立下愚公移山志，咬定目标，苦干实干，坚决打赢脱贫攻坚战，确保到 2020 年所有贫困地区和贫困人口一道迈入全面小康社会。会上，中西部 22 个省区市的党政主要负责同志向党中央签署了脱贫攻坚责任书。在此基础上，省、市、县、乡、村层层签订脱贫攻坚责任书。

2015 年年底，中共中央、国务院印发关于打赢脱贫攻坚战的决定，对“十三五”脱贫攻坚作出全面部署，成为指导脱贫攻坚的纲领性文件。2016 年 3 月，《中华人民共和国国民经济和社会发展第十三个五年规划纲要》发布，将中央脱贫攻坚决策部署变为国家意志，变为可操作的规划，对全力实施脱贫攻坚总体目标作出战略部署。“十三五”规划第一次把脱贫攻坚作为五年规划纲要的重要内容，第一次把贫困人口脱贫作为五年规划的约束性指标。与此相应，国务院印发《“十三五”脱贫攻坚规划》，细化落实中央决策部署。中办、国办出台 11 个配套文件。中央和国家机关各部门出台 118 个政策文件或实施方案。全国各地相继出台和完善“1+N”的脱贫攻坚系列举措。

中共中央、国务院关于打赢脱贫攻坚战的决定提出了“十三五”（2016—2020 年）脱贫攻坚的总体目标：到 2020 年，稳定实现农村贫困人口不愁吃、不愁穿，义务教育、基本医疗和住房安全有保障；实现贫困地区农民人均可支配收入增长幅度高于全国平均水平，基本公共服务主要领域指标接近全国平均水平；确保现行标准下农村贫困人口实现脱贫，贫困县全部摘帽，解决区域性整体贫困。

为实现上述目标，中国政府根据 2014 年年底贫困人口统计数据，分别制定了不同的脱贫方案。第一，通过产业扶持，帮助有劳动能力和生产技能的 3000 万贫困人口脱贫。第二，通过转移就业，帮助 1000 万贫困人口脱贫。第三，通过易地搬迁，帮助“一方水土养不起一方人”地区的约 1000 万贫困人口脱贫。第四，通过全部纳入低保覆盖范围，实现社保政策兜底脱贫。

中国政府承诺，在 2015 年已经完成 1442 万人脱贫的基础上，从 2016 年起每年都要完成 1000 万以上贫困人口的脱贫任务。

在十八届五中全会上，习近平总书记精细分析了脱贫的任务和完成的可能性。2011 年至 2014 年，每年农村脱贫人口分别为 4329 万、2339 万、1650 万、1232 万。今后，通过采取过硬的、管用的举措，每年减贫 1000 万人的任务是可以完成的。具体讲，到 2020 年，通过产业扶持，可以解决 3000 万人脱贫；通过转移就业，可以解决 1000 万人脱贫；通过易地搬迁，可以解决 1000 万人脱贫，总计 5000 万人左右。还有 2000 多万完全或部分丧失劳动能力的贫困人口，可以通过全部纳入低保覆盖范围，实现社保政策兜底脱贫。习近平总书记的结论是，通过实施脱贫攻坚工程，实施精准扶贫、精准脱贫，7017 万农村贫困人口脱贫目标是可以实现的。

2015 年 11 月，中央扶贫开发工作会议举行。习近平总书记强调，要坚决打赢脱贫攻坚战，确保到 2020 年所有贫困地区和贫困人口一道迈入全面小康社会。29 日，中共中央、国务院印发《关于打赢脱贫攻坚战的决定》。2016 年 4 月 23 日，中共中央办公厅、国务院办公厅印发《关于建立贫困退出机制的意见》，明确贫困人口、贫困村、贫困县在 2020 年以前有序退出的标准和要求。

2017年2月21日，习近平总书记在主持中共中央政治局第三十九次集体学习时，概括了“五条经验”，提出了“七个强化”。“五条经验”是：加强领导是根本、把握精准是要义、增加投入是保障、各方参与是合力、群众参与是基础。“七个强化”是，强化领导责任、强化资金投入、强化部门协同、强化东西协作、强化社会合力、强化基层活力、强化任务落实。

在脱贫攻坚的道路上，一套中国特色、行之有效的脱贫攻坚责任体系、政策体系、投入体系等顶层设计、谋篇布局基本完成。产业扶贫、易地扶贫搬迁、劳务输出扶贫、交通扶贫、水利扶贫、教育扶贫、健康扶贫、金融扶贫、农村危房改造、土地增减挂钩、水电矿产资源开发资产收益扶贫……因地制宜，种种“加强版”“创新版”的脱贫攻坚方法不断推出，很多“老大难”问题有了针对性解决方案。

成绩正在显现，希望愈益增大：据统计，2013年至2016年，农村贫困人口每年都减少超过1000万人，累计脱贫5564万人；党的十八大以来短短4年，5564万中国人摆脱贫困，相当于一个欧洲大国的人口总数；贫困发生率从2012年底的10.2%下降到2016年底的4.5%，下降5.7个百分点；贫困地区农村居民收入增幅高于全国平均水平，贫困群众生活水平明显提高，贫困地区面貌明显改善。

联合国《2015年千年发展目标报告》显示，中国极端贫困人口比例从1990年的61%，下降到2002年的30%以下，率先实现比例减半，2014年又下降到4.2%，中国对全球减贫的贡献率超过70%。中国成为世界上减贫人口最多的国家，也是世界上率先完成联合国千年发展目标的国家，为全球减贫事业作出了重大贡献，得到了国际社会的广泛赞誉。这个成就，足以载入人类社会发展史册，也足以向世界证明中国特色社会主义制度的优越性。

2017年6月23日，习近平总书记在山西太原主持召开深度贫困地区脱贫攻坚座谈会，强调要重点研究解决深度贫困问题，强化自身体系，聚焦精准发力，攻克坚中之坚，并提出 8 条要求。

三、精准扶贫，精准脱贫

在十八大以来的扶贫攻坚中，习近平总书记提出了一个战略性的要求：精准扶贫，精准脱贫。并把精准扶贫、精准脱贫作为扶贫攻坚的基本方略。

当年，为确保“八七扶贫攻坚计划”的实现，党中央国务院 1996 年专门召开中央扶贫开发工作会议，在加大扶贫工作力度的同时，突出强调扶贫攻坚要坚持到村到户，“把扶贫攻坚的任务和措施落实到贫困村、贫困户”，“一个村一个村地扶，一户一户地帮”。采取更有针对性的措施，扶贫到户。如党员干部，包扶到户；实体带动，效益到户；统一规划，项目到户；异地开发，移民到户；社会各界，帮扶到户；小额信贷，资金到户等。

2013 年 11 月，习近平总书记在湖南湘西、长沙等地考察时，第一次提出“精准扶贫”理念，强调抓扶贫开发，既要整体联动、有共性的要求和措施，又要突出重点、加强对特困村和特困户的帮扶。

2015 年 6 月，习近平总书记在贵州召开部分省区市党委主要负责同志座谈会时，进一步提出扶持对象精准、项目安排精准、资金使用精准、措施到户精准、因村派人精准、脱贫成效精准等 6 个方面的精准扶贫要求。强调要“做到对症下药、精准滴灌、靶向治疗，不搞大水漫灌、走马观花、大而化之”。

2017 年全国“两会”期间，习近平总书记在与人大代表讨论时再度强调，当前脱贫工作，关键要精准发力，向基层聚焦聚力，有的需要下一番“绣花”功夫。

为什么要精准扶贫？习近平总书记形象地说，“手榴弹炸跳蚤”是不行的。抓扶贫切忌喊大口号，也不要定那些好高骛远的目标，要一件事一件事做。从精准扶贫到精准脱贫，重在提高脱贫攻坚成效，关键是找准路子、构建好的体制机制，在精准施策上出实招、在精准推进上下实功、在精准落地上见实效。

如何实行精准脱贫？习近平总书记提出了四点要求：设定时间表，实现有序退出，既要防止拖延病，又要防止急躁症。留出缓冲期，在一定时间内实行摘帽不摘政策。实行严格评估，按照摘帽标准验收。实行逐户销号，做到脱贫到人，脱没脱贫要同群众一起算账，要群众认账。

精准扶贫、精准脱贫，首先要把真正的贫困人口弄清楚，把贫困人口、贫困程度、致贫原因等搞清楚，以便做到因户施策、因人施策。

2014 年 4 月至 10 月，全国扶贫系统组织了 80 万人进村入户，共识别 12.8 万个贫困村、8962 万贫困人口，建档立卡、录入信息，实行有进有出的动态管理，把真正需要扶贫的人扶起来。2015 年 8 月至 2016 年 6 月，全国扶贫系统又动员了近 200 万人开展建档立卡“回头看”，补录贫困人口 807 万，剔除识别不准人口 929 万，识别精准度进一步提高，精确锁定了脱贫攻坚的主战场。2017 年，国务院扶贫办又组织各地对 2016 年脱贫真实性开展自查自纠，245 万标注脱贫人口重新回退为贫困人口。建档立卡使我国贫困数据第一次实现了到村到户到人。

精准扶贫、精准脱贫，还要保证扶贫责任到人、措施到家、工作到位。

2016 年 10 月，中共中央办公厅、国务院办公厅印发《脱贫攻坚责任制实施办法》，从中央统筹、省负总责、市县落实、合力攻坚、奖惩等方面对落实脱贫攻坚责任制全面作出安排部署。务实有效的扶贫管理体制安排，让党中央决策部署有效传导到最末梢的基层干部。为确保脱贫成效经得起实践、人民、历史检验，党中央明确要求实行最严格的考核评估制度。2015 年，国务院扶贫开发领导小组首次组织开展了对省级党委和政府扶贫工作成效的试考核，根据试考核情况对中西部 20 个省份开展了督查，对 2 个省份开展了巡查。为了使脱贫成效更客观真实，2017 年 1 月，有关机构组织了 1756 名评估人员，对 15000 个建档立卡贫困户和 6600 个脱贫户开展第三方评估。

中央要求，每个贫困村都有驻村工作队（组），每个贫困户都有帮扶责任人，要实现全覆盖。截至 2016 年末，全国共选派 77.5 万名干部驻村帮扶，选派 18.8 万名优秀干部到贫困村和基层党组织软弱涣散村担任第一书记。

在扶贫脱贫的措施上，习近平总书记提出，按照贫困地区和贫困人口的具体情况，实施“五个一批”工程，即：发展生产脱贫一批、易地搬迁脱贫一批、生态补偿脱贫一批、发展教育脱贫一批、社会保障兜底一批。在精准扶贫、精准脱贫基本方略的统领下，社会各界、各行各业的力量都动员起来，因地制宜、因人而异采用多种手段，实行产业扶贫、教育扶贫、健康扶贫、金融扶贫、生态扶贫、电商扶贫、光伏扶贫等等。

在精准扶贫、精准脱贫的攻坚中，继续采取了东西部扶贫协作和对口支援的办法。2016 年 7 月 20 日，在东部地区支援西部地区 20 周年的重要节点上，习近平总书记在银川主持召开东西部扶贫协作座谈会并发表重要讲话，强调东西部扶贫协作和对口支援，是推动区域协调发展、协同发展、共同发展的大战略，是加强区域合作、优化产业布局、拓展对内对外开放新空间的大布局，是实现先富帮后富、最终实现共同富裕目标的大举措。目前，东部发达地区 267 个经济较强县市区结对帮扶西部地区 406 个贫困县，并实现对 30 个民族自治州全覆盖，增强了扶贫的针对性有效性。全国 17.68 万个党政机关、企事业单位参加，帮扶覆盖全国 12.8 万个建档立卡贫困村；68 家中央企业开展“百县万村”行动，全国工商联动员 2.65 万家民营企业开展“万企帮万村”行动。

实施精准扶贫、精准脱贫，取得了实实在在的成效。2016 年全国减少农村贫困人口 1240 万人，这是十八大以来连续第四年减贫超过 1000 万人。

中国扶贫攻坚的成绩一再得到世界的高度赞赏。在意大利罗马举行的全球减贫伙伴研讨会上，来自世界银行、联合国粮农组织、国际农发基金等国际机构的代表认为，中国精准扶贫的理论和实践表明，良好的政治愿景、科学的扶贫战略、适宜的政策措施，实现整体脱贫是完全可能的。中国的成功实践，对推进世界减贫事业具有重要启示。

十九大进一步分析了扶贫形势，要求作为决胜全面建成小康社会补短板的关键一仗，坚决打赢脱贫攻坚战。习近平总书记宣告，让贫困人口和贫困地区同全国一道进入全面小康社会是我们党的庄严承诺。为此，要动员全党全国全社会力量，坚持精准扶贫、精准脱贫，坚持中央统筹省负总责市县抓落实的工作机制，强化党政一把手负总责的责任制，坚持大扶贫格局，注重扶贫同扶志、扶智相结合，深入实施东西部扶贫协作，重点攻克深度贫困地区脱贫任务，确保到 2020 年我国现行标准下农村贫困人口实现脱贫，贫困县全部摘帽，解决区域性整体贫困，做到脱真贫、真脱贫。

十九大之后召开的中央农村工作会议，进一步落实十九大的部署，要求打好精准脱贫攻坚战，走中国特色减贫之路。坚持精准扶贫、精准脱贫，把提高脱贫质量放在首位，注重扶贫同扶志、扶智相结合，瞄准贫困人口精准帮扶，聚焦深度贫困地区集中发力，激发贫困人口内生动力，强化脱贫攻坚责任和监督，开展扶贫领域腐败和作风问题专项治理，采取更加有力的举措、更加集中的支持、更加精细的工作，坚决打好精准脱贫这场对全面建成小康社会具有决定意义的攻坚战。

第六章

人才强国战略

一、尊重知识、尊重人才

70年代末，一篇报告文学传遍全国，引起社会强烈反响。一位科学家也因此而被无数人认识和尊敬。这就是徐迟写的《哥德巴赫猜想》，它记录了一个瘦弱的“书呆子”——年轻数学家陈景润勇攀数学高峰的故事。

按“左”的标准，陈景润是典型的“白专”①，但却作出了杰出的贡献。如何看待这样的人才？论常识，不难回答。但在当年，居然成了一个非常严重的政治问题。

好在有邓小平。在“四人帮”十分猖獗的时候，邓小平就坚定支持了陈景润的科学研究工作，大胆肯定陈景润不是“白专”。“现在连红专也不敢讲，实际上是不敢讲‘专’。”“说什么‘白专’，只要对中华人民共和国有好处，比闹派性、拉后腿的人好得多。”“这一段时间一些科研人员打派仗，不务正业，搞科研的少。少数人秘密搞，像犯罪一样。陈景润就是秘密搞的。这些人有点成绩，这究竟算是红专还是白专？像这样一些世界上公认有水平的人，中国有一千个就了不得。”“对他们应该爱护和赞扬。”他的话在当时对鼓励科技人员搞科研起了重要作用。

1975年9月26日，邓小平还讲过一件事情：“有位老科学家，搞半导体的，北大叫他改行教别的，他不会，科学院半导体所请他作学术报告，反映很好。他说这是业余研究的。这种用非所学的人是大量的，应当发挥他们的作用，不然对国家是最大的浪费。他是学部委员、

---

①“白专”，比喻那种只知道埋头钻研业务不重视政治学习的人。“红专”指那些既注重政治学习，又肯钻研业务做好本职工作的“又红又专”的人。

全国知名的人，就这么个遭遇。为什么不叫他搞本行？北大不用他，可以调到半导体所当所长，给他配党委书记，配后勤人员。”

邓小平说的这位老科学家，就是中科院院士、著名的半导体专家黄昆。由于“四人帮”的干扰，黄昆调往科学院的事拖了下来。直到1977年，在邓小平的直接关心下，黄昆才调入中科院半导体所。黄昆在半导体领域作出了卓越成绩，被称为中国半导体技术的奠基人，2001年荣获国家最高科学技术奖。

类似这样的事情、类似这样的讲话或批示，都充分反映了改革开放的总设计师邓小平爱惜人才、保护人才的坚定态度和殷殷之情。

邓小平爱护的、帮助的，其实不是一个两个人才，而是真正一代、两代乃至多少代的人才。如果要举例子，那他作出的恢复高考的决策，就不仅改变了整整一代人的命运，而且扭转了中国当年已经偏转的方向，回到人类文明的大道上，从而改变了中国的命运、改变了多少代人的命运。

从“文化大革命”开始到1976年，高考制度整整废止了10年，中小学一度停课，大学办不办居然也成了问题，造成国家出现严重的人才断档，这实在是人类文明史上令人惊诧和悲哀的奇观。1977年5月12日，邓小平在一次谈话中批评说：“中小学现在接不上茬，十年没有好好上课，数理化不行，外文也不懂。多数中学教师水平不高。因此，要抓好重点小学、重点中学。要加强教师的配备。要重新审定大中小学的教材。”

1977年5月24日，邓小平说：“要经过严格考试，把最优秀的人集中在重点中学和大学。一定要在党内造成一种空气：尊重知识、尊重人才。要反对不尊重知识分子的错误思想。不论脑力劳动、体力劳动，都是劳动。从事脑力劳动的人也是劳动者。”

1977年7月29日，邓小平提出：“有几个问题要提出来考虑：第一，是否废除高中毕业生一定要劳动两年才能上大学的做法？第二，要坚持考试制度，重点学校一定要坚持不合格的要留级。对此要有鲜明的态度。”

1977 年 8 月 8 日，在科学和教育工作座谈会上，邓小平认真听取代表们对教育科技现状的忧虑和意见。当清华大学党委负责人谈到清华的教学质量很差，许多人只有小学水平，入学后还得补习中学课程时，邓小平尖锐地说：那应该叫“清华小学”“清华中学”。参会老教授和老专家希望中央下决心改革当时的高校招生制度，邓小平问：“今年是不是来不及改了？”大家说：还来得及，最多晚一点。邓小平当即表态：“既然大家要求，那就改过来。”然后他说：“今年就要下决心恢复从高中毕业生中直接招考学生，不要再搞群众推荐。从高中直接招生，我看可能是早出人才、早出成果的一个好办法。”在座的教育家、科学家对邓小平的话报以长时间的热烈掌声。

9 月 6 日，邓小平专门就高校招生问题致信华国锋、叶剑英等人。随后，教育部《关于 1977 年高等学校招生工作的意见》出台。10 月 5 日，中央政治局讨论并通过了这一《意见》。10 月 12 日，国务院批转了《意见》，决定正式恢复高考。

1977 年冬天，573 万名考生走进了久违的考场，积压了 12 年的中学毕业生同时考大学，堪称空前，也但愿绝后。将 1978 年初增招的 6.2 万人包含在内，1977 级共录取了 27.3 万名学生。到 1978 年夏季，又有 610 万名考生参加考试。尽管所有高校尽了最大努力，挖掘了一切潜力，两级的录取率也不过是 4.76% 和 6.58%。

由于邓小平亲自对高考招生繁琐的政审条件作了大段删改，明确指出：“招生主要抓两条：第一是本人表现好，第二是择优录取。”因此，几乎所有青年都获得了平等竞争的机会。刘少奇的冤案当时还未昭雪，他的 4 个儿女都在同一年考进大学，没有受到株连。张晓山是

"胡风反党集团"主要人物胡风的儿子，当时胡风还在狱中，张晓山依然得到了参加高考的权利。

不仅当年能够入学的所有大学生感谢邓小平，之后所有的年轻人都应该感谢邓小平，中国人民都应该感谢邓小平。感谢他尊重知识、尊重人才，感谢他改变了中国的历史。

在知识分子还戴着"臭老九"帽子的时候，邓小平就明确指出知识分子是工人阶级的一部分，充分肯定知识分子在现代化建设中的特殊地位和作用，强调对知识分子要在政治上给予充分的信任，充分发挥他们的专长，尊重他们的劳动，切实贯彻"双百"方针，为他们提供良好的工作条件和生活条件，充分发挥知识分子的重要作用。

邓小平对教师格外厚爱。他大力呼吁要造成全党全社会尊师重教的浓厚空气，提高人民教师的政治地位和社会地位。他批准坚决恢复和实行大中小学教师职称制度，而且还提出对特别优秀的中小学教师也"可以定为特级教师"。1979 年，邓小平亲自批准景山学校的马淑珍等 3 名小学教师为特级教师。

1985 年 7 月 16 日，邓小平在听取胡启立、方毅、宋健、严东生、周光召等汇报时指出：人是最宝贵的财富。我们有几万名留学生在国外，这是财富，要争取他们回来。我们要加强同他们的联系。一个是搞博士后的方法，一个是特区、开放城市招聘留学生的方法。把他们吸引回来，还要想更多的方法。有许多框框束缚我们，要改革。招聘要有对象，有名单，要赶快搞规划。尤其是科学研究机构，现在就要去招聘，把最优秀的先招聘回来。所谓少讲空话，多做实事，这就是实事，要落实到单位，落实到人。最优秀的，招聘的条件要提高。

尊重知识、尊重人才，并不仅仅是个人的理念问题，而是整个国家的方略和命运问题。知识分子是新的生产力的开拓者和代表者，知识就是力量，而知识分子则是先进生产力的重要组成部分。知识与人才问题关系到国家和民族的兴旺发达，关系到社会主义现代化建设事业的成败。没有知识和知识分子，一个国家只能在黑暗、愚昧的道路上踯躅。所以，邓小平明确指出，我们国家“经济发展后劲的大小，越来越取决于劳动者的素质，取决于知识分子的数量和质量”。

改革开放以来，邓小平大力倡导尊重知识、尊重人才，使这“两个尊重”很快成为国家和人民的共识，也成为党和国家的基本政策和战略要求。

尊重知识、尊重人才，改变了中国无数的政策，融进了改革开放和社会主义现代化建设的整个历程，使中国的面貌发生了历史性的变化。

到 2002 年，中共十六大进一步把“两个尊重”发展为“四个尊重”，强调：必须尊重劳动、尊重知识、尊重人才、尊重创造，这要作为党和国家的一项重大方针在全社会认真贯彻。

劳动，创造价值。当代中国，劳动的形式日益多样化。要尊重和保护一切有益于人民和社会的劳动。不论是体力劳动还是脑力劳动，不论是简单劳动还是复杂劳动，一切为我国社会主义现代化建设作出贡献的劳动，都是光荣的，都应该得到承认和尊重。

知识，是人们在实践的基础上探索自然和社会发展规律所取得的认识成果。知识，给人们以科学的指南，帮助人们更加科学、理性地认识世界、改造世界。因此，在某种意义上，知识就是力量。我们要建设社会主义的物质文明、政治文明、精神文明和生态文明，就必须尊重知识，在全社会形成学习知识、尊重知识、运用知识、发展知识的良好风尚，不断提高整个社会的知识水准。

人才，是我们事业成败的关键。在社会的各种资源中，人才是最宝贵最重要的资源。当今世界，人才和人的能力建设，在综合国力竞争中越来越具有决定性的意义。因此，要进一步做好培养、吸引和用好各方面人才的工作，进一步在全党全社会形成尊重知识、尊重人才，促进优秀人才脱颖而出的良好风气。领导干部要有识才的慧眼、用才的气魄、爱才的感情、聚才的方法，知人善任，广纳群贤。通过各项工作，努力开创人才辈出的局面。

创造，是人类不断进步的动力。创造性的劳动和活动，是一种探索和试验，对于人类社会的发展具有特殊的意义。人类的劳动和活动，有重复性和创造性之分。坚持与时俱进，大力推动理论创新、制度创新、科技创新，必须尊重创造，鼓励创造。只有把创造的活力激发出来，社会才能充满生机，不断前进。

坚持“四个尊重”，就要形成与人类文明相适应的思想观念和创业机制，营造鼓励人们干事业、支持人们干成事业的社会氛围，放手让一切劳动、知识、技术、管理和资本的活力竞相迸发，让一切创造社会财富的源泉充分涌流，以造福于人民。

二、人才强国战略

从邓小平的尊重知识、尊重人才的基本理念，发展到尊重劳动、尊重知识、尊重人才、尊重创造的一整套政策，必然发展到了国家的“人才强国战略”。

改革开放以来，党和国家十分重视人才工作，培养造就了各个领域的大批优秀人才，为推动社会主义现代化建设事业发挥了重要作用。相关的理念和政策也不断丰富、不断明确和不断发展。

中共十五大根据现代化建设的要求，提出要培养数以亿计的高素质的劳动者和数以千万计的专门人才，发挥我国巨大人力资源的优势。

进入新世纪新阶段，党中央国务院作出实施人才强国战略的重大决策，提出尊重劳动、尊重知识、尊重人才、尊重创造的重大方针，明确要努力形成广纳群贤、人尽其才、能上能下、充满活力的用人机制，把优秀人才集聚到党和国家的各项事业中来的战略任务。

2003 年 12 月，党中央专门召开全国人才工作会议，对人才工作进行全面部署，推动实施人才强国战略。会议讨论通过的《中共中央国务院关于进一步加强人才工作的决定》鲜明地提出，人才资源是第一资源。要坚持党管人才原则，坚持以人为本，充分开发国内国际两种人才资源，紧紧抓住经营管理人才和专业技术人才为主体的人才队伍建设，努力把各类优秀人才集聚到党和国家各项事业中来，为全面建成小康社会提供坚强的人才保证和广泛的智力支持。

2006 年 3 月，十届全国人大四次会议审议批准的“十一五”规划纲要明确提出，推进人才强国战略，促进人口大国向人力资本强国转变，为全面建设小康社会、加快推进社会主义现代化提供人才支撑。

2007 年 10 月，十七大将人才强国战略与科教兴国战略、可持续发展战略确立为经济社会发展的三大国家战略，并写进了党章。十七大提出，要进一步营造鼓励创新的环境，努力造就世界一流科学家和科技领军人才，注重培养一线的创新人才，使全社会创新活力竞相迸发、各方面创新人才大量涌现。通过深入实施人才强国战略，大力培养、积极引进和合理使用各类人才，高层次、高技能人才队伍不断壮大。

加快建设人才强国是党和国家的一项重大战略决策。实施人才强国战略，就是要把人才队伍建设提升到国家战略的高度，牢固树立人才资源是第一资源的观念，建设规模宏大、结构合理、素质较高的人才队伍，充分发挥各类人才的积极性、主动性和创造性，开创人才辈出、人尽其才的新局面，大力提升国家核心竞争力和综合国力，为全面建成小康社会和实现中华民族的伟大复兴提供重要保证。

从更广的范围来看，当今世界，人才和人的素质的竞争成为综合国力竞争的基础内容。许多国家都把教育作为国家发展和振兴的基础，大力培养人才。有实力的国家，则用吸引留学、提供较好的工作条件和较高的工资等方式，大量吸引高级人才。许多发展中国家的人才，纷纷流向发达国家，甚至一些发达国家的人才，也大量流向美国。为了争夺人才，很多国家八仙过海，各显神通，采用了很多办法。商业化的各种“猎头公司”也大量出现，活跃在人才竞争的最前沿。

胡锦涛2011年的七一讲话，总结中国共产党90年的历史经验，把人才问题作为在新的历史条件下提高党的建设科学化水平的五大要求之一给予了特别的强调，指出：“人才是第一资源，是国家发展的战略资源。”“中国特色社会主义道路能不能越走越宽广，中华民族能不能实现伟大复兴，要看能不能不断培养造就大批优秀人才，更要看能不能让各方面优秀人才脱颖而出、施展才华。”

为此，“必须坚持五湖四海、任人唯贤，坚持德才兼备、以德为先用人标准，把各方面优秀人才集聚到党和国家事业中来。”

“全党同志和全社会都要坚持尊重劳动、尊重知识、尊重人才、尊重创造的重大方针，牢固树立人人皆可成才的观念，敢为事业用人才，让各类人才都拥有广阔的创业平台、发展空间，使每个人都成为对祖国、对人民、对民族的有用之才，特别是要抓紧培养造就青年英才，形成人才辈出、人尽其才、才尽其用的生动局面。”

十八大以来，以习近平同志为核心的党中央把加快建设人才强国摆到更加突出的位置。习近平总书记多次作出重要指示，提出一系列新思想、新观点、新论断，为加快建设人才强国进一步指明了方向。

习近平总书记反复强调，要树立强烈的人才意识，寻觅人才求贤若渴，发现人才如获至宝，举荐人才不拘一格，使用人才各尽其能；要择天下英才而用之；不唯地域引进人才，不求所有开发人才，不拘一格用好人才；人是科技创新最关键的因素，创新的事业呼唤创新的人才；创新驱动实质上是人才驱动。

习近平总书记要求，要用好用活人才，建立更为灵活的人才管理机制，打通人才流动、使用、发挥作用中的体制机制障碍；要着力破除束缚人才发展的思想观念，推进体制机制改革和政策创新；各级党委、政府要继续完善凝聚人才、发挥人才作用的体制机制，进一步调动优秀人才创新创业的积极性；为了加快形成一支规模宏大、富有创新精神、敢于承担风险的创新型人才队伍，要重点在用好、吸引、培养上下功夫。

人才强国战略的实施，极大地调动了各类人才的积极性和创造性，激发了我国经济社会各项事业发展的活力。中国的人才队伍规模日益壮大，人才体制机制改革和政策创新稳步推进，人才环境日益优化，重大人才工程引领示范作用不断增强，人才服务体系逐步健全，各项人才工作取得积极进展。

特别是实施了一系列重大人才工程，如“千人计划”“万人计划”等。坚持以重大人才工程为抓手，撬动人才发展体制机制改革，统筹推进各类人才队伍建设，使人才工程成为凝聚和培养“高精尖缺”人才的大平台，成为人才创新创造、建功立业的助推器。国家支持各地各部门实施各具特色的人才工程，构建横向和纵向有效衔接的人才工程体系。同时，创新人才工程协同推进机制，统筹落实人才支持政策和财政专项资金。积极做好国际组织所需人才的培养推送工作，加快培养推送政治过硬、专业水平高、精通国际事务的优秀人才到国际组织任职，增强了中国在国际上的话语权和影响力。

三、实施人才优先发展战略

新形势下，在实现“两个一百年”奋斗目标的过程中，人才问题仍然是一个重大的战略问题。

从国际上来看，人才培养、人才竞争、人才争夺依然十分激烈。许多国家都把大力引进开发高端人才、增强核心领域创新能力提升到国家发展战略的核心层面。世界主要国家制定了新型产业发展战略，启动了百余项专门计划，各国对人才的争夺日趋白热化，这对我国参与国际人才竞争、引进和留住人才形成巨大挑战。

从国内来看，我国人才发展总体水平与世界先进水平相比仍有较大差距，人才队伍的整体规模、素质能力、结构分布与经济社会发展需求还不相适应。“科学家和工程师的可获得性”在全球排名靠后；科技人力资源大而不强，创新产出低下、转化不足；产业发展急需的实用型技能人才普遍缺乏，高技能人才占比较低。同时，制约人才发展和发挥作用的体制机制障碍尚未消除，人才公共服务体系还不健全。

习近平总书记深刻指出，国家的强盛，归根到底必须依靠人才；我们比历史上任何时期都更接近实现中华民族伟大复兴的宏伟目标，我们也比历史上任何时期都更加渴求人才；没有一支宏大的高素质人才队伍，全面建成小康社会的奋斗目标和中华民族伟大复兴的中国梦就难以顺利实现。

所以，新形势下，我们还必须更高水平地实施人才强国战略，更加充分地尊重劳动、尊重知识、尊重人才、尊重创造，加快确立人才优先发展战略布局，扎实推进人才工作迈上新台阶，推动我国由人口大国向人才强国转变。

“十三五”规划进一步提出了“实施人才优先发展战略”，把人才作为支撑发展的第一资源，加快推进人才发展体制和政策创新，构建有国际竞争力的人才制度优势，提高人才质量，优化人才结构，加快建设人才强国。

按照这个规划，要做好三个大的方面的工作：

第一，建设规模宏大的人才队伍。推动人才结构战略性调整，突出“高精尖缺”导向，实施重大人才工程，着力发现、培养、集聚战略科学家、科技领军人才、社科人才、企业家人才和高技能人才队伍。培养一批讲政治、懂专业、善管理、有国际视野的党政人才。善于发现、重点支持、放手使用青年优秀人才。改革院校创新型人才培养模式，引导推动人才培养链与产业链、创新链有机衔接。

第二，促进人才优化配置。建立健全人才流动机制，提高社会横向和纵向流动性，促进人才在不同性质的单位和不同地域间有序自由流动。完善工资、医疗待遇、职称评定、养老保障等激励政策，激励人才向基层一线、中西部、艰苦边远地区流动。开展东部沿海地区与中西部地区、东北等老工业基地人才交流和对口支援，继续实施东部城市对口支持西部地区人才培训工程。

第三，营造良好的人才发展环境。完善人才评价激励机制和服务保障体系，营造有利于人人皆可成才和青年人才脱颖而出的社会环境。发挥政府投入引导作用，鼓励人才资源开发和人才引进。完善业绩和贡献导向的人才评价标准。保障人才以知识、技能、管理等创新要素参与利益分配，以市场价值回报人才价值，强化对人才的物质和精神激励，鼓励人才弘扬奉献精神。营造崇尚专业的社会氛围，大力弘扬新时期工匠精神。

规划还要求，实施更积极、更开放、更有效的人才引进政策，完善外国人永久居留制度，放宽技术技能型人才取得永久居留权的条件。加快完善高效便捷的海外人才来华工作、出入境、居留管理服务。扩大来华留学规模，优化留学生结构，完善培养支持机制。

前些年，我曾经以国际货币基金组织总裁问题为例，提出建议：抓紧培养国际化的、能在这样一些国际组织中担任高级职务、发挥重要作用的人才。后来，我看到，中央的有关文件和工作安排中，已经把培养国际化人才摆在重要位置加以考虑和部署。所以，“十三五”规划也要求，培养推荐优秀人才到国际组织任职，完善配套政策，畅通回国任职通道。

尤其让我们感到鼓舞的是，“十三五”规划还列出了一系列重大人才工程。包括：

创新人才推进计划。在优势科研领域设立一批科学家工作室，重点支持和培养一批中青年科技创新领军人才；建设一批重点领域创新团队；重点扶持一批科技创新创业人才，建设一批创新人才培养示范基地。

青年英才开发计划。在重点学科领域培养扶持一批青年拔尖人才；在高水平研究型大学和科研院所优势基础学科建设一批国家青年英才培养基地，选拔一批拔尖大学生进行培养；每年从应届高中、大学毕业生中筛选优秀人才到国际一流大学深造，进行定向跟踪培养。

企业经营管理人才素质提升工程。培养一批具有世界眼光、战略思维、创新精神的企业家；培养1万名精通战略规划、资本运作、质量管理、人力资源管理、财会法律等专业知识的企业经营管理人才。

“千人计划”“万人计划”提升工程。引进能够从事原始创新、突破高新技术、发展高新产业、带动新兴学科的战略科学家和科技领军人才。引进1万名左右海外高层次人才回国（来华）创新创业，遴选支持1万名左右急需紧缺的国内高层次人才。

专业技术人才知识更新工程。每年培训百万名高层次、急需紧缺和骨干专业技术人才。依托高等院校、科研院所和大型企业现有施教机构，建设一批国家级继续教育基地。

国家高技能人才振兴计划。在全国建成一批技能大师工作室，1200个高技能人才培训基地，培养1000万名高技能人才。

深入实施人才优先发展战略，是更好落实加快建设人才强国的重点任务，是建设人才强国的基本路径。国以才立，政以才治，业以才兴。人才是第一资源，人才优势是最有潜力、最可依靠的优势。深入实施人才优先发展战略，就是要牢固确立人才引领发展的战略地位，把人才工作放在党和国家事业发展大局中谋划，确立在经济社会发展中人才优先的战略布局，将国家重大发展战略和产业布局与人才发展同步推进，促使人才规模、质量和结构与我国创新发展相适应相协调。下好人才“先手棋”，确保人才投入优先保证、结构优先调整、政策优先创新。以更加有力的政策措施，促进人才建设与经济建设、政治建设、文化建设、社会建设、生态文明建设和党的建设深度融合。

要真正落实好人才强国战略，必须推进人才发展体制改革和政策创新。只有在适宜的土壤和环境中，人才才能真正涌现出来。所以，要着眼于最大限度激发人才创新创造创业活力，以用好用活人才为核心，完善人才发展体制机制，扩大用人主体自主权，提高人才工作科学化水平，加快构建管理规范、开放包容、运行高效的人才发展治理体系，形成具有国际竞争力的人才制度优势。着力破除制约人才培养、评价、使用、流动、激励的思想束缚和制度藩篱，实施更加灵活务实的政策。破除论资排辈、头衔崇拜，加快分类推进职称制度改革步伐，完善待遇、税收、保险等激励政策，健全有利于人才向基层、中西部流动的政策体系。优化人力资本配置，打破地域、所有制、身份等制度性障碍，提高社会横向和纵向流动性。推动工资收入分配制度改革，建立完善人才创新创业利益回报机制，保障人才以知识、技术、管理、技能等创新要素参与利益分配，合理分享创新收益。鼓励各地因地制宜，大胆探索创新，促进百花齐放、百舸争流，增强人才工作生机活力。

四、聚天下英才而用之

人才思想和战略，是习近平新时代中国特色社会主义思想的重要组成部分，也是新时代坚持和发展中国特色社会主义基本方略的重要内容。

十九大在报告中再次专门论述了人才问题，反映了党和国家对人才问题的最新认识和最新政策。其中一些重要的论断和政策，比之以往党代会的相关论述，有新的调整和发展，对做好新时代的人才工作，具有重要的指导意义。

第一，以更宽广的视野认识人才的重要价值。

十九大报告把人才问题放到新时代治国理政的大环境、大背景中，强调说明："人才是实现民族振兴、赢得国际竞争主动的战略资源。"这一新的论断，不仅强调了人才的重要性，而且进一步拓展了认识人才价值的视野，说明人才的价值不仅在国内的建设中越来越充分地体现出来，而且在全球化的进程和竞争中也日益突出地显示出来。这是从国家发展和全球竞争战略全局作出的重要判断。在中国特色社会主义进入新时代的历史条件下，人才建设更具有特别的重要性和紧迫性。

第二，坚持党管人才原则，加快建设人才强国。

十九大要求全面加强党的领导。领导一切，当然就要领导人才工作。所以，十九大进一步强调了党管人才原则。同时，进一步要求"加快建设人才强国"，着重突出了"加快"二字。这表明，新时代不仅要继续建设人才强国，而且要加快建设的步伐，以适应新时代坚持和发展中国特色社会主义的战略需要。

第三，实行"三个更加"的人才政策，聚天下英才而用之。

十九大在十八大"广开进贤之路，广纳天下英才"的基础上，进一步强调习近平总书记在庆祝建党 95 周年大会上的讲话，重申"聚天下英才而用之”。语言铿锵，气势豪迈，表明了实施人才强国战略的坚定决心。

如何聚？怎样用？十九大报告提出要“实行更加积极、更加开放、更加有效的人才政策”。连续三个“更加”，突出了态度要更“积极”，范围要更“开放”，措施要更“有效”。这是对人才政策的新要求。实施人才政策，必须从这三个方向努力。原有的要坚持，不适应的要改进。

在对待人才的基本态度和措施上，十九大重申了习近平总书记提出的“识才的慧眼、爱才的诚意、用才的胆识、容才的雅量、聚才的良方”五个要求。

第四，鼓励和引导人才向某些特定区域流动。

改革开放以来，大量人才向东部发达地区流动，形成了“孔雀东南飞”的态势。但对人才，不仅东部地区需要，中部、西部地区同样需要。因此，人才的区域分布、行业分布都应该比较均衡。特别是边远贫困地区、边疆民族地区、革命老区和基层一线，往往缺少人才，因而也更需要人才。没有人才，就会形成某种恶性循环：条件差，留不住人才；缺少人才，条件就更差。从大局着眼，十九大要求，鼓励引导人才向边远贫困地区、边疆民族地区、革命老区和基层一线流动。

第五，让人才的创造活力竞相迸发、聪明才智充分涌流。

在庆祝建党95周年大会上，习近平总书记要求：“努力形成人人渴望成才、人人努力成才、人人皆可成才、人人尽展其才的良好局面。”十九大进一步要求形成这样一种局面，“让各类人才的创造活力竞相迸发、聪明才智充分涌流。”

四个“人人”，涵盖了对人才机制和环境的基本要求。人人都有成才的强烈愿望，人人都努力去成为人才，不分资历人人皆可成才，而且人人都能施展自己的才干。一个社会和国家，如果形成了这样一种局面，大量人才自然会不断涌现，人才的作用就会大大发挥。在这样的环境和机制中，各类人才的创造活力就会竞相迸发、聪明才智就会充分涌流。

我们希望的，就是这样一种人才局面。我们实施的，也应该是这样一种人才战略。只有形成了这样一种制度、机制、环境、局面，我们才是真正的人才强国，我们的国家，才能成为真正的现代化强国。

- 发展思想和发展理念的新变革
- 全面实现现代化的十二个专项“强国”
- 全面建设现代化强国的系列化专项战略
- “一带一路”倡议
- 京津冀协同发展战略
- 长江经济带发展战略

第三编

新时代中国国家战略的新发展

第一章

发展思想和发展理念的新变革

一、社会主要矛盾的新界定

矛盾、主要矛盾、矛盾的两个方面……都是哲学术语，但在中国，却几乎耳熟能详。可见，在中国，哲学已经普及到何种程度。

所有这些用语，当然不是无关紧要的。在某种意义上，与国家的命运有关，也与老百姓的生活息息相关。

就拿社会主要矛盾来说，如何界定中国社会的主要矛盾，就是中国共产党制定一系列路线方针政策的基础，因而也一直是中国革命、建设、改革中所要解决的重大的基础性问题。

早在1956年，中共八大关于政治报告的决议里面就写进了这几句话：生产资料私有制的社会主义改造基本完成以后，国内的主要矛盾不再是工人阶级和资产阶级之间的矛盾，而是人民对于建立先进的工业国的要求同落后的农业国的现实之间的矛盾，是人民对于经济文化迅速发展的需要同当前经济文化不能满足人民需要的状况之间的矛盾。这一矛盾的实质，在中国社会主义制度已经建立的情况下，也就是先进的社会主义制度同落后的社会生产之间的矛盾。

八大关于主要矛盾实质的界定，在理论上有不完全准确的地方，但其着眼点，是强调工作重心的转移，强调集中力量发展生产力。因此，八大对主要矛盾的界定基本上是正确的，而且具有重大的历史意义。

但遗憾的是，这一判断和界定是笔杆子的主意，而不是毛泽东的本意。虽然毛泽东在匆匆忙忙中也认可了，但没过几天，他就提出了批评。所以，八大的观点提出没多久，就改变了，以致后来“左”的错误逐渐发展，造成了严重后果。

“文化大革命”结束之后，在理论和政治上所要解决的一个重大问题，就是重新确定我国社会的主要矛盾。1981 年十一届六中全会通过的《关于建国以来党的若干历史问题的决议》明确指出：“在社会主义改造基本完成以后，我国所要解决的主要矛盾，是人民日益增长的物质文化需要同落后的社会生产之间的矛盾。”这一界定，成为十一届三中全会实行工作中心转移的基础，成为社会主义初级阶段基本路线的基础，成为改革开放以来我们几乎所有方针政策的基础。

当然，这一界定，如果从 1956 年算起，已经 60 多年了，如果从 1981 年算起，也已经 36 年了。几十年来，我国国情和社会主要矛盾已经发生了很大变化。所以，中共十九大对中国特色社会主义进入新时代后的基本国情作了新的分析，对我国社会主要矛盾状况作了新的判断，对此前关于我国社会主要矛盾的界定作了重要的调整，确认：“我国社会主要矛盾已经转化为人民日益增长的美好生活需要和不平衡不充分的发展之间的矛盾。”①

这一新的界定，是与时俱进作出的一个重大理论创新，也是应时而为作出的一个重大政治决策。这一新的界定，与改革开放之初的界定，既一脉相承，又与时俱进。

所谓一脉相承，就是原来的界定是“日益增长的物质文化需要”同“落后的社会生产”之间的矛盾，而现在是“日益增长的美好生活需要”与“不平衡不充分的发展”之间的矛盾。两个界定都是需求与供给的矛盾，矛盾双方大体上可算是“量”和“程度”的提升，而不是“质”和“本源”的转变，也就是说，并没有作根本的甚至颠覆性的改变。所以，它们是一脉相承的。

所谓与时俱进，就是 40 年来，人民需求的层次已经大大提高，现

①《中国共产党第十九次全国代表大会文件汇编》，人民出版社，2017 年版，第 9 页。

在主要已不再是温饱的需求，而是对于更加美好生活的需求；我国的发展，也已经到了较高水平，主要问题已不是整体“落后”，而是发展还不够平衡、不够充分。这种新情况、新特点，要求我们在更高层次上研究和解决主要矛盾，更加充分、更加均衡、更加公平、更高质量地满足人民群众对于美好生活的需求和向往。

对我国社会主要矛盾作这样的调整和界定，更加准确地反映了改革开放以来中国社会发展变化的现实，反映了中国特色社会主义进入新时代后的新形势、新特点，是完全符合实际的。如报告所说，“我国社会主要矛盾的变化是关系全局的历史性变化”，对党和国家工作提出了许多新要求，对未来我们的战略方向、战略举措将会发挥更好的指导作用。

我国社会主要矛盾的变化是关系全局的历史性变化，也是新时代中国特色社会主义的理论和实践基础。十九大宣布开启全面建设社会主义现代化强国的新征程，并制定了“两步走”战略。其中第二步的战略目标包括“富强民主文明和谐美丽”五个方面，较之此前更加全面。所有这些，都是解决新时代我国社会主要矛盾的必然要求。

所以，对我国社会主要矛盾作出新的界定，具有重大的理论意义、政治意义和现实意义。它对党和国家的工作提出了许多新的要求，对未来党和国家发展的战略方向、战略举措将会发挥重大的指导作用。十九大对五大建设、“五位一体”、五大文明提出的要求和作出的部署，都与对主要矛盾的新界定有密切的内在联系。

当然，十九大报告特别指出，我国社会主要矛盾的变化，没有改变我们对我国社会主义所处历史阶段的判断，我国仍处于并将长期处于社会主义初级阶段的基本国情没有变，我国是世界最大发展中国家的国际地位没有变。这“两个没有变”同样也是符合“新时代”中国实际的。对中国国情，要从全局、整体加以判断，特别要看到它的不平衡性，不能只从发达地区、发达情况作出判断。

确认“两个没有变”，在政治上的必然结论，就是“三个牢牢”：牢牢把握社会主义初级阶段这个基本国情，牢牢立足社会主义初级阶段这个最大实际，牢牢坚持党的基本路线这个党和国家的生命线、人民的幸福线。这是我们党一直强调的，也是这次十九大再一次强调的。

二、以人民为中心的发展思想

2012 年 11 月 15 日，人民大会堂东大厅鲜花盛开，暖意融融，气氛庄重而热烈。11 时 53 分，习近平总书记和其他刚当选的十八届中央政治局常委，在热烈的掌声中步入大会堂东大厅，微笑着向在场的中外记者挥手致意。

在随后发表的重要讲话中，习近平总书记强调：“我们的人民热爱生活，期盼有更好的教育、更稳定的工作、更满意的收入、更可靠的社会保障、更高水平的医疗卫生服务、更舒适的居住条件、更优美的环境，期盼孩子们能成长得更好、工作得更好、生活得更好。人民对美好生活的向往，就是我们的奋斗目标。”

5 年过去了，实际情况怎么样呢？

按照十九大报告的总结，人民生活不断改善。深入贯彻以人民为中心的发展思想，一大批惠民举措落地实施，人民获得感显著增强。脱贫攻坚战取得决定性进展，6000 多万贫困人口稳定脱贫，贫困发生率从 10.2% 下降到 4% 以下。教育事业全面发展，中西部和农村教育明显加强。就业状况持续改善，城镇新增就业年均 1300 万人以上。城乡居民收入增速超过经济增速，中等收入群体持续扩大。覆盖城乡居民的社会保障体系基本建立，人民健康和医疗卫生水平大幅提高，保障性住房建设稳步推进。社会治理体系更加完善，社会大局保持稳定，国家安全全面加强。

根据国家统计局2017年发布的数据，2016年国内生产总值达到74万亿元，为2012年的1.32倍，年均增长7.2%；2016年常住人口城镇化率为57.35%，比2012年末提高4.78个百分点；2013年至2016年，城镇新增就业连续四年保持在1300万以上，居民消费价格年均上涨2.0%；高等教育毛入学率2016年达到42.7%，比2012年提高12.7个百分点；2012年至2016年，人均国民总收入由5940美元提高到超过8000美元，接近中等偏上收入国家平均水平；城镇居民人均可支配收入33616元，比2012年增加9489元，年均实际增长6.5%；农村居民人均可支配收入12363元，比2012年增加3974元，年均实际增长8.0%。

5年过去了，2017年10月15日，也是在人民大会堂，也是在与记者的见面会上，再次当选中共中央总书记的习近平，面向世界，宣布新时代中国特色社会主义的基本主张和未来五年的工作安排。

他告诉大家："过去的5年，我们做了很多工作，有的已经完成了，有的还要接着做下去。中共十九大又提出了新目标新任务，我们要统筹抓好落实。"

在阐述未来的执政理念和安排时，习近平总书记进一步强调："我们要牢记人民对美好生活的向往就是我们的奋斗目标，坚持以人民为中心的发展思想，努力抓好保障和改善民生各项工作，不断增强人民的获得感、幸福感、安全感，不断推进全体人民共同富裕。我坚信，中国人民生活一定会一年更比一年好。"

"以人民为中心"，这是习近平新时代中国特色社会主义思想的重要内容。十九大报告强调："必须坚持以人民为中心的发展思想，不断促进人的全面发展、全体人民共同富裕。"

十九大提出的新时代中国特色社会主义的基本方略中，同样包括了“坚持以人民为中心”，而且排在第二条。内容是：“人民是历史的创造者，是决定党和国家前途命运的根本力量。必须坚持人民主体地位，坚持立党为公、执政为民，践行全心全意为人民服务的根本宗旨，把党的群众路线贯彻到治国理政全部活动之中，把人民对美好生活的向往作为奋斗目标，依靠人民创造历史伟业。”

为了满足人民对美好生活的需要，十九大修改后的党章继续强调：“必须坚持以经济建设为中心，其他各项工作都服从和服务于这个中心。”

三、五大新发展理念

2015 年 10 月 29 日，中共十八届五中全会公报正式发布。公报指出，实现“十三五”时期发展目标，破解发展难题，厚植发展优势，必须牢固树立并切实贯彻创新、协调、绿色、开放、共享的发展理念。这是关系我国发展全局的一场深刻变革。公报全文共 5900 余字，其中关于“创新、协调、绿色、开放、共享”发展理念的内容就占了 3000 多字。

为什么这 10 个字占有如此分量呢？

因为这是以习近平为核心的中共中央提出的重要理念和重大战略思想。

“理者，物之固然，事之所以然也。”发展理念是发展思路、发展方向、发展着力点的集中体现，是所有发展行动的先导和基础。一切发展都是在一定的理念指导下进行的，也体现着一定的发展理念。所以，发展理念是管全局、管根本、管方向、管长远的东西。

在改革开放进程中，中国共产党逐步形成了一系列重要的发展理念。科学发展观中就包含了一系列新的发展理念。十八大以后，国际国内的形势又有了新的发展和变化。特别是“十三五”时期，我们面临着新的形势和新的任务，较之以往有很大变化，发展理念也必须在以往基础上进一步调整、充实、提炼和完善，用新的发展理念引领发展行动。在审时度势的基础上，习近平总书记指出：面对经济社会发展新趋势新机遇和新矛盾新挑战，发展理念搞对了，目标任务就好定了，政策举措也就跟着好定了。为此，建议稿提出了创新、协调、绿色、开放、共享的发展理念，并以这五大发展理念为主线对建议稿进行谋篇布局。

五大发展理念，是改革开放将近40年来中国发展经验的集中体现，是中国共产党对中国发展规律的新认识、新揭示。十八届五中全会在总结以往经验的基础上，明确概括、提炼、形成了五个词10个字的发展理念，这是五中全会最大最重要的亮点，也是指导制定“十三五”规划的灵魂。随后，这五大发展理念指导了“十三五”规划的整个制定过程和全部内容，成为“十三五”乃至更长时期中国发展思路、发展方向、发展着力点的集中体现。

五大发展理念，具有直接的针对性，同时包含着丰富的内容。

创新是引领发展的第一动力。坚持创新发展，主要是解决发展动力问题。中国的发展，长时间靠投资拉动，扩大规模，在高速发展的同时也带来了高耗能、高污染等问题。这种增长方式难以为继，必须转换。因此，必须把创新摆在国家发展全局的核心位置，不断推进理论创新、制度创新、科技创新、文化创新等各方面创新。让创新贯穿党和国家一切工作，让创新在全社会蔚然成风。推动大众创业、万众创新，培育发展新动力，拓展发展新空间，构建产业新体系和发展新体制。

协调是持续健康发展的内在要求。坚持协调发展，主要是解决发展不平衡问题。包括城乡不平衡、收入不平衡、区域不平衡、人与自然不平衡等等。尽管全面小康不可能是同步小康，但如果整体不平衡，这种小康就不能说是真正全面的小康。科学发展观要求全面、协调、可持续发展。近年来，不平衡状态有所改变，但还需要继续努力。所以，必须牢牢把握中国特色社会主义事业总体布局，正确处理发展中的重大关系，重点促进城乡区域协调发展，促进经济社会协调发展，促进新型工业化、信息化、城镇化、农业现代化同步发展，在增强国家硬实力的同时注重提升国家软实力，不断增强发展整体性。

绿色是永续发展的必要条件和人民对美好生活追求的重要体现。坚持绿色发展，主要是解决人与自然的和谐共生问题。节约资源和保护环境的基本国策已经实行多年并取得了很大成就，但我们面临的生态和环境压力依然很大。不同类型的污染事故时有发生，人民群众的健康和安全不时受到威胁。因此，保护环境，绿色发展已成为广大人民群众的普遍要求。党和国家已经制定了生态文明建设的文件，采取了一系列重要措施。在“十三五”时期，必须坚持节约资源和保护环境的基本国策，坚持可持续发展，坚定走生产发展、生活富裕、生态良好的文明发展道路，加快建设资源节约型、环境友好型社会，形成人与自然和谐发展现代化建设新格局，推进美丽中国建设，为全球生态安全作出新贡献。

开放是国家繁荣发展的必由之路。坚持开放发展，主要是解决国内国际两个大局统筹联动问题。中国的对外开放不断发展，开放战略也逐步调整。新形势下，中国与世界的内外联动已经日益加强。为此，必须顺应我国经济深度融入世界经济的趋势，进一步奉行互利共赢的开放战略，坚持内外需协调、进出口平衡、引进来和走出去并重、引资和引技引智并举，发展更高层次的开放型经济，特别是要积极参与全球经济治理和公共产品供给，提高我国在全球经济治理中的制度性话语权，构建广泛的利益共同体。推进同有关国家和地区多领域互利共赢的务实合作，推进国际产能和装备制造合作，打造陆海内外联动、东西双向开放的全面开放新格局。

共享是中国特色社会主义的本质要求。坚持共享发展，主要是解决公平正义问题。人民群众是中国发展的主体。中国将近40年来高速发展的业绩，主要是人民群众创造的，当然也要由人民群众共享。新形势下，必须坚持发展为了人民、发展依靠人民、发展成果由人民共享，作出更有效的制度安排，使全体人民在共建共享发展中有更多获得感，增强发展动力，增进人民团结，朝着共同富裕方向稳步前进。

无论创新、协调、绿色，还是开放、共享，其后都有一个后缀——发展。发展，仍然是贯穿“十三五”规划的一条主线。“发展是硬道理”，“发展是第一要务”，发展是民生的基础，这是改革开放近40年来全党全国人民的共识。尽管今天中国经济已经进入“新常态”，但“发展”仍然是解决一切问题的关键和基础。“十三五”的发展相对于过往的“发展”，提升到了一个“新境界”，它是在深刻把握世界经济发展新趋向新态势，深刻把握我国经济发展新特点新要求，深刻把握我国经济社会发展新目标新任务，深刻把握我们面临的新挑战新机遇上的“发展”，是搞好统筹兼顾、更好地惠及民生的“发展”。统筹运用五大发展理念，便进一步为发展注入了新内涵、新要求，发展也就有了新方向、新态势。

提出五大发展理念，是关系中国发展全局的一场深刻变革。只有深入领会这五大理念的科学内涵，准确把握五大理念之间的辩证关系，完整全面地贯穿于经济社会发展的全过程、各领域、各环节，坚持创新发展、协调发展、绿色发展、开放发展、共享发展，才能走出一条新常态下新发展的新路子来，全面建成小康社会才能有真正可靠的保证。所以，中央要求，全党同志要充分认识这场变革的重大现实意义和深远历史意义，统一思想，协调行动，深化改革，开拓前进，推动我国发展迈上新台阶。

按照新的发展理念，中国正在以新的态势稳步发展。十八大以来，我国国际影响力显著提升。2016年，我国GDP占世界经济总量的15%左右，比2012年提高超过3个百分点，稳居世界第二位。2013年到2016年，我国对世界经济增长的平均贡献率达到30%以上，超过美国、欧元区和日本贡献率的总和，居世界第一位。

尤其是经济结构正在加快调整优化：

从产业结构看，服务业比重持续提升。国家统计局数据显示，2013年，服务业增加值比重首次超过第二产业，成为国民经济第一大产业；2016年这一比重提升至51.6%，比2012年提高6.3个百分点，撑起“半壁江山”。

从需求结构看，消费成为经济增长的主要推动力。统计显示，2013年至2016年，最终消费支出对经济增长的年均贡献率为55%，高于资本形成总额8.5个百分点。

从城乡结构看，新型城镇化扎实推进。2016年末，常住人口城镇化率为57.35%，比2012年末提高4.78个百分点，年均提高1.2个百分点。

从空间格局看，“三大战略”深入实施，“四大板块”统筹推进，新的增长极、增长带正在逐步形成，区域发展新动能新亮点不断涌现。

在此基础上，十九大把“坚持新发展理念”作为基本方略的第四条，强调：“发展是解决我国一切问题的基础和关键，发展必须是科学发展，必须坚定不移贯彻创新、协调、绿色、开放、共享的发展理念。”

新的发展思想和发展理念正在对中国的发展发挥重要的指导作用。

四、从高速发展转向高质量发展

按照惯例，每年年底，中央都会专门召开一次经济工作会议。2017年的中央经济工作会议于12月18日至20日在北京举行。

习近平总书记在会上发表重要讲话，总结党的十八大以来我国经济发展历程，分析当前经济形势，部署2018年经济工作。李克强总理在讲话中对明年经济工作作出具体部署，并作了总结讲话。

会议认为，党的十八大以来，我国经济发展取得历史性成就、发生历史性变革，为其他领域改革发展提供了重要物质条件。经济实力再上新台阶，经济年均增长7.1%，成为世界经济增长的主要动力源和稳定器。经济结构出现重大变革，推进供给侧结构性改革，促进供求平衡。经济体制改革持续推进，经济更具活力和韧性。对外开放深入发展，倡导和推动共建“一带一路”，积极引导经济全球化朝着正确方向发展。人民获得感、幸福感明显增强，脱贫攻坚战取得决定性进展，基本公共服务均等化程度不断提高，形成了世界上人口最多的中等收入群体。生态环境状况明显好转，推进生态文明建设决心之大、力度之大、成效之大前所未有，大气、水、土壤污染防治行动成效明显。

这次会议按照惯例，对2018年的经济工作进行了全面部署。这一系列的部署，是以什么要求串起来的呢？一个重要的词组——高质量发展。

习近平总书记在十九大后的一些重要活动和讲话中，已经多次使用了“高质量发展”这一概念。2017年12月6日，在主持中共中央党外人士座谈会时，他曾指出：“高质量发展是我们当前和今后一个时期确定发展思路、制定经济政策、实施宏观调控的根本要求。”在12月8日召开的中共中央政治局会议上，习近平总书记要求“必须深刻认识、全面领会、真正落实”。12日至13日，习近平总书记在江苏徐州调研时再次强调，“我国经济由高速增长转向高质量发展，这是必须迈过的坎，每个产业、每个企业都要朝着这个方向坚定往前走”。

从高速发展转向高质量发展，这是改革开放以来中国经济发展的一个重大转变，也是新时代中国经济的基本要求和基本特点。

中央经济工作会议指出，中国特色社会主义进入了新时代，中国经济发展也进入了新时代，基本特征就是我国经济已由高速增长阶段转向高质量发展阶段。推动高质量发展，是保持经济持续健康发展的必然要求，是适应我国社会主要矛盾变化和全面建成小康社会、全面建设社会主义现代化国家的必然要求，是遵循经济规律发展的必然要求。

因此，经济工作会议强调，推动高质量发展是当前和今后一个时期确定发展思路、制定经济政策、实施宏观调控的根本要求，必须加快形成推动高质量发展的指标体系、政策体系、标准体系、统计体系、绩效评价、政绩考核，创建和完善制度环境，推动我国经济在实现高质量发展上不断取得新进展。

围绕推动高质量发展，今后要做好 8 项重点工作：

一是深化供给侧结构性改革。实现三个转变：中国制造向中国创造转变，中国速度向中国质量转变，制造大国向制造强国转变。为此，深化要素市场化配置改革，重点在“破”“立”“降”上下功夫。大力破除无效供给，把处置“僵尸企业”作为重要抓手，推动化解过剩产能；大力培育新动能，强化科技创新，推动传统产业优化升级，培育一批具有创新能力的排头兵企业，积极推进军民融合深度发展；大力降低实体经济成本，降低制度性交易成本，继续清理涉企收费，加大对乱收费的查处和整治力度，深化电力、石油天然气、铁路等行业改革，降低用能、物流成本。

二是激发各类市场主体活力。对国有企业来说，要推动国有资本做强做优做大，完善国企国资改革方案，围绕管资本为主加快转变国有资产监管机构职能，改革国有资本授权经营体制。加强国有企业党的领导和党的建设，推动国有企业完善现代企业制度，健全公司法人治理结构。对民营企业来说，要支持民营企业发展，落实保护产权政策，依法甄别纠正社会反映强烈的产权纠纷案件。全面实施并不断完善市场准入负面清单制度，破除歧视性限制和各种隐性障碍，加快构建亲清新型政商关系。

三是实施乡村振兴战略。十九大第一次提出了乡村振兴战略，将这一战略付诸实施，不仅对于新时代中国农村的发展，而且对于整个经济社会的高质量发展，都有重要意义。所以，要科学制定乡村振兴战略规划。健全城乡融合发展体制机制，清除阻碍要素下乡各种障碍。推进农业供给侧结构性改革，坚持质量兴农、绿色兴农，农业政策从增产导向转向提质导向。深化粮食收储制度改革，让收储价格更好反映市场供求，扩大轮作休耕制度试点。

四是实施区域协调发展战略。这是已经实施了多年的战略。新时代依然要继续推进，同时要按照新的发展理念，按照高质量发展的要求，提高实施这一战略的水平。要根据不同区域的特点，明确新的要求。

五是推动形成全面开放新格局。要在开放的范围和层次上进一步拓展，更要在开放的思想观念、结构布局、体制机制上进一步拓展。有序放宽市场准入，全面实行准入前国民待遇加负面清单管理模式，继续精简负面清单，抓紧完善外资相关法律，加强知识产权保护。促进贸易平衡，更加注重提升出口质量和附加值，积极扩大进口，下调部分产品进口关税。大力发展服务贸易。继续推进自由贸易试验区改革试点。有效引导支持对外投资。

六是提高保障和改善民生水平。会议突出地提出，做好民生工作，要突出问题导向，尽力而为、量力而行，找准突出问题及其症结所在，周密谋划、用心操作。具体来说，会议提出了一系列人民群众关心的问题，要求精准施策，如，中小学生课外负担重、“择校热”、“大班额”，婴幼儿照护和儿童早期教育服务等，要求注重解决结构性就业矛盾，解决好性别歧视、身份歧视问题。改革完善基本养老保险制度，加快实现养老保险全国统筹。继续解决好“看病难、看病贵”问题，鼓励社会资金进入养老、医疗等领域。着力解决网上虚假信息诈骗、倒卖个人信息等突出问题。

七是加快建立多主体供应、多渠道保障、租购并举的住房制度。发展住房租赁市场特别是长期租赁，保护租赁利益相关方合法权益，支持专业化、机构化住房租赁企业发展。完善促进房地产市场平稳健康发展的长效机制，保持房地产市场调控政策连续性和稳定性，分清中央和地方事权，实行差别化调控。

八是加快推进生态文明建设。要求实施好“十三五”规划确定的生态保护修复重大工程。启动大规模国土绿化行动，引导国企、民企、外企、集体、个人、社会组织等各方面资金投入，培育一批专门从事生态保护修复的专业化企业。深入实施“水十条”，全面实施“土十条”。加快生态文明体制改革，健全自然资源资产产权制度，研究建立市场化、多元化生态补偿机制，改革生态环境监管体制。

第二章

全面实现现代化的十二个专项“强国”

十九大提出的 2050 年的奋斗目标，是“现代化强国”，而不是原来的“中等发达国家水平”。在十九大报告中，“强国”一词出现了 19 次，其中 5 次是建设社会主义现代化强国。除此之外，十九大还明确提出要建设制造强国、科技强国、质量强国、航天强国、网络强国、交通强国、海洋强国、贸易强国、文化强国、体育强国、教育强国、人才强国。我数了一下，一共有 12 个“强国”。这里的排序，是按照十九大报告在不同地方提到这些“强国”的先后顺序排列的，并不代表它们重要性的顺序。

这些“强国”，多数在十九大前已经提出，有的是十九大第一次提出。它们都是整个现代化强国的组成部分，也是现代化强国在各个领域的体现。它们实现的时间，可以有先有后，不是一定都要到 2050 年才最终实现，其中不少在 2035 年前就可以实现。有的已经明确了时间，如 2025 年、2030 年等等。

这些“强国”，有的已经制定了规划或文件，如制造强国、人才强国等，有的还需要做好规划、部署和落实工作。每一个“强国”，原则上都应该有一个规划，或者制定和发布一份文件。原有的，也应该按照十九大精神，根据“两步走”战略的总体要求，作进一步完善或调整。把一个个“强国”建设好，整个现代化强国的目标才有扎实的基础和可靠的保证。

一、制造强国

制造业是国民经济的主体，是立国之本、兴国之器、强国之基。

目前，中国有220多种工业品产量居世界第一位，制造业净出口居世界第一位，制造业增加值在世界占比达到20.8%。中国是不是世界制造大国呢？

应该说，中国是名副其实的制造大国。

但是，在中国面前，还摆着一系列挑战性的问题：如何提高中国产品的质量？如何改进中国的制造技术和制造工艺？如何提高中国产品的原创设计和制造能力？如何提高中国产品的附加值？如何使中国产品由低端向高端迈进？

这些，都是需要进一步研究和解决的问题。

与世界先进水平相比，我国制造业仍然大而不强，在自主创新能力、资源利用效率、产业结构水平、信息化程度、质量效益等方面差距明显，转型升级和跨越发展的任务紧迫而艰巨。

所以，制造大国还不是制造强国。中国在制造大国的基础上，还必须进一步向制造强国迈进。

所以，2015年5月，国务院正式印发了《中国制造2025》，部署全面推进实施制造强国战略。这是中国制造强国战略第一个十年行动纲领。目标是要推动中国制造向中国创造转变、中国速度向中国质量转变、中国产品向中国品牌转变。

行动纲领指出，要立足国情，立足现实，力争通过“三步走”实现制造强国的战略目标：

第一步：力争用10年时间，到2025年，迈入制造强国行列。

第二步：到2035年，制造业整体达到世界制造强国阵营中等水平。

第三步：新中国成立100年时，制造业大国地位更加巩固，综合实力进入世界制造强国前列。制造业主要领域具有创新引领能力和明显竞争优势，建成全球领先的技术体系和产业体系。

围绕实现制造强国的战略目标，《中国制造2025》明确了9项战略任务和重点，突出先进制造和高端装备，把新一代信息通信技术产业、高档数控机床和机器人、航空航天装备、海洋工程装备及高技术船舶、轨道交通装备、节能与新能源汽车、电力装备、新材料、生物医药及高性能医疗器械、农业机械装备等10大重点领域作为发展重点。

令人欣喜的是，《中国制造2025》从发布实施之后，已经基本完成了“1+X”规划体系顶层设计。形成了以《中国制造2025》为引领，制造业创新中心、智能制造、工业强基、绿色制造和高端装备创新等5个重大工程实施指南，发展服务型制造、质量品牌提升等2个专项行动指南，信息产业、制造业人才等4个发展规划指南共11个专项规划以及2个标准化和质量提升规划为骨干，重点领域技术路线图、工业“四基”发展目录等绿皮书为补充，各地抓落实的配套文件为支撑的横向联动、纵向贯通、各方面协同的政策体系。五大工程已全面启动，并取得初步成效。

中共十九大快马加鞭，进一步要求：加快建设制造强国，加快发展先进制造业，推动互联网、大数据、人工智能和实体经济深度融合。培育若干世界级先进制造业集群。加强水利、铁路、公路、水运、航空、管道、电网、信息、物流等基础设施网络建设。

二、科技强国

2013 年 1 月 18 日，中共中央、国务院举行国家科学技术奖励大会。从党的十八大到十九大，一共举行了 5 次这样的奖励大会。郑哲敏、王小谟、张存浩、程开甲、于敏、赵忠贤、屠呦呦先后获国家最高科学技术奖。

国家科学技术奖励大会以及颁发的国家最高科学技术奖，在一定意义上，展示了中国逐步走向科技强国的历程。

科技强国是现代化强国的主要标志。改革开放以来，党和国家迎来了科学的春天，实施了科教兴国战略和创新驱动战略，取得了显著的成绩。

我们可以看看这样的清单：

在量子通信、光量子计算机、高温超导、中微子振荡、干细胞、合成生物学、结构生物学、纳米催化、极地研究等领域，中国取得了一大批重大原创成果，并首次荣获诺贝尔生理学或医学奖、国际超导大会马蒂亚斯奖、国际量子通信奖等国际权威奖项，在基础研究领域的国际影响大幅跃升。

战略高技术捷报频传，载人航天和探月工程、采用自主研发芯片的超算系统“神威·太湖之光”、国产首架大飞机 C919、蛟龙号载人深潜器、自主研发的核能技术、天然气水合物勘查开发和新一代高铁、云计算、人工智能等成就举世瞩目。

所以，从总体上看，中国在主要科技领域和方向上实现了邓小平提出的“占有一席之地”的战略目标，中国已经成为具有重要影响力的科技大国。

但是，我们也要清醒地看到，同建设世界科技强国的目标相比，中国发展还面临重大科技瓶颈，在一些关键领域核心技术上，还没有根本改变受制于人的局面，科技基础仍然薄弱，科技创新能力特别是原创能力还有很大差距。

新时期、新形势、新任务，要求在科技创新方面有新理念、新设计、新战略。所以，十八大以来，以习近平同志为核心的党中央深入实施创新驱动发展战略，加速推动我国从科技大国向科技强国迈进。

2015 年 3 月，中共中央、国务院印发《关于深化体制机制改革加快实施创新驱动发展战略的若干意见》。2016 年 1 月，中共中央、国务院印发《国家创新驱动发展战略纲要》，提出分“三步走”建成世界科技创新强国的战略：第一步，到 2020 年，进入创新型国家行列；第二步，到 2030 年，跻身创新型国家前列；第三步，到 2050 年，建成世界科技创新强国。从“行列”，到“前列”，再到“强国”，形成一个“三级跳远”。

2016 年 5 月 30 日，全国科技创新大会、两院院士大会、中国科协第九次全国代表大会在北京人民大会堂隆重举行。在这三会合一的大会上，习近平总书记发表重要讲话，题目就是“为建设世界科技强国而奋斗”。讲话要求，必须坚持走中国特色自主创新道路，加快各领域科技创新，掌握全球科技竞争先机，建设世界科技强国。酣畅淋漓的目标，吹响了建设世界科技强国的号角。

2016 年 7 月，国务院又印发了《“十三五”国家科技创新规划》。

新时代建设科技强国，就要把科技创新摆在更加重要位置上，深入贯彻新发展理念，深入实施科教兴国战略和人才强国战略，深入实施创新驱动发展战略，统筹谋划，加强组织，优化我国科技事业发展总体布局。

一是要夯实科技基础，在重要科技领域跻身世界领先行列。全面增强自主创新能力。力争在重要科技领域实现跨越发展，跟上甚至引领世界科技发展新方向，掌握新一轮全球科技竞争的战略主动。

二是强化战略导向，破解创新发展科技难题。在重大创新领域组建一批国家实验室，实施和加快推进一批重大科技项目和工程，围绕国家重大战略需求，着力攻破关键核心技术，抢占事关长远和全局的科技战略制高点。

三是加强科技供给，服务经济社会发展主战场。依靠更多更好的科技创新为经济发展注入新动力，实现经济社会协调发展，建设天蓝、地绿、水清的美丽中国；保障能源、粮食、网络、生态、生物、国防等国家安全。

四是深化改革创新，形成充满活力的科技管理和运行机制。要以推动科技创新为核心，引领科技体制及其相关体制深刻变革。企业应该成为技术创新决策、研发投入、科研组织、成果转化的主体。优化科研院所和研究型大学科研布局。加快打造具有全球影响力的科技创新中心，建设若干具有强大带动力的创新型城市和区域创新中心。

五是弘扬创新精神，培育符合创新发展要求的人才队伍。造就一大批能够把握世界科技大势、研判科技发展方向的战略科技人才，培养一大批善于凝聚力量、统筹协调的科技领军人才，培养一大批勇于创新、善于创新的企业家和高技能人才。培养造就一大批熟悉市场运作、具备科技背景的创新创业人才，培养造就一大批青年科技人才。

三、质量强国

中国老百姓一度吃过“假冒伪劣”商品的苦头，所以对质量问题特别敏感和关心。

我做了一个有意思的统计：“质量”一词，在中共十六大报告中出现了 9 次，在中共十七大中出现了 13 次，在中共十八大报告中出现了

9 次，在中共十九大报告中出现了 16 次。

2012 年底，在十八大之后召开的第一次中央经济工作会议上，习近平总书记强调指出，要“以提高经济增长质量和效益为中心”。此后的历次中央经济工作会议，质量都被写入新年度经济工作指导思想，特别是 2014 年、2016 年，又先后强调“以提高经济发展质量和效益为中心”“以提高发展质量和效益为中心”。特别是 2014 年 5 月 10 日，习近平总书记在河南考察中铁工程装备集团有限公司时明确指出，要“推动中国制造向中国创造转变、中国速度向中国质量转变、中国产品向中国品牌转变”。

2014 年 9 月 15 日，中国政府第一次在北京召开国际性的质量大会。李克强总理专门出席大会，提出把经济社会发展推向质量时代：“我今天来出席这个大会，是向全世界宣示中国政府高度重视质量、切实抓好质量的决心和信心。”

2017 年 9 月 15 日至 16 日，又一次质量大会在上海隆重召开。680 多位中外质量领域的代表齐聚黄浦江畔，纵论质量发展，共商质量大计。习近平主席专门向大会致贺信，对中国质量发展寄予厚望。他强调：“质量体现着人类的劳动创造和智慧结晶，体现着人们对美好生活的向往。”“今天，中国高度重视质量建设，不断提高产品和服务质量，努力为世界提供更加优良的中国产品、中国服务。”

中国不仅在狠抓质量，而且立志要成为一个世界质量强国。

2012 年，国务院颁布《质量发展纲要（2011—2020 年）》，首次提出“建设质量强国”的要求。2016 年 3 月，国务院总理李克强在《政府工作报告》中，明确提出要“建设质量强国”，这是全国两会《政府工作报告》中首次提及“建设质量强国”。

与此相应，“十三五”规划纲要列入“实施质量强国战略”。2017 年 9 月 5 日，中共中央、国务院制定的质量工作纲领性文件——《中共

中央 国务院关于开展质量提升行动的指导意见》（中发〔2017〕24号）正式出台，发出了开展质量提升行动、实施质量强国战略的号令。

在十九大上习近平总书记所作的报告中，第一次出现了“质量第一”“质量变革”“质量强国”“经济质量优势”等重大命题，勾画了新时代质量发展的蓝图。十九大后的中央经济工作会议，又明确提出我国经济已由高速增长阶段转向高质量发展阶段，“高质量发展是我们当前和今后一个时期确定发展思路、制定经济政策、实施宏观调控的根本要求。”

质量，与数量相对应。强调质量，并且放在第一的位置，表明中国的发展、中国的经济、中国的产品、中国的服务，都已经不再把重点放在数量的增长和追求上，而是更加需要追求质量和品质了。

质量强国，是一个大概念，具体来说，应包括宏观、中观、微观等多个层面。

从宏观来说，主要是指整个经济发展的质量。从高速度发展转向高质量发展，就是这种整体上的要求。在这个层面上，经济建设的所有方面，都要贯彻这种高质量的要求，运用各种手段、采取各种措施，特别是实施创新驱动等战略，全面提高经济发展的质量。必须牢牢把握高质量发展的要求，坚持质量第一、效益优先，推动质量变革、效率变革、动力变革。

从中观来说，主要就是经济社会发展各个领域的质量，包括生产的技术水准、效益、产品和服务的质量水平等。这种质量，是可以通过一系列指标计算和测量的。为此，要支持传统产业优化升级，加快发展现代服务业，瞄准国际标准提高水平；促进我国产业迈向全球价值链中高端，培育若干世界级先进制造业集群；等等。目前，我国在航空、航天、海洋装备、新能源、新材料等领域已经建立了19个国家产业计量测试中心，建立起25家国家城市能源计量测试中心和航天、交通能源计量中心。我国得到国际承认的校准与测量能力达到 1423 项，位居亚洲首位，国际排名从第 7 位上升至第 4 位。

从微观来说，就是指每一个具体产品和服务的质量问题。这种质量，直接关系到各种用户享用的产品和服务是不是令人满意的问题，关系到中国能不能有更多的名牌涌现的问题。对这些产品和服务，有关部门制定了一系列质量标准，大都是可以具体测量的。截至目前，已有国家、行业、地方标准超过 12 万项，企业标准超过百万项。

四、航天强国

每年 4 月 24 日，已被定为“中国航天日”。2016 年，在首个“中国航天日”之际，习近平总书记作出重要指示，明确指出“探索浩瀚宇宙，发展航天事业，建设航天强国，是我们不懈追求的航天梦”。

2017 年，党的十九大报告明确提出建设航天强国的战略目标。

航天事业是综合国力和大国地位的集中体现，是维护国家安全的战略基石，是推动科学技术进步、服务经济社会发展的重要力量，在国家全局中居于重要战略地位。

“两弹一星”、载人航天、月球探测……这都是中国航天创建 60 余年来取得的辉煌成就。从无人飞行到载人飞行，从天地往返到航天员出仓行走，从单船飞行到组合体稳定运行，从交会对接到在轨驻留……我们逐步掌握了航天领域的核心关键技术，形成了一大批具有自主知识产权的创新成果，培养了一支高素质的航天队伍，走出了一条自力更生、自主创新的发展道路。

中国已进入航天大国的行列，这是确凿的。但算不算航天强国？见仁见智。客观一点说，中国离航天强国的地位还有差距。如果把建设航天强国的各项指标转换成具体能力，那么，我国航天事业至少还有4个方面能力需要进一步提高：天地往返运输能力、载人航天能力、深空探测能力和卫星应用能力。

所以，中共十九大明确提出建设航天强国的战略目标。所谓航天强国，不但要在航天领域所涉及的科学与工程方面建成全要素体系，对全球科技、经济发展形成引领与推动，还要能够站在人类命运共同体的高度，开展基础科学研究与工程探索，在恒星级能源利用、行星际空间旅行、光年级信息传递、宇宙空间生命维持与生态建立等方面开拓与创新。随着对关键技术的持续攻关，中国在未来对浩瀚星辰的征途中，将不断标注中国发展的新高度，逐步具备全面的宇宙空间探索和应用能力，最终实现全面建成世界航天强国的目标。

按照中国载人航天工程“三步走”战略，2020年左右，中国将建成长期有人照料的空间站，实现月球采样返回和火星着陆探测，完成全球卫星导航系统和高分辨率对地观测系统建设，全面推进重型运载火箭研制，建成以通信、导航和遥感卫星系统为主的民用空间基础设施，使我国具备全面的宇宙空间探索和应用能力。力争到2020年，我国在轨航天器数量超过200颗，年发射数量达到30次左右，超越欧盟，基本达到世界航天强国水平；到2030年，推动我国达到国际一流水平的航天技术指标从30%提高到60%，跻身世界航天强国行列；到2045年，全面建成世界航天强国。

为此，要加强自主研发，攻关核心技术，在探测感知、动力能源、材料技术等方面不断向国际先进水平迈进，力争2020年左右我国具备全面的宇宙空间探索和应用能力。目前，我国有30%的航天技术指标达到国际一流水平，到2030年，力争将这一数字提升至60%，使我国超越俄罗斯，跻身世界航天强国前列；到2045年，部分重点领域比肩美国，达到世界航天强国水平。

为实现航天强国的目标，要以航天强国建设为统领，以创新驱动发展为主线，以军民融合为途径，以深化改革为动力，以法制建设为保障，加快推进航天强国建设。

要全面完成载人航天、月球探测、北斗导航、高分辨率对地观测系统等现有国家科技重大专项，抓紧启动实施深空探测工程、天地一体化信息网络、空间飞行器在轨服务与维护系统、重型运载火箭等一批事关我国未来发展的新的航天重大工程，抢占科技发展战略制高点。下大力气突破先进动力、先进载荷等制约航天发展的核心关键技术，实施好航天科技工业强基工程，着力解决关键材料、芯片、软件、工艺、计量、测试等瓶颈短板，推动产品升级换代，大力加强基础前沿技术攻关，强化技术储备。

要以体制改革为动力，以机制创新为抓手，加强航天军民融合顶层设计，推动军民航天在战略规划、系统建设、运行管理、资源共享、法规政策、标准规范、国际合作等方面全要素、多领域、高效益的深度融合。积极发展低成本商业运载火箭、商业卫星等航天制造业，着力培育“互联网＋卫星应用”新业态，做大做强做优航天战略性新兴产业，为经济转型升级提供强大动力。

要加快实施空间基础设施规划，完善卫星应用体系，拓展卫星应用领域，提升卫星应用水平，不断提升空间信息在经济社会发展、大众生活、国际服务等方面的服务保障能力。加快推进“一带一路”空间信息走廊建设，着力构建“一带一路”沿线国家互联互通的空间基础设施、地面信息共享和服务网络。持续推进我国航天能力全球布局，推动宇航产品与服务“走出去”，努力提升中国航天的国际影响力和话语权，为国家外交大局提供有力支撑。

要聚焦航天应用和技术成果转化，发挥航天事业在服务经济社会发展、惠及百姓生活和带动科技进步方面的重要作用。充分利用“中国航天日”平台，广泛普及航天知识、宣传航天成就、弘扬航天精神，激发全民尤其是青少年崇尚科学、探索未知、敢于创新的热情，在全社会推动形成关注航天、支持航天、热爱航天的良好氛围。

五、网络强国

互联网是20世纪最伟大的发明之一。1987年，一封简短的电子邮件从北京发出，标志着中国人“触网”的序幕正式拉开。30年后，在中国城乡，智能手机已成大众“标配”，手机支付迅速普及，连西方发达国家的民众都自叹弗如。

中国已经成为互联网大国，网络规模、网民数量、智能手机用户以及利用智能手机上网的人数都处于世界第一位。国内域名数量、境内网站数量以及互联网企业等也处于世界前列。目前全球20大门户网站中，中国的百度、腾讯、阿里巴巴、新浪、搜狐位列其中；全球10大互联网企业中，中国有华为、中兴通讯、联想3家。以网购为代表的消费互联网，中国的用户已超过3亿，智能手机的用户已超过6亿。

2017年8月，中国互联网络信息中心发布的第40次《中国互联网络发展状况统计报告》显示，截至2017年6月，中国网民规模达到7.51亿，占全球网民总数的1/5。互联网普及率为54.3%，超过全球平均水平4.6个百分点。

当然，我们也得承认，与网络强国相比，中国还有较大差距。其突出表现是：中国在全球信息化排名中处于70名之后；作为网络强国重要标志的宽带基础设施建设，中国还明显滞后，人均宽带与国际先进水平差距较大；关键技术受制于人，自主创新能力不强，网络安全面临严峻挑战。城乡和区域之间“数字鸿沟”问题比较突出，以信息化驱动新型工业化、新型城镇化、农业现代化和国家治理现代化的任务十分繁重。

这些说明，中国已成网络大国，但还需要向网络强国迈进。

中共十八大以来，习近平总书记以宽广视野和战略思维，提出了网络强国的战略思想，就如何认识、运用、发展、管理互联网等提出了一系列战略性、前瞻性、创新性观点，揭示了互联网的本质特征、发展规律、发展路径，回答了中国发展互联网一系列理论和实践问题。

2014 年 2 月 27 日，中央网络安全和信息化领导小组召开第一次会议，习近平总书记亲自担任领导小组组长并主持召开会议。就在这次会议上，习近平总书记提出，要总体布局，统筹各方，创新发展，努力把我国建设成为网络强国。他强调，建设网络强国的战略部署要与“两个一百年”奋斗目标同步推进，向着网络基础设施基本普及、自主创新能力显著增强、信息经济全面发展、网络安全保障有力的目标不断前进。

2014 年 11 月 19—21 日，首届世界互联网大会在浙江乌镇举行。习近平主席致贺词，强调共同构建和平、安全、开放、合作的网络空间，建立多边、民主、透明的国际互联网治理体系。李克强总理与出席大会的中外代表座谈。

2015 年 7 月，国务院印发《关于积极推进“互联网 +”行动的指导意见》，提出“互联网 +”创业创新、协同制造、益民服务等 11 个具体行动。

中共十八届五中全会关于“十三五”规划的《建议》，明确提出实施网络强国战略以及与之密切相关的“互联网 +”行动计划。随后的“十三五”规划，明确部署了“牢牢把握信息技术变革趋势，实施网络强国战略，加快建设数字中国，推动信息技术与经济社会发展深度融合”的一系列重大举措。

2016年4月，习近平总书记主持召开网络安全和信息化工作座谈会，强调网信事业要在践行创新、协调、绿色、开放、共享的新发展理念上先行一步，推进网络强国建设，让互联网更好造福国家和人民。

2016年7月，中共中央办公厅、国务院办公厅印发了《国家信息化发展战略纲要》。9月25日，又印发《关于加快推进“互联网+政务服务”工作的指导意见》。

2016年10月9日，中共中央政治局就实施网络强国战略进行第36次集体学习。习近平总书记在主持学习时提出要努力做到“六个加快”：加快推进网络信息技术自主创新，加快数字经济对经济发展的推动，加快提高网络管理水平，加快增强网络空间安全防御能力，加快用网络信息技术推进社会治理，加快提升我国对网络空间的国际话语权和规则制定权，朝着建设网络强国目标不懈努力。

从“网络大国”到“网络强国”，一字之变，预示着中国互联网发展进入全新的时代。

建设网络强国，要求与互联网相关的信息化基础设施处于世界领先水平，在国际互联网治理规则制定中拥有一定话语权，在互联网应用方面处于世界领先水平，与互联网相关的关键技术自主可控，有足够的手段和能力保障网络安全，有能力抢占网络空间战略制高点。

建设网络强国是一项长期、复杂的系统性战略工程，涉及经济社会方方面面，需要统筹解决一系列重大发展问题。加快推进新时代网络强国建设，根据工信部的工作安排，必须突出抓好六个方面工作：

一是构建高速、移动、安全、泛在的新一代信息基础设施。瞄准全球领先目标，持续抓好网络演进升级。加快全光网络建设，部署4G及后续演进技术，大力发展工业互联网，深入推进网络提速降费，推进基础设施智能化改造，形成万物互联、人机交互、天地一体的网络空间；全面提升网络服务水平，积极稳妥推进电信市场开放，积极推动网络共享发展，不断缩小城乡数字鸿沟。

二是抢占事关长远和全局的科技竞争制高点。紧紧牵住互联网核心技术自主创新这个“牛鼻子”，努力实现从跟跑并跑到并跑领跑的转变。强化基础技术研究，突出通用芯片、基础软件、智能传感器等关键共性技术创新，重点突破自主可控操作系统、高端工业和大型管理软件技术；超前布局网络前沿技术，推进高性能计算、人工智能、量子通信等研发和商用，实现前瞻性基础研究、引领性原创成果重大突破；加大非对称技术、“杀手锏”技术研发攻关力度，提升网络安全、系统安全、融合应用安全技术水平，增强安全保障能力。

三是打造网络化、智能化、服务化、协同化的数字经济新形态。加快发展数字经济，以信息化培育新动能，用新动能推动新发展；持续强化网络服务产业，加快发展云计算、大数据，广泛开展应用和模式创新，丰富网络应用服务，夯实网络应用基础，不断完善网络生态体系；大力繁荣融合产业，支持制造业、农业、金融、能源、物流等传统产业利用网络信息技术实现优化升级，促进传统产业数字化、网络化、智能化；做大做强融合应用产业，在中高端消费、创新引领、绿色低碳、共享经济、现代供应链等领域培育新增长点，形成新动能。

四是提升网络空间安全防护能力。统筹发展和安全、自主和开放、管理和服务的关系。健全网络安全治理体系，形成政府、行业、企业、社会协同共治新格局；统筹推进国家网络与信息安全技术手段建设，提升全天候全方位网络安全态势感知、防御和威慑能力；完善网络安全法律法规，持续提升依法治网水平，切实保障关键信息基础设施、重要信息系统、数据资源、用户个人信息安全，严密防范网络犯罪尤其是新型网络犯罪。

五是推进国家治理体系和治理能力现代化。更好利用互联网技术和信息化手段提升国家治理能力和效率。强化互联网思维，利用互联网扁平化、交互式、快捷性优势，推进政府决策科学化、社会治理精准化、公共服务高效化，打造共建共治共享的社会治理格局；推进电子政务建设，加强智慧城市建设，利用各类创新技术，完善公共服务体系，提升公共服务效率，提高社会治理社会化、法治化、智能化、专业化水平。

六是共建网络空间命运共同体。积极开展各领域双边、多边国际交流合作。坚持尊重网络主权、维护和平安全、促进开放合作、构建良好秩序“四项原则”。加快全球网络基础设施建设、促进互联互通，打造网上文化交流共享平台、促进交流互鉴，推动网络经济创新发展、促进共同繁荣，保障网络安全、促进有序发展，构建互联网治理体系、促进公平正义。

六、交通强国

“要想富，先修路。”这是改革开放以来中国老百姓广泛流传的一句话。

每年的春节期间，庞大的回乡人流，更是陡然增加所有交通工具的压力。以 2016 年春运为例，仅 40 天，交通运输行业就出色地完成了 29.1 亿人次的春运量。这就是说，中国的交通运输不仅要保证平时比较稳定的运输量，而且要有足够的后备能力，在春运和其他节假日期间突然应对高出平时几倍十几倍的运输量。世界上没有任何国家能够承担起如此巨大的压力。当年，说起春运，无数人怨气冲天，但现在，社会的满意度已经大大提升。

请看以下一组数据：

到 2016 年底，中国的铁路营运里程达到 12.4 万公里，高铁里程达到 2.2 万公里。高铁长度居世界之首；

公路通车里程达到 469.0 万公里，高速公路里程达到 13 万公里，排名世界第一；

内河通航里程达 12.7 万公里，高等级航道里程为 1.41 万公里，港口码头 1.8 万个，深水泊位为 2221 个；

机场 218 个，吞吐量超千万级的有 28 个；

2015 年，油气管道里程达 11.2 万公里，覆盖全国 31 个省、自治区、直辖市。

中国的铁路客运周转量与货运量、公路客货运量及周转量、水运货运量与周转量、港口货物与集装箱吞吐量，均居世界第一。民航总周转量居世界第二。

交通运输在国民经济的发展中具有基础性、先导性和服务性的功能。改革开放以来，中国的交通运输事业得到了长足的进步，交通运输状况从“瓶颈制约”“初步缓解”逐步发展到“基本适应”。中国已成为世界上的交通大国。

但是，新时代建设现代化强国的战略目标再次向交通运输提出了更高的要求。如何应对这个要求，就是党和国家必须面对的课题。

因此，“十三五”规划提出，要坚持网络化布局、智能化管理、一体化服务、绿色化发展，建设国内国际通道联通、区域城乡覆盖广泛、枢纽节点功能完善、运输服务一体高效的综合交通运输体系。

中共十九大进一步提出了建设交通强国的目标，并指出，要“加强水利、铁路、公路、水运、航空、管道、电网、信息、物流等基础设施网络建设”。这些建设中，好多个都属于交通运输的范畴。

交通强国的目标和要求是什么？

根据有关部门的规划，中国交通从2020年到本世纪中叶，将分“两步走”实现交通强国战略目标：第一步，从2020年到2035年，基本建成交通强国，进入世界交通强国行列；第二步，从2035年到本世纪中叶，全面建成交通强国，进入世界交通强国前列。“两步走”都是实现“交通强国”，差别是一个进入“行列”，一个进入“前列”。

建设交通强国，将着力打造构建“八大体系”：

综合交通基础设施网络体系。统筹推进铁路、公路、水运、航空、邮政、物流等基础设施网络建设，全面建成布局完善、互联互通、绿色智能、耐久可靠的综合交通基础设施网络体系；

交通运输装备体系。加快构建自主研制、先进精良、绿色智能、标准协同的交通运输装备体系；

交通运输服务体系。全面建成安全便捷、优质高效、绿色智能、一体畅联的运输服务体系；

交通运输创新发展体系。加快建立以科技创新为引领、以智慧交通为主攻方向、以人才为支撑的创新发展体系；

交通运输现代治理体系。加快推进行业治理体系和治理能力现代化，积极构建政府、市场、社会等多方共建共治共享的现代治理体系；

交通运输开放合作体系。打造互联互通、互利共赢的开放合作体系。以“一带一路”建设为重点，建成遍及城乡、通达全国、连通世界的全球运输供应链，打造若干个与贸易强国、制造强国相适应的世界级交通枢纽和物流中心，有效支撑中国全球配置资源；

交通运输安全发展体系。着力构建有效维护行业安全运行、有效支撑国家总体安全的交通运输安全发展体系；

交通运输支撑保障体系。

七、海洋强国

海洋是人类文明的摇篮，随着时代的进步，海洋对人类社会的重要作用和价值愈益凸显，战略地位更加重要。

中国除了有960万平方公里的陆地国土面积外，还拥有300多万平方公里海域、1.8万公里海岸线，是陆海兼备的国家，也是最大的发展中沿海国家。

中国在世界海洋有着广泛的战略利益。随着经济快速发展和对外开放不断扩大，中国的国家战略利益和战略空间不断向海洋拓展和延伸。从经济结构看，中国已发展成为高度依赖海洋的外向型经济，海洋运输对国家原材料、能源供给等具有非常重大的意义；从可持续发展角度看，海洋蕴藏着大量人类已知和未知的重要资源，可以为中国经济社会可持续发展提供广阔的发展空间。

进入21世纪以来，随着国际政治外交形势的风云变化，中国海洋权益面临错综复杂的形势，许多矛盾日益凸显，围绕资源争夺、岛礁主权、海域划界和通道安全的争端态势进一步加剧。

所以，海洋事业的发展关乎国家兴衰安危与民族生存发展。建设海洋强国、维护海洋权益是发展之要、民生之需，也是维护和拓展海洋权益的必然要求。

中国一直重视海洋事业的发展。随着综合国力的逐步增强，发展海洋事业、维护海洋权益的能力也不断提升。2008年2月，国务院就曾批复《国家海洋事业发展规划纲要》。2012年8月，国务院批复《国家海洋事业发展“十二五”规划》。

2012年，中共十八大报告首次明确提出“建设海洋强国”的目标，要求提高海洋资源开发能力，发展海洋经济，保护海洋生态环境，坚决维护国家海洋权益，建设海洋强国。在党代会报告中提出“海洋强国”的目标，说明在国家发展的大战略中，海洋已经上升至前所未有的战略高度。

随后的“十三五”规划，明确提出坚持陆海统筹，发展海洋经济，科学开发海洋资源，保护海洋生态环境，维护海洋权益，建设海洋强国。并对建设海洋强国的战略作出了具体部署。

十九大报告为建设海洋强国再一次吹响号角，要求坚持陆海统筹，加快建设海洋强国。

所谓海洋强国，就是指在海洋开发、海洋利用、海洋保护、海洋管控和海洋安全维护等方面都拥有强大综合实力的大国。

建设海洋强国，既是指国家凭借海洋自然地理条件和物质基础、通过合理开发利用海洋来促进国家的繁荣富强，又是指通过综合国力支撑来发展成为拥有强大海上综合力量，并由此利用海洋获得更多的国家利益。中国特色的海洋强国，应是在认知海洋、利用海洋、保护海洋等方面拥有强大综合实力的国家，既要开发利用海洋来实现国家富强，又要通过发展强大的海洋综合力量来保障国家安全和利益。

21 世纪是海洋的世纪。壮大海洋经济、加强海洋资源环境保护、维护海洋权益，事关国家安全和长远发展。所以，建设海洋强国对于推动我国经济社会持续健康发展，维护国家主权、安全和发展利益，实现“两个一百年”的目标进而实现中华民族伟大复兴具有重大而深远的意义。我们必须着眼于中国特色社会主义事业全局，统筹国内国外两个大局，坚持陆海统筹，坚持走依海富国、以海强国、人海和谐、合作共赢的发展道路，通过和平、发展、合作、共赢方式，扎实推进海洋强国建设。

习近平总书记强调，要提高海洋资源开发能力，着力推动海洋经济向质量效益型转变；要保护海洋生态环境，着力推动海洋开发方式向循环利用型转变；要发展海洋科学技术，着力推动海洋科技向创新引领型转变；要维护国家海洋权益，着力推动海洋维权向统筹兼顾型转变。在新时代推进海洋强国建设，必须紧紧围绕这“四个转变”，按照《全国海洋经济发展“十三五”规划》，全面落实建设海洋强国战略任务，不断提升开发海洋、保护海洋、利用海洋、维护海洋权益的综合实力，进一步关心海洋、认识海洋、经略海洋，推动我国海洋强国建设不断取得新成就。

积极推动海洋经济持续健康发展。按照《关于促进海洋经济发展示范区建设发展的指导意见》，进一步优化区域产业布局，积极探索海洋经济创新发展新模式。引导海洋传统产业转型升级，促进海洋新兴产业快速发展，加快海洋经济提质增效步伐，提高海洋经济效益。提高海洋资源如海洋渔业、海洋油气、清洁能源、海洋旅游的开发能力，推动海洋经济向质量效益型转变；充分发挥交通先行作用，提高海上通道的交通运输效益，发挥其国际贸易的纽带作用；淘汰老旧船舶，规范水上交通秩序，推动沿海地区经济发展；加强陆海统筹，强化海洋经济向内陆地区的辐射与传导，扩大海洋经济受益区域，促进区域经济协调发展。健全完善海洋经济运行监测与评估体系，形成具有海洋特色的指标、指数和报告，增强公共服务能力，为政府宏观调控提供有力信息支撑。

大力推进海洋生态文明建设。深入实施生态管海、着力推动绿色发展，把海洋生态文明建设纳入海洋开发总体布局。强化海洋生态红线管控，优化海洋空间开发与保护格局，坚持陆海统筹的空间规划方式，强化海洋污染联防联控。构建遥感卫星、无人机、海面站、岸基站一体的海洋立体生态监控网络体系；加强海洋污染防控与整治，严格海洋工程建设项目环评审批，严控污染物入海总量，实施陆海一体化污染控制工程，降低海洋污染；强化海洋资源环境执法力度，建立“湾长制”，逐级压紧压实党政领导干部的海洋生态环境和海洋资源保护职责；深入开展海洋生态整治修复，实现海洋生态系统良性循环，建立海洋生态补偿和生态损害赔偿制度。

着力提升海洋科技自主创新能力。跟踪和探索海洋领域重大科学问题，发展海洋科学技术，推动海洋科技创新引领。搞好海洋科技创新总体规划；鼓励国内外科研组织广泛联系与合作；针对海洋基础科学，开展自然科学专项计划研究；针对核心技术和关键共性技术，进行联合集中攻关研发；针对海洋行业应用技术，加强成果转化与推广力度。提高勘探开发海洋资源以及保护海岸带、海洋生态环境的水平，加强海水淡化、海冰淡化和海水直接利用新技术研究，进一步研发具有自主知识产权的深水油气勘探和安全开发技术等。

深度参与全球海洋事业发展和海洋治理。积极参与国际海洋事务，为海洋治理提供中国方案，争取获得更多制度性权利。加强与“一带一路”建设参与国的战略对接，以发展蓝色经济为主线，推动全方位务实合作，携手共创依海繁荣之路，实现人海和谐、共同发展。构建多层次的蓝色伙伴关系，在海洋环境保护、海洋科技创新与应用、海洋公共产品共享、海洋安全维护等领域开展深层次国际合作，不断扩大中国“蓝色朋友圈”。积极参与联合国海洋法非正式磋商，围绕国际社会关注的蓝色经济、极地、深海等，在全球性和区域性规则制定中发出中国声音、提供中国方案、贡献中国智慧。

坚决维护海洋权益和海洋安全。有效维护国家主权、安全、发展利益，确保海洋权益和海洋安全不受侵犯。坚持“主权属我、搁置争议、共同开发”的方针，推进互利友好合作，做好应对各种复杂局面的准备，不断提高维护海洋权益和海洋安全的综合能力，为海洋发展提供坚强力量支撑。秉持和平、主权、普惠、共治原则，把深海、极地、外空、互联网等领域打造成各方合作的新疆域，而不是相互博弈的竞技场。打破零和博弈的思维模式，寻求和扩大共同利益的汇合点。

与其他国家共同构建合作共赢的伙伴关系，推动世界各国共享海洋。

八、贸易强国

经过改革开放近40年的发展，我国对外贸易取得举世瞩目的成就，2013年跃居世界第一货物贸易大国。

对外贸易是我国开放型经济体系的重要组成部分和国民经济发展的重要推动力量。对外贸易对于推动我国经济社会发展、提高国家综合实力和国际影响力、加强与世界经济融合，发挥着不可取代的重要作用。

新形势下，世界经济仍处在国际金融危机后的深度调整期，全球总需求不振，大规模国际产业转移明显放缓，世界科技和产业革命孕育新突破，贸易保护主义持续升温。中国经济进入新时代，外贸发展既面临重要机遇期，出口竞争优势依然存在，也面临严峻挑战，传统竞争优势明显削弱，新的竞争优势尚未形成。企业创新能力亟待增强，品牌产品占比偏低，同质化竞争较为普遍。参与国际贸易规则制定的能力有待提升，外贸体制和营商环境需进一步改进。

为巩固外贸传统优势、加快培育竞争新优势，实现我国对外贸易持续健康发展，推动我国由贸易大国向贸易强国转变，2015年5月，国务院正式发布《国务院关于加快培育外贸竞争新优势的若干意见》，要求推动我国由贸易大国向贸易强国转变。“十三五”规划要求：“实施优进优出战略，推动外贸向优质优价、优进优出转变，加快建设贸易强国。”十九大又进一步提出：“拓展对外贸易，培育贸易新业态新模式，推进贸易强国建设。”

建设贸易强国的目标任务是：巩固贸易大国地位，推进贸易强国进程。努力提高新兴市场、中西部地区、一般贸易、服务贸易和品牌产品在我国外贸中的占比。力争到2020年，外贸传统优势进一步巩固，竞争新优势培育取得实质性进展。着力优化国际市场布局，推进市场多元化；着力优化国内区域布局，推动东中西部协调发展；着力优化外贸商品结构，提升出口附加值和技术含量；着力优化经营主体结构，促进各类企业共同发展；着力优化贸易方式，推进对外贸易转型升级。

按照“十三五”规划，要促进货物贸易和服务贸易融合发展，大力发展生产性服务贸易，服务贸易占对外贸易比重达到16%以上。巩固提升传统出口优势，促进加工贸易创新发展。优化对外贸易布局，推动出口市场多元化，提高新兴市场比重，巩固传统市场份额。鼓励发展新型贸易方式。发展出口信用保险。积极扩大进口，优化进口结构，更多进口先进技术装备和优质消费品。积极应对国外技术性贸易措施，强化贸易摩擦预警，化解贸易摩擦和争端。

按照国务院文件要求，要大力推动我国外贸由规模速度型向质量效益型转变，努力实现五个转变：一是推动出口由货物为主向货物、服务、技术、资本输出相结合转变；二是推动竞争优势由价格优势为主向技术、品牌、质量、服务为核心的综合竞争优势转变；三是推动增长动力由要素驱动为主向创新驱动转变；四是推动营商环境由政策引导为主向制度规范和营造法治化国际化营商环境转变；五是推动全球经济治理地位由遵守、适应国际经贸规则为主向主动参与国际经贸规则制订转变。

在推动外贸结构调整方面，推动国际市场结构调整，推动国内区域协调发展，推动各类外贸经营主体协调发展，推动外贸商品结构调整，推动贸易方式优化，大力发展服务贸易。

在提升对外贸易国际竞争力方面，加快提升出口产品技术含量，加快培育外贸品牌，加快提高出口产品质量，加快建立出口产品服务体系，加快培育新型贸易方式，加强区域开放载体建设，加快建设对外贸易平台。

同时，还要全面提升与“一带一路”沿线国家经贸合作水平，努力构建互利共赢的国际合作新格局，营造法治化国际化营商环境，深化外贸体制改革，完善政策体系，等等。

九、文化强国

2014 年 9 月 13 日，第十三届精神文明建设“五个一工程”表彰座谈会举行，《中国合伙人》等 186 部作品获奖。2017 年 9 月 27 日，第十四届精神文明建设“五个一工程”表彰座谈会举行，《将改革进行到底》等 67 部作品获奖。

“五个一工程”奖，已经连续评选了许多年。这是加强文化建设的重要举措，也成为文化强国的一个重要亮点。

当今时代，文化越来越成为民族凝聚力和创造力的重要源泉、成为综合国力竞争的重要因素。改革开放以来，党和国家一直高度重视文化建设，坚持两手抓，两手都要硬，不断提高全社会精神文明水平。

2007 年，十七大要求“兴起社会主义文化建设新高潮”“推动文化大发展大繁荣”“激发全民族文化创造活力，提高国家文化软实力，使人民基本文化权益得到更好保障，使社会文化生活更加丰富多彩，使人民精神风貌更加昂扬向上”。

2011 年 10 月，十七届六中全会审议通过《中共中央关于深化文化体制改革、推动社会主义文化大发展大繁荣若干重大问题的决定》，其最大亮点，就是提出了建设“文化强国”的长远战略。

十八大报告关于文化部分的标题就是“扎实推进社会主义文化强国建设”，要求“坚持社会主义先进文化前进方向，树立高度的文化自觉和文化自信，向着建设社会主义文化强国宏伟目标阔步前进。”

十九大继续要求“建设社会主义文化强国”，并强调：“文化是一个国家、一个民族的灵魂。文化兴国运兴，文化强民族强。没有高度的文化自信，没有文化的繁荣兴盛，就没有中华民族伟大复兴。”十九大还在中国特色社会主义道路、理论体系、制度之外，增加了中国特色社会主义文化，强调：“文化自信是一个国家、一个民族发展中更基本、更深沉、更持久的力量。”“中国特色社会主义文化是激励全党全国各族人民奋勇前进的强大精神力量。全党要更加自觉地增强道路自信、理论自信、制度自信、文化自信。”

十九大还把中国特色社会主义文化建设列入习近平新时代中国特色社会主义思想和新时代坚持和发展中国特色社会主义的基本方略之中，明确规定，实施文化强国战略，就要以马克思主义为指导，坚守中华文化立场，立足当代中国现实，结合当今时代条件，发展面向现代化、面向世界、面向未来的，民族的科学的大众的社会主义文化，推动社会主义精神文明和物质文明协调发展。要坚持为人民服务、为社会主义服务，坚持百花齐放、百家争鸣，坚持创造性转化、创新性发展，不断铸就中华文化新辉煌。

建设文化强国，要求牢牢掌握意识形态工作领导权，培育和践行社会主义核心价值观，加强思想道德建设。

建设文化强国，要求繁荣发展社会主义文艺。坚持思想精深、艺术精湛、制作精良相统一，加强现实题材创作，不断推出讴歌党、讴歌祖国、讴歌人民、讴歌英雄的精品力作。发扬学术民主、艺术民主，提升文艺原创力，推动文艺创新。倡导讲品位、讲格调、讲责任，抵制低俗、庸俗、媚俗。加强文艺队伍建设，造就一大批德艺双馨名家大师，培育一大批高水平创作人才。

建设文化强国，要求推动文化事业和文化产业发展。深化文化体制改革，完善文化管理体制，加快构建把社会效益放在首位、社会效益和经济效益相统一的体制机制。完善公共文化服务体系，深入实施文化惠民工程，丰富群众性文化活动。加强文物保护利用和文化遗产保护传承。健全现代文化产业体系和市场体系，创新生产经营机制，完善文化经济政策，培育新型文化业态。广泛开展全民健身活动。加强中外人文交流，以我为主、兼收并蓄。推进国际传播能力建设，讲好中国故事，展现真实、立体、全面的中国，提高国家文化软实力。

按照“十三五”规划，在文化建设方面，还要具体组织实施八大文化建设工程，一是公民道德建设工程，二是文化精品创作工程，三是公共文化设施建设工程，四是传统文化和自然遗产保护传承工程，五是传统戏曲传承和传统工艺振兴工程，六是中华典籍真理工程，七是传播能力建设工程，八是全民阅读工程。

建设文化强国，还要特别注意弘扬中华民族传统文化。2014 年 9 月 24 日，习近平总书记出席纪念孔子诞辰 2565 周年国际学术研讨会暨国际儒学联合会第五届会员大会，强调从延续民族文化血脉中开拓前进，推进人类各种文明交流交融、互学互鉴。作为国家领导人，出席纪念孔子的会议，鲜明地表明了对待传统文化的态度，促进了传统文化的传承和弘扬。

十、体育强国

2014 年 2 月，习近平总书记出席在俄罗斯索契举行的第二十二届冬奥会开幕式，这是中国国家元首首次出席在境外举行的大型国际体育赛事开幕式。在本届冬奥会上，中国体育代表团获得 3 枚金牌、4 枚银牌、2 枚铜牌，居金牌榜第十二位。

同年的 9—10 月，中国体育代表团在韩国仁川举行的第十七届亚运会上，获得 151 枚金牌、108 枚银牌、83 枚铜牌，居金牌榜和奖牌榜第一位。

2016 年 8 月和 9 月，中国体育代表团在巴西里约热内卢举行的第三十一届奥运会上，获得 26 枚金牌、18 枚银牌、26 枚铜牌，居奖牌榜第二位；在第十五届残奥会上获得 107 枚金牌、81 枚银牌、51 枚铜牌，居金牌榜和奖牌榜第一位。

此外，2015 年 7 月 31 日，国际奥委会第 128 次全会在马来西亚吉隆坡投票决定，将 2022 年冬奥会举办权交给北京。12 月 15 日，北京 2022 年冬奥会和冬残奥会组委会成立大会举行。张高丽强调，要贯彻绿色办奥、共享办奥、开放办奥、廉洁办奥要求，高质量高水平高效率做好冬奥会和冬残奥会筹办工作。

所有这些，都是中国体育取得的成绩。在重大国际体育赛事上拿金牌，对中国来说，已经是习以为常的事情了。除了金牌，全民体育、全民健身运动也广泛开展。中国人民的体质不断提升。

体育是社会发展和人类进步的重要标志，是综合国力和社会文明程度的重要体现。体育在提高人民身体素质和健康水平、促进人的全面发展，丰富人民精神文化生活、推动经济社会发展、激励全国各族人民弘扬追求卓越、突破自我的精神方面，都有着不可替代的重要作用。

改革开放以来，我国体育事业有了长足的进步和发展，特别是党的十八大以来，我国正由体育大国向体育强国迈进，体育强国的作用明显显现、越来越大。

习近平总书记在党的十九大报告中指出：“广泛开展全民健身活动，加快推进体育强国建设。”这是决胜全面建成小康社会、夺取新时代中国特色社会主义伟大胜利的重要工程。

加快推进体育强国建设，就要大力推动全民健身的群众体育、奥运争光的竞技体育、富民利民的体育产业、完善人格的体育文化等协调发展。切实把人民作为发展体育事业的主体，把极大满足人民健康需求、促进人的全面发展作为体育工作的出发点和落脚点，把竞技体育搞得更好、更快、更高、更强，不断提高运动健儿为国争光的能力，积极做好与北京冬奥会相关的各项筹办工作，努力举办一届精彩、非凡、卓越的奥运盛会。

建设体育强国，要不断推动群众体育和体育产业协调发展、推动城乡体育均衡发展、区域体育联动发展以及各少数民族体育事业的协同发展。2014 年国务院下发的《关于加快发展体育产业促进体育消费的若干意见》，将全民健身上升为国家战略。2016 年国务院令第 666 号修订《全民健身条例》，制定了全民健身计划。“十三五”规划中，要求：广泛开展全民健身运动，实施全民健身战略。加强群众健身活动场地和设施建设，推行公共体育设施免费或低收费开放。实施青少年体育活动促进计划，培育青少年体育爱好和运动技能，推广普及足球、篮球、排球、冰雪等运动，完善青少年体质健康监测体系。发展群众健身休闲项目，鼓励实行工间健身制度，实行科学健身指导。促进群众体育与竞技体育全面协调发展。鼓励社会力量发展体育产业。做好北京 2022 年冬季奥运会筹办工作。

十一、教育强国

改革开放以来，中国教育事业取得了举世瞩目的成就。教育规模显著扩大，发展速度迅速提高，已经成为世界教育大国。

2016年，中国学前教育毛入园率为77.4%，达到中高收入国家平均水平。小学净入学率为99.92%、初中毛入学率为104.0%，义务教育普及率高于高收入国家平均水平。高中阶段教育毛入学率为87.5%，高于中高收入国家平均水平。高等教育毛入学率为42.7%，超过中高收入国家平均水平。职业教育大力发展，每年为各行各业输送近1000万技术技能人才，开展各类培训上亿人次，为传统产业转型升级、新产业新业态发展壮大提供了有力支撑。中国教育事业在世界上的位置明显提升，已跨入中等偏上行列。

新时代新阶段，中国社会主要矛盾转化为人民日益增长的美好生活需要和发展不平衡不充分之间的矛盾。体现在教育领域，就是人民群众对于高水平教育的渴望与教育发展不均衡不充分不全面的矛盾、世界最大规模的教育体系与相对短缺的优质教育资源的矛盾。教育还面临不少难题亟待破解，人民群众对教育怀有更高的期望，也有很多不满之处。因此，中国教育需要进一步从大国迈向强国。

2010年7月，中共中央、国务院召开新世纪第一次全国教育工作会议，颁布实施《教育规划纲要》，绘就了2010至2020年教育改革发展的宏伟蓝图。胡锦涛在会上明确提出了建设教育强国的思想，要求：“推动教育事业在新的历史起点上科学发展，加快从教育大国向教育强国、从人力资源大国向人力资源强国迈进，为中华民族伟大复兴和人类文明进步作出更大贡献。”

十八大以来，习近平总书记多次指出，教育决定着人类的今天，也决定着人类的未来。教育是强国富民之本，是中华民族伟大复兴之本。一个国家的繁荣，不取决于国库之殷实、城堡之坚固、公共设施之华丽，而取决于公民所受教育如何。

2017年1月，国务院印发指导全国教育改革发展的纲领性文件《国家教育事业发展“十三五”规划》，确定了“十三五”教育改革发展的指导思想、基本原则、主要目标和主题主线，提出到2020年教育现代化取得重要进展，教育总体实力和国际影响力显著增强，推动我国迈入人力资源强国和人才强国行列，为实现中国教育现代化2030远景目标奠定坚实基础。

2017年，中共十九大报告对“优先发展教育事业”作出全面部署，明确提出：“建设教育强国是中华民族伟大复兴的基础工程，必须把教育事业放在优先位置，加快教育现代化，办好人民满意的教育。”这是“教育强国”第一次写入党代会报告。建设教育强国，成为建设现代化强国的重要组成部分，也是教育在中华民族伟大复兴中的新定位、新使命。

所谓教育强国，是指教育综合实力、培养能力、国际影响力和竞争力具有突出地位和强大世界影响的国家。中国特色教育强国的本质特征是，通过优先发展教育，建设一个教育综合实力和服务能力强大的国家，构建全体人民普遍享受优质基本公共教育服务的教育制度和具有中国特色、世界水平的现代教育，实现教育强国、教育富民，为社会主义现代化国家提供强有力的人力和智力支撑。

建设教育强国，要求未来15年至20年，中国教育综合实力持续增强，实现从教育大国向教育强国、从人力资源大国向人力资源强国的战略转变；实现更高水平的普及教育、惠及全民的公平教育和更加丰富的优质教育，构建体系完备的终身教育，提前15年实现教育现代化，建成教育强国。

为此，中国教育发展要实现两次跨越：

第一步跨越，到2020年，全面落实教育规划纲要，基本实现教育现代化，基本形成学习型社会，进入人力资源强国行列，教育发展主要指标达到中等收入国家先进水平。

第二步跨越，到2035年，教育质量和教育竞争力、影响力全面提升。实现从追赶到超越的战略转变，跨入高人类发展指数国家行列，基本建成现代化教育强国、进入人力资源强国先进行列。

建设教育强国，是党和国家着眼于世界教育与人力资源发展趋势，着眼于中华民族伟大复兴所作出的政治抉择和战略选择。

建成教育强国，要求建成世界领先的教育体系、教育制度和教育发展模式，成为成熟的学习型社会建设，能够为全体公民提供普及性、高质量、包容性的公共教育服务，着力解决好发展不平衡不充分的问题，在更高水平上实现“幼有所育、学有所教”；高等教育的综合实力持续增长，建成一批世界一流大学和一流学科，建设一支世界一流的现代化教师队伍，高等教育进入普及化阶段，具有高等教育文化程度者的规模达到世界第一；科技与教育密切结合、产学研深度融合，瞄准世界科技前沿，强化基础研究，实现前瞻性基础研究、引领性原创成果重大突破，在国家创新体系中发挥主力军作用；从整体上提高国民素质，新增劳动力受教育年限2020年达到13.85年左右，2035年达到15年左右，基本与2035年时发达国家新增劳动力受教育年限平均水平处于同一个起点，即进入世界第一梯队；人力资源开发进入高层次阶段，能够培养造就一大批具有国际水平的战略科技人才、科技领军人才、青年科技人才和高水平创新团队，为各行各业输送高素质技术技能人才；中国教育将更加开放，全面走向世界，与德、英、美、日一样，成为世界重要的教育中心之一，成为世界最重要的留学生目的地国家，积极参与国际教育事务管理、规则制定和国际化人才培养，在国际教育交流服务中发挥重要作用。

十二、人才强国

新世纪以来，人才强国战略就一直在坚持不懈地推进中。本书在前面有关部分已经详细梳理和介绍了人才强国战略的内容。

进入新时代，十九大进一步强调：“人才是实现民族振兴、赢得国际竞争主动的战略资源。”因此，必须“加快建设人才强国”。

加快建设人才强国，就要充分调动各方面创新要素、激发各类人才的积极性，在全社会大兴识才爱才敬才用才之风，在创新实践中发现人才、在创新活动中培育人才、在创新事业中凝聚人才，聚天下英才而用之，努力造就一大批能够把握世界科技大势、研判科技发展方向的战略科技人才，培养一大批善于凝聚力量、统筹协调的科技领军人才，培养一大批勇于创新、善于创新的企业家和高技能人才，为实现科技强国目标输送源源不断的创新人才。

第三章

全面建设现代化强国的系列化专项战略

十九大除了提出“两步走”的大战略和一些全局性重大战略、提出 12 个专项“强国”目标外，还重申或新提出了涉及不同领域的一系列战略，如军事战略、开放战略、科教兴国战略、人才强国战略、创新驱动发展战略、乡村振兴战略、区域协调发展战略、可持续发展战略，军民融合发展战略、就业优先战略、健康中国战略、食品安全战略、人口发展战略、国家安全战略。我数了一下，一共有 14 个战略。

这些战略，构成全面建设现代化强国的系列化战略组合。它们都是分两步走全面建设现代化强国的总的战略的组成部分，是这一总的现代化战略在不同领域的展开和实施。它们都受着总的现代化战略的支配，都要服从总的现代化战略的目标、原则、步骤、进程、举措、要求，特别是要贯穿新时代的新的发展思想和发展理念，并确保总的现代化目标的如期和全面实现。同时，每一个战略的实施，都对总的现代化战略起着重要的作用。它们能不能保证如期实现、实施的情况和质量怎么样，都对总的现代化战略产生着重要的影响。如果其中任何一个战略不能如期按照规划和要求完成，都会延误整个现代化强国战略目标的实现。

与此同时，这些不同的战略都有自身针对和涉及的专门领域，具体内容当然不尽相同。但相互之间也有着紧密的联系，起着相互配合、相互支持的作用。每一个战略，都不同程度地受到其他战略的影响，也对其他战略发挥着不可小视的作用。所以，必须统筹协调，共同推进。

有的是原来已经实施的，有的是新提出来的。一般来说，所有这些战略，都应该有相应的规划或文件，采取具体的措施，制定某些特殊的政策，从而把这些战略落到实处。已有的战略要继续实行，并根据十九大精神加以修改和补充；原来没有的战略则要考虑制定相应的规划和文件。

开放战略、科教兴国战略、人才强国战略、区域协调发展战略、可持续发展战略等，都是十八大之前提出来的。创新驱动发展战略是党的十八大提出来的。这些战略，党和国家一直在坚定不移地向前推进，并已取得了明显的成绩，十九大又进一步提出了要求。本书在前面有关部分对这些战略及其最新的要求和部署都作了说明和介绍。

乡村振兴战略是十九大第一次提出来的。军民融合发展战略、就业优先战略、健康中国战略、食品安全战略、人口发展战略、国家安全战略，在十九大之前就已提出。但本书在前面没有单独加以介绍，因此在这里统一加以介绍和说明。

一、乡村振兴战略

农业、农村、农民是中国经济和社会发展最基本的问题。改革开放就是从农村首先开始和突破的。改革开放初期，中共中央每年所发的连续多个1号文件，都是关于“三农”问题的。近年来，再次延续了这一惯例，突出显示了党和国家对“三农”问题的高度重视。

十八大以来，党和国家坚持把解决好“三农”问题作为全党工作重中之重，统筹推进工农城乡协调发展，出台一系列强农惠农政策，实现了农业连年丰收、农民收入持续提高、农村社会和谐稳定。农业农村形势比较好，为经济社会发展全局提供了基础支撑。

同时，也要清醒看到，当前我国最大的发展不平衡是城乡发展不平衡，最大的发展不充分是农村发展不充分。农业发展质量效益和竞争力不高，农民增收后劲不足，农村自我发展能力较弱，城乡差距依然较大。对这些问题，如果不下大力气加以解决，就会影响决胜全面建成小康社会和全面建设现代化强国的进程。

所以，中共十九大把“三农”工作放在重要位置上，强调农业农村农民问题是关系国计民生的根本性问题，必须始终把解决好“三农”问题作为全党工作重中之重；提出坚持农业农村优先发展，实施乡村振兴战略。大力推进乡村振兴，并将其提升到战略高度、写入党章。

实施乡村振兴战略，是党中央着眼于全面建成小康社会、全面建设社会主义现代化国家作出的重大战略决策，是解决人民日益增长的美好生活需要和不平衡不充分的发展之间矛盾的必然要求，是实现“两个一百年”奋斗目标的必然要求，是实现全体人民共同富裕的必然要求。

实施乡村振兴战略，要按照产业兴旺、生态宜居、乡风文明、治理有效、生活富裕的总要求，建立健全城乡融合发展体制机制和政策体系，加快推进农业农村现代化。

产业兴旺，就是要紧紧围绕促进产业发展，引导和推动更多资本、技术、人才等要素向农业农村流动，调动广大农民的积极性、创造性，形成现代农业产业体系，促进农村一、二、三产业融合发展，保持农业农村经济发展旺盛活力。

生态宜居，就是要加强农村资源环境保护，大力改善水电路气房讯等基础设施，统筹山水林田湖草保护建设，保护好绿水青山和清新清净的田园风光。

乡风文明，就是要促进农村文化教育、医疗卫生等事业发展，推动移风易俗、文明进步，弘扬农耕文明和优良传统，使农民综合素质进一步提升、农村文明程度进一步提高。

治理有效，就是要加强和创新农村社会治理，加强基层民主和法治建设，弘扬社会正气、惩治违法行为，使农村更加和谐安定有序。

生活富裕，就是要让农民有持续稳定的收入来源，经济宽裕，生活便利，最终实现共同富裕。

在实践中，推进乡村振兴，必须把大力发展农村生产力放在首位，支持和鼓励农民就业创业，拓宽增收渠道；必须坚持城乡一体化发展，体现农业农村优先原则；必须遵循乡村发展规律，保留乡村特色风貌。

2017年12月28日至29日在北京召开的中央农村工作会议，全面分析“三农”工作面临的形势和任务，研究实施乡村振兴战略的重要政策，部署2018年和今后一个时期的农业农村工作。会议指出，实施乡村振兴战略，是我们党“三农”工作一系列方针政策的继承和发展，是中国特色社会主义进入新时代做好“三农”工作的总抓手。

按照十九大提出的决胜全面建成小康社会、分两个阶段实现第二个百年奋斗目标的战略安排，实施乡村振兴战略的目标任务是：到2020年，乡村振兴取得重要进展，制度框架和政策体系基本形成；到2035年，乡村振兴取得决定性进展，农业农村现代化基本实现；到2050年，乡村全面振兴，农业强、农村美、农民富全面实现。

实施乡村振兴战略的基本原则是：坚持党管农村工作，坚持农业农村优先发展，坚持农民主体地位，坚持乡村全面振兴，坚持城乡融合发展，坚持人与自然和谐共生，坚持因地制宜、循序渐进。

走中国特色社会主义乡村振兴道路，一是必须重塑城乡关系，走城乡融合发展之路；二是必须巩固和完善农村基本经营制度，走共同富裕之路；三是必须深化农业供给侧结构性改革，走质量兴农之路；四是必须坚持人与自然和谐共生，走乡村绿色发展之路；五是必须传承发展提升农耕文明，走乡村文化兴盛之路；六是必须创新乡村治理体系，走乡村善治之路；七是必须打好精准脱贫攻坚战，走中国特色减贫之路。

二、军民融合发展战略

党和国家历来重视推进经济建设和国防建设协调发展。2008年3月，胡锦涛出席十一届全国人大一次会议解放军代表团全体会议时指出，富国和强军都是我国现代化建设的战略任务，是发展中国特色社会主义、实现中华民族伟大复兴的重要基石。要走出一条中国特色军民融合式发展路子。

十八大以来，以习近平同志为核心的党中央在国家总体战略中兼顾发展和安全，把军民融合发展确立为兴国之举、强军之策，作出一系列重大决策。

十八届三中全会把军民融合发展改革纳入全面深化改革总体布局。

2015 年 3 月，习近平总书记出席十二届全国人大三次会议解放军代表团全体会议时明确提出，把军民融合发展上升为国家战略，强调要深入实施军民融合发展战略，努力开创强军兴军新局面。

2016 年 7 月，中共中央、国务院、中央军委印发《关于经济建设和国防建设融合发展的意见》，首次从中央层面明确了军民融合发展的重点。相应，国务院、中央军委颁布实施《经济建设和国防建设融合发展“十三五”规划》，勾画出“十三五”时期军民融合发展的蓝图。

2017 年 1 月，为了加强军民融合发展的集中统一领导，决定成立中央军民融合发展委员会，由习近平总书记担任主任。

党的十九大把军民融合发展战略和科教兴国战略等一起作为必须坚持的国家战略，明确要求坚持富国和强军相统一，强化统一领导、顶层设计、改革创新和重大项目落实，深化国防科技工业改革，形成军民融合深度发展格局，构建一体化的国家战略体系和能力。

把军民融合发展上升为国家战略，是党中央从国家安全和战略全局出发做出的重大决策，是在全面建成小康社会进程中实现富国和强军相统一的必由之路。这也是继创新驱动发展战略、“一带一路”倡议之后中央部署的又一国家战略。

实施军民融合发展战略，就是要形成军民融合深度发展格局，构建一体化的国家战略体系和能力。军民融合发展的主要目标是：形成全要素、多领域、高效益的军民深度融合发展格局，使经济建设为国防建设提供更加雄厚的物质基础，国防建设为经济建设提供更加坚强的安全保障。到 2020 年，经济建设和国防建设融合发展的体制机制更加成熟定型，政策法规体系进一步完善，重点领域融合取得重大进展，先进技术、产业产品、基础设施等军民共用协调性进一步增强，基本形成军民深度融合发展的基础领域资源共享体系、中国特色先进国防科技工业体系、军民科技协同创新体系、军事人才培养体系、军队保障社会化体系、国防动员体系。

当前和今后一个时期，要紧紧围绕这一目标，坚持总体国家安全观，强化国家主导，注重融合共享，发挥市场作用，深化改革创新，推动军民融合由初步融合向深度融合过渡，进而实现跨越发展，力争到2020年形成全要素、多领域、高效益的军民融合深度发展格局。

军民融合深度发展的最终指向，是构建一体化的国家战略体系和能力，实现国家发展和安全兼顾、富国与强军相统一，经济建设和国防建设融合发展，经济实力和国防实力同步提升，从国家层面形成各领域战略布局一体融合，各方面资源一体整合，政治、经济、军事、科技、外交、文化等力量一体运用的战略态势，增强国家综合实力和战略竞争力，维护国家主权、安全、发展利益。

军民融合是一个系统工程，必须以聚焦重点领域带动整体水平的提升。要推进基础建设军民一体，统筹军民一体化的国家科技基础、工业基础、人才基础和基础设施建设，实现国家一份投入、多份产出；推进国防军工军民结合，推动军工行业与制造业深度融合，构建中国特色先进国防科技工业体系；推进科技创新军民协同，加快建立军民融合创新体系，推动科技成果双向转移转化；推进关键领域军民共建，军地合力建设海洋强国、航天强国、网络强国；推进人力资源军民共用，培养高素质新型军事人才和经济社会发展急需特殊人才；推进社会服务军民共享，做好双拥和优抚安置工作，军队和武警部队全面停止有偿服务；推进公共安全军民统筹，提高应急应战一体化建设水平和能力；推进对外合作军民互补，构建海外综合保障体系，加快形成军政企协同、国内外互动的维护海外利益格局。

三、就业优先战略

就业是最大的民生，也是经济社会发展最基本的支撑，事关经济发展和民生改善大局。

改革开放以来，党和国家一直在着力提高经济效益的同时，采取各种办法解决群众就业问题。十八大以来，面对国内经济增速换挡和国际环境日益复杂的局面，我国就业工作面临的挑战依然较大。这其中既有劳动力市场传统的结构性矛盾，如农民工招工难和大学生就业难同时存在、劳动者技能与市场需求不匹配等，也有我国经济发展进入新常态后出现的新问题，如经济结构调整产生下岗分流人员、劳动力成本快速上升造成企业用工需求下降等。

党的十八大明确提出推动实现更高质量的就业，实施就业优先战略和更加积极的就业政策，并把实现就业更加充分作为全面建成小康社会的重要目标，进一步明确了“劳动者自主就业、市场调节就业、政府促进就业和鼓励创业”的新时期就业方针。

以习近平同志为核心的党中央坚持以人民为中心的发展思想，根据经济发展新常态下的就业形势和特点，进一步丰富发展了就业优先战略。

2015 年，国务院在《关于进一步做好新形势下就业创业工作的意见》中，要求把就业作为重中之重，坚持实施就业优先战略和更加积极的就业政策，坚决打好稳定和扩大就业的硬仗。坚持扩大就业发展战略，发展吸纳就业能力强的产业，发挥小微企业就业主渠道作用，积极预防和有效调控失业风险。

同年，国务院还印发了《关于大力推进大众创业万众创新若干政策措施的意见》，制定了鼓励“双创”的一系列政策。

2015 年 10 月 19 日，首届全国大众创业万众创新活动周启动。国务院总理李克强出席活动周启动仪式并考察主题展区，强调要坚持创新驱动，扎实推进“双创”，不断激发市场活力潜力和社会创造力。

中共十九大进一步要求实施就业优先战略和积极就业政策，实现更高质量和更充分就业。大规模开展职业技能培训，注重解决结构性就业矛盾，鼓励创业带动就业。提供全方位公共就业服务，促进高校毕业生等青年群体、农民工多渠道就业创业。破除妨碍劳动力、人才社会性流动的体制机制弊端，使人人都有通过辛勤劳动实现自身发展的机会。完善政府、工会、企业共同参与的协商协调机制，构建和谐劳动关系。

就业优先战略的主要内容，一是要促进经济增长与扩大就业联动，把稳定和扩大就业作为区间调控的下限。加强经济政策与就业政策衔接，以稳增长促就业，以鼓励创业就业带动经济增长。在制定财税、金融、产业、贸易、投资等重大政策时，要综合评价对就业失业的影响。促进产业结构、区域发展与就业协同，同等条件下对创造就业岗位多、岗位质量好的项目优先安排。发挥小微企业就业主渠道作用，搭建公共服务示范平台，支持小微企业创新，对小微企业新招用劳动者，符合相关条件的，按规定给予就业创业支持，不断提高小微企业带动就业能力。缓解重点困难地区就业压力，促进资源型城市转型发展，对困难地区实施就业援助行动。

二是要支持新就业形态发展。支持发展商业特许经营、连锁经营，大力发展金融租赁、节能环保、电子商务、现代物流等生产性服务业和旅游休闲、健康养老、家庭服务、社会工作、文化体育等生活性服务业，推进产业转型升级，培育战略性新兴产业和先进制造业，提高劳动密集型产业附加值。加快转变农业发展方式，培养新型职业农民，鼓励有文化、有技术、有市场经济观念的各类城乡劳动者根据市场需求到农村就业创业。

三是要促进以创业带动就业。优化创业环境，深化商事制度改革，进一步减少审批事项。发展创业载体，加快创业孵化基地、众创空间等建设，允许各地对创业孵化基地给予一定奖补。鼓励地方对首次创办小微企业或从事个体经营的高校毕业生、就业困难人员开展一次性创业补贴试点。拓宽融资渠道，有条件的地区可通过财政出资引导社会资本投入，设立高校毕业生就业创业基金，为高校毕业生创业提供股权投资、融资担保等服务。为创业者提供低成本、便利化、全要素、开放式的综合服务平台和发展空间。鼓励企业由传统的管控型组织转型为新型创业平台，让员工成为平台上的创业者，形成市场主导、风投参与、企业孵化的创业生态系统。加大减税降费力度。

四是要抓好重点群体就业创业。鼓励高校毕业生多渠道就业，扩大高校毕业生求职创业补贴对象范围，实施留学人员回国创新创业启动支持计划。稳妥安置化解过剩产能企业职工，促进分流职工转岗就业创业。支持农民工返乡创业，发展农民合作社、家庭农场等新型农业经营主体。完善就业援助长效机制，确保零就业家庭、低保家庭至少一人稳定就业。进一步落实退役军人就业创业政策。

五是要强化教育培训和就业创业服务。提高教育培训质量，加快发展现代职业教育，大力发展技工教育。完善职业培训补贴方式，允许采取整建制购买培训项目、直接补贴培训机构等方式开展集中培训，参加失业保险 3 年以上、当年取得职业资格证书或技能等级证书的企业职工可申请技能提升补贴。推进公共就业创业服务专业化、信息化建设，促进妇女、残疾人等公平就业。简化劳动者求职手续，推动建立入职定点体检和结果互认机制。

四、健康中国战略

健康是促进人的全面发展的必然要求，是经济社会发展的基础条件。实现国民健康长寿，是国家富强、民族振兴的重要标志，也是全国各族人民的共同愿望。

新中国成立以来特别是改革开放以来，我国健康领域改革发展取得显著成就，城乡环境面貌明显改善，全民健身运动蓬勃发展，医疗卫生服务体系日益健全，人民健康水平和身体素质持续提高。2015 年，我国人均预期寿命已达 76.34 岁，婴儿死亡率、5 岁以下儿童死亡率、孕产妇死亡率分别下降到 8.1‰、10.7‰和 20.1/10 万，总体上优于中高收入国家平均水平，为全面建成小康社会奠定了重要基础。

但与此同时，工业化、城镇化、人口老龄化、疾病谱变化、生态环境及生活方式变化等，也给维护和促进健康带来一系列新的挑战，健康服务供给总体不足与需求不断增长之间的矛盾依然突出，健康领域发展与经济社会发展的协调性有待增强，一些关系人民健康的重大和长远问题需要从国家战略层面统筹加以解决。

小康不小康，基础在健康。推进健康中国建设，是全面建成小康社会、基本实现社会主义现代化的重要基础，是全面提升中华民族健康素质、实现人民健康与经济社会协调发展的国家战略，是积极参与全球健康治理、履行 2030 年可持续发展议程国际承诺的重大举措。

2016 年 8 月，全国卫生与健康大会举行。习近平总书记强调，要把人民健康放在优先发展的战略地位，加快推进健康中国建设，努力全方位、全周期保障人民健康。10 月，中共中央、国务院印发《“健康中国 2030”规划纲要》，全面制定了健康中国战略。

健康中国战略坚持健康优先、改革创新、科学发展、公平公正的原则。把“共建共享、全民健康”作为建设健康中国的战略主题。

健康中国战略的目标是：到 2020 年，建立覆盖城乡居民的中国特色基本医疗卫生制度，健康素养水平持续提高，健康服务体系完善高效，人人享有基本医疗卫生服务和基本体育健身服务，基本形成内涵丰富、结构合理的健康产业体系，主要健康指标居于中高收入国家前列。

到 2030 年，促进全民健康的制度体系更加完善，健康领域发展更加协调，健康生活方式得到普及，健康服务质量和健康保障水平不断提高，健康产业繁荣发展，基本实现健康公平，主要健康指标进入高收入国家行列。

到 2050 年，建成与社会主义现代化国家相适应的健康国家。

健康中国战略的一个重要特点，是其很多目标可以量化，而且主要是人民群众健康水平的量化。

健康水平指标：

人均预期寿命（岁）：2015 年：76.34，2020 年：77.3，2030 年：79.0；

婴儿死亡率（‰）：2015 年：8.1，2020 年：7.5，2030 年：5.0；

5 岁以下儿童死亡率（‰）：2015 年：10.7，2020 年：9.5，2030 年：6.0；

孕产妇死亡率（1/10 万）：2015 年：20.1，2020 年：18.0，2030 年：12.0；

城乡居民达到《国民体质测定标准》合格以上的人数比例（%）：2015 年：89.6（2014 年），2020 年：90.6，2030 年：92.2。

健康生活指标：

居民健康素养水平（%）：2015 年：10，2020 年：20，2030 年：30；

经常参加体育锻炼人数（亿人）：2015 年：3.6（2014 年），2020 年：4.35，2030 年：5.3。

健康服务与保障指标：

重大慢性病过早死亡率（%）：2015 年：19.1（2013 年），2020 年：比 2015 年降低 10%，2030 年：比 2015 年降低 30%；

每千常住人口执业（助理）医师数（人）：2015 年：2.2，2020 年：2.5，2030 年：3.0；

个人卫生支出占卫生总费用的比重（%）：2015 年：29.3，2020 年：28 左右，2030 年：25 左右。

健康环境指标：

地级及以上城市空气质量优良天数比率（%）：2015 年：76.7，2020 年：＞80，2030 年：持续改善；

地表水质量达到或好于Ⅲ类水体比例（%）：2015 年：66，2020 年：＞70，2030 年：持续改善。

健康产业指标：

健康服务业总规模（万亿元）：2015 年：—，2020 年：＞8，2030 年：16。

这些量化的指标是清晰的，但也是需要通过不懈的努力扎扎实实加以实现的。

中共十九大深刻指出，“人民健康是民族昌盛和国家富强的重要标志”，同时，就“实施健康中国战略”作出了一系列部署。要求完善国民健康政策，为人民群众提供全方位全周期健康服务。深化医药卫生体制改革，全面建立中国特色基本医疗卫生制度、医疗保障制度和优质高效的医疗卫生服务体系，健全现代医院管理制度。加强基层医疗卫生服务体系和全科医生队伍建设。全面取消以药养医，健全药品供应保障制度。坚持预防为主，深入开展爱国卫生运动，倡导健康文明生活方式，预防控制重大疾病。实施食品安全战略，让人民吃得放心。坚持中西医并重，传承发展中医药事业。支持社会办医，发展健康产业。促进生育政策和相关经济社会政策配套衔接，加强人口发展战略研究。积极应对人口老龄化，构建养老、孝老、敬老政策体系和社会环境，推进医养结合，加快老龄事业和产业发展。

新时代实施健康中国战略，必须着重抓好以下工作：一是深化医药卫生体制改革，全面建立中国特色基本医疗卫生制度。二是完善国民健康政策，为人民群众提供全方位全周期健康服务。三是以强基层为重点，加强基层医疗卫生服务体系和全科医生队伍建设。四是坚持预防为主，预防控制重大疾病。五是坚持中西医并重，传承发展中医药事业。六是支持社会办医，发展健康产业。七是加强人口发展战略研究，促进家庭和谐幸福。

五、食品安全战略

民以食为天，食以安为先。食品安全关乎人民健康和生命，责任重于泰山。然而，还是有少数无良商人先后制造的食品安全事件，如地沟油、毒奶粉、镉大米、瘦肉精等，引起人民群众的强烈公愤，从而加大了对食品安全的高度关注。

2008 年 9 月，由于发生三鹿牌婴幼儿奶粉事件，国务院启动国家重大食品安全事故Ⅰ级响应，对该事件进行了严肃处理。随后 2009 年 2 月制定了《中华人民共和国食品安全法》。2010 年 2 月，国务院设立食品安全委员会。2012 年 6 月，国务院印发《关于加强食品安全工作的决定》。

十八大以来，新一届中央领导集体高度重视食品安全问题，重拳严治，以保障人民“舌尖上的安全”。2015 年 4 月 24 日，十二届全国人大常委会第十四次会议通过修订后的《中华人民共和国食品安全法》。中央关于“十三五”规划的建议更是将食品安全问题提到国家战略高度，提出实施食品安全战略。“十三五”规划就此作出部署：“实施食品安全战略。完善食品安全法规制度，提高食品安全标准，强化源头治理，全面落实企业主体责任，实施网格化监管，提高监督检查频次和抽检监测覆盖面，实行全产业链可追溯管理。开展国家食品安全城市创建行动。”

2017年2月，国务院印发《“十三五”国家食品安全规划》和《“十三五”国家药品安全规划》。要求以最严谨的标准、最严格的监管、最严厉的处罚、最严肃的问责，全面实施食品安全战略，着力推进监管体制机制改革创新和依法治理，着力解决人民群众反映强烈的突出问题，推动食品安全现代化治理体系建设，促进食品产业发展，推进健康中国建设。

党的十九大进一步要求：“实施食品安全战略，让人民吃得放心。”

根据《“十三五”国家食品安全规划》，食品安全战略的基本原则是：

预防为主。坚持关口前移，全面排查、及时发现处置苗头性、倾向性问题，严把食品安全的源头关、生产关、流通关、入口关，坚决守住不发生系统性区域性食品安全风险的底线。

风险管理。树立风险防范意识，强化风险评估、监测、预警和风险交流，建立健全以风险分析为基础的科学监管制度，严防严管严控风险隐患，确保监管跑在风险前面。

全程控制。严格实施从农田到餐桌全链条监管，建立健全覆盖全程的监管制度、覆盖所有食品类型的安全标准、覆盖各类生产经营行为的良好操作规范，全面推进食品安全监管法治化、标准化、专业化、信息化建设。

社会共治。全面落实企业食品安全主体责任，严格落实地方政府属地管理责任和有关部门监管责任。充分发挥市场机制作用，鼓励和调动社会力量广泛参与，加快形成企业自律、政府监管、社会协同、公众参与的食品安全社会共治格局。

食品安全战略的目标是：

到2020年，食品安全治理能力、食品安全水平、食品产业发展水平和人民群众满意度明显提升。主要实现以下目标：

食品安全抽检覆盖全部食品类别、品种。国家统一安排计划、各地区各有关部门分别组织实施的食品检验量达到每年4份/千人。其中，各省（区、市）组织的主要针对农药兽药残留的食品检验量不低于每年2份/千人。

农业源头污染得到有效治理。主要农作物病虫害绿色防控覆盖率达到30%以上，农药利用率达到40%以上，主要农产品质量安全监测总体合格率达到97%以上。

食品安全现场检查全面加强。职业化检查员队伍基本建成，实现执法程序和执法文书标准化、规范化。对食品生产经营者每年至少检查1次。实施网格化管理，县、乡级全部完成食品安全网格划定。

食品安全标准更加完善。制修订不少于300项食品安全国家标准，制修订、评估转化农药残留限量指标6600余项、兽药残留限量指标270余项。产品标准覆盖包括农产品和特殊人群膳食食品在内的所有日常消费食品，限量标准覆盖所有批准使用的农药兽药和相关农产品，检测方法逐步覆盖所有限量标准。

食品安全监管和技术支撑能力得到明显提升。实现各级监管队伍装备配备标准化。各级食品安全检验检测能力达到国家建设标准，进出口食品检验检测能力保持国际水平。

六、人口发展战略

人口发展战略是指一个国家或地区，根据人类自身生产规律以及人口和社会经济发展规律的客观要求，从现实的人口状况和社会经济状况出发，在周密细致调查研究的基础上，对未来较长时期人口发展趋势和方向、发展目标和指导原则、实现人口目标的主要措施等所提出的纲领性构想。

中国全面推行计划生育40多年来，人口过快增长得到有效控制，人口再生产类型实现历史性转变，对资源环境的压力有效缓解，有力促进了经济发展、社会进步和民生改善，为现代化建设提供了重要保障和基础性支撑，为全面建成小康社会奠定了坚实基础。

中共十八大以来，根据我国人口发展变化趋势，中共中央、国务院审时度势，作出调整完善生育政策的重大决策部署。2013年，十八届三中全会通过的《中共中央关于全面深化改革若干重大问题的决定》提出："坚持计划生育的基本国策，启动实施一方是独生子女的夫妇可生育两个孩子的政策。"12月21日，中共中央、国务院印发《关于调整完善生育政策的意见》，对单独两孩政策作出规定。2015年，十八届五中全会决定：坚持计划生育的基本国策，完善人口发展战略，全面实施一对夫妇可生育两个孩子政策，积极开展应对人口老龄化行动。2015年12月31日，中共中央、国务院印发《关于实施全面两孩政策改革完善计划生育服务管理的决定》。2016年1月1日，修改后的《中华人民共和国人口与计划生育法》正式实施，明确国家提倡一对夫妻生育两个子女。

与此同时，国家在统筹人口与经济社会发展，积极应对老龄化，大力提升人口素质，扎实推进新型城镇化，促进人口长期均衡发展等方面，也作出了一系列规定，从而使我国人口发展进入了新阶段。

2016年末，我国大陆人口总量为138271万人，与2012年相比，增加了2867万人，平均每年增加717万人，年均自然增长率保持在5‰左右，继续保持低速平稳增长。实施“全面两孩”政策后，出生人口明显增加。2016年我国出生人口1786万人，人口出生率为12.95‰，与2012—2015年平均每年出生1654万人相比，2016年多出生132万人，二孩出生人数和比重都有明显上升。2015年，我国人口平均预期寿命达到76.34岁，比2010年的74.83岁提高1.51岁。分性别看，男性为73.64岁，比2010年提高1.26岁；女性为79.43岁，比2010年提高2.06岁，女性提高速度快于男性，与世界其他国家平均预期寿命的变化规律相一致。

面对人口发展重大趋势性变化，必须把人口均衡发展作为重大国家战略，加强统筹谋划，把握人口发展的有利因素，积极有效应对风险挑战，努力实现人口自身均衡发展，并与经济社会、资源环境协调发展。

所以，“十三五”规划要求完善人口发展战略，建立健全人口与发展综合决策机制。综合应对劳动年龄人口下降，实施渐进式延迟退休年龄政策，加强老年人力资源开发，增强大龄劳动力就业能力。开展重大经济社会政策人口影响评估，健全人口动态监测机制。“十三五”规划末，全国总人口控制在14.2亿人左右。

2016年12月，国务院印发《国家人口发展规划（2016—2030年）》，提出到2030年，全国总人口达到14.5亿人左右，人口与经济社会、资源环境的协调程度进一步提高。

十九大从国家整体发展战略的高度要求“加强人口发展战略研究”。

根据2016年国务院印发的《国家人口发展规划（2016—2030年）》，中国人口发展战略的主要目标是：

到2020年，全面两孩政策效应充分发挥，生育水平适度提高，人口素质不断改善，结构逐步优化，分布更加合理。到 2030 年，人口自身均衡发展的态势基本形成，人口与经济社会、资源环境的协调程度进一步提高。

人口总量。总和生育率逐步提升并稳定在适度水平，2020 年全国总人口达到 14.2 亿人左右，2030 年达到 14.5 亿人左右。

人口结构。出生人口性别比趋于正常，性别结构持续改善。劳动力资源保持有效供给，人口红利持续释放。

人口素质。出生缺陷得到有效防控，人口健康水平和人均预期寿命持续提高，劳动年龄人口平均受教育年限进一步增加，人才队伍不断壮大。

人口分布。常住人口城镇化率稳步提升，户籍人口城镇化率加快提高，主要城市群集聚人口能力增强。人口流动合理有序，人口分布与区域发展、主体功能布局、城市群发展、产业集聚的协调度达到更高水平。

重点人群。民生保障体系更加健全，老年人、妇女、儿童、残疾人、贫困人口等群体的基本权益得到有效保障，生活水平持续提高，共建共享能力明显增强。

实现人口发展目标，必须从经济社会全局高度和国家中长期发展层面谋划人口工作，深入实施国家人口均衡发展战略。为此，人口发展战略明确并要求贯彻以下战略导向：

注重人口内部各要素相均衡。推动人口发展从控制人口数量为主向调控总量、优化结构和提升素质并举转变。推进全面两孩政策实施，平缓人口总量变动态势，避免人口达到峰值后快速下降，发挥政策最大效应。加强出生人口性别比治理，促进社会性别平等。切实提高出生人口素质，努力挖掘各年龄段人口潜能，推动人口红利向人才红利转变。

注重人口与经济发展相互动。准确把握经济发展对人口变动的影响，综合施策缓解经济因素带来的生育率下降等人口发展问题。统筹城乡区域协调发展，统筹技术、产业、公共服务、就业同步扩散，引导人口与经济布局有效对接。充分发挥人口能动作用，为经济增长提供有效人力资本支撑和内需支撑。实施积极的老龄化政策，防范和化解对经济增长的不利影响。

注重人口与社会发展相协调。完善国家基本公共服务制度体系，推动基本公共服务常住人口全覆盖，有序推进农业转移人口市民化。着力补齐重点人群发展短板，构建多层次养老服务体系，保障妇女儿童、残疾人合法权益，实施贫困人口精准脱贫，促进社会公平正义。尊重个人和家庭在人口发展中的主体地位，坚持权利义务对等，推动人口工作由主要依靠政府力量向政府、社会和公民多元共治转变。

注重人口与资源环境相适应。根据不同主体功能区定位要求，健全差别化的人口政策，多措并举引导人口向优化开发和重点开发区域适度集聚，支持鼓励限制开发和禁止开发区域的人口自愿迁出，严格控制超大、特大城市人口规模。加大环境治理与保护力度，可持续开发利用自然资源，推动形成绿色发展方式和生活方式，着力增强人口承载能力。

七、国家安全战略

安全是生命的基石，也是发展的前提，国家安全是安邦定国的重要基石，是全国各族人民根本利益所在。

当前，国际形势风云变幻，中国经济社会发生深刻变化，改革进入攻坚期和深水区，社会矛盾多发叠加，各种可以预见和难以预见的安全风险挑战前所未有，必须始终增强忧患意识，做到居安思危。

中共十八大以来，习近平总书记高度重视国家安全问题，把国家安全放在“四个全面”的战略布局中科学运筹，鲜明提出总体国家安全观重大战略思想，亲自决策并主持制定国家安全战略纲要，为做好国家安全工作提供了根本遵循。

在2014年4月国家安全委员会第一次会议上，习近平总书记首次提出“总体国家安全观”，强调要以人民安全为宗旨，以政治安全为根本，以经济安全为基础，以军事、文化、社会安全为保障，以促进国际安全为依托，走出一条中国特色国家安全道路。

2015年1月23日，中共中央政治局会议审议通过《国家安全战略纲要》。同年7月，十二届全国人大常委会第十五次会议通过了《中华人民共和国国家安全法》。

十八届五中全会关于“十三五”规划的建议明确提出：贯彻总体国家安全观，实施国家安全战略，落实重点领域国家安全政策，完善国家安全审查制度，完善国家安全法治，建立国家安全体系。依法严密防范和严厉打击敌对势力渗透颠覆破坏活动、暴力恐怖活动、民族分裂活动、极端宗教活动，坚决维护国家政治、经济、文化、社会、信息、国防等安全。

“十三五”规划第七十三章的标题就是“建立国家安全体系”，要求深入贯彻总体国家安全观，实施国家安全战略，不断提高国家安全能力，切实保障国家安全。

其中，在“健全国家安全保障体制机制”方面作出的部署是：制定实施政治、国土、经济、社会、资源、网络等重点领域国家安全政策，明确中长期重点领域安全目标和政策措施，提高应对各种风险挑战的能力。加强国家安全科技和装备建设，建立健全国家安全监测预警体系，强化不同领域监测预警系统的高效整合，提升安全信息搜集分析和处理能力。建立外部风险冲击分类分等级预警制度。加强重大安全风险监测评估，制定国家安全重大风险事件应急处置预案。健全国家安全审查制度和机制。对重要领域、重大改革、重大工程、重大项目、重大政策等进行安全风险评估。建立重点领域维护国家安全工作协调机制，加强国家安全工作组织协调。

在“保障国家政权主权安全”方面作出的部署是：建立健全跨部门跨地区联合工作机制，依法严密防范和严厉打击敌对势力渗透颠覆破坏活动、暴力恐怖活动、民族分裂活动、宗教极端活动。加强反恐怖专业力量建设。加强反恐国际合作。加强反间谍工作。加强网上主权空间对敌斗争和网络舆情管控，遏制敌对势力和恐怖势力利用网络空间进行渗透破坏活动。加强边境技防体系建设。高度重视做好意识形态领域工作，切实维护意识形态安全。

在“防范化解经济安全风险”方面作出的部署是：坚持底线思维、预防为主，维护战略性资源、关键产业、财政金融、资本跨境流动等领域国家经济安全。加强重要经济指标的动态监测和研判，制定重要经济领域风险应对预案。统筹应对去过剩产能、去商品房库存和去债务杠杆过程中的财政金融风险，以可控方式和节奏主动释放风险。加强对金融市场异常波动、风险传递和金融新业态风险的监管应对。完善全口径政府债务管理，推动地方政府融资平台市场化转型，有效化解地方政府债务风险。拓宽银行业不良资产处置渠道，完善流动性风险管理工具和应急预案，严厉打击非法集资。防范企业债务风险。提高能源、矿产资源、水资源、粮食、生态环保、安全生产、网络等方面风险防控能力。健全国家战略物资储备，构建产品产能产地储备相结合的国家战略资源能源储备体系。

在“加强国家安全法治建设”方面作出的部署是：贯彻落实国家安全法，出台相关实施细则。推进国家经济安全、防扩散、国家情报、网络安全、出口管制、外国代理人登记、外资安全审查等涉及国家安全的立法工作，加快健全国家安全法律制度体系，充分运用法律手段维护国家安全。

十九大把“坚持总体国家安全观”列为基本方略的第十条，强调统筹发展和安全，增强忧患意识，做到居安思危，是我们党治国理政的一个重大原则。必须坚持国家利益至上，以人民安全为宗旨，以政治安全为根本，统筹外部安全和内部安全、国土安全和国民安全、传统安全和非传统安全、自身安全和共同安全，完善国家安全制度体系，加强国家安全能力建设，坚决维护国家主权、安全、发展利益。

十九大要求：有效维护国家安全；完善国家安全战略和国家安全政策，坚决维护国家政治安全，统筹推进各项安全工作；健全国家安全体系，加强国家安全法治保障，提高防范和抵御安全风险能力；严密防范和坚决打击各种渗透颠覆破坏活动、暴力恐怖活动、民族分裂活动、宗教极端活动；加强国家安全教育，增强全党全国人民国家安全意识，推动全社会形成维护国家安全的强大合力。

贯彻落实十九大精神，全面实施国家安全战略，必须坚持以总体国家安全观为指导，坚决维护国家核心和重大利益，以人民安全为宗旨，在发展和改革开放中促安全，走中国特色国家安全道路。科学统筹国内国际两个安全发展大局，做好各领域国家安全工作，大力推进国家安全各种保障能力建设，把法治贯穿于维护国家安全的全过程。

第四章

“一带一路”倡议

一、从历史符号到重大倡议

对外开放是中国的基本国策。经过近40年的改革开放，中国已经形成了全方位、多层次、宽领域的对外开放格局。新形势下，以习近平同志为核心的党中央进一步推动实施更加积极主动的开放战略。其中，最为突出的是提出并实施“一带一路”建设的倡议。

“一带一路”，是“丝绸之路经济带”和“21世纪海上丝绸之路”的简称。2013年9月和10月，习近平总书记在出访中亚和东南亚国家期间，先后提出共建“丝绸之路经济带”和“21世纪海上丝绸之路”的重大倡议，得到国际社会高度关注和有关国家积极响应。推进“一带一路”建设，是党中央、国务院根据全球形势变化，统筹国际国内两个大局作出的重大战略决策。

“一带一路”不是一个实体和机制，而是合作发展的理念和倡议。实质是借用古代丝绸之路的历史符号，高举和平发展、互利共赢的旗帜，依靠中国与有关国家既有的双多边机制，借助既有的、行之有效的区域合作平台，积极主动地发展与沿线国家的经济合作伙伴关系，共同打造政治互信、经济融合、文化包容的利益共同体、命运共同体和责任共同体，努力实现政策沟通、道路联通、贸易畅通、货币流通和民心相通。

2000多年前，亚欧大陆上勤劳勇敢的人民，探索出多条连接亚欧非几大文明的贸易和人文交流通路，后人将其统称为“丝绸之路”。千百年来，“和平合作、开放包容、互学互鉴、互利共赢”的丝绸之路精神薪火相传，推进了人类文明进步，是促进沿线各国繁荣发展的重要纽带，是东西方交流合作的象征，是世界各国共有的历史文化遗产。

丝绸之路是起始于古代中国，连接亚洲、非洲和欧洲的古代商业贸易路线。最初的作用是运输中国古代出产的丝绸、瓷器等商品，后来成为东方与西方之间在经济、政治、文化等诸多方面进行交流的主要道路。古代亚欧大陆上的中国和其他国家，通过开展贸易活动，走出了连接几大洲的贸易和人文交流通路。19 世纪 70 年代，德国地理学家费迪南·冯·李希霍芬将之命名为“丝绸之路”，“丝绸之路”遂成为这条大通道的形象称谓，也可以说，成了一张亮丽的名片。

从运输方式上，丝绸之路主要分为陆上丝绸之路和海上丝绸之路。

陆上丝绸之路是张骞（约公元前 164—前 114 年）于西汉（公元前 202—公元 9 年）年间出使亚洲中、西部地区开辟的陆上通道。它起自中国古代都城洛阳，经长安（今西安），经河西走廊、中亚国家、阿富汗、伊朗、伊拉克、叙利亚等而到达地中海各国，以罗马为终点，全长 6440 公里。这条路被认为是连结亚欧大陆的古代东西方文明的交汇之路，而丝绸则是最具代表性的货物。

海上丝绸之路，是指古代中国与世界其他地区进行经济文化交流交往的海上通道。古代海上丝绸之路从中国东南沿海，经过中南半岛和南海诸国，穿过印度洋，进入红海，抵达东非和欧洲，成为中国与外国贸易往来和文化交流的海上大通道，并推动了沿线各国的共同发展。中国输往世界各地的主要货物，从丝绸到瓷器与茶叶，形成一股持续吹向全球的东方文明之风。

唐代，我国东南沿海有一条叫作“广州通海夷道”的海上航路，这便是我国海上丝绸之路的最早叫法。宋元时期，中国造船技术和航海技术的大幅提升以及指南针的航海运用，全面提升了商船远航能力，私人海上贸易也得到发展。这一时期，中国同世界 60 多个国家通过“海上丝路”进行直接的商贸往来，引发了西方世界一窥东方文明的大航海时代的热潮。明代郑和远航的成功，标志着“海上丝路”发展到了极盛时期。中国境内海上丝绸之路主要由广州、泉州、宁波三个主港和扬州、福州等其他支线港组成。

2014年6月22日，在卡塔尔多哈进行的第38届世界遗产大会宣布，中哈吉三国联合申报的“丝绸之路：长安—天山廊道的路网”成功申报世界文化遗产。

历史文化遗产并不是只能躺在那里睡觉的。历史文化遗产是一种宝贵的资源，在全力加以保护的前提下，我们完全可以适当地加以利用，使它在建设现代人类文明的过程中发挥更大的作用。

于是，2000年前的丝绸之路，又在21世纪的今天，获得了生命的活力，焕发出前所未有的青春！

2013年9月，习近平主席访问哈萨克斯坦。7日，在纳扎尔巴耶夫大学发表演讲时表示：为了使各国经济联系更加紧密、相互合作更加深入、发展空间更加广阔，我们可以用创新的合作模式。共同建设“丝绸之路经济带”，以点带面，从线到片，逐步形成区域大合作。

不到1个月后的10月3日，习近平主席在印尼国会发表演讲时又表示：中国愿同东盟国家加强海上合作，使用好中国政府设立的中国—东盟海上合作基金，发展好海洋合作伙伴关系，共同建设“21世纪海上丝绸之路”。

“一带一路”的倡议由此提出。

随后，习近平主席和其他中国领导人又在多个场合对此倡议加以介绍、论述、讨论，阐明其宗旨和意义，与一系列国家交换了意见。

2014年5月21日，习近平主席在亚信峰会上做主旨发言时指出：中国将同各国一道，加快推进“丝绸之路经济带”和“21世纪海上丝绸之路”建设，尽早启动亚洲基础设施投资银行，更加深入参与区域合作进程，推动亚洲发展和安全相互促进、相得益彰。

2014年11月8日，在加强互联互通伙伴关系对话会上，习近平主席指出共同建设丝绸之路经济带和21世纪海上丝绸之路与互联互通相融相近、相辅相成。如果将“一带一路”比喻为亚洲腾飞的两只翅膀，那么，互联互通就是两只翅膀的血脉经络。

2016年8月17日，习近平总书记就推进“一带一路”建设提出8项要求。

提出“一带一路”倡议，是在新的历史起点上，作为世界经济增长火车头的中国，将自身的产能优势、技术与资金优势、经验与模式优势转化为市场与合作优势，实行全方位开放的一大创新。推进“一带一路”建设，既是中国扩大和深化对外开放的需要，也是加强与亚欧非及世界各国互利合作的需要。通过共建“一带一路”，中国主动向西推广中国优质产能和比较优势产业，将使沿途、沿岸国家首先获益，也改变了历史上中亚等丝绸之路沿途地带只是作为东西方贸易、文化交流的过道而成为发展“洼地”的面貌。

提出“一带一路”倡议，也是顺应世界多极化、经济全球化、文化多样化、社会信息化的潮流，秉持开放的区域合作精神，致力于维护全球自由贸易体系和开放型世界经济的重大举措。通过共建“一带一路”，可以促进经济要素有序自由流动、资源高效配置和市场深度融合，推动沿线各国实现经济政策协调，开展更大范围、更高水平、更深层次的区域合作，共同打造开放、包容、均衡、普惠的区域经济合作架构。“一带一路”强调共商、共建、共享原则，超越了当年的马歇尔计划，也超越了以往我们的对外援助和“走出去”战略，给21世纪的国际合作带来新的理念。实施“一带一路”倡议，符合国际社会的根本利益，彰显人类社会的共同理想和美好追求，是国际合作以及全球治理新模式的积极探索，将为世界和平发展增添新的正能量。

历史是最好的老师。习近平主席回顾丝绸之路的历史，挖掘丝绸之路的内在价值，以强大的逻辑力量向世界表明：“无论相隔多远，只要我们勇敢迈出第一步，坚持相向而行，就能走出一条相遇相知、共同发展之路，走向幸福安宁和谐美好的远方。”

二、富有创意的内涵和建议

2015 年 3 月，国家发展改革委、外交部、商务部经国务院授权发布《推动共建丝绸之路经济带和 21 世纪海上丝绸之路的愿景与行动》，全面阐述了“一带一路”倡议的内涵。

“一带一路”贯穿亚欧非大陆，东端是活跃的东亚经济圈，西端是发达的欧洲经济圈，中间一大批腹地国家发展潜力巨大。丝绸之路经济带的走向是连通中国经中亚、俄罗斯至欧洲（波罗的海）；中国经中亚、西亚至波斯湾、地中海；中国至东南亚、南亚、印度洋的经济区域。21 世纪海上丝绸之路的走向是从中国沿海港口过南海到印度洋，延伸至欧洲；从中国沿海港口过南海到南太平洋。

中国政府确认，“一带一路”是促进共同发展、实现共同繁荣的合作共赢之路，是增进理解信任、加强全方位交流的和平友谊之路。因此，中国政府倡议：秉持和平合作、开放包容、互学互鉴、互利共赢的理念，全方位推进务实合作，打造政治互信、经济融合、文化包容的利益共同体、命运共同体和责任共同体。

“一带一路”的框架是，根据“一带一路”走向，陆上依托国际大通道，以沿线中心城市为支撑，以重点经贸产业园区为合作平台，共同打造新亚欧大陆桥、中蒙俄、中国—中亚—西亚、中国—中南半岛等国际经济合作走廊；海上以重点港口为节点，共同建设通畅安全高效的运输大通道。中巴、孟中印缅两个经济走廊与推进“一带一路”建设关联紧密，要进一步推动合作，取得更大进展。

“一带一路”建设是沿线各国开放合作的宏大经济愿景，需各国携手努力，朝着互利互惠、共同安全的目标相向而行。努力实现区域基础设施更加完善，安全高效的陆海空通道网络基本形成，互联互通达到新水平；投资贸易便利化水平进一步提升，高标准自由贸易区网络基本形成，经济联系更加紧密，政治互信更加深入；人文交流更加广泛深入，不同文明互鉴共荣，各国人民相知相交、和平友好。

“一带一路”建设坚持共商、共建、共享原则。这是“一带一路”国际合作的核心理念，是各方推动“一带一路”的重要共识，也写入了联合国决议、亚太经合组织领导人宣言等重要文件。2017 年 5 月的“一带一路”国际合作领导人圆桌峰会联合公报再次确认了这一原则。

《愿景与行动》确认，“一带一路”建设恪守联合国宪章的宗旨和原则。遵守和平共处五项原则，即尊重各国主权和领土完整、互不侵犯、互不干涉内政、和平共处、平等互利。

在此前提下，“一带一路”建设将坚持四个原则：

一是开放合作。“一带一路”相关的国家基于但不限于古代丝绸之路的范围，各国和国际、地区组织均可参与，让共建成果惠及更广泛的区域。

二是和谐包容。倡导文明宽容，尊重各国发展道路和模式的选择，加强不同文明之间的对话，求同存异、兼容并蓄、和平共处、共生共荣。

三是市场运作。遵循市场规律和国际通行规则，充分发挥市场在资源配置中的决定性作用和各类企业的主体作用，同时发挥好政府的作用。

四是互利共赢。兼顾各方利益和关切，寻求利益契合点和合作最大公约数，体现各方智慧和创意，各施所长，各尽所能，把各方优势和潜力充分发挥出来。

“一带一路”建设将以政策沟通、设施联通、贸易畅通、资金融通、民心相通为主要内容，重点加强多方面的合作。

一是政策沟通。把加强政策沟通作为“一带一路”建设的重要保障。加强政府间合作，积极构建多层次政府间宏观政策沟通交流机制，深化利益融合，促进政治互信，达成合作新共识。沿线各国可以就经济发展战略和对策进行充分交流对接，共同制定推进区域合作的规划和措施，协商解决合作中的问题，共同为务实合作及大型项目实施提供政策支持。

二是设施联通。把基础设施互联互通作为“一带一路”建设的优先领域。在尊重相关国家主权和安全关切的基础上，沿线国家宜加强基础设施建设规划、技术标准体系的对接，共同推进国际骨干通道建设，逐步形成连接亚洲各次区域以及亚欧非之间的基础设施网络。强化基础设施绿色低碳化建设和运营管理，在建设中充分考虑气候变化影响。这些基础设施包括交通基础设施、能源基础设施、跨境光缆等通信干线网，等等。

三是贸易畅通。把投资贸易合作作为“一带一路”建设的重点内容。着力研究解决投资贸易便利化问题，消除投资和贸易壁垒，构建区域内和各国良好的营商环境，积极同沿线国家和地区共同商建自由贸易区，激发释放合作潜力，做大做好合作“蛋糕”。

四是资金融通。把资金融通作为“一带一路”建设的重要支撑。深化金融合作，推进亚洲货币稳定体系、投融资体系和信用体系建设。扩大沿线国家双边本币互换、结算的范围和规模。推动亚洲债券市场的开放和发展。共同推进亚洲基础设施投资银行、金砖国家开发银行建设，加快丝路基金组建运营。深化中国—东盟银行联合体、上合组织银行联合体务实合作，以银团贷款、银行授信等方式开展多边金融合作。

五是民心相通。把民心相通作为“一带一路”建设的社会根基。传承和弘扬丝绸之路友好合作精神，广泛开展文化交流、学术往来、人才交流合作、媒体合作、青年和妇女交往、志愿者服务等，为深化双多边合作奠定坚实的民意基础。

推进“一带一路”建设，将加强亚欧非大陆及附近海洋的互联互通，建立和加强沿线各国互联互通伙伴关系，构建全方位、多层次、复合型的互联互通网络，实现沿线各国多元、自主、平衡、可持续的发展。通过“一带一路”的建设，将推动沿线各国发展战略的对接与耦合，发掘区域内市场的潜力，促进投资和消费，创造需求和就业，增进沿线各国人民的人文交流与文明互鉴，让各国人民相逢相知、互信互敬，共享和谐、安宁、富裕的生活。

习近平主席在“一带一路”国际合作高峰论坛上特别强调：“我提出“一带一路”倡议，旨在同沿线各国分享中国发展机遇，实现共同繁荣。”“中国倡导的新机制新倡议，不是为了另起炉灶，更不是为了针对谁，而是对现有国际机制的有益补充和完善，目标是实现合作共赢、共同发展。中国对外开放，不是要一家唱独角戏，而是要欢迎各方共同参与；不是要谋求势力范围，而是要支持各国共同发展；不是要营造自己的后花园，而是要建设各国共享的百花园。”

三、建设和平繁荣开放创新文明之路

2017 年，在北京召开的“一带一路”国际合作高峰论坛上，习近平主席指出，要牢牢坚持共商、共建、共享，让政策沟通、设施联通、贸易畅通、资金融通、民心相通成为共同努力的目标，将“一带一路”建成和平、繁荣、开放、创新、文明之路。各国领导人普遍对习主席的讲话作出积极回应。圆桌峰会联合公报也将有关理念纳入其中，充分体现出广泛的国际共识。

丝绸之路之所以在今天的时代和世界焕发活力，与其内在的精神有着密切的关系。

在“一带一路”国际合作高峰论坛上，习近平主席站在时代的高度，对丝绸之路的精神进行了精辟的解读。

习近平主席深情地回忆：2000 多年前，我们的先辈筚路蓝缕，穿越草原沙漠，开辟出联通亚欧非的陆上丝绸之路；我们的先辈扬帆远航，穿越惊涛骇浪，闯荡出连接东西方的海上丝绸之路。古丝绸之路打开了各国友好交往的新窗口，书写了人类发展进步的新篇章。中国陕西历史博物馆珍藏的千年“鎏金铜蚕”，在印度尼西亚发现的千年沉船“黑石号”等，见证了这段历史。

古丝绸之路绵亘万里，延续千年，其价值，不仅在于沟通了当年亚洲、非洲、欧洲许多国家的人流、物流，而且在于它积淀了以和平合作、开放包容、互学互鉴、互利共赢为核心的丝路精神。这是人类文明的宝贵遗产。

什么是丝路精神呢？它的内涵是什么呢？21 世纪的今天，我们应该从中获得哪些启迪和经验呢？习近平主席作了非常深刻的挖掘和解读：

精神之一，和平合作。习近平主席说：公元前 140 多年的中国汉代，一支从长安出发的和平使团，开始打通东方通往西方的道路，完成了“凿空之旅”，这就是著名的张骞出使西域。中国唐宋元时期，陆上和海上丝绸之路同步发展，中国、意大利、摩洛哥的旅行家杜环、马可·波罗、伊本·白图泰都在陆上和海上丝绸之路留下了历史印记。15 世纪初的明代，中国著名航海家郑和七次远洋航海，留下千古佳话。这些开拓事业之所以名垂青史，是因为使用的不是战马和长矛，而是驼队和善意；依靠的不是坚船和利炮，而是宝船和友谊。一代又一代“丝路人”架起了东西方合作的纽带、和平的桥梁。

精神之二，开放包容。习近平主席说：古丝绸之路跨越尼罗河流域、底格里斯河和幼发拉底河流域、印度河和恒河流域、黄河和长江流域，跨越埃及文明、巴比伦文明、印度文明、中华文明的发祥地，跨越佛教、基督教、伊斯兰教信众的汇集地，跨越不同国度和肤色人民的聚居地。不同文明、宗教、种族求同存异、开放包容，并肩书写相互尊重的壮丽诗篇，携手绘就共同发展的美好画卷。酒泉、敦煌、吐鲁番、喀什、撒马尔罕、巴格达、君士坦丁堡等古城，宁波、泉州、广州、北海、科伦坡、吉达、亚历山大等地的古港，就是记载这段历史的“活化石”。历史告诉我们：文明在开放中发展，民族在融合中共存。

精神之三，互学互鉴。习近平主席说：古丝绸之路不仅是一条通商易货之道，更是一条知识交流之路。沿着古丝绸之路，中国将丝绸、瓷器、漆器、铁器传到西方，也为中国带来了胡椒、亚麻、香料、葡萄、石榴。沿着古丝绸之路，佛教、伊斯兰教及阿拉伯的天文、历法、医药传入中国，中国的四大发明、养蚕技术也由此传向世界。更为重要的是，商品和知识交流带来了观念创新。比如，佛教源自印度，在中国发扬光大，在东南亚得到传承。儒家文化起源中国，受到欧洲莱布尼茨、伏尔泰等思想家的推崇。这是交流的魅力、互鉴的成果。

精神之四，互利共赢。习近平主席说：古丝绸之路见证了陆上“使者相望于道，商旅不绝于途”的盛况，也见证了海上“舶交海中，不知其数”的繁华。在这条大动脉上，资金、技术、人员等生产要素自由流动，商品、资源、成果等实现共享。阿拉木图、撒马尔罕、长安等重镇和苏尔港、广州等良港兴旺发达，罗马、安息、贵霜等古国欣欣向荣，中国汉唐迎来盛世。古丝绸之路创造了地区大发展大繁荣。

习近平主席的阐释和解读，既立足于历史，又高于历史；既挖掘了事实，又挖掘了精神；既是在回溯既往，更是在面向未来。充满了科学精神、战略思维、世界眼光、中国智慧和时代风貌。

推进“一带一路”建设，就是要将丝路精神在现代条件下发扬光大。按照习近平主席的倡导，秉持着丝路精神，“一带一路”的愿景将是建成和平之路、繁荣之路、开放之路、创新之路、文明之路。

一是将“一带一路”建成和平之路。习近平主席说：古丝绸之路，和时兴，战时衰。“一带一路”建设离不开和平安宁的环境。我们要构建以合作共赢为核心的新型国际关系，打造对话不对抗、结伴不结盟的伙伴关系。各国应该尊重彼此主权、尊严、领土完整，尊重彼此发展道路和社会制度，尊重彼此核心利益和重大关切。

二是将“一带一路”建成繁荣之路。发展是解决一切问题的总钥匙。推进“一带一路”建设，要聚焦发展这个根本性问题，释放各国发展潜力，实现经济大融合、发展大联动、成果大共享。

三是将“一带一路”建成开放之路。开放带来进步，封闭导致落后。对一个国家而言，开放如同破茧成蝶，虽会经历一时阵痛，但将换来新生。“一带一路”建设要以开放为导向，解决经济增长和平衡问题。

四是将“一带一路”建成创新之路。创新是推动发展的重要力量。“一带一路”建设本身就是一个创举，搞好“一带一路”建设也要向创新要动力。

五是将“一带一路”建成文明之路。“一带一路”建设要以文明交流超越文明隔阂、文明互鉴超越文明冲突、文明共存超越文明优越，推动各国相互理解、相互尊重、相互信任。

四、向着美丽愿景前行

过去，中国在国际舞台上，比较多地处于“被动反应”，以及某些“积极应对”的状态。但是，“一带一路”倡议的提出，第一次由中国提出了一个重大议题，由此而撬动了整个国际格局的变化，从而引起了世界许多国家的关注、参与。这是中国国际战略及其地位作用的一个重大变化。“一带一路”的建设，对开创中国全方位对外开放新格局，推进中华民族伟大复兴进程，促进世界和平发展，都具有划时代的重大意义。

为推动“一带一路”建设，中国政府采取一系列政策措施，加强与沿线国家的沟通磋商，推动与沿线国家的务实合作。习近平主席、李克强总理等国家领导人先后出访20多个国家，出席加强互联互通伙伴关系对话会、中阿合作论坛第六届部长级会议，就双边关系和地区发展问题，多次与有关国家元首和政府首脑进行会晤，深入阐释“一带一路”的深刻内涵和积极意义，就共建“一带一路”达成广泛共识。与部分国家签署了共建“一带一路”合作备忘录，与一些毗邻国家签署了地区合作和边境合作的备忘录以及经贸合作中长期发展规划。研究编制与一些毗邻国家的地区合作规划纲要。加强与沿线有关国家的沟通磋商，在基础设施互联互通、产业投资、资源开发、经贸合作、金融合作、人文交流、生态保护、海上合作等领域，推进了一批条件成熟的重点合作项目。

中国政府统筹国内各种资源，强化政策支持。推动亚洲基础设施投资银行筹建，发起设立丝路基金，强化中国—欧亚经济合作基金投资功能。推动银行卡清算机构开展跨境清算业务和支付机构开展跨境支付业务。积极推进投资贸易便利化，推进区域通关一体化改革。各地还成功举办了一系列以“一带一路”为主题的国际峰会、论坛、研讨会、博览会，对增进理解、凝聚共识、深化合作发挥了重要作用。

“一带一路”建设正同长江经济带、京津冀协同发展等区域发展战略紧密结合起来，与沿海开放、东北振兴、中部崛起、沿边开发开放联动起来，形成全方位的开放格局和东中西联动发展的大好局面。

2017年5月14日至15日，中国在北京成功地举办了“一带一路”国际合作高峰论坛。这是“一带一路”框架下最高规格的国际活动，也是建国以来由中国首倡、中国主办的层级最高、规模最大的多边外交活动。来自29个国家的国家元首、政府首脑与会，来自130多个国家和70多个国际组织的1500多名代表参会，覆盖了五大洲各大区域。

在“一带一路”国际合作高峰论坛上，习近平主席全面介绍了“一带一路”建设的丰硕成果。4年来，全球100多个国家和国际组织积极支持和参与“一带一路”建设，联合国大会、联合国安理会等重要决议也纳入“一带一路”建设内容。“一带一路”建设逐渐从理念转化为行动，从愿景转变为现实。中国同40多个国家和国际组织签署了合作协议，同30多个国家开展机制化产能合作。2014年至2016年，中国同“一带一路”沿线国家贸易总额超过3万亿美元。中国对“一带一路”沿线国家投资累计超过500亿美元。中国企业已经在20多个国家建设56个经贸合作区，为有关国家创造近11亿美元税收和18万个就业岗位。丰硕的成果表明，“一带一路”倡议顺应时代潮流，适应发展规律，符合各国人民利益，具有广阔前景。

这次“一带一路”国际合作高峰论坛成果丰硕，主要有：

一是进一步明确了未来“一带一路”的合作方向。习近平主席在高峰论坛上指出，要牢牢坚持共商、共建、共享，让政策沟通、设施联通、贸易畅通、资金融通、民心相通成为共同努力的目标，将“一带一路”建成和平、繁荣、开放、创新、文明之路。各国领导人普遍对习主席的讲话作出积极回应。圆桌峰会联合公报也将有关理念纳入其中，充分体现出广泛的国际共识。

二是规划了“一带一路”建设的具体路线图。中国同与会国家和国际组织进行了全面的政策对接，签署了几十份合作文件，确立了未来一段时间的重点领域和路径。“一带一路”的宏伟蓝图正在转化为清晰可见的路线图。

三是确定了一批“一带一路”将实施的重点项目。各国之间形成了一份成果清单，共5大类、76大项、270多项。其中包括了一长串合作项目清单，表明“一带一路”合作的领域越来越宽广，程度越来越深入。

中国作为“一带一路”的首倡国和论坛主办方，提出了多项新举措。习近平主席宣布丝路基金新增资金1000亿元人民币，鼓励金融机构开展人民币海外基金业务，规模预计约3000亿元人民币。

很多与会国家领导人和各界与会代表都希望论坛定期举办，把高峰论坛机制化。因此，习近平主席在圆桌峰会闭幕式上宣布，中国将在2019年举办第二届“一带一路”国际合作高峰论坛。

2017年5月的“一带一路”国际合作高峰论坛，已经成为“一带一路”建设之路上的一个里程碑。

第五章

京津冀协同发展战略

一、历史性的战略决策

北京、河北、天津三地同属京畿重地，濒临渤海，背靠太岳，携揽“三北”，战略地位十分重要。历史上，三地的行政区划多有变动和交叉，关系比较复杂。如何保障北京发挥首都的功能，同时又促进三地的协同发展，一直是中央和三地高度关注的问题。

改革开放以来，有关方面对如何从区域发展的大格局着眼，促进三地的共同发展做过一些考虑，也做了一些研究和探索。

上世纪 80 年代中期，国家开始实施国土整治战略，将京津冀地区作为“四大”试点地区之一，要求环渤海和京津冀地区开展全面的国土整治，以实现区域分工协作、发挥资源比较优势、治理生态环境、开展跨区域基础设施建设、优化产业和人口布局，实现区域协调发展。这次区域合作在跨区域交通基础设施建设、水资源节约利用、土壤污染等方面取得了一定成效，为以后的区域合作打下了一定基础。

进入新世纪之后，为配合北京市新的功能定位和天津滨海新区大规模建设，由国家发改委牵头在河北廊坊举行京津冀区域合作论坛，达成“廊坊共识”，提出了在公共基础设施、资源和生态环境保护、产业和公共服务等方面加速一体化进程的愿望。此后，国家发改委有关部门一直在据此起草有关合作规划和文件。但由于种种原因，特别是世界金融危机的爆发，该规划几经调整和修改，一直没有出台。

经过几十年的改革开放，京津冀地区已成为我国经济最具活力、开放程度最高、创新能力最强、吸纳人口最多的地区之一，也是拉动我国经济发展的重要引擎。但京津冀地区的发展也面临诸多困难和问题，特别是北京集聚过多的非首都功能，“大城市病”问题突出，人口过度膨胀，交通日益拥堵，大气污染严重，房价持续高涨，社会管理难度大，引发一系列经济社会问题，引起全社会广泛关注。同时，京津冀地区水资源严重短缺，地下水严重超采，环境污染问题突出，已成为我国东部地区人与自然关系最为紧张、资源环境超载矛盾最为严重、生态联防联治要求最为迫切的区域。加之区域功能布局不够合理，城镇体系结构失衡，京津两极过于“肥胖”，周边中小城市过于“瘦弱”，区域发展差距悬殊，特别是河北与京津两市发展水平差距较大，公共服务水平落差明显。上述问题，迫切需要国家层面加强统筹，有序疏解北京非首都功能，推动京津冀三省市整体协同发展。

习近平总书记一直非常关心京津冀协同发展问题。

2013 年，习近平总书记先后到天津、河北调研，强调要推动京津冀协同发展。5 月，他在天津调研时提出，要谱写新时期社会主义现代化的京津“双城记”。8 月，他在北戴河主持研究河北发展问题时，又提出要推动京津冀协同发展。此后，习近平总书记多次就京津冀协同发展作出重要指示，强调解决好北京发展问题，必须纳入京津冀和环渤海经济区的战略空间加以考量，以打通发展的大动脉，更有力地彰显北京优势，更广泛地激活北京要素资源，同时，天津、河北要实现更好发展，也需要连同北京发展一起来考虑。

2014 年 2 月 26 日，习近平总书记在北京考察工作，同时主持召开座谈会，专题听取京津冀协同发展工作汇报。会上，习近平总书记发表重要讲话，全面深刻阐述了京津冀协同发展战略的重大意义、推进思路和重点任务。

习近平总书记指出，北京、天津、河北人口加起来有 1 亿多，土地面积有 21.6 万平方公里，京津冀地缘相接、人缘相亲，地域一体、文化一脉，历史渊源深厚、交往半径相宜，完全能够相互融合、协同发展。

习近平总书记强调，推进京津冀协同发展，要立足各自比较优势、立足现代产业分工要求、立足区域优势互补原则、立足合作共赢理念，以京津冀城市群建设为载体、以优化区域分工和产业布局为重点、以资源要素空间统筹规划利用为主线、以构建长效体制机制为抓手，从广度和深度上加快发展。推进京津双城联动发展，要加快破解双城联动发展存在的体制机制障碍，按照优势互补、互利共赢、区域一体原则，以区域基础设施一体化和大气污染联防联控作为优先领域，以产业结构优化升级和实现创新驱动发展作为合作重点，把合作发展的功夫主要下在联动上，努力实现优势互补、良性互动、共赢发展。

习近平总书记就推进京津冀协同发展提出 7 点要求：

一是要着力加强顶层设计，抓紧编制首都经济圈一体化发展的相关规划，明确三地功能定位、产业分工、城市布局、设施配套、综合交通体系等重大问题，并从财政政策、投资政策、项目安排等方面形成具体措施。

二是要着力加大对协同发展的推动，自觉打破自家“一亩三分地”的思维定式，抱成团朝着顶层设计的目标一起做，充分发挥环渤海地区经济合作发展协调机制的作用。

三是要着力加快推进产业对接协作，理顺三地产业发展链条，形成区域间产业合理分布和上下游联动机制，对接产业规划，不搞同构性、同质化发展。

四是要着力调整优化城市布局和空间结构，促进城市分工协作，提高城市群一体化水平，提高其综合承载能力和内涵发展水平。

五是要着力扩大环境容量生态空间，加强生态环境保护合作，在已经启动大气污染防治协作机制的基础上，完善防护林建设、水资源保护、水环境治理、清洁能源使用等领域合作机制。

六是要着力构建现代化交通网络系统，把交通一体化作为先行领域，加快构建快速、便捷、高效、安全、大容量、低成本的互联互通综合交通网络。

七是要着力加快推进市场一体化进程，下决心破除限制资本、技术、产权、人才、劳动力等生产要素自由流动和优化配置的各种体制机制障碍，推动各种要素按照市场规律在区域内自由流动和优化配置。

习近平总书记最后强调，京津冀协同发展意义重大，对这个问题的认识要上升到国家战略层面。大家一定要增强推进京津冀协同发展的自觉性、主动性、创造性，增强通过全面深化改革形成新的体制机制的勇气，继续研究、明确思路、制定方案、加快推进。

此后，习近平总书记又多次发表重要讲话、作出重要指示，强调京津冀协同发展是个大思路、大战略，要通过疏解北京非首都功能，调整经济结构和空间结构，走出一条内涵集约发展的新路子，探索出一种人口经济密集地区优化开发的模式，促进区域协调发展，形成新增长极。

李克强总理也多次作出重要指示批示，明确提出实现京津冀协同发展是区域发展总体战略的重要一环，对于优化生产力布局、提升发展质量效益意义重大，要牢固树立大局意识，围绕科学定位抓紧规划编制，统筹推进基础设施建设、产业转移接续、区域环境治理和民生改善等重点任务，把这项战略工程抓实抓好。

推动京津冀协同发展，是党中央、国务院在新的历史条件下作出的重大决策部署，对于协调推进“四个全面”战略布局、实现“两个一百年”奋斗目标和中华民族伟大复兴的中国梦，具有重大现实意义和深远历史意义。

推动京津冀协同发展，是适应我国经济发展进入新常态，应对资源环境压力加大、区域发展不平衡矛盾日益突出等挑战，加快转变经济发展方式、培育增长新动力和新的增长极、优化区域发展格局的现实需要，意义十分重大。有利于破解首都发展长期积累的深层次矛盾和问题，优化提升首都核心功能，走出一条中国特色解决“大城市病”的路子；有利于完善城市群形态，优化生产力布局和空间结构，打造具有较强竞争力的世界级城市群；有利于引领经济发展新常态，全面对接“一带一路”等重大国家战略，增强对环渤海地区和北方腹地的辐射带动能力，为全国转型发展和全方位对外开放作出更大贡献。

推动京津冀协同发展，也是探索改革路径、构建区域协调发展体制机制的需要。区域发展不协调、不平衡是个“老大难”问题，这些问题的长期存在与要素流动面临显性和隐形壁垒、区域发展的统筹机制欠缺等密切相关。京津冀发展不协调、不平衡的矛盾最为突出、最为复杂，关注度最高，解决难度最大。推动京津冀协同发展，必须通过深化改革打破行政壁垒，构建开放的区域统一市场，建立区域统筹协调发展新体制，为推动全国区域协同发展探索出一条新路子。

京津冀协同发展，核心是京津冀三地作为一个整体协同发展，以疏解非首都核心功能、解决北京“大城市病”为基本出发点，调整优化城市布局和空间结构，构建现代化交通网络系统，扩大环境容量生态空间，推进产业升级转移，推动公共服务共建共享，加快市场一体化进程，打造现代化新型首都圈，努力形成京津冀目标同向、措施一体、优势互补、互利共赢的协同发展新格局。

二、构建协同发展新格局

为贯彻落实习近平总书记重要讲话和党中央国务院领导同志重要指示批示精神，2014年以来，按照京津冀协同发展领导小组总体部署，领导小组办公室会同党中央、国务院30多个部门、三省市和京津冀协同发展专家咨询委员会，多次深入实际调查研究，科学论证京津冀区域功能定位；组织专门班子，集中开展规划纲要编制工作。经反复研究和修改完善，并先后7轮征求各方面意见，形成了《规划纲要》稿。

2015年3月23日，中央财经领导小组第九次会议审议研究了《京津冀协同发展规划纲要》。

中共中央政治局2015年4月30日召开会议，审议通过《京津冀协同发展规划纲要》。从2014年2月习近平总书记听取专题汇报到中央政治局会议审议规划纲要，经过一年多时间，京津冀协同发展完成顶层设计，实施这一重大国家战略的主要着力点也已清晰明确。

会议指出，推动京津冀协同发展是一个重大国家战略。战略的核心是有序疏解北京非首都功能，调整经济结构和空间结构，走出一条内涵集约发展的新路子，探索出一种人口经济密集地区优化开发的模式，促进区域协调发展，形成新增长极。

会议强调，要坚持协同发展、重点突破、深化改革、有序推进。要严控增量、疏解存量、疏堵结合调控北京市人口规模。要在京津冀交通一体化、生态环境保护、产业升级转移等重点领域率先取得突破。要大力促进创新驱动发展，增强资源能源保障能力，统筹社会事业发展，扩大对内对外开放。要加快破除体制机制障碍，推动要素市场一体化，构建京津冀协同发展的体制机制，加快公共服务一体化改革。要抓紧开展试点示范，打造若干先行先试平台。

2015年6月，党中央国务院颁布《京津冀协同发展规划纲要》。经过一年多的准备，京津冀协同发展的顶层设计基本完成，推动实施这一战略的总体方针已经明确。

《规划纲要》从战略意义、总体要求、定位布局、有序疏解北京非首都功能、推动重点领域率先突破、促进创新驱动发展、统筹协同发展相关任务、深化体制机制改革、开展试点示范、加强组织实施等方面描绘了京津冀协同发展的宏伟蓝图，是推动京津冀协同发展重大国家战略的纲领性文件，是当前和今后一个时期指导京津冀协同发展工作的基本遵循，是凝聚各方力量、推动形成京津冀协同发展强大合力的行动指南。

《规划纲要》指出，推动京津冀协同发展是一个重大国家战略，核心是有序疏解北京非首都功能，要在京津冀交通一体化、生态环境保护、产业升级转移等重点领域率先取得突破。

推动京津冀协同发展的指导思想是，以有序疏解北京非首都功能、解决北京“大城市病”为基本出发点，坚持问题导向，坚持重点突破，坚持改革创新，立足各自比较优势、立足现代产业分工要求、立足区域优势互补原则、立足合作共赢理念，以资源环境承载能力为基础、以京津冀城市群建设为载体、以优化区域分工和产业布局为重点、以资源要素空间统筹规划利用为主线、以构建长效体制机制为抓手，着力调整优化经济结构和空间结构，着力构建现代化交通网络系统，着力扩大环境容量生态空间，着力推进产业升级转移，着力推动公共服务共建共享，着力加快市场一体化进程，加快打造现代化新型首都圈，努力形成京津冀目标同向、措施一体、优势互补、互利共赢的协同发展新格局，打造中国经济发展新的支撑带。

推动京津冀协同发展，要遵循 5 条基本原则：

一是改革引领，创新驱动。加大改革力度，消除隐形壁垒，破解影响协同发展的深层次矛盾和问题，加快建立有利于疏解北京非首都功能、推动协同发展的体制机制。强化创新驱动，以科技创新为核心，建立健全区域创新体系，整合区域创新资源，形成京津冀协同创新共同体。

二是优势互补，一体发展。进一步明确功能定位，充分发挥各自比较优势，调整优化区域生产力布局，加快推动错位发展与融合发展，创新合作模式与利益分享机制，在有序疏解北京非首都功能的进程中实现区域良性互动，促进三省市协同发展、协调发展、共同发展。

三是市场主导，政府引导。加快完善市场机制，充分发挥市场在资源配置中的决定性作用，有序推动北京非首都功能疏解，促进生产要素在更大范围内有序流动和优化配置。加大简政放权力度，切实转变政府职能，更好发挥统筹协调、规划引导和政策保障作用。

四是整体规划，分步实施。打破“一亩三分地”思维定式，从京津冀区域发展全局谋划疏解北京非首都功能，加强战略设计，推进布局调整。明确实现总体目标和重大任务的时间表、路线图，研究制定科学管用的实施方案，分阶段、有步骤地加以推进。

五是统筹推进，试点示范。立足现实基础和长远需要，把握好疏解北京非首都功能、推动协同发展的步骤、节奏和力度，不搞齐步走、平面推进，对已达成共识、易于操作的领域率先突破，选择有条件的区域率先开展试点示范，发挥引领带动作用。

功能定位是科学推动京津冀协同发展的重要前提和基本遵循。经反复研究论证，京津冀区域整体定位和三省市功能定位各 4 句话，体现了区域整体和三省市各自特色，符合协同发展、促进融合、增强合力的要求。京津冀整体定位是“以首都为核心的世界级城市群、区域整体协同发展改革引领区、全国创新驱动经济增长新引擎、生态修复环境改善示范区”。三省市定位分别为，北京市是“全国政治中心、文化中心、国际交往中心、科技创新中心”；天津市是“全国先进制造研发基地、北方国际航运核心区、金融创新运营示范区、改革开放先行区”；河北省是“全国现代商贸物流重要基地、产业转型升级试验区、新型城镇化与城乡统筹示范区、京津冀生态环境支撑区”。区域整体定位体现了三省市“一盘棋”的思想，突出了功能互补、错位发展、相辅相成；三省市定位服从和服务于区域整体定位，增强整体性，符合京津冀协同发展的战略需要。

京津冀协同发展的目标是：近期到 2017 年，有序疏解北京非首都功能取得明显进展，在符合协同发展目标且现实急需、具备条件、取得共识的交通一体化、生态环境保护、产业升级转移等重点领域率先取得突破，深化改革、创新驱动、试点示范有序推进，协同发展取得显著成效。

中期到 2020 年，北京市常住人口控制在 2300 万人以内，北京“大城市病”等突出问题得到缓解；区域一体化交通网络基本形成，生态环境质量得到有效改善，产业联动发展取得重大进展。公共服务共建共享取得积极成效，协同发展机制有效运转，区域内发展差距趋于缩小，初步形成京津冀协同发展、互利共赢新局面。

远期到 2030 年，首都核心功能更加优化，京津冀区域一体化格局基本形成，区域经济结构更加合理，生态环境质量总体良好，公共服务水平趋于均衡，成为具有较强国际竞争力和影响力的重要区域，在引领和支撑全国经济社会发展中发挥更大作用。

空间布局是京津冀功能定位在空间上的具体体现，也是优化资源配置、实现协同发展的重要基础。经反复研究论证，确定了“功能互补、区域联动、轴向集聚、节点支撑”的布局思路，明确了以“一核、双城、三轴、四区、多节点”为骨架，推动有序疏解北京非首都功能，构建以重要城市为支点，以战略性功能区平台为载体，以交通干线、生态廊道为纽带的网络型空间格局。

“一核”即指北京。把有序疏解北京非首都功能、优化提升首都核心功能、解决北京“大城市病”问题作为京津冀协同发展的首要任务。

“双城”是指北京、天津，这是京津冀协同发展的主要引擎，要进一步强化京津联动，全方位拓展合作广度和深度，加快实现同城化发展，共同发挥高端引领和辐射带动作用。

“三轴”指的是京津、京保石、京唐秦三个产业发展带和城镇聚集轴，这是支撑京津冀协同发展的主体框架。

“四区”分别是中部核心功能区、东部滨海发展区、南部功能拓展区和西北部生态涵养区，每个功能区都有明确的空间范围和发展重点。

“多节点”包括石家庄、唐山、保定、邯郸等区域性中心城市和张家口、承德、廊坊、秦皇岛、沧州、邢台、衡水等节点城市，重点是提高其城市综合承载能力和服务能力，有序推动产业和人口聚集。同时，立足于三省市比较优势和现有基础，加快形成定位清晰、分工合理、功能完善、生态宜居的现代城镇体系，走出一条绿色低碳智能的新型城镇化道路。

推动京津冀协同发展，任务繁重，难度很大。既要有明确的长远目标，又要从现实出发，分步稳妥推进。2014 年 6 月 18 日，京津冀协同发展领导小组第一次会议提出，对看准的事情要先做起来，对符合目标导向、现实急需、具备条件的领域要先行启动，对一些带动性、互补性、融合性强的重大项目要抓紧实施，争取早起作用、早见实效，并要求在交通、生态环保、产业三个重点领域集中力量推进，力争率先取得突破。

三个重点领域率先突破的工作重点和任务是：在交通一体化方面，按照网络化布局、智能化管理和一体化服务的要求，构建以轨道交通为骨干的多节点、网格状、全覆盖的交通网络，提升交通运输组织和服务现代化水平，建立统一开放的区域运输市场格局。重点是建设高效密集轨道交通网，完善便捷通畅公路交通网，打通国家高速公路“断头路”，全面消除跨区域国省干线“瓶颈路段”，加快构建现代化的津冀港口群，打造国际一流的航空枢纽，加快北京新机场建设，大力发展公交优先的城市交通，提升交通智能化管理水平，提升区域一体化运输服务水平，发展安全绿色可持续交通。

在生态环境保护方面，按照“统一规划、严格标准、联合管理、改革创新、协同互助”的原则，打破行政区域限制，推动能源生产和消费革命，促进绿色循环低碳发展，加强生态环境保护和治理，扩大区域生态空间。重点是联防联控环境污染，建立一体化的环境准入和退出机制，加强环境污染治理，实施清洁水行动，大力发展循环经济，推进生态保护与建设，谋划建设一批环首都国家公园和森林公园，积极应对气候变化。

在推动产业升级转移方面，从全国生产力整体布局出发，明确三省市产业发展定位，理顺产业发展链条，加快产业转型升级，打造立足区域、服务全国、辐射全球的优势产业集聚区。重点是明确产业定位和方向，加快产业转型升级，推动产业转移对接，加强三省市产业发展规划衔接，制定京津冀产业指导目录，加快津冀承接平台建设，加强京津冀产业协作等。

“十三五”规划对推动京津冀协同发展作出了统筹安排，强调要坚持优势互补、互利共赢、区域一体，调整优化经济结构和空间结构，探索人口经济密集地区优化开发新模式，建设以首都为核心的世界级城市群，辐射带动环渤海地区和北方腹地发展。从规划的角度来说，主要部署了五个方面的事项：

一是有序疏解北京非首都功能。积极稳妥推进北京非首都功能疏解，降低主城区人口密度。重点疏解高耗能高耗水企业、区域性物流基地和专业市场、部分教育医疗和培训机构、部分行政事业性服务机构和企业总部等。高水平建设北京市行政副中心。规划建设集中承载地和“微中心”。

二是优化空间格局和功能定位。构建“一核双城三轴四区多节点”的空间格局。优化产业布局，推进建设京津冀协同创新共同体。北京重点发展知识经济、服务经济、绿色经济，加快构建高精尖产业结构。

天津优化发展先进制造业、战略性新兴产业和现代服务业，建设全国先进制造研发基地和金融创新运营示范区。河北积极承接北京非首都功能转移和京津科技成果转化，重点建设全国现代商贸物流重要基地、新型工业化基地和产业转型升级试验区。

三是构建一体化现代交通网络。建设高效密集轨道交通网，强化干线铁路建设，加快建设城际铁路、市域（郊）铁路并逐步成网，充分利用现有能力开行城际、市域（郊）列车，客运专线覆盖所有地级及以上城市。完善高速公路网络，提升国省干线技术等级。构建分工协作的港口群，完善港口集疏运体系，建立海事统筹监管新模式。打造国际一流航空枢纽，构建航空运输协作机制。

四是扩大环境容量和生态空间。构建区域生态环境监测网络、预警体系和协调联动机制，削减区域污染物排放总量。加强大气污染联防联控，实施大气污染防治重点地区气化工程，细颗粒物浓度下降25%以上。加强饮用水源地保护，联合开展河流、湖泊、海域污染治理。划定生态保护红线，实施分区管理，建设永定河等生态廊道。加大京津保地区营造林和白洋淀、衡水湖等湖泊湿地恢复力度，共建坝上高原生态防护区、燕山—太行山生态涵养区。

五是推动公共服务共建共享。建设区域人力资源信息共享与服务平台，衔接区域间劳动用工和人才政策。优化教育资源布局，鼓励高等学校学科共建、资源共享，推动职业教育统筹发展。建立健全区域内双向转诊和检查结果互认制度，支持开展合作办医试点。实现养老保险关系在三省市间的顺利衔接，推动社会保险协同发展。

2015年6月23日，京津冀拟统一编制“十三五”规划。2016年，《“十三五”时期京津冀国民经济和社会发展规划》发布实施。京津冀交通、生态、产业等12个专项规划和一系列政策意见也相继出台。

京津冀协同发展战略实施以来，取得了明显进展。根据到2017年

6 月的统计，总体发展稳中向好，功能定位日趋强化。2016 年，京津冀三地地区生产总值合计 74612.6 亿元，是 2013 年的 1.2 倍（按现价计算），占全国的 10%。三地一般公共预算收入达到 10655.6 亿元，比 2013 年增加 2619.8 亿元，占全国的比重为 12.2%，比 2013 年提高 0.6 个百分点。产业有序对接转移，三地集中力量构建“4+N”产业合作格局，推动区域内相关产业的升级转移。2016 年，北京企业对津冀投资为 2039 亿元，比 2014 年增长 3.4 倍。截至 2016 年底，中关村企业在津冀建立分支机构 5849 家。2014 年以来，京冀企业在天津投资项目达到 4871 个，累计到位资金 5229 亿元，占天津市引进内资的 42.9%；河北从京津引进项目 4100 个，涉及资金 3825 亿元。产业结构继续优化，京津冀地区第三产业比重稳步提升，三次产业构成由 2013 年的 6∶42∶52 调整为 2016 年的 5.2∶37.3∶57.5。

交通是老百姓最容易看到的变化，三年来，交通建设紧锣密鼓，互联互通快速发展，重点项目加快推进。2014—2016 年，三地累计完成交通领域固定资产投资 8642.2 亿元，比 2011—2013 年增长 13.8%。新机场、京台高速、京沈高铁等重点工程有序高效推进。京昆高速、京津城际延长线、津保城际铁路、张唐铁路建成通车。2016 年，三地公路里程合计达到 22.7 万公里，比 2013 年增加 1.5 万公里；其中高速公路 8722.9 公里，增加 1078.4 公里。天津、河北市民可持京津冀公交“一卡通”在北京乘坐公交地铁，在全国率先实现区域交通“一卡通”互联互通。2016 年，京津保核心区 1 小时通勤圈初步形成。

2017 年，习近平再次在北京考察时强调，北京城市规划建设和北京冬奥会筹办工作是当前和今后一个时期北京市的两项重要任务。

他指出，北京城市规划要深入思考“建设一个什么样的首都，怎样建设首都”这个问题，把握好战略定位、空间格局、要素配置，坚持城乡统筹，落实“多规合一”，形成一本规划、一张蓝图，着力提升首都核心功能，做到服务保障能力同城市战略定位相适应，人口资源环境同城市战略定位相协调，城市布局同城市战略定位相一致，不断朝着建设国际一流的和谐宜居之都的目标前进。

三、有序疏解非首都功能

2017年，国务院批复了《北京城市总体规划（2016年—2035年）》。

有序疏解北京非首都功能是京津冀协同发展战略的核心，是关键环节和重中之重，对于推动京津冀协同发展具有重要先导作用。

什么是北京的核心功能？2014年2月，习近平总书记考察北京时对北京的核心功能做出了明确定位：要坚持和强化首都全国政治中心、文化中心、国际交往中心、科技创新中心的核心功能。

为什么说有序疏解北京非首都功能是京津冀协同发展战略的核心？主要是因为，北京人口过度膨胀，雾霾天气频现，交通日益拥堵，房价持续高涨，资源环境承载力严重不足，造成这些问题的根本原因是北京集聚了过多的非首都功能。北京作为世界为数不多的超大型城市，再按照老路走下去必然是山穷水尽。因此，京津冀协同发展首要的、也是最核心的任务是有序疏解北京非首都功能。

2015年3月，北京市统计局、国家统计局北京调查总队发布2014年全市人口发展形势报告。数据显示，2014年末，全市常住人口为2151.6万人，全市常住外来人口为818.7万人。

习近平总书记对有序疏解北京非首都功能多次作出重要指示批示，明确指出，京津冀协同发展要牵住疏解北京非首都功能这个“牛鼻子”和主要矛盾，降低北京人口密度，实现城市发展与资源环境相适应。

习近平总书记要求，目标要明确，通过疏解北京非首都功能，调整经济结构和空间结构，走出一条内涵集约发展的新路子，探索出一种人口经济密集地区优化开发的模式，促进区域协调发展，形成新增长极。思路要明确，坚持改革先行，有序配套推出改革举措。方法要明确，放眼长远、从长计议，稳扎稳打、步步为营，锲而不舍、久久为功。

有序疏解北京非首都功能，从疏解对象讲，重点是疏解一般性产业特别是高消耗产业，区域性物流基地、区域性专业市场等部分第三产业，部分教育、医疗、培训机构等社会公共服务功能，部分行政性、事业性服务机构和企业总部等四类非首都功能。

疏解的原则是：坚持政府引导与市场机制相结合，既充分发挥政府规划、政策的引导作用，又发挥市场的主体作用；坚持集中疏解与分散疏解相结合，考虑疏解功能的不同性质和特点，灵活采取集中疏解或分散疏解方式；坚持严控增量与疏解存量相结合，既把住增量关，明确总量控制目标，也积极推进存量调整，引导不符合首都功能定位的功能向周边地区疏解；坚持统筹谋划与分类施策相结合，结合北京城六区不同发展重点要求和资源环境承载能力统筹谋划，建立健全倒逼机制和激励机制，有序推出改革举措和配套政策，因企施策、因单位施策。

有序疏解北京非首都功能是一项复杂的系统工程。北京市表示，要以最大决心和更大力度控制人口规模，提出明确人口调控目标，落实各区县人口调控的责任等。要通过严格控制中心城大型公建项目，严格限制中心城新建和扩建医疗、行政办公、商业等大型服务设施等措施，促进人口疏解。按照习近平总书记重要指示精神，有关方面逐步制定了疏解北京非首都功能控增量、疏存量相关政策和配套措施，按照“有共识、看得准、能见效”的原则，突出重点，先易后难，积极稳妥有序推进。

京津冀协同发展战略实施以来，三地配合疏非控人取得进展，产业协作有序推进。北京市制定并严格落实新增产业的禁止和限制目录。2014年以来，北京全市累计不予办理工商登记业务1.6万件，关停退出一般性制造业1341家，拆并疏解商品交易市场228家。人口实现增量和增速双下降。常住人口年度增量由2013年的45.5万人回落到2016年的2.4万人，增速由2013年的2.2%回落到2016年的0.1%。其中，2016年末城六区常住人口比2015年末减少35.3万人，下降2.8%，实现了由增到减的变化。

能源利用效率提高，生态环境持续改善。2015年，京津冀三地万元GDP能耗分别为0.338吨标准煤、0.499吨标准煤和0.961吨标准煤，与2013年相比，按可比价格计算，分别下降15.3%、12.8%和17%。其中，规模以上工业单位增加值能耗分别下降27.2%、33.4%和17.3%。三地签署了一系列协作协议，不断加大环境联合执法督导和治理力度。2014年以来共造林1754万亩；2016年区域PM2.5平均浓度为71微克/立方米，比2013年下降33.0%。

四、雄安新区，千年大计

2017年4月1日，一则重磅消息在中央电视台新闻联播播出：日前，中共中央、国务院印发通知，决定设立河北雄安新区。这是以习近平同志为核心的党中央作出的一项重大的历史性战略选择，是继深圳经济特区和上海浦东新区之后又一具有全国意义的新区，是千年大计、国家大事。

这一消息的公布，犹如平地春雷，响彻大江南北。

设立河北雄安新区是党和国家的一件大事，是深入推进京津冀协同发展的一项重大决策部署。

十八大以来，党中央提出了京津冀协同发展，有序疏解北京非首都功能的战略构想。以习近平同志为核心的党中央以宏阔的战略格局，筹划部署、把脉导向。习近平总书记多次深入北京、天津、河北考察调研，多次主持召开会议研究和部署实施，作出一系列重要指示。

在推进实施京津冀协同发展大战略中，疏解北京非首都功能任务是重中之重。要将北京的非首都功能有力、有序、有效地疏解出去，需要一个集中承载地。客观上，规划建设这个集中承载地既要依托北京、天津、石家庄等现有大城市的资源，又要交通便利，地理条件适中。

为此，除了设立北京城市副中心以外，习总书记提出，可以考虑在河北比较适合的地方规划建设一个适当规模的新城来集中承载北京的非首都功能。于是，“深入研究、科学论证，规划建设具有相当规模、与疏解地发展环境相当的集中承载地”，就成为京津冀协同发展的重要内容。

新区选在哪儿？这事关发展全局，是涉及首都的历史性工程，要经得起历史检验。京津冀协同发展领导小组先后十几次组织领导小组办公室、国务院有关部门、河北省委和省政府、京津冀协同发展专家咨询委员会等有关方面召开会议，就雄安新区设立的重大问题进行专题研究，综合考虑区位、交通、土地、水资源和能源保障、环境承载、人口及经济社会发展状况等因素，经过多轮对比、反复论证新区选址。备选的地方实际上是四个。通过一场场科学论证、一步步深入推进，“雄县—容城—安新”这一方案在几个方案比选中逐步得到确认，最终脱颖而出。

2016 年 3 月，习近平总书记主持召开中共中央政治局常委会会议，审议并原则同意《关于北京市行政副中心和疏解北京非首都功能集中承载地有关情况的汇报》，确定了新区规划选址，同意定名为“雄安新区”。

2016 年 5 月 27 日，中共中央政治局会议审议了《关于规划建设北京城市副中心和研究设立河北雄安新区的有关情况的汇报》，设立新区的战略构想逐渐变为现实。

2017 年 2 月 23 日，习近平总书记专程到河北省安新县进行实地考察，主持召开河北雄安新区规划建设工作座谈会。他强调，规划建设雄安新区，要在党中央领导下，坚持稳中求进工作总基调，牢固树立和贯彻落实新发展理念，适应把握引领经济发展新常态，以推进供给侧结构性改革为主线，坚持世界眼光、国际标准、中国特色、高点定位，坚持生态优先、绿色发展，坚持以人民为中心、注重保障和改善民生，坚持保护弘扬中华优秀传统文化、延续历史文脉，建设绿色生态宜居新城区、创新驱动发展引领区、协调发展示范区、开放发展先行区，努力打造贯彻落实新发展理念的创新发展示范区。

2017 年 4 月 1 日，中共中央、国务院印发通知，决定设立河北雄安新区。

雄安新区规划范围涉及河北省雄县、容城、安新 3 县及周边部分区域，地处北京、天津、保定腹地，距离北京 105 公里，距离保定只有 30 公里，距离石家庄 155 公里，距离天津 105 公里，区位优势明显、交通便捷通畅，现有多条高速公路、铁路，可比较快地基本形成与北京、天津、石家庄半小时的通勤圈；生态环境优良、资源环境承载能力较强，拥有华北平原最大的淡水湖白洋淀等，水资源比较丰富，可满足区域生态用水需求；现有开发程度较低，发展空间充裕，具备高起点高标准开发建设的基本条件，是集中承接北京非首都功能疏解的首选之地。

雄安新区规划建设以特定区域为起步区先行开发，起步区面积约100平方公里，中期发展区面积约200平方公里，远期控制区面积约2000平方公里。

雄安新区在规划上，要求达到国际一流城市的水平，同时在建筑上要充分体现中华文化的元素，在建设过程当中要精雕细琢，以工匠精神打造百年建筑，留下千年传承。2017年4月26日，雄安新区举行成立以来首场新闻发布会，雄安新区规划将全球征集方案，30平方公里启动区控制性详规和城市设计向全球招标；明确建设起步区为57个村。

作为推进京津冀协同发展的两项战略举措，规划建设北京城市副中心和河北雄安新区，将形成北京新的两翼，拓展京津冀区域发展新空间，既可以疏解北京非首都功能，又可以拓展区域发展空间。雄安新区在起步之初，就要加强同北京、天津、石家庄、保定等城市的融合发展，特别是要同北京中心城区、城市副中心在功能上有所分工，实现错位发展。统筹生产、生活、生态三大布局，努力打造贯彻落实新发展理念的创新示范区，雄安新区将充分发挥京津冀各自比较优势，形成京津冀目标同向、措施一体、优势互补、互利共赢的协同发展新格局。

2017年6月，经中央编委批准，中央编办批复同意设立河北雄安新区管理机构。省委、省政府印发《关于组建河北雄安新区管理机构的通知》。按照“党政合设”和“精简、高效、统一”的原则，组建中共河北雄安新区工作委员会、河北雄安新区管理委员会，为省委、省政府派出机构，负责组织领导、统筹协调新区开发建设管理全面工作。雄安新区管理委员会，同时接受国务院京津冀协同发展领导小组办公室指导。

2017年7月6日，铁路部门首次开行2对北京南至雄安新区的动车组列车。列车运行区段为北京南—保定，均在霸州西站、白沟站、白洋淀站、徐水站等车站办理客运业务。由北京南站至雄安新区主要车站运行时间在80分钟左右。

站在新的历史起点上，规划建设雄安新区，具有重大现实意义和深远历史意义：

一是重点打造北京非首都功能疏解集中承载地，可以有效缓解北京大城市病，与北京城市副中心形成北京新的两翼。

二是有利于加快补齐区域发展短板，提升河北经济社会发展质量和水平，培育形成新的区域增长极，也可以与2022年北京冬奥会为契机推进张北地区建设共同形成河北新的两翼。

三是有利于调整优化京津冀城市布局和空间结构，拓展区域发展新空间，探索人口经济密集地区优化开发新模式，打造全国创新驱动发展新引擎，加快构建京津冀世界级城市群。

雄安新区不是简单地平地建一个新城市，而是要走出一条用新发展理念建设现代化城市的新路径。所以，习近平总书记指出，规划建设雄安新区要突出七个方面的重点任务：一是建设绿色智慧新城，建成国际一流、绿色、现代、智慧城市。二是打造优美生态环境，构建蓝绿交织、清新明亮、水城共融的生态城市。三是发展高端高新产业，积极吸纳和集聚创新要素资源，培育新动能。四是提供优质公共服务，建设优质公共设施，创建城市管理新样板。五是构建快捷高效交通网，打造绿色交通体系。六是推进体制机制改革，发挥市场在资源配置中的决定性作用和更好发挥政府作用，激发市场活力。七是扩大全方位对外开放，打造扩大开放新高地和对外合作新平台。

习近平总书记强调，雄安新区不同于一般意义上的新区，其定位首先是疏解北京非首都功能集中承载地，重点承接北京疏解出的行政事业单位、总部企业、金融机构、高等院校、科研院所等，不符合条件的坚决不能要。

建设雄安新区是千年大计，国家大事。习近平总书记要求坚持先谋后动、规划引领，规划定了就要严格执行，确保“一张蓝图干到底”。习近平总书记强调：建设雄安新区是一项历史性工程，一定要保持历史耐心，有“功成不必在我”的精神境界。如果说前期工作是以谋划筹备为主，接下来规划批准后就将转入建设实施阶段，要尊重城市开发建设规律，合理把握开发节奏，稳扎稳打，一茬接着一茬干。

按照党中央要求，雄安新区的建设，正在以新发展理念为引领，高标准高质量组织规划编制，科学规划空间布局、功能定位，规划好再开工建设，不留历史遗憾；以改革开道，发扬改革创新精神，全面提高资源配置效率，建立体制机制新高地；以民生为本，推进基本公共服务均等化，补齐环京津冀周边地区社会事业发展、公共服务水平短板；以实干铺底，坚持功成不必在我的精神境界，一件一件认真办，一茬一茬踏实干，一张蓝图干到底，让雄安新区建设经得起历史检验。

第六章

长江经济带发展战略

一、万里长江涌新潮

长江，千百年来，有多少人为之赞叹、为之歌咏。

“远似银藤挂果瓜，近如烈马啸天发。雄浑壮阔七千里，通络润滋亿万家。”

“大江来从万山中，山势尽与江流东。”

“朝辞白帝彩云间，千里江陵一日还。两岸猿声啼不住，轻舟已过万重山。”

“潮平两岸阔，风正一帆悬。海日生残夜，江春入旧年。”

这些诗句，都是对长江的绝妙勾画和咏叹。

长江，是中国和亚洲的第一大河，世界第三大河。发源于“世界屋脊”——青藏高原的唐古拉山脉各拉丹冬峰西南侧，在上海市崇明岛以东注入东海。长江干流自西而东横贯中国中部，流经青海、西藏、四川、云南、重庆、湖北、湖南、江西、安徽、江苏、上海 11 个省、自治区、直辖市。还有数百条支流辐辏南北，延伸至贵州、甘肃、陕西、河南、广西、广东、浙江、福建 8 个省、自治区的部分地区，总计 19 个省级行政区。

长江长度取决于源头的定位，比较复杂。通常认为，长江全长约 6300 公里，比黄河（5464 公里）长 800 余公里，在世界大河中长度仅次于非洲的尼罗河和南美洲的亚马逊河，居世界第三位。尼罗河流域跨非洲 9 国，亚马逊河流域跨南美洲 7 国，长江则为中国所独有。

长江流域面积达 180 万平方公里，约占中国陆地总面积的 20%。因淮河大部分水量也通过京杭大运河汇入长江，从某种意义说，淮河也是长江的一条支流，如加上淮河流域，长江流域的面积则接近 200

万平方公里。

长江流域内共有通航河流 3600 多条，水运总通航里程 7 万公里，占全国内河通航里程 70% 以上。各项运网密度指标均高于全国平均水平。长江干支流航道与京杭运河共同组成中国最大的内河水运网。其中干流通航里程 2713 公里，上起四川宜宾，下至长江口（云南维西至宜宾 825 公里河段尚可分段通航）。支流航道 700 余条，主要支航 50 余条，以下游之太湖水系最为发达。干支流水运中心为重庆、武汉、长沙、南昌、芜湖和上海等 6 大港口。与世界各国比，长江水系通航里程居世界之首，是货运量位居全球内河第一的黄金水道。

长江流域人口稠密，平均人口密度超过 220 人 /km^2，特别是长江三角洲、成都平原和长江中下游平原，人口密度达 600—900 人 /km^2，上海达 4600 人 /km^2 以上，是中国人口最稠密的地区。

长江流域综合利用任务广泛而复杂。根据 1990 年国务院批准同意的《长江流域综合利用规划简要报告》，流域综合利用规划的任务包括水资源开发利用、防洪、治涝、水力发电、灌溉、航运、水土保持、中下游干流河道整治、南水北调、水产、下流沿江城镇布局、城市供水、水源保护与环境影响评价、旅游等。

我们现在所说的长江经济带，是长江流域的主要部分，不完全等同于长江流域，是指长江附近的经济圈。长江经济带横跨我国东中西三大区域，覆盖上海、江苏、浙江、安徽、江西、湖北、湖南、重庆、四川、云南、贵州 11 个省市，面积约 205 万平方公里，占全国的 21%，6 亿人口，人口和生产总值均超过全国的 40%。拥有丰富的自然资源，气候温暖、雨量充沛、支流湖泊众多。生态地位重要、综合实力较强、具有独特优势和巨大发展潜力，战略地位十分重要。

中国的历朝历代都高度重视长江的利用和开发，又非常警惕它所带来的水患。国家的整体发展和安全，在相当程度上都仰仗于此。中华人民共和国成立以来，长江流域的治理和发展始终摆在国家的重要战略位置上。改革开放以来，长江流域得到更快发展，成为我国综合实力最强、战略支撑作用最大的区域之一。几千年江水奔流，几千年开发建设，现在的长江流域已成为我国农业、工业、商业、文化教育和科学技术等方面最发达的地区之一。

但是，长江的治理始终是在不断的探索和解决循环往复的过程之中。现在，长江经济带在高速发展的同时，也面临着诸多亟待解决的困难和问题，主要是，生态环境状况形势严峻、长江水道存在瓶颈制约、区域发展不平衡问题突出、产业转型升级任务艰巨、区域合作机制尚不健全等。

所以，如何进一步做好长江经济带发展的文章，具有十分重要的意义，因而也成为党和国家整个发展战略必须思考的重要问题。十八大以来，以习近平同志为核心的党中央着眼大局，面向未来，对长江经济带的发展问题进行了新的思考和勾画，推动万里长江奔涌起新的浪潮。

2013 年 7 月，习近平总书记在武汉调研时指出，长江流域要加强合作，发挥内河航运作用，把全流域打造成黄金水道。

2014 年 12 月，习近平总书记作出重要批示，强调长江通道是我国国土空间开发最重要的东西轴线，在区域发展总体格局中具有重要战略地位，建设长江经济带要坚持一盘棋思想，理顺体制机制，加强统筹协调，更好发挥长江黄金水道作用，为全国统筹发展提供新的支撑。

2016 年 1 月，习近平总书记在重庆召开推动长江经济带发展座谈会并发表重要讲话，全面深刻阐述了长江经济带发展战略的重大意义、推进思路和重点任务。

此后，习近平总书记又多次发表重要讲话，强调推动长江经济带发展必须走生态优先、绿色发展之路，涉及长江的一切经济活动都要以不破坏生态环境为前提，共抓大保护、不搞大开发，共同努力把长江经济带建成生态更优美、交通更顺畅、经济更协调、市场更统一、机制更科学的黄金经济带。

李克强总理多次强调，让长江经济带这条“巨龙”舞得更好，关乎当前和长远发展的全局，要结合规划纲要制定，依靠改革创新，实现重点突破，保护好生态环境，将生态工程建设与航道建设、产业转移衔接起来，打造绿色生态廊道，下决心解决长江航运瓶颈问题，充分利用黄金水道航运能力，构筑综合立体交通走廊，带动中上游腹地发展，引导产业由东向西梯度转移，形成新的区域增长极，为中国经济持续健康发展提供有力支撑。

张高丽副总理多次主持召开推动长江经济带发展工作会议、专题会议，扎实推进长江经济带发展各项工作。

在此期间，党中央、国务院先后出台重要文件，明确提出长江经济带建设的战略，对如何建设长江经济带作出规划、提出要求、进行部署。

2014 年 9 月，国务院印发《关于依托黄金水道推动长江经济带发展的指导意见》。

随《意见》还一并印发了《长江经济带综合立体交通走廊规划（2014—2020 年）》，提出到 2020 年，建成横贯东西、沟通南北、通江达海、便捷高效的长江经济带综合立体交通走廊。

2015 年的十八届五中全会，在关于“十三五”规划的建议中要求：“推进长江经济带建设，改善长江流域生态环境，高起点建设综合立体交通走廊，引导产业优化布局和分工协作。”

2016 年 3 月 25 日，中共中央政治局召开会议，审议通过《长江经济带发展规划纲要》。2016 年 5 月底，《长江经济带发展规划纲要》正式印发。纲要从规划背景、总体要求、大力保护长江生态环境、加快构建综合立体交通走廊、创新驱动产业转型升级、积极推进新型城镇化、努力构建全方位开放新格局、创新区域协调发展体制机制、保障措施等方面描绘了长江经济带发展的宏伟蓝图，成为推动长江经济带发展重大国家战略的纲领性文件。

二、新时代赋予的新使命

新的时代，使万里长江承担了新的历史使命，推动长江经济带发展成为一项重大的国家战略。

长江流域孕育了发达的长江经济带。长江经济带在全国发展的大局中占有十分重要的地位，同时也具有十分独特和明显的优势：

一是交通便捷，具有明显的区位优势。它横贯我国腹心地带，经济腹地广阔，不仅把东、中、西三大地带连接起来，而且还与京沪、京九、京广、皖赣、焦柳等南北铁路干线交汇，承东启西，接南济北，通江达海。

二是资源优势。具有极其丰沛的淡水资源，拥有储量大、种类多的矿产资源，还拥有闻名遐迩的众多旅游资源和丰富的农业生物资源，开发潜力巨大。

三是产业优势。历来就是我国最重要的工业走廊之一，中国钢铁、汽车、电子、石化等现代工业的精华大部分汇集于此，集中了一大批高耗能、大运量、高科技的工业行业和特大型企业。此外，大农业的基础地位也居全国首位，沿江九省市的粮棉油产量占全国 40% 以上。

四是人力资源优势。长江流域是中华民族的文化摇篮之一，人才荟萃，科教事业发达，技术与管理先进。

五是城市密集，市场广阔。1995 年，沿江九省市拥有大小城市

216个，占全国城市数量的33.8%；城市化水平约为50%，比全国平均水平高21个百分点；城市密度为全国平均密度的2.16倍。人口也高度密集，居民收入水平相对较高，各种消费需求也十分可观，对于国内外投资者有很强的吸引力。

总而言之，长江经济带是整个长江流域最发达的地区，也是全国除沿海开放地区以外，经济密度最大的经济地带。与沿海和其他经济带相比，长江经济带拥有我国最广阔的腹地和发展空间，是我国今后15年经济增长潜力最大的地区，也是世界上可开发规模最大、影响范围最广的内河经济带。它对我国经济发展和国家安全的战略意义是其他经济带所无可比拟的。

2016年，李克强总理前往重庆考察时，曾经乘船溯江而上，考察长江黄金水道，并主持召开沿江11省市负责人座谈会，研究依托黄金水道建设长江经济带。两个月后的国务院常务会议上，他再次阐释了“为什么要发展长江经济带”。

李克强总理说，从改革开放初期东部率先发展，到后来的西部大开发、中部崛起、东北振兴，可以说，中国经济发展已经进入了由东向西梯度推进的关键时期。怎样把梯度推进由东向西连接起来，这就需要找到一条“横向”的发展路径。长江黄金水道，就是东部产业向西转移的一个重要横向联系通道。

他还列举了莱茵河、多瑙河沿岸的发展历史。他说，从国际经验看，现代工业化的历史，都是由沿海地区先发展起来，然后沿内河而上开发，这是“普遍的经济规律”。此外，海运、河运价格相对低廉、节能环保，这也符合“价格规律”。

他强调，依托黄金水道，建设长江经济带，不仅可以直接带动超过五分之一国土涉及6亿人的发展新动力，缩小东中西差距，又能优化经济结构，打造新的经济支撑带和具有全球影响力的开放合作新平台。

依托黄金水道推动长江经济带发展，打造中国经济新支撑带，是党中央、国务院审时度势，主动适应把握引领经济发展新常态，科学谋划中国经济新棋局，作出的既利当前又惠长远的重大决策部署，对于实现“两个一百年”奋斗目标和中华民族伟大复兴的中国梦，具有重大现实意义和深远历史意义。

战略定位是科学有序推动长江经济带发展的重要前提和基本遵循。长江经济带的进一步发展，怎样从战略上定位？

2014 年 9 月国务院印发的《关于依托黄金水道推动长江经济带发展的指导意见》提出，作为中国新一轮改革开放转型实施新区域开放开发战略，要将长江经济带建设成为“具有全球影响力的内河经济带、东中西互动合作的协调发展带、沿海沿江沿边全面推进的对内对外开放带、生态文明建设的先行示范带”。

2016 年 3 月的中央政治局会议称，长江是中华民族的生命河，也是中华民族发展的重要支撑。长江经济带发展的战略定位必须坚持生态优先、绿色发展，共抓大保护，不搞大开发。同时，要贯彻落实供给侧结构性改革决策部署，在改革创新和发展新动能上做“加法”，在淘汰落后过剩产能上做“减法”，走出一条绿色低碳循环发展的道路。

长江经济带横跨我国地理三大阶梯，资源、环境、交通、产业基础等发展条件差异较大，地区间发展差距明显。考虑到长江经济带的实际情况，特别是基于贯彻生态优先、绿色发展的理念，依托长江黄金水道的独特作用，发挥上中下游地区的比较优势，用好海陆东西双向开放的区位资源，统筹江河湖泊丰富多样的生态要素等考虑周到，长江经济带最终的四大战略定位是：生态文明建设的先行示范带、引领全国转型发展的创新驱动带、具有全球影响力的内河经济带、东中西互动合作的协调发展带。

长江经济带历来都是中国迎接经济全球化的首要地区。从大趋势看，推动发展长江经济带，不仅对于中国经济的发展具有重大战略意义，而且对于世界经济的全球化态势都将具有重大意义。长江经济带肩负着国内改革的任务，“一带一路”肩负着对外开放的使命，长江经济带战略要服务“一带一路”建设，也可以助推“一带一路”建设。

推动长江经济带发展，有利于走出一条生态优先、绿色发展之路，让中华民族母亲河永葆生机活力，真正使黄金水道产生黄金效益；有利于挖掘中上游广阔腹地蕴含的巨大内需潜力，促进经济增长空间从沿海向沿江内陆拓展，形成上中下游优势互补、协作互动格局，缩小东中西部发展差距；有利于打破行政分割和市场壁垒，推动经济要素有序自由流动、资源高效配置、市场统一融合，促进区域经济协同发展；有利于优化沿江产业结构和城镇化布局，建设陆海双向对外开放新走廊，培育国际经济合作竞争新优势，促进经济提质增效升级，对于实现“两个一百年”奋斗目标和中华民族伟大复兴的中国梦，具有重大现实意义和深远历史意义。

三、长江经济带发展战略的基本内涵

作为一项重大的国家发展战略，推动长江经济带发展具有一系列丰富的内涵。

推动长江经济带发展的指导思想是：

按照“五位一体”总体布局和“四个全面”战略布局，牢固树立和贯彻落实创新、协调、绿色、开放、共享的发展理念，坚持生态优先、绿色发展，坚持一盘棋思想，理顺体制机制，加强统筹协调，处理好政府与市场、地区与地区、产业转移与生态保护的关系，加快推进供给侧结构性改革，更好发挥长江黄金水道综合效益，着力建设沿江绿色生态廊道，着力构建高质量综合立体交通走廊，着力优化沿江城镇和产业布局，着力推动长江上中下游协调发展，不断提高人民群众生活水平，共抓大保护，不搞大开发，努力形成生态更优美、交通更顺畅、经济更协调、市场更统一、机制更科学的黄金经济带，为全国统筹发展提供新的支撑。

推动长江经济带发展的目标是：

到 2020 年，生态环境明显改善，水资源得到有效保护和合理利用，河湖、湿地生态功能基本恢复，水质优良（达到或优于Ⅲ类）比例达到 75% 以上，森林覆盖率达到 43%，生态环境保护体制机制进一步完善；长江黄金水道瓶颈制约有效疏畅、功能显著提升，基本建成衔接高效、安全便捷、绿色低碳的综合立体交通走廊；创新驱动取得重大进展，研究与试验发展经费投入强度达到 2.5% 以上，战略性新兴产业形成规模，培育形成一批世界级的企业和产业集群，参与国际竞争的能力显著增强；基本形成陆海统筹、双向开放，与“一带一路”建设深度融合的全方位对外开放新格局；发展的统筹度和整体性、协调性、可持续性进一步增强，基本建立以城市群为主体形态的城镇化战略格局，城镇化率达到 60% 以上，人民生活水平显著提升，现行标准下农村贫困人口实现脱贫；重点领域和关键环节改革取得重要进展，协调统一、运行高效的长江流域管理体制全面建立，统一开放的现代市场体系基本建立；经济发展质量和效益大幅提升，基本形成引领全国经济社会发展的战略支撑带。

到 2030 年，水环境和水生态质量全面改善，生态系统功能显著增强，水脉畅通、功能完备的长江全流域黄金水道全面建成，创新型现代产业体系全面建立，上中下游一体化发展格局全面形成，生态环境更加美好、经济发展更具活力、人民生活更加殷实，在全国经济社会发展中发挥更加重要的示范引领和战略支撑作用。

推动长江经济带发展，要遵循 5 条基本原则。

一是江湖和谐、生态文明。建立健全最严格的生态环境保护和水资源管理制度，强化长江全流域生态修复，尊重自然规律及河流演变规律，协调处理好江河湖泊、上中下游、干流支流等关系，保护和改善流域生态服务功能。在保护生态的条件下推进发展，实现经济发展与资源环境相适应，走出一条绿色低碳循环发展的道路。

二是改革引领、创新驱动。坚持制度创新、科技创新，推动重点领域和关键环节改革先行先试。健全技术创新市场导向机制，增强市场主体创新能力，促进创新资源综合集成。建设统一开放、竞争有序的现代市场体系，不搞“政策洼地”，不搞“拉郎配”。

三是通道支撑、协同发展。充分发挥各地区比较优势，以沿江综合立体交通走廊为支撑，推动各类要素跨区域有序自由流动和优化配置。建立区域联动合作机制，促进产业分工协作和有序转移，防止低水平重复建设。

四是陆海统筹、双向开放。深化向东开放，加快向西开放，统筹沿海内陆开放，扩大沿边开放。更好推动“引进来”和“走出去”相结合，更好利用国际国内两个市场、两种资源，构建开放型经济新体制，形成全方位开放新格局。

五是统筹规划、整体联动。着眼长远发展，做好顶层设计，加强规划引导，既要有“快思维”，也要有“慢思维”，既要做加法，也要做减法，统筹推进各地区各领域改革和发展。统筹好、引导好、发挥好沿江各地积极性，形成统分结合、整体联动的工作机制。

空间布局是落实长江经济带功能定位及各项任务的载体，也是长江经济带规划的重点。长江经济带涉及省份多，区域面积大，上中下游间经济社会发展很不平衡。经反复研究论证，形成了“生态优先、流域互动、集约发展”的思路，提出了“一轴、两翼、三极、多点”

的格局。

“一轴”是指以长江黄金水道为依托，发挥上海、武汉、重庆的核心作用，以沿江主要城镇为节点，构建沿江绿色发展轴。突出生态环境保护，统筹推进综合立体交通走廊建设、产业和城镇布局优化、对内对外开放合作，引导人口经济要素向资源环境承载能力较强的地区集聚，推动经济由沿海溯江而上梯度发展，实现上中下游协调发展。

“两翼”是指发挥长江主轴线的辐射带动作用，向南北两侧腹地延伸拓展，提升南北两翼支撑力。南翼以沪瑞运输通道为依托，北翼以沪蓉运输通道为依托，促进交通互联互通，加强长江重要支流保护，增强省会城市、重要节点城市人口和产业集聚能力，夯实长江经济带的发展基础。

“三极”是指以长江三角洲城市群、长江中游城市群、成渝城市群为主体，发挥辐射带动作用，打造长江经济带三大增长极。长江三角洲城市群：充分发挥上海国际大都市龙头作用，提升南京、杭州、合肥都市区国际化水平，以建设世界级城市群为目标，在科技进步、制度创新、产业升级、绿色发展等方面发挥引领作用，加快形成国际竞争新优势。长江中游城市群：增强武汉、长沙、南昌中心城市功能，促进三大城市组团之间的资源优势互补、产业分工协作、城市互动合作，加强湖泊、湿地和耕地保护，提升城市群综合竞争力和对外开放水平。成渝城市群：提升重庆、成都中心城市功能和国际化水平，发挥双引擎带动和支撑作用，推进资源整合与一体发展，推进经济发展与生态环境相协调。

“多点”是指发挥三大城市群以外地级城市的支撑作用，以资源环境承载力为基础，不断完善城市功能，发展优势产业，建设特色城市，加强与中心城市的经济联系与互动，带动地区经济发展。

长江经济带历来是对外开放的重点区域。为了进一步构建东西双向、海陆统筹的对外开放新格局，规划要求立足上中下游地区对外开放的不同基础和优势，因地制宜提升开放型经济发展水平。

一是发挥上海及长江三角洲地区的引领作用。加快复制推广上海自贸试验区改革创新经验。将上海自贸试验区打造成服务贸易创新政策先行区。鼓励上海及长三角地区重点发展高端产业、高增值环节和总部经济，加快培育以技术、品牌、质量和服务为核心的竞争新优势，率先打造开放型经济升级版。推动长三角与中上游地区共同构建航运、加工贸易和金融合作链条。率先构建引领跨境电子商务和国际贸易发展的规则体系。

二是将云南建设成为面向南亚东南亚的辐射中心。加快推进与周边基础设施互联互通及跨境运输便利化。以昆明为中心构建面向南亚东南亚的进出口集散网络，促进加工贸易、保税物流、跨境电子商务等业务发展。加快云南沿边金融综合改革试验区发展，推进相关重点开发开放试验区建设。

三是加快内陆开放型经济高地建设。推动区域互动合作和产业集聚发展，打造重庆西部开发开放重要支撑和成都、武汉、长沙、南昌、合肥等内陆开放型经济高地。完善中上游口岸支点布局，支持在国际铁路货物运输沿线主要站点和重要内河港口合理设立直接办理货物进出境手续的查验场所，支持内陆航空口岸增开国际客货运航线、航班。

2016年颁发的“十三五”规划，专列“推进长江经济带发展”一章，要求坚持生态优先、绿色发展的战略定位，把修复长江生态环境放在首要位置，推动长江上中下游协同发展、东中西部互动合作，建设成为我国生态文明建设的先行示范带、创新驱动带、协调发展带。

“十三五”规划写进了推进长江经济带发展的三项任务：

一是建设沿江绿色生态廊道。推进全流域水资源保护和水污染治理，长江干流水质达到或好于Ⅲ类水平。基本实现干支流沿线城镇污水垃圾全收集全处理。妥善处理好江河湖泊关系，提升调蓄能力，加强生态保护。统筹规划沿江工业与港口岸线、过江通道岸线、取排水口岸线。推进长江上中游水库群联合调度。加强流域磷矿及磷化工污染治理。实施长江防护林体系建设等重大生态修复工程，增强水源涵养、水土保持等生态功能。加强长江流域地质灾害预防和治理。加强流域重点生态功能区保护和修复。设立长江湿地保护基金。创新跨区域生态保护与环境治理联动机制，建立生态保护和补偿机制。建设三峡生态经济合作区。

二是构建高质量综合立体交通走廊。依托长江黄金水道，统筹发展多种交通方式。建设南京以下12.5米深水航道，开展宜昌至安庆航道整治，推进三峡枢纽水运新通道建设，完善三峡综合交通运输体系。优化港口布局，加快建设武汉、重庆长江中上游航运中心和南京区域性航运物流中心，加强集疏运体系建设，大力发展江海联运、水铁联运，建设舟山江海联运服务中心。推进长江船型标准化，健全智能安全保障系统。加快高速铁路和高等级公路建设。强化航空枢纽功能，完善支线机场布局。建设沿江油气主干管道，推动管道互联互通。

三是优化沿江城镇和产业布局。提升长三角、长江中游、成渝三大城市群功能，发挥上海“四个中心”引领作用，发挥重庆战略支点和联接点的重要作用，构建中心城市带动、中小城市支撑的网络化、组团式格局。根据资源环境承载力，引导产业合理布局和有序转移，打造特色优势产业集群，培育壮大战略性新兴产业，建设集聚度高、竞争力强、绿色低碳的现代产业走廊。加快建设国际黄金旅游带。培育特色农业区。

四、共抓大保护，不搞大开发

长江是中华民族的母亲河、生命河，山水林田湖浑然一体，形成独特完整的自然生态系统，具有强大的涵养水源、繁育生物、释氧固碳、净化环境功能，是我国重要的生物基因宝库和生态安全屏障。在长江经济带发展中，必须把长江生态环境保护放在首要位置，让母亲河永葆生机活力。

近年来，国家和地方大力推进生态文明建设，加大水资源和生态环境保护力度，长江水生态环境状况总体趋好。但随着经济社会快速发展，长江流域开发与保护的矛盾也日益凸显，水生态环境形势不容乐观。

长江岸线也是一个宝贵的资源，而且具有不可替代性和稀缺性。目前，长江流域已利用岸线长度为 2625 公里，利用率约为 15%，主要包括港口码头、取排水口、跨江设施、生态景观等。由于历史原因和缺乏统一规划，长江局部江段存在岸线资源配置不合理、利用效率低、岸线资源浪费等情况。随着长江经济带战略深入推进，岸线资源相对紧缺的矛盾凸显。

长江流域是我国水土流失最严重区域之一，水土流失面积达 38.5 万平方公里，占流域总面积的 21%，主要分布在上中游云、贵、川等七省市。特别是川西地区、西南石漠化地区、秦巴山区、武陵山区和革命老区等集中分布着 200 多个国家级贫困县，这些区域水土流失预防和治理任务十分艰巨。

目前，沿江工业发展各自为政，沿岸重化工业高密度布局，环境污染隐患日趋增多。长江流域生态环境保护和经济发展的矛盾日益严重，发展的可持续性面临严峻挑战。

所以，在推动长江经济带发展中，如何切实保护好长江的生态系统，是一件关系到千秋万代的大事情。

对此，以习近平同志为核心的党中央给出了明确的指示，强调，推动长江经济带发展，必须坚持生态优先、绿色发展，把生态环境保护摆上优先地位。他多次明确指出，推动长江经济带发展，要从中华民族长远利益考虑，牢固树立和贯彻新发展理念，把修复长江生态环境摆在压倒性位置，在保护的前提下发展，实现经济发展与资源环境相适应。长江经济带发展的基本思路就是生态优先、绿色发展，而不是又鼓励新一轮的大干快上。这是长江经济带战略区别于其他战略的最重要的要求，是制定规划的出发点和立足点。

在重庆召开的推动长江经济带发展座谈会上，习近平总书记表示，当前和今后相当长一个时期，要把修复长江生态环境摆在压倒性位置，共抓大保护，不搞大开发。把推动新型城镇化作为重要抓手，加强与“一带一路”战略衔接互动，培育长江经济带全方位对外开放新优势。

在主持召开中央财经领导小组第十二次会议时，习近平总书记强调：推动长江经济带发展，理念要先进，坚持生态优先、绿色发展，把生态环境保护摆上优先地位，涉及长江的一切经济活动都要以不破坏生态环境为前提，共抓大保护，不搞大开发。思路要明确，建立硬约束，长江生态环境只能优化、不能恶化。要发挥长江黄金水道作用，产业发展要体现绿色循环低碳发展要求。

所以，《规划纲要》明确提出，把保护和修复长江生态环境摆在首要位置，共抓大保护，不搞大开发，全面落实主体功能区规划，明确生态功能分区，划定生态保护红线、水资源开发利用红线和水功能区限制纳污红线，强化水质跨界断面考核，推动协同治理，严格保护一江清水，努力建成上中下游相协调、人与自然相和谐的绿色生态廊道。

为此，要重点做好四方面工作：一是保护和改善水环境，重点是严格治理工业污染、严格处置城镇污水垃圾、严格控制农业面源污染、严格防控船舶污染。二是保护和修复水生态，重点是妥善处理江河湖泊关系、强化水生生物多样性保护、加强沿江森林保护和生态修复。三是有效保护和合理利用水资源，重点是加强水源地特别是饮用水源地保护、优化水资源配置、建设节水型社会、建立健全防洪减灾体系。四是有序利用长江岸线资源，重点是合理划分岸线功能、有序利用岸线资源。

长江生态环境保护是一项系统工程，涉及面广，必须打破行政区划界限和壁垒，有效利用市场机制，更好发挥政府作用，加强环境污染联防联控，推动建立地区间、上下游生态补偿机制，加快形成生态环境联防联治、流域管理统筹协调的区域协调发展新机制。

一是建立负面清单管理制度。按照全国主体功能区规划要求，建立生态环境硬约束机制，明确各地区环境容量，制定负面清单，强化日常监测和监管，严格落实党政领导干部生态环境损害责任追究问责制度。对不符合要求占用的岸线、河段、土地和布局的产业，必须无条件退出。

二是加强环境污染联防联控。完善长江环境污染联防联控机制和预警应急体系，推行环境信息共享，建立健全跨部门、跨区域、跨流域突发环境事件应急响应机制。建立环评会商、联合执法、信息共享、预警应急的区域联动机制，研究建立生态修复、环境保护、绿色发展的指标体系。

三是建立长江生态保护补偿机制。通过生态补偿机制等方式，激发沿江省市保护生态环境的内在动力。依托重点生态功能区开展生态补偿示范区建设，实行分类分级的补偿政策。按照“谁受益谁补偿”的原则，探索上中下游开发地区、受益地区与生态保护地区进行横向生态补偿。

四是开展生态文明先行示范区建设。全面贯彻大力推进生态文明建设要求，以制度建设为核心任务、以可复制可推广为基本要求，全面推动资源节约、环境保护和生态治理工作，探索人与自然和谐发展有效模式。

十八大以来，在国家大力推进长江经济带发展战略带动下，沿江各省市加快改革创新，狠抓政治落实，经济发展取得了辉煌成就。特别是坚持绿色发展，谱写了大保护的新篇章。

环境保护持续发力，生态文明建设成效显著。水环境质量持续改善。2012—2015 年，长江流域水质呈现出总体改善的趋势。长江干流 11 个省市共 160 个监测断面的水质，Ⅰ—Ⅲ类比例从 2012 年的 86.3% 上升到 2015 年的 89.4%，提升了 3.1 个百分点；而Ⅳ类及以下水的比例从 13.8% 下降至 10.6%，尤其是劣Ⅴ类水质的比例从 4.4% 下降至 3.1%。

森林面积显著增加。2012—2015 年间，长江经济带 11 个省市森林面积由 2012 年的 7880 万公顷上升到 2015 年的 8466 万公顷，累计增长 7.4%。截至 2015 年，长江经济带森林覆盖率已达到 41.5%，超过全国 19.9 个百分点。

节能环保力度加大，资源利用效率逐步提升。十八大以来，长江经济带经过积极的结构调整和技术改造，单位用水、用能利用效率明显提高。2015 年，长江经济带 11 个省市万元 GDP 用水量为 85.9 立方米 / 万元。万元 GDP 能耗为 0.57 吨标准煤，低于全国平均水平，万元 GDP 能耗比 2014 年下降了 6.2%，降幅超过全国 0.6 个百分点，节能降耗成效显著。

绿色发展引领，新能源生产取得积极进展。积极发展新能源是长江经济带实现经济提质增效和绿色发展的重要举措。2015 年，长江经济带核能、太阳能和风能等新能源发电量 1006 亿千瓦时，比 2013 年增长 55.6%。2013—2015 年，风力发电累计发电量为 570 亿千瓦时，年均增长 107.3%。

经济社会发展五年规划

中国共产党的领导作用和自身建设

第四编

中国发展战略的实施方式和政治保障

第一章

经济社会发展五年规划

——中国发展战略实施的基本方式和具体部署

一、从“老大哥”学来的办法

中国的发展战略主要体现在五年计划（现称五年规划）上，是主要通过五年计划来加以实施和实现的。

“五年计划”是谋划、部署中国经济社会发展任务的基本手段，其任务和内容，主要是对五年和更长时段内全国重大建设项目、生产力分布、国民经济和社会发展重要比例关系等做出规划，为国民经济和社会发展发展规定目标、方向和任务。

从起源来说，五年计划是从苏联“老大哥”学来的。

1929 年 5 月，在全苏联盟第五次代表大会上，悬挂着一幅标有五年计划建设项目的巨型地图。国家计委主席克尔日扎诺夫斯基一边作报告，一边在地图上指出各种标记。随着他的指点，地图上亮起了几十座星标，显示出顿巴斯、库兹巴斯、莫斯科等大大小小的煤田。接着，又亮起了表明火力发电站的红色光圈和表明水力发电站的蓝色光圈。到报告结束时，地图上已是星光满布、闪烁耀目。五年后苏联的壮观景象呈现在代表们的眼前，会场上顿时掌声雷动。代表们在热烈的气氛中通过了苏联、也许是世界上第一个五年计划。

计划，成了风靡一时的词汇。计划，渗透到经济和社会的一切领域。计划的优越性使人们渐而将计划行政化、强制化，从而使经济、政治、文化、科技、教育等体制，都逐渐演化为高度集中、试图以行政手段将一切都纳入“计划”控制范围内的大一统模式。

事后反思和总结，这种以高度集中为主要特点的计划经济模式，其实具有深刻的内在矛盾性。一方面，它有利于国家集中浩浩荡荡的建设大军，组织和调动所有的资源，统一完成国家的建设计划，办成很多大事、好事；但另一方面，它没有从根本上解决生产者与生产资料的结合问题，不能充分地按照经济规律组织和发展生产，基本忽视和排斥了市场机制的作用，缺乏内在的动力和活力，不能充分调动各方面的积极性。延伸到政治上，民主不健全，法制不完备，劳动人民作为国家主人的地位和性质在计划体制中没有充分显示出来。

到第二次世界大战结束后，社会主义国家基本上都照搬了苏联模式，实行了计划经济体制。这种体制，曾经极大地促进了经济社会的发展。社会主义国家在建立之初，普遍都有过一段高速发展的时期。但同时，也逐渐暴露了内在的弊病，产生了不少消极的后果，从而使许多国家出现动力和速度双衰减的现象。越来越多的事实证明，不改革这种高度集中的经济、政治等体制，社会生产力就不能充分发展，社会主义建设就不能顺利进行，社会主义制度的优越性就不能充分发挥。正是在长期实践提供了充分的经验教训的基础上，社会主义改革成为时代的要求和人民的呼声，并发展成为不可抗拒的历史潮流。

当然，历史发展到现在，已经证明，中国的发展与苏联存在一个大约20—30年的时间差。苏联发生过的事情，中国一般都会在20—30年之后同样遇到和发生，而且，如果不到20—30年，还未必会遇到和认识到。所以，在中华人民共和国成立之初，中国还远远没有认识到苏联模式的弊病。特别是由于曾经同属共产国际，1949年后，中国又采取了“一边倒”的外交政策，与苏联正是兄弟般的同志和战友关系，所以，毛泽东说：“苏联共产党就是我们最好的先生，我们必须向他们学习。”基于这类外在的、内在的各种原因，中国在苏联的直接帮助和指导下，基本搬用了苏联的计划方式。

最重大的举措，就是编制国民经济第一个五年计划。

“一五”计划，是指我国从1953年到1957年发展国民经济的计划。它是在中共中央的直接领导下，由周恩来、陈云同志主持制定的。

“一五”计划（1953—1957 年）从 1951 年开始着手编制，经过不断修订和调整，先后历时 4 年，五易其稿，到 1954 年 9 月基本定案。其间，周恩来两次会见斯大林，征询对中国“一五”计划的意见，斯大林认为原计划 20% 的增长率有些紧张，建议留有余地。对需要苏联的援助，希望拿出具体的清单来。毛泽东等中央领导多次审阅计划草稿，听取汇报。1954 年 10 月，毛泽东、刘少奇、周恩来还聚会广州，用一个月的时间，共同审议修改后的“一五”计划。1955 年 3 月，中国共产党召开全国代表会议，讨论并原则通过了“一五”计划草案。7 月，第一届全国人民代表大会第二次会议正式审议并通过了“一五”计划。

这一探索性的编制过程被称为“五年计划，计划五年”。“一五”计划通过时，已经实际执行两年半。这与当时的历史环境有关。此后多个五年计划，都是在已开始实际执行后才正式通过。直到改革开放之后，才做到了正式通过与正式实施大致同步。

根据中国共产党在过渡时期总路线的要求，“一五”计划所确定的基本任务是：集中主要力量进行以苏联帮助的 156 个项目为中心、由 694 个大中型项目组成的工业建设，建立我国社会主义工业化的初步基础，发展部分集体所有制的农业生产合作社，以建立对农业和手工业社会主义改造的基础，基本上把资本主义工商业分别纳入各种形式的国家资本主义的轨道，以建立对私营工商业社会主义改造的基础。

“一五”计划描画了新中国发展的第一张蓝图，集中反映了中国人民对新政权的期待和对国家发展的美好意愿。5 年内，国家用于经济和文化建设的投资总额达 766.4 亿元，折合黄金 7 亿多两。这样巨大的建设投资，是旧中国历届政府都无法企及的。通过计划的制定和实施，把全国的资源和人心集聚到一起，调动起广大劳动者的积极性。工人群众以“每一秒钟都为创造社会主义社会而劳动”为口号，投身到

“一五”计划的实施中，焕发出巨大的聪明才智。鞍钢机械总厂的革新能手王崇伦，先后八次改进工具，发明“万能工具胎”，大大提高了设备利用率。大同煤矿马六孩等职工创造的快速掘进法，不仅提高了劳动生产率，而且保证了安全生产。青岛纺织女工郝建秀创造的细纱工作法在纺织系统全面推广，不断刷新生产纪录。

“一五”期间，在新中国工业史上占有重要地位的诸多工业产品被制造出来，很多大型工程得以建成：1954 年 7 月，南昌飞机制造厂试制成功初教 5 教练机；1954 年 12 月，康藏公路（四川、西康两省交界的金鸡关至拉萨）与青藏公路（西宁至拉萨）同时全线通车，分别长 2271 公里和 1937 公里。1956 年 7 月 13 日，长春第一汽车制造厂试制成功第一批国产“解放”牌载重汽车；1956 年 9 月，国产 B2–34 中型坦克发动机问世……

到 1957 年底，“一五”计划的各项指标大都超额完成，“一五”计划胜利完成。通过“一五”计划的实施，一大批旧中国没有的现代工业骨干部门建立起来，工业生产能力得到大幅度提高，工业布局不合理的局面得到初步改变，从而建立起了社会主义工业化的初步基础，社会主义生产关系基本确定。建成了一大批重要工程，五年内完成基本建设投资总额 550 亿元，新增固定资产 460.5 亿元，相当于 1952 年底全国拥有的固定资产总值的 1.9 倍。595 个大中型工程建成投产，工业总产值比 1952 年增长 128.6%，平均每年增长 18%；五年合计钢产量 1656 万吨，等于旧中国从 1900 年到 1948 年 49 年间钢的总产量 760 万吨的 218%，煤产量达到 1.31 亿吨，比 1952 年增长 98%；产业结构发生新的变化，在工业总产值中，工业产值所占比重由 1949 年的 30% 提高到 56.5%，重工业的比重由 26.4% 提高到 48.4%。1957 年粮食产量达到 3901 亿斤，棉花产量达到 3280 万担，都超额完成计划；农业总产值达到604亿元，比1952年增长25%，平均每年增长4.5%。

苏联对中国“一五”计划的实施给予了很大帮助。援助的项目到底有多少？过去一直笼统地说156个项目，其实不完全准确。我们近年来做了进一步核查，基本情况应该是：1953年5月15日，中苏两国政府签订《关于苏维埃社会主义共和国联盟政府援助中华人民共和国中央人民政府发展中国国民经济的协定》，规定苏联援助中国新建和改建91个工业项目。加上1950年已确定的50项和1954年增加的15项，共156项，列入“一五”计划。1955年又商定增加16项，之后再增2项，共174项。后多次调整，确定154项。因156项公布在先，故仍称“156项工程”。实际施工150项，其中在“一五”期间施工的有146项，涉及钢铁、有色冶金、煤矿、石油炼油、重型机械、汽车、拖拉机制造、化工、电力等诸多行业和领域。

由于缺乏经验，也由于某些“左”的思想已开始冒头，所以，“一五”计划实施中也存在一些问题，主要表现为：一是农业生产跟不上工业生产的步伐，把工业总产值占工农业总产值70%和生产资料占工业总产值60%作为实现国家工业化的重要标志之一，导致在某种程度上忽视了农业的发展。二是1956年出现全局性的冒进，基本建设投资总额147.35亿元，比上年增长70%，高于1953、1954两年的投资额，基本建设贷款占财政支出的比重由上年的30.2%猛增到48%，造成国家财政紧张。三是社会主义改造过急过快，为以后相当长时间留下后遗症。

但总的来说，“一五”计划是改革开放前完成得最好的五年计划，“一五”时期是我国经济社会发展最好的时期之一。“一五”计划的制定和实施，奠定了中国计划经济的基础，所积累的经验也对以后制定和实施一系列五年计划提供了借鉴。

二、艰难曲折的计划之路

继“一五”计划（1953—1957 年）之后，中国又开始编制第二个五年计划。到目前，一共编制和实施了十三个五年计划和五年规划。五年计划成为中国计划经济的骨架，也成为中国各种发展战略的载体。由于这些计划都是在一定的历史条件下、遵循一定的指导思想进行编制和实施的。所以，这些五年计划和五年规划经历了不同的发展过程，前前后后有不少变化。这些过程和变化，大致上也反映了中国经济社会发展所经历的过程。成功、挫折，经验、教训，指导思想的正确或错误，也大致能从这些计划制定实施的状况及其完成与否表现出来。

我在担任中央党史研究室副主任期间，曾组织下属专家梳理了各个五年计划制定和实施的基本情况。从梳理反映的情况来看，改革开放前后，五年计划的指导思想和基本特点是不一样的。完成的情况也不太一样。改革开放前，除了“一五”计划非常成功外，其他几个五年计划走过的道路都比较曲折。国内外很多人都不知道各个五年计划实施的情况，所以，我在这里作一系统的梳理，以便大家了解实际情况，也便于从中总结经验教训。

第二个五年计划（1958—1962 年）

1955 年夏，国务院在北戴河召开会议，讨论编制 15 年（1953—1967 年）远景计划和第二个五年计划的轮廓问题。但后来毛泽东对计划初拟的指标不满，认为太低。各部委和国务院按照毛泽东的意见提高了指标，但苏联认为指标太高不合适，所以后来又做了调整。1956 年 9 月召开的中共八大，正式通过由周恩来主持编制的《关于发展国民经济的第二个五年计划的建议的报告》。

《建议》明确规定第二个五年计划的基本任务是:（1）继续进行以重工业为中心的工业建设，推进国民经济的技术改造，建立我国社会主义工业化的巩固基础;（2）继续完成社会主义改造，巩固和扩大集体所有制和全民所有制;（3）在发展基本建设和继续完成社会主义改造的基础上，进一步发展工业、农业和手工业的生产，相应发展运输业和商业;（4）努力培养建设人才，加强科学研究工作，以适应社会主义经济文化发展的需要;（5）在工农业生产发展的基础上，增强国防力量，提高人民的物质生活和文化生活的水平。

《建议》提出，从 1958 年到 1962 年五年内的主要指标是：工业产值增长一倍左右，农业总产值增长 35%，钢产量 1962 年达到 1060 万吨到 1200 万吨，基本建设投资占全部财政收入的比重由“一五”时期的 35% 增长到 40% 左右，基本建设投资总额比“一五”“时期增长一倍左右，职工和农民的平均收入增长 25% 到 30%。

但是，八大关于第二个五年计划的建议，并没有付诸实施，很快就被批判反冒进、“大跃进”所否定了。八大后，“左”的思想很快发展，出现了严重的冒进倾向，“二五”计划的许多指标不断修正和大幅度提高。1958 年 8 月北戴河中央政治局扩大会议讨论并批准的《关于第二个五年计划的意见》，大幅度提高指标，为向共产主义过渡创造条件，要求在若干重要产品的产量方面超过英国，赶上美国。据此，《意见》提出农业总产值五年增长 2.7 倍以上，1962 年粮食总产达到 15000 亿斤，棉花 15000 万担，钢 8000 万吨，煤 9 亿吨，棉纱 1600 万件，五年基本建设投资 3850 亿元，重大建设项目 1000 个以上。为此，1958 年的钢产量就要在 1957 年 535 万吨的基础上翻一番，达到 1070 万吨。这种速度，连来访的赫鲁晓夫都不太相信，苏联在华专家总顾问阿尔希波夫也说恐怕实现不了，并表示土法炼钢再多也没有用。但这些看法，毛泽东等中国领导人不仅没有听进去，反而更激发了大干一场的决心。毛泽东说：1100 万吨钢少一吨都不行。

由于 1958 年以来的“大跃进”运动和“反右倾”运动，造成国民经济主要比例关系失调，连年出现财政赤字，人民生活遇到很大困难。我国经济建设已不能按照第二个五年计划的部署继续发展，国家乃决定对国民经济实行调整。1960 年 9 月，中共中央在批转国家计委《关于 1961 年国民经济计划控制数字的报告》中提出了国民经济“调整、巩固、充实、提高”的“八字方针”，1961 年 1 月党的八届九中全会正式批准了“八字方针”。从此时到 1966 年第三个五年计划开始实施，便成为五年计划的空档期。

第三个五年计划（1966—1970 年）

1966 年到 1970 年是第三个五年计划时期，也正是“文化大革命”内乱之时。“三五”计划是从 1964 年初开始研究和编制的。其中内容比较详尽的计划方案有两个：先是国家计委提出、经 1964 年 5 月中央工作会议讨论并原则同意的《第三个五年计划（1966—1970 年）的初步设想》（汇报提纲）。但因毛泽东提出准备打仗的问题，所以，1965 年 9 月国家计委又修改计划，重新拟定《关于第三个五年计划安排情况的汇报提纲》，经中央讨论基本同意。

原先《初步设想》确定的“三五”计划的基本任务，是总结了三年困难的教训，按照农轻重的顺序进行安排的：（1）大力发展农业，按不同的标准基本上解决人民的吃穿用问题；（2）适当加强国防建设，努力突破尖端技术；（3）与支援农业和加强国防相适应，加强基础工业。

但随后按照“备战、备荒、为人民”的战略方针，1965 年 9 月初，国家计委重新草拟了《关于第三个五年计划安排情况的汇报提纲》，明确提出：“三五”计划必须立足于战争，从“准备大打、早打”出发，积极备战，把国防建设放在第一位，特别是加快了“三线”建设。

按照《汇报提纲》的要求，“三五”计划期间各主要经济指标都完成了计划。其中，工农业总产值超额 16.2—14.1% 完成了计划，农业总产值超额 2.2%，工业总产值超额 21.1%。

尽管“三五”时期绝大部分经济指标完成了计划，但这一计划建立在备战的基础上，战时色彩比较浓厚，而且盲目追求高速度、高积累的倾向仍然存在。特别是由于“文化大革命”的动乱，国民经济受到很大的破坏，1968年国民经济跌入谷底。

第四个五年计划（1971—1975年）

“四五”计划于1970年开始编制。2月15日至3月21日国务院召开全国计划工作会议，制定1970年国民经济发展计划。会上研究、讨论、制定了《第四个五年计划纲要（草案）》。同年9月，在九届二中全会上作为参考文件印发。1971年3月，中共中央在批转1971年计划时，《“四五”计划纲要（草案）》的部分指标也作为附件下发。

第四个五年计划期间的主要经济指标，按照《纲要（草案）》的规定，工农业总产值每年平均增长速度达到12.5%，五年合计国家预算内基本建设投资1300亿元，1975年粮食产量达到6000亿—6500亿斤，棉花6500万—7000万担，钢3500万—4000万吨，原煤4亿—4.3亿吨，发电量2000亿—2200亿度，铁路货运量9亿—10亿吨。

1973年7月，国家计委拟订了《第四个五年计划纲要（修正草案）》。1972年、1973年两年国民经济形势有所好转，1973年各项主要经济指标都完成和突破了计划，并且是“一五”计划以来经济增长最快的一年。

1975年是“四五”计划的最后一年，也是邓小平大力开展整顿的一年。按照《修正草案》规定的1975年指标要求，计划执行的结果是：发电量103.1%，棉纱96.8%，铁路货运量98.7%，预算内基本建设投资完成101.6%。

“四五”计划期间的主要问题是：因为还处在“文化大革命”期间，经济形势随着政治斗争而动荡起伏。1973年7月国家计委对“四五”计划进行修订，对主要经济指标进行了调整，不少指标有所压缩，钢产量下调到3200万—3500万吨，后又调到3000万吨。

第五个五年计划（1976—1980年）和十年发展纲要

1975年，中共中央制定了《1976—1985年发展国民经济十年规划纲要（草案）》，同时安排了“五五”计划。1978年3月，又修订了十年发展纲要。

发展纲要要求，到1985年，钢产量达到6000万吨，石油达到2.5亿吨，国家计划新建和续建120个大型项目，其中10个大型钢铁基地，9个有色金属基地，8个煤炭基地，10个大油气田等等。

从1978年到1985年，基本建设投资相当于过去28年的总和，每年要投资700亿元，超出了实际可能，违反了经济发展的规律。因此，十一届三中全会后不久，中央就对此作了修正。

从“五五”计划执行情况来看，1978年社会总产值为6846亿元，比1977年增长13.1%，1978年国民生产总值达到3010亿元，比1977年增长12.3%，比1976年增长19.4%。财政收入和支出连续两年大幅度增加，但收入略有节余，扭转了1974年到1975年连续三年财政赤字、财政收支恶化的状况。但此时表现出明显的冒进倾向，1978年12月的十一届三中全会，决定将全党工作重点转移到社会主义现代化建设上来。会议强调必须按照客观经济规律办事，初步提出了调整、改革的任务和措施。1979年4月，中央工作会议正式提出“调整、改革、整顿、提高”的方针（新“八字方针”），并从这一年开始对国民经济进行调整。

“五五”计划时期是中国发生历史性大转折的时期。结束“文化大革命”后，党和国家的工作重点转移到现代化建设上。国民经济得到恢复、发展。但因对经济发展要求过急，又表现出明显的冒进倾向，规定的指标过高。幸而及时调整，使国民经济逐步走上了健康发展的轨道。

三、五年计划的改革和发展

中国的改革开放，从经济领域来说，就是由传统的计划经济体制向社会主义市场经济体制转变。所以，传统的五年计划也发生了深刻的变革。这种变革，体现在五年计划的指导思想、基本内容、特点要求，乃至五年计划的名称和范围上，并且随着一个个五年计划的制定和实施不断深入推进。所以，中国的改革是改掉了传统的高度集中的计划经济体制，而不是把制定和实施五年计划的方法也全部抛弃掉。在建立和完善社会主义市场经济的过程中，作为一种宏观调控的手段，制定五年计划的方法发挥了重要的作用。

五年计划的改革和变化主要表现在：

第一，1980—1985 年的“六五”计划，第一次将“国民经济计划”改成了“国民经济和社会发展计划”，并用一编的篇幅（“社会发展计划”），对社会发展的各个方面进行计划安排。

第二，随着改革开放的发展，首先将各种计划区分为指令性计划和指导性计划两种，将五年计划逐步改成了指导性计划，总的是起指导作用而不是强制的指令作用，允许各方面发挥自主性、积极性和创造性。

第三，扩大企业和地方的自主权，下放和减少中央特别是计划委员会的权力。计委主要侧重于规划制定、宏观调控，而不是干预日常经济运行的事务。日常经济运行先由经济委员会管，后来经委也撤销了。计划委员会最后改名为发展和改革委员会。

第四，计划制定更加及时，在新的五年计划时期刚开始之时就制定出完整的五年计划，得以使两者同步。从 1983 年到 1986 年 3 月，国家制定并审查通过了 1986—1990 年的“七五”计划，这在我国经济发展史和五年计划史上是第一次。

第五，在发展社会主义市场经济条件下制定中长期规划，所定指标总体上是预测性、指导性的。1996—2000年的“九五”计划就是在发展社会主义市场经济条件下制定的第一个中长期规划。

第六，将“计划”进一步改为“规划”。2006—2010年的“十一五”，第一次将“五年计划”改为了“五年规划”。到“十三五”，一共已有三个“五年规划”。

第六个五年计划（1981—1985年）和十年规划纲要

“六五”计划的编制时间较长，最初是作为《1976—1985年发展国民经济十年规划纲要》草案的一部分，根据1975年《政府工作报告》的提议着手编制的。1980年2月，国务院决定重新制定中长期计划，并召开长期计划座谈会，再次酝酿编制“六五”计划。之后，国家计委和有关部门就“六五”计划的编制进行了大量调查研究和测算工作，并组织有关专家进行了科学论证。1982年全国计划会议着重讨论了“六五”计划草案，1982年12月全国人大五届五次会议正式批准“六五”计划，同时作出了动员全国人民为实现这个计划而奋斗的专门决议。尤其值得称道的是，“六五”计划第一次将“国民经济计划”改成了“国民经济和社会发展计划”，意在将社会发展列入计划，促进社会与经济一同全面发展。

“六五”计划（1981—1985年）是按照十二大提出的到20世纪末现代化建设的战略部署制定的，是继“一五”计划后的一个比较完备的五年计划，是在调整中使国民经济走上稳步发展健康轨道的五年计划。

“六五”计划要求继续贯彻执行“调整、改革、整顿、提高”的方针，进一步解决过去遗留下来的阻碍经济发展的各种问题，取得财政经济根本好转的决定性胜利，并且为“七五”时期国民经济和社会发展奠定更好的基础，创造更好的条件。

“六五”计划的内容和要求体现了改革开放后对经济社会发展的一些新要求。如，争取消费品供应的数量和质量同社会购买力的增长和消费结构的变化大体适应，保持市场物价的基本稳定；大力降低物质消耗特别是能源消耗，使生产资料的生产同消费资料的生产大体协调；有计划有重点地对现有企业进行技术改造，广泛开展以节能为主要目标的技术革新活动，同时集中必要的资金，加强能源、交通等重点建设，做好“七五”发展的衔接；组织全国的科技力量，进行科技攻关和科技成果的推广应用；努力发展教育、科学和文化事业，促进社会主义精神文明和物质文明的建设；通过发展生产，提高经济效益，适当集中资金，使国家财政收入由下降转为上升，使经济建设和文化建设的开支逐步有所增加，保证财政收支和信贷收支的基本平衡；大力发展经济贸易，有效利用外资，积极引进国内需要的先进技术，促进国内经济技术的发展；严格控制人口增长，妥善安排城镇劳动力的就业，在生产发展和劳动生产率提高的基础上，使城乡人民的物质和文化生活继续得到改善；加强环境保护，制止环境污染的进一步发展。

“六五”计划取得了显著的成就：国民经济全面稳定增长。工农业总产值平均每年增长11%，国民生产总值1985年达到7780亿元，与1980年相比，扣除物价上涨因素，平均每年增长10%；重要产品的产量大幅度增长；基本建设和技术改造取得重大成就，建成投产大中型项目496个，完成更新改造项目20万个；财政状况逐年好转。财政收入平均每年增加159亿元，年递增12%，实现了财政收支平衡；科技、教育、文化事业繁荣兴旺；对外经济贸易和技术交流打开了新局面。我国出口额在世界的位次由1980年的第28位上升到1984年的第10位；全国居民收入大幅度增长，人民生活显著改善。

“六五”期间国民经济发展也存在一些困难和问题，特别是“六五”后期，在经济形势好转的情况下，固定资产投资规模过大，消费基金增长过猛，货币发行过多，对经济稳定增长产生了不利影响。

第七个五年计划（1986—1990年）

1983年，国务院着手组织“七五”计划的起草工作。1985年上半年拟订了《中共中央关于制定国民经济和社会发展第七个五年计划的建议》。这个《建议》经十二届四中全会原则通过后，提交1985年9月党的全国代表会议审议通过。国务院根据《建议》，对计划安排又反复研究、平衡、测算，1986年3月审定完毕，将《中华人民共和国国民经济和社会发展第七个五年计划》（1986—1990年）提交六届人大四次会议审议批准。在一个新的五年计划时期刚刚开始的时候，就制订出了完整的经济和社会发展计划，这在我国计划经济史上是第一次。

“七五”计划的基本原则和方针进一步体现了改革开放的要求和成果：（1）坚持把改革放在首位，使改革和建设相互适应、相互促进。（2）坚持社会总需求和总供给的基本平衡，保持国家财政、信贷、物资和外汇的各自平衡和相互间的综合平衡。（3）坚持把提高经济效益特别是提高产品质量放到十分突出的位置上来，正确处理好效益和速度、质量和数量的关系。（4）坚持适应社会需求结构的变化和国民经济现代化的要求，进一步合理调整产业结构。（5）坚持恰当地确定固定资产投资规模，合理调整投资结构，加快能源、交通、通信和原材料工业的建设。（6）坚持把建设重点转移到现有企业的技术改造和改建扩建上来，走内涵型扩大再生产的路子。（7）坚持把发展科学、教育事业放到重要的战略位置上，促进科学技术进步，加快智力开发。（8）坚持进一步对外开放，更好地把国内经济建设同扩大对外经济技术交流结合起来。（9）坚持在发展生产和提高经济效益的基础上，进一步改善城乡人民的物质文化生活。（10）坚持在推进物质文明建设的同时，大力加强社会主义精神文明的建设。（11）坚持在各项事业中发扬艰苦奋斗、勤俭建国的精神。

“七五”期间，经济上出现一些波动，随即开展治理整顿。虽然有一些困难和波折，但还是取得了显著成就。五年内全国工农业总产值增长 38%，平均每年增长 6.7%。五年国民生产总值增长 44%，平均每年增长 7.5%，进出口贸易总额五年增长 35%，并相应扩大利用外资和引进先进技术的规模。城乡居民实际消费水平，平均每年增长 5%。在这五年内，继续保持国家财政、信贷、物资、外汇的基本平衡。

第八个五年计划（1991—1995 年）和十年规划

1991—1995 年是中国第八个五年计划时期。1990 年 12 月，十三届七中全会审议并通过了《中共中央关于制定国民经济和社会发展十年规划和“八五”计划的建议》，提出了今后十年国民经济和社会发展的基本任务和方针政策。1991 年 3 月，七届全国人大四次会议审议通过国务院《关于国民经济和社会发展十年规划和第八个五年计划纲要的报告》。以 1992 年邓小平南方谈话和十四大为标志，社会主义市场经济体制的改革目标最终确立，“八五”时期中国改革开放和现代化建设进入新的阶段。

“八五”计划期间，国民经济持续快速增长，年均增长速度达 11% 左右，比“七五”时期的年均增长高出近 4 个百分点，经济波动不到 5 个百分点。统计资料显示，在中国执行的前 8 个五年计划中，“八五”计划是中国历次五年计划中增长最快、波动最小的一个五年计划。

“八五”计划时期，最大的成就是提前五年完成了到 2000 年实现国民生产总值比 1980 年翻两番的战略目标。1995 年中国的国民生产总值达到 57600 亿元，扣除物价因素，是 1980 年的 4.3 倍，提前完成了“翻两番”的任务。这是一个了不起的成就，在中国经济发展史上是一个重要的里程碑。

“八五”时期，中国的一些主要产品的产量稳步增长。总量居世界第一位的有煤炭、水泥、棉布、电视机、粮食、棉花、肉类。居世界第二位的是钢和化学纤维。发电量居世界第三位。

“八五”计划期间，全部建成投产的基本建设大中型项目约为845个，建成投产的限额以上的重点技术改造项目约为374个，这些项目使主要产业部门的技术水平和企业的装备水平、市场竞争能力有了较大提高。

“八五”期间，新建铁路干线5800公里，复线3400公里，电气化2600公里，公路新增10.5万公里，其中高速公路1600多公里，港口吞吐能力增加1.38亿吨，新建机场12个，铺设长途光缆干线10万公里，电话交换机总容量新增5895万门，发电装机总容量新增7500万千瓦，新增产电力年均增长9%。

“八五”期间，第一产业产值年均增长4.1%，第二产业产值年均增长17.3%，第三产业产值年均增长9.5%，一、二、三产业的产值结构由“六五”末期的28.4∶43.1∶28.5和“七五”末期的27.1∶41.6∶31.3转变为“八五”末期的20.3∶47.7∶32.0。

在经济体制改革方面，取得突破性进展。以分税制为核心的新财政体制，以增值税为主体的新税制基本建立并正常运行。政策性金融和商业性金融初步分开，汇率顺利并轨，新的宏观经济调控框架初步建立，市场在资源配置中的作用明显增强，以公有制为主体、多种经济成分共同发展的格局已经形成。

对外开放总体格局基本形成。对外开放的范围和规模进一步扩大，形成了由沿海到内地、由一般加工工业到基础工业和基础设施的总体开放格局。以上海浦东为龙头的长江地区的开发开放，成为“八五”期间对外开放区域布局的一项重要举措。中国对外开放的县市超过1100个，兴办了一大批经济开发区和13个保税区。

“八五”期间，对外贸易迅速发展。对外贸易总额累计达10145亿美元，比“七五”翻了一番，年均增长19.5%，高于“六五”的12.8%

和“七五”的10.6%。年出口额已突破1000亿元，占世界商品贸易的比重从“七五”的1.6%增加到3%。1995年，中国进出口贸易总额居世界第十一位；国家外汇储备已达到736亿美元，比“七五”末期的111亿美元增加5.6倍。

“八五”期间，城乡新建住房面积43亿平方米，到1994年末，农村人均居住面积达20.5平方米，城镇居民人均居住面积达7.7平方米。

第九个五年计划（1996—2000年）和十五年远景目标纲要

1995年9月，十四届五中全会通过《关于国民经济和社会发展“九五”计划和2010年远景目标建议》。1996年3月，八届全国人大四次会议审议通过了《国民经济和社会发展“九五”计划和2010年远景目标纲要》。

“九五”计划和到2010年的远景目标，是中国社会主义市场经济条件下的第一个中长期计划，也是经济和社会综合发展的跨世纪宏伟蓝图。中央强调，这一计划和目标，要深入研究经济体制变化的新特点，按照发展社会主义市场经济和现代化建设的要求，更新计划观念，改革计划体制、计划内容和计划方法。计划要突出宏观性、战略性和政策性。计划指标总体上应该是预测性、指导性的。计划要体现三步走发展战略的连续性，重点放在20世纪的最后五年，同时研究21世纪头十年发展的重大问题。

鉴于原定到2000年国民生产总值比1980年翻两番的任务将于1995年提前完成，“九五”国民经济和社会发展的主要奋斗目标确定为：全面完成现代化建设的第二步战略部署。2000年，在我国人口将比1980年增长3亿左右的情况下，实现人均国民生产总值比1980年翻两番；基本消除贫困现象，人民生活达到小康水平；加快现代企业制度建设，初步建立社会主义市场经济体制。加大改革力度，理顺经济关系，推动科技进步，调整产业结构，提高经济效益，增强发展后劲，为下世纪初开始实施第三步战略部署奠定更好的物质技术和经济体制基础。

2010 年，国民经济和社会发展的主要奋斗目标是：实现国民生产总值比 2000 年翻一番，使人民的小康生活更加宽裕，形成比较完善的社会主义市场经济体制。进一步推进经济管理体制和运行机制的规范化、法制化，更好地优化资源配置，显著提高国民经济的技术水平和整体素质，实现经济和社会可持续发展。

实现“九五”和 2010 年的奋斗目标，关键是实行两个具有全局意义的根本性转变，一是经济体制从传统的计划经济体制向社会主义市场经济体制转变，二是经济增长方式从粗放型向集约型转变，促进国民经济持续、快速、健康发展和社会全面进步。

经过五年的努力，“九五”计划的目标成功实现。国民经济持续快速健康发展。综合国力进一步增强。人均国民生产总值比 1980 年翻两番的任务超额完成。主要工农业产品产量位居世界前列。商品短缺状况基本结束。经济体制改革全面推进，社会主义市场经济体制初步建立。对外开放水平不断提高，全方位对外开放格局基本形成。人民生活总体上达到小康水平。我国政府恢复对香港、澳门行使主权。随着“九五”计划的完成，我们实现了现代化建设第二步战略目标，为实现“十五”规划、开始迈向第三步战略目标奠定了良好基础。这是中华民族发展史上一个新的里程碑。

第十个五年计划纲要（2001—2005 年）

2000 年，十五届五中全会通过关于制定“十五”计划的建议。2001 年 3 月，九届全国人大四次会议审议批准了《国民经济和社会发展第十个五年计划纲要》。这是跨入 21 世纪之后的第一个五年计划。

“十五”计划纲要确定了一系列重要指导方针：坚持把发展作为主题，坚持把结构调整作为主线，坚持把改革开放和科技进步作为动力，坚持把提高人民生活水平作为根本出发点，坚持把经济发展和社会发展结合起来。

“十五”计划纲要突出了战略性、宏观性、政策性，减少实物指标，增加反映结构变化的预期指标；围绕要解决的主要问题和重点发展领域，提出努力方向和相应的政策措施。强调计划的实施要充分发挥市场机制的作用，政府宏观调控要更多地运用经济杠杆、经济政策和法律手段。在计划制定方法上，力求提高社会参与度，使计划制定过程成为发扬民主、集思广益的过程，成为各有关方面达成共识的过程。

“十五”计划期间，党和国家牢牢抓住发展这个党执政兴国的第一要务，聚精会神搞建设、一心一意谋发展，不断推进改革开放，使国家经济实力、综合国力和国际地位显著提高。五年中，有效抑制经济运行中出现的不稳定不健康因素，成功战胜“非典”疫情和重大自然灾害的挑战，从容应对加入世界贸易组织后的新变化，国民经济持续较快发展，工业化、城镇化、市场化、国际化步伐加快，“十五”计划确定的主要发展目标提前实现，经济体制改革不断深化，对外贸易迈上新台阶，国家财政收入大幅度增加，价格总水平保持基本稳定，城乡人民生活进一步改善，民族团结不断巩固，各项社会事业取得新进步，社会主义民主政治和精神文明建设继续加强。这些都为“十一五”时期的发展奠定了良好基础。

第十一个五年规划（2006—2010 年）

21 世纪头 20 年是中国发展的重要战略机遇期，“十一五”时期尤为关键。国民经济和社会发展第十一个五年规划（2006—2010 年），是全面建设小康社会进程中的重要规划。

2005 年的十六届五中全会通过关于制定国民经济和社会发展第十一个五年规划的建议，强调“十一五”是承前启后的重要时期。必须紧紧抓住机遇，应对各种挑战，认真解决长期积累的突出矛盾和问题，突破发展的瓶颈制约和体制障碍，开创社会主义经济建设、政治建设、文化建设、社会建设的新局面，取得全面建设小康社会的重要阶段性进展，为后十年顺利发展打下坚实基础。

“十一五”规划，坚持以科学发展观统领经济社会发展全局，着力转变发展观念、创新发展模式、提高发展质量，落实“五个统筹”，把经济社会发展切实转入全面协调可持续发展的轨道。

“十一五”规划的主要目标是：在优化结构、提高效益和降低消耗的基础上，实现2010年人均国内生产总值比2000年翻一番；资源利用效率显著提高，单位国内生产总值能源消耗比“十五”期末降低20%左右，生态环境恶化趋势基本遏制，耕地减少过多状况得到有效控制；形成一批拥有自主知识产权和知名品牌、国际竞争力较强的优势企业；社会主义市场经济体制比较完善，开放型经济达到新水平，国际收支基本平衡；普及和巩固九年义务教育，城镇就业岗位持续增加，社会保障体系比较健全，贫困人口继续减少；城乡居民收入水平和生活质量普遍提高，价格总水平基本稳定，居住、交通、教育、文化、卫生和环境等方面的条件有较大改善；民主法制建设和精神文明建设取得新进展，社会治安和安全生产状况进一步好转，构建和谐社会取得新进步。

“十一五”时期是我国发展史上极不平凡的五年。其间，接连遭受汶川、玉树地震和舟曲山洪泥石流等重大自然灾害，特别是受到国际金融危机的严重冲击。国内外环境的复杂性和重大风险挑战的严峻性历史罕见。经正确应对，五年来，改革开放和现代化建设取得新的更大成就，“十一五”规划确定的主要目标和任务胜利完成。经济保持平稳较快发展，跨上了一个新台阶。2010年国内生产总值达到39.8万亿元，跃居世界第二位，国家财政收入达到8.3万亿元。载人航天、探月工程、超级计算机等尖端科技领域实现重大跨越。经济发展方式转变和经济结构调整取得重要进展。农业特别是粮食生产连年获得好收成，节能减排和环境保护扎实推进，区域发展协调性增强，社会主义市场经济体制进一步完善。“走出去”步伐加快，开放型经济水平不断提高。在发展经济的同时，更加重视发展社会事业和改善民生，彻底取消农业税，结束了几千年来农民种田交税的历史；全面实行真正免费的义务教育，建立覆盖城乡居民的社会保障制度。隆重庆祝新中国成立 60 周年和改革开放 30 周年，成功举办了北京奥运会、上海世博会。

第十二个五年规划纲要（2011—2015 年）

2010 年 10 月，十七届五中全会通过关于制定国民经济和社会发展第十二个五年规划的建议。2011 年 3 月的十一届全国人大四次会议审议批准了国民经济和社会发展“十二五”规划纲要。

“十二五”时期是全面建成小康社会的关键时期，是深化改革开放、加快转变经济发展方式的攻坚时期。“十二五”规划纲要的指导思想要求，深入贯彻落实科学发展观，适应国内外形势新变化，顺应各族人民过上更好生活新期待，以科学发展为主题，以加快转变经济发展方式为主线，深化改革开放，保障和改善民生，巩固和扩大应对国际金融危机冲击成果，促进经济长期平稳较快发展和社会和谐稳定，为全面建成小康社会打下具有决定性意义的基础。

“十二五”时期经济社会发展的主要目标，包括经济发展、结构调整、居民收入、社会建设和改革开放五个方面。这些目标有两个突出特点：一是长短结合，把“十二五”规划的各项目标任务与应对国际金融危机冲击的重大阶段性目标紧密衔接，与 2020 年全面建成小康社会的奋斗目标紧密衔接。二是针对经济社会发展中的突出问题，更加明确了调整经济结构和保障改善民生方面的目标，使科学发展的主题和加快转变经济发展方式的主线更加突出，并有了具体的考核标准和抓手。主要目标充分体现了战略性、前瞻性、指导性的要求，各项具体指标中只有少数约束性指标。

“十二五”规划的基本要求是：坚持把经济结构战略性调整作为加快转变经济发展方式的主攻方向，坚持把科技进步和创新作为加快转变经济发展方式的重要支撑，坚持把保障和改善民生作为加快转变经济发展方式的根本出发点和落脚点，坚持把建设资源节约型、环境友好型社会作为加快转变经济发展方式的重要着力点，坚持把改革开放作为加快转变经济发展方式的强大动力。

“十二五”时期，面对错综复杂的国际环境和艰巨繁重的国内改革发展稳定任务，全国各族人民顽强拼搏、开拓创新，经济社会发展取得显著成就，胜利完成“十二五”规划确定的主要目标和任务。其间，积极应对国际金融危机持续影响等一系列重大风险挑战，适应经济发展新常态，不断创新和完善宏观调控。经济保持持续较快发展，经济总量稳居世界第二位，人均国内生产总值增至49351元（折合7924美元）。经济结构调整取得重大进展。常住人口城镇化率达到56.1%，高技术产业、战略性新兴产业加快发展，一批重大科技成果达到世界先进水平。公共服务体系基本建立、覆盖面持续扩大。生态文明建设取得新进展，主体功能区制度逐步健全，节能环保水平明显提升。全面深化改革有力推进。国际地位显著提高。成为全球第一货物贸易大国和主要对外投资大国，人民币纳入国际货币基金组织特别提款权货币篮子。我国经济实力、科技实力、国防实力、国际影响力又上了一个大台阶。

第十三个五年规划（2016—2020年）

到2020年全面建成小康社会，是“两个一百年”奋斗目标的第一个百年奋斗目标。“十三五”时期是全面建成小康社会决胜阶段，“十三五”规划是紧紧围绕实现这个奋斗目标来制定的。

2015年10月，十八届五中全会通过关于制定国民经济和社会发展第十三个五年规划的建议。2016年的第十三届全国人大四次会议审议通过了《国民经济和社会发展第十三个五年规划纲要》。

习近平总书记指出，制定和实施好“十三五”规划建议，阐明党和国家战略意图，明确发展的指导思想、基本原则、目标要求、基本理念、重大举措，描绘好未来5年国家发展蓝图，事关全面建成小康社会、全面深化改革、全面依法治国、全面从严治党战略布局的协调推进，事关我国经济社会持续健康发展，事关社会主义现代化建设大局。

“十三五”规划的指导思想要求，坚持全面建成小康社会、全面深化改革、全面依法治国、全面从严治党的战略布局，坚持发展是第一要务，牢固树立和贯彻落实创新、协调、绿色、开放、共享的发展理念，以提高发展质量和效益为中心，以供给侧结构性改革为主线，扩大有效供给，满足有效需求，加快形成引领经济发展新常态的体制机制和发展方式，保持战略定力，坚持稳中求进，统筹推进经济建设、政治建设、文化建设、社会建设、生态文明建设和党的建设，确保如期全面建成小康社会，为实现第二个百年奋斗目标、实现中华民族伟大复兴的中国梦奠定更加坚实的基础。

“十三五”规划明确强调，实现发展目标，破解发展难题，厚植发展优势，必须牢固树立和贯彻落实创新、协调、绿色、开放、共享的新发展理念。提出新的发展理念，这是“十三五”规划一个非常重要的特点。

“十三五”规划是决胜小康的规划。所以规划提出，今后五年，要在已经确定的全面建成小康社会目标要求的基础上，努力实现以下新的目标要求：经济保持中高速增长。在提高发展平衡性、包容性、可持续性的基础上，到2020年国内生产总值和城乡居民人均收入比2010

年翻一番；人民生活水平和质量普遍提高。我国现行标准下农村贫困人口实现脱贫，贫困县全部摘帽，解决区域性整体贫困；国民素质和社会文明程度显著提高；生态环境质量总体改善；各方面制度更加成熟更加定型。国家治理体系和治理能力现代化取得重大进展，各领域基础性制度体系基本形成。

为确保“十三五”规划建议的目标任务落到实处，除“十三五”规划纲要外，还要制定专项规划。各地各部门都要坚决贯彻党中央决策部署，落实中央确定的发展理念、主要目标、重点任务、重大举措。各地区要从实际出发，制定本地区“十三五”规划。各级各类规划要增加明确反映创新、协调、绿色、开放、共享发展理念的指标，增加政府履行职责的约束性指标。

四、中国的五年计划（规划）是如何制定的?

不同时期五年计划的编制有一些不同的程序和特点，但一般都是由国务院负责起草，具体工作主要由计划委员会承担，其间必须经中共中央研究，最后提交全国人大审议通过。改革开放以来，五年计划的编制越来越趋于规范、科学。计划（规划）编制过程是一个听取民意、集中民智、凝聚民心的过程。

以“十二五”规划为例，根据国家发改委副主任的介绍，整个规划编制主要分为四个阶段：第一个阶段，组织研究基本思路；第二个阶段，中共中央研究和形成建议；第三个阶段，编制纲要（草案）；第四个阶段，将纲要交付全国人大审议批准。

根据学者胡鞍钢的介绍，制定“十二五”规划纲要，一共经历了11个步骤：

第一个步骤，中期评估（2008年3月至2008年12月）。中期评估是《国家“十一五”规划纲要》第四十八章首次明文规定的重要程序，是中国五年规划的独特机制，意即在前一个五年规划实施过半时，组织几方进行检查评估，及时发现突出问题，及时提出解决办法，及时改进《纲要》编制，也为制定下一个五年规划做铺垫。根据国务院赋予的职能，国家发展和改革委员会于2008年3月组织开展了对“十一五”规划的中期评估，然后起草《“十一五”规划实施情况中期评估报告》，并于2008年12月由国家发展和改革委员会主任向十一届全国人大常务委员会会议报告。

第二个步骤，前期研究（2008年底至2009年底）。这包括进行基础调查、信息搜集、课题研究以及纳入规划重大项目的论证等前期工作。在中期评估的基础上，2008年底至2009年初，国家发改委提出包含8大领域39个题目的“十二五”规划前期重大问题，向全社会公开招标，加上直接委托研究、发改委系统内部研究，选题有数百个之多，参与专家数千人，研究人员达上万人，形成几百万字的研究报告。上述研究成果直接为起草《“十二五”规划纲要》服务。这是世界最大规模的公共政策“集体研究”。

第三个步骤，形成“十二五”规划《基本思路》（2009年12月至2010年2月）。根据前期研究成果，国家发改委起草基本思路意见稿，在征求各方面（各地区、各部门及专家）意见之后，向党中央国务院汇报。中央政治局常委详细讨论基本思路，达成政治共识后，向各方通报，以统一认识。

第四个步骤，中共中央起草《建议》（2010年2月至2010年10月）。在中央政治局常委会直接领导下，成立起草组，负责起草《中共中央关于制定国民经济和社会发展第十二个五年规划的建议（草案）》。起草组先集中学习、研究有关材料，随后组成专题调研组分赴各地调研；在此基础上起草送审《提纲》。根据中央领导人对于送审《提纲》的指示，以及各方面的意见，开始集中写作，起草《建议》。中央政治局常委多次听取汇报，中央政治局对《建议》进行多次讨论。中央政治局常委和其他委员分赴各地进行专题调研。广泛听取各地方、各部门党委（党组）、党内老同志和党内精英的意见；广泛征求各民主党派与全国工商联负责人、无党派人士等党外精英意见。然后，在中央政治局常委会、中央政治局会议多次讨论，形成《建议》讨论稿，正式提交十七届五中全会。

第五个步骤，中央全会通过《建议》。2010 年 10 月召开十七届五中全会，由国务院总理代表中央政治局作《关于制定国民经济和社会发展第十二个五年规划建议的说明》，全会审议和通过《中共中央关于制定国民经济和社会发展第十二个五年规划的建议》，并正式对外公布。党中央的《建议》提出规划的主要目标、指导方针、重要原则、重点战略和主要任务，为制定“十二五”规划纲要奠定基础。

第六个步骤，制定《国民经济和社会发展第十二个五年规划纲要》文本（2010 年 10 月至 2011 年 2 月）。在《建议》起草期间，国家发展和改革委员会既参与党中央《建议》起草工作，也同步起草《纲要》草案。在党中央《建议》正式公布之后，形成《纲要》文本初稿。并于 2010 年 12 月在全国改革发展工作会议上，与各地方、各部门、各行业协会进行信息沟通，直接听取意见，与此同时进行不同规划之间的衔接和协调。

第七个步骤，国家规划专家委员会论证（2010 年 10 月至 2011 年 1 月）。2005 年 10 月，国务院明文规定，实行编制规划的专家论证制度，正式成立国家规划专家委员会，由经济界、科技界、企业界和其他知名专家组成。五年规划草案形成后，国家发展和改革委员会多次组织专家委员会专家进行详细讨论、专业咨询和专题论证，然后正式向国务院提交论证报告，并随同《纲要》一起报送全国人民代表大会，作为审议《纲要》的重要参考。

第八个步骤，广泛征求内外部意见。在制定“十一五”规划时，国务院提出了建立健全规划编制的公众参与制度。规定除涉及国家秘密内容外，规划编制部门应当公布规划草案或者举行听证会，听取公众意见。为此，在国家发展和改革委员会门户网站开辟了建言献策专栏，公开征集公民意见。同时，由国务院召开“十二五”规划座谈会，直接听取各地区、各部门领导的意见；直接向党中央、国务院各部门书面征求意见；召开老同志座谈会听取意见；由国家发改委征求香港和澳门特别行政区的意见；由全国人大财经委员会、全国政协有关会议，听取《纲要》的汇报，直接提出修改意见；由国务院总理多次主持召开专家、企业家、工人、农民等方面的座谈会；由全国人民代表大会财政经济委员会等对《纲要（草案）》进行初审；由各地区人大常委会组织全国人民代表提前审议《纲要》；由中共中央主持召开民主党派等方面的座谈会。在此基础上，《纲要》提交国务院常务会议和国务院全体会议审议；提交中央政治局常委会和中央政治局会议审定，形成《纲要（草案）》，正式提交第十一届全国人民代表大会第四次会议审议。

第九个步骤，全国人大审议并批准《纲要（草案）》（2011 年 3 月）。这是《中华人民共和国宪法》第六十二条赋予全国人民代表大会的第十一项职权。《纲要（草案）》提交全国人大后，首先由全国人大专门委员会提前进行审议；在召开全国人民代表大会之前，人大常委会组织全国人大代表提前审议；随后召开第十一届全国人民代表大会第四次会议，由国务院总理在向大会提交的《政府工作报告》中对《纲要（草案）》做说明，全国人大代表和全国政协委员分别讨论，提出修改意见，最后由大会审议并正式批准《纲要》。

第十个步骤，正式公布《中华人民共和国国民经济和社会发展第十二个五年规划纲要》。

第十一个步骤，规划实施。国务院按照职责分工，将《纲要》提出的主要目标和任务分解落实到各地区、各部门，明确约束性指标的责任部门，约束性指标的地区分解，建立约束性指标的公报制度，将约束性指标纳入各地区、各部门经济社会发展综合评价和绩效考核，组织全国实施。

在先后经历以上11个步骤，用了长达两年半的时间后，才制定了一个全国五年规划纲要。实际情况比以上所述还要更为复杂、更为细致。

在编制过程中，有关部门利用互联网、手机短信平台、电子邮件等方式，在全国发起了“共绘蓝图，我为‘十二五’规划建言献策”的活动。历时两个月，收到了64709份意见、建议。对这些意见、建议都要认真研读，尽可能吸纳到纲要中。根据这些意见，纲要充实了发展生物质能、加快残疾人事业发展、推进收入分配改革和优先发展公共交通等章节的内容。

人民群众对国家制定规划非常关注，以不同方式积极参与。山东滨州有一个盲人，叫孙东，36岁，用盲文写了整整6页纸的信件，就发展盲人教育、建设盲人网站提出了建议。机械科技研究总院一位77岁的退休人员张鸿博老人，身患癌症，刚刚经过6次化疗，写了4万字的关于收入分配的建议。

2016年批准的“十三五”规划，也大致经历了这样的过程。对于中央全会通过的《建议》的起草情况，习近平总书记在十八届五中全会上专门作了介绍：

首先是2015年1月，中央政治局决定，十八届五中全会审议“十三五”规划建议。为此，成立由习近平总书记担任组长，李克强、张高丽担任副组长，有关部门和地方负责同志参加的文件起草组，在中央政治局常委会领导下承担建议稿起草工作。

1月28日，党中央发出《关于对党的十八届五中全会研究“十三五”规划建议征求意见的通知》，在党内一定范围征求意见和建议。2月10日，文件起草组召开第一次全体会议，建议稿起草工作正式启动。

文件起草组在9个多月中，深入开展专题调研，广泛征求各方意见，多次召开会议进行讨论修改。根据中央政治局会议决定，7月底，建议稿下发党内一定范围征求意见，包括征求党内部分老同志意见，还专门听取了民主党派中央、全国工商联负责人和无党派人士意见。其间，中央政治局常委会召开3次会议、中央政治局召开2次会议分别审议建议稿。

在征求意见过程中，各方面提出了许多好的意见和建议。中央责成文件起草组认真研究和吸纳各方面意见和建议。文件起草组全面汇总、逐条分析各方面意见和建议，做到了能吸收的尽量吸收。

考虑到中央的建议通过后，还要根据建议制定“十三五”规划纲要，两个文件之间要有合理分工。所以，《建议》在内容上重点是确立发展理念，明确发展的方向、思路、重点任务、重大举措，而一些具体的工作部署则留给纲要去规定，以更好体现和发挥建议的宏观性、战略性、指导性。

建议稿提交十八届五中全会审议。通过后，由国务院按照建议要求起草规划纲要，然后提交全国人大审议。

五、提高制定发展规划的水平

中国的发展，是伴随着这样那样的五年计划、五年规划、十年规划等而前进的。这些计划、规划，是中国国家发展战略的载体，也是中国国家发展战略实施的基本方式和具体部署。

毋庸讳言，五年计划是从苏联学来的，但在长期的实践过程中，特别是经过改革开放的洗礼，已经逐步转化为中国特色的发展方法、调控方法、治理方法。从 1953 年第一个五年计划开始到现在，中国已经编制了十个“五年计划”和三个“五年规划”。在制定和实施五年规划问题上，我们走过了曲折的道路，但也取得了丰富的经验。改革开放以来，五年规划制定得越来越科学，实施得也越来越好。从 1980 到 1985 年的“六五”计划开始，计划的名称从过去的国民经济发展计划改为经济和社会发展计划。并逐步将指令性计划改为指导性计划。从 2006 年到 2010 年的“十一五”起，又将“五年计划”进一步改为“五年规划”。

从 2016 年开始的 5 年中，正在实施“十三五”规划。也许不用多长时间，我们又将制定“十四五”规划。或者还要制定更长时间的发展规划，比如，到 2030 年的 10 年规划纲要、从 2020 年到 2050 年的远景目标，等等。此外，还必定要制定并实施其他方方面面的各种规划，并执行一个一个的年度计划。不仅有全国性、全局性的规划、计划，还有不同层次、不同区域的各种规划。

制定这类发展规划，是我国经济社会发展的一个战略性措施，也是中国特色社会主义的一个显著亮点。

制定规划，是我们的长处，当然就要珍惜它；但同时，也应该不断地改进它、完善它。特别是今天的中国，正处在一个重要的发展节点上。我们遇到了很多新的问题、新的挑战，处在一个更加复杂的环境中。为了把未来的规划制定得更加科学、合理，同时，也是为了更好地制定 2020 年之后的发展战略，我们必须进一步提高制定规划、谋划战略的水平，努力使我们的发展规划更加符合时代特点，更加切合中国实际，更加体现“四个全面”的战略思想，更加有利于实现全面建成小康社会和建设现代化国家的战略目标。

在制定和实施新的各种规划的过程中，除了坚持我们已经积累的基本经验外，还要特别注意到目前为止我们可能还注意得不够的几个方面：

第一，提高规划实施回头看的水平。

从以往的情况来看，我们在制定规划上所下的功夫很大，但当这种规划到期之时，回过头来检查审视规划完成情况的功夫却远远不够。在某一个报告里，简要地概括一下取得的成就，似乎就算是总结了。至于上一个规划的目标实现了没有？实现了多少？哪些实现了？哪些没有实现？很少有具体的研究和交代。特别是对那些没有完成的内容，常常采取回避的态度，好像从来没有提过这些目标、喊过这些口号、立过这些项目似的。这不是一种实事求是的态度，也不是一种求真务实的作风。

上一个规划完成了，当然是好事，是成绩，其中肯定包含着某种经验。但没有完成的，为什么没有完成？是实施的措施不力，还是果断做了调整？是情况发生了变化，还是最初制定得就不合理？认真研究一下，其实能得到很大教益，并在制定新的规划时加以注意和改进，这比单纯地唱赞歌要好得多。

所以，当我们制定、审议以及开始执行一个个五年规划和其他规划、计划时，最好先对规划、计划的执行情况做一次全面的总结和分析。在某种意义上，敢不敢、善不善对规划实施的成效回过头来进行总结和分析，这是我们战略谋划水平高不高的一个重要尺度。善于总结经验，勇于吸取教训，我们制定新规划的水平才能不断有新的提高。

第二，提高规划内容国际化的水平。

随着经济全球化的发展，中国经济与世界经济的联系更加紧密，外部因素对中国经济和社会发展的影响也明显增大。实际上，中国经济已经日益成为世界经济运行过程中不可分离的一个组成部分，并将更多地受到世界经济运行规律的影响和制约。中国发展的影响也越来越多地辐射到世界经济，辐射到其他很多国家。中国的国家利益已经不仅仅限于自己的国境线之内，而是日益广泛地体现在与外部世界的联系之中。

在这种形势下，我们制定发展规划，就不能仅仅着眼于中国自身和内部，而是要进一步拓展视野，更加突出地把中国放在世界发展和博弈的全局中来谋划，更加注意从国际国内条件的相互转化中用好发展机遇，更加注意从国际国内资源的优势互补中创造发展条件，更加注意从国际国内因素的综合作用中统揽发展进程。要全面审视世界经济的发展态势及其所能提供的条件，准确估计世界经济变动和各种突发事件对中国可能产生的影响，相应地规划好如何更好地利用外部条件，如何在世界经济的舞台上进行博弈，如何未雨绸缪制定好应对突发状态的战略对策。

所以，国际化应该成为未来相关重要规划的一个显著特点。要使我们对于未来的战略谋划更好地建立在对世界经济规律的认识和把握之上，从而更好地掌握中国在世界大发展大调整大变革中的主动权。要努力使我们今后的发展规划较之以往规划的国际化水平有一个明显的提高。

第三，提高规划制定科学化的水平。

经过几十年的实践，我们在制定发展规划和计划方面，已经有了一整套程序、规则、方式、方法。但仔细琢磨，还是有需要改进的地方，应该根据新的形势要求，进一步提高科学化水平。

比如，要完善规划、计划制定的程序和方法，坚持社会参与、专家研究、科学论证等各项制度。要充分发扬民主，广泛听取各方面的意见，协调好利益关系，处理好各种复杂的矛盾。组织不同类型的专家进行充分的研究论证，允许提出不同的意见。对各个重大项目要反复推敲，尽最大努力消除决策失误的可能性。在制定国家五年规划的基础上，要相应制定好其他各类规划，进一步建立健全三级三类的规划管理体系。按行政层级分别制定国家级规划、省（区、市）级规划、市县级规划，按对象和功能类别分别制定总体规划、专项规划、区域规划。严格各项规划的范围和领域，完善规划编制的协调、衔接和管理机制，使各类规划协调一致，形成合力。

在国家规划的基础上，各地要相应地制定本地区的规划。所以，还要继续提高制定各类规划的水平，省级规划在送本级政府审定前，应先与国家总体规划衔接，并送相关的相邻省（区、市）衔接。总体规划草案由各级人民政府报同级人民代表大会审议批准，关系国民经济和社会发展全局的国家级专项规划，以及跨省区市的规划，应由国务院审批。通过努力，使我们制定的新的各类发展规划，都成为具有更高水平的，科学、合理、规范，实事求是而又鼓舞人心的规划。

所有这些，有关方面已经陆续注意，并采取了改进的措施和办法。每制定一个规划，在指导思想上和方式方法上都有创新和改进。现在，国家战略和规划制定的科学性已经大大增强。这是值得称道的。我们希望，按照“四个全面”的战略布局，“十四五”规划和其他更长远规划的制定工作会做得更好。2020 年后 30 年的发展战略也将以宏大、科学、清新的面貌展现在全国人民面前。

第二章

中国共产党的领导作用和自身建设

一、中国共产党的历史发展

中国的国家发展战略与中国共产党紧紧联系在一起。当代中国的所有发展战略，都是在中国共产党的领导下制定的。所有发展战略的实施，都有赖于中国共产党发挥特有的领导核心作用。中国共产党对中国的国家发展战略，发挥着极其重要的领导、组织和保障作用。所以，要读懂中国的国家发展战略，就必须了解中国共产党、读懂中国共产党。

中国共产党的神奇作用早已受到世界的关注。越来越多的外国政党、政界人士，对中国共产党的历史、现状、自身建设等等发生了浓厚的兴趣。

2007 年，我曾会见泰国民主党主席阿皮实及随行人员，我向他们介绍了中国共产党加强自身建设的情况，随后，由他们提出问题，我再继续回答。结果，他们提出了很多问题，比如：共产党入党的最低年龄是什么？入党需要什么样的条件，要经过什么样的程序？在加入中国共产党时，怎样对他们进行教育？他们会不会有个人得失方面的考虑？为什么地方政府首长只兼任党委副书记，而中央政府部门的部长却往往是兼书记？非中国共产党员的两名部长分别是什么党派，他们是怎样选上来的？他们要不要像共产党员干部那样经过党校的培训？党委、总支和支部的区别及联系是什么？党的经费问题是怎样解决的？党的干部的收入是从哪里来的？女党员在中央委员会中占的比重是多少？等等。

中国共产党成功的奥秘到底在哪里呢？如果要作一个简要的回答，我可以说：

中国共产党，经历了无数艰难曲折的考验，形成了严密强大的组织体系，集中了中华民族绝大多数精英力量，培育了无私奉献的一整套价值观念和优良传统，取得了革命建设和改革的巨大成就。所以，在中国特色社会主义事业中能够发挥，也一直在发挥着极其重要的领导核心作用。

当然，要了解中国共产党，还是要从历史说起。

1840 年以后，由于西方列强的入侵，中国逐渐成为半殖民地半封建社会。中华民族面临着两大历史任务：一是求得民族独立和人民解放，二是实现国家富强和人民幸福。中国人民为此进行了不屈不挠的斗争。20 世纪初，孙中山领导的辛亥革命，推翻了统治中国几千年的君主专制制度，建立了亚洲第一个共和国。但随后的军阀混战、列强操控，使社会动荡不已。中国酝酿着新的社会变革。

1919 年的“五四”运动，促进了马克思列宁主义在中国的传播，也使中国工人阶级作为先进的社会力量走上政治舞台。一批先进的知识分子决心走俄国式道路，中国的新民主主义革命开始发端。1921 年 7 月，在共产国际帮助下，中国共产党宣告成立。从此中国出现了把马克思列宁主义作为行动指南的统一的无产阶级政党。

中国共产党诞生以后，在 90 多年时间里，先后经历了三个发展时期，团结带领人民在中国这片古老的土地上，集中完成和推进了三件大事。

从 1921 年到 1949 年，是新民主主义革命时期，主要干了第一件大事——革命。

中国共产党先后经历了国共合作的北伐战争、独立开展的 10 年土地革命战争、国共第二次合作的全民族抗日战争和夺取革命胜利的全国解放战争四个阶段。其间，也经受了 1927 年和 1934 年两次严重失败的痛苦考验。以毛泽东为主要代表的中国共产党人，经过艰辛探索，终于找到了适合中国特点的革命道路，形成了马克思主义与中国实际相结合的毛泽东思想。经过长期武装斗争和其他各种形式斗争的密切配合，终于在1949年取得了新民主主义革命的胜利，推翻了帝国主义、封建主义以及官僚资本主义的统治，建立起中华人民共和国，实现了民族独立和人民解放。中国人民真正在世界上站了起来。

从1949年到1978年，是社会主义革命和建设时期，主要干了第二件大事——建设。

以毛泽东为主要代表的中国共产党人，领导全国各族人民，完成对生产资料私有制的社会主义改造，建立起社会主义基本制度。随后开始大规模的社会主义建设，并对社会主义建设道路进行了艰辛探索，逐步建立起独立的比较完整的工业体系和国民经济体系。

其间，党在指导方针上也出现过失误，特别是“文化大革命”的十年内乱，使党、国家和人民遭到新中国成立以来最严重的挫折和损失。但党在社会主义建设中取得的独创性理论成果和巨大成就，为新的历史时期开创中国特色社会主义提供了宝贵经验、理论准备、物质基础。

随着1976年“四人帮”被粉碎，国家生活恢复正常秩序，并开始了拨乱反正的进程和改革开放的探索。

从1978年以来，是改革开放和社会主义现代化建设的新时期。主要干了第三件大事——改革开放和社会主义现代化建设。

1978年召开的中共十一届三中全会，重新确立了马克思主义的思想路线、政治路线和组织路线，实现了新中国成立以来党和国家历史上具有深远意义的伟大转折。

以邓小平为主要代表的中国共产党人，带领全国各族人民，深刻总结我国社会主义建设正反两方面经验，借鉴世界社会主义历史经验，作出把党和国家工作中心转移到经济建设上来、实行改革开放的历史性决策，深刻揭示社会主义本质，确立社会主义初级阶段基本路线，明确提出走自己的路、建设中国特色社会主义，科学回答了建设中国特色社会主义的一系列基本问题，成功开创了中国特色社会主义。

以江泽民为主要代表的中国共产党人，带领全国各族人民，坚持党的基本理论、基本路线，在国内外形势十分复杂、世界社会主义出现严重曲折的严峻考验面前捍卫了中国特色社会主义，依据新的实践确立了党的基本纲领、基本经验，确立了社会主义市场经济体制的改革目标和基本框架，确立了社会主义初级阶段的基本经济制度和分配制度，开创全面改革开放新局面，推进党的建设新的伟大工程，成功把中国特色社会主义推向21世纪。

新世纪新阶段，以胡锦涛为主要代表的中国共产党人，抓住重要战略机遇期，在全面建设小康社会进程中推进实践创新、理论创新、制度创新，强调坚持以人为本、全面协调可持续发展，提出构建社会主义和谐社会、加快生态文明建设，形成中国特色社会主义事业总体布局，着力保障和改善民生，促进社会公平正义，推动建设和谐世界，推进党的执政能力建设和先进性纯洁性建设，成功在新的历史起点上坚持和发展了中国特色社会主义。

从十八大开始，中国特色社会主义进入了新时代。

十八大之后，以习近平同志为核心的党中央，面对世界经济复苏乏力、局部冲突和动荡频发、全球性问题加剧的外部环境，面对我国经济发展进入新常态等一系列深刻变化，坚持稳中求进工作总基调，迎难而上，开拓进取，取得了改革开放和社会主义现代化建设的历史性成就。

十九大指出，以习近平同志为核心的党中央以巨大的政治勇气和强烈的责任担当，提出一系列新理念新思想新战略，出台一系列重大方针政策，推出一系列重大举措，推进一系列重大工作，解决了许多长期想解决而没有解决的难题，办成了许多过去想办而没有办成的大事，推动党和国家事业发生历史性变革。这些历史性变革，对党和国家事业发展具有重大而深远的影响。

特别是五年来，面对党面临的重大风险考验和党内存在的突出问题，以顽强意志品质正风肃纪、反腐惩恶，消除了党和国家内部存在的严重隐患，党内政治生活气象更新，党内政治生态明显好转，党的创造力、凝聚力、战斗力显著增强，党的团结统一更加巩固，党群关系明显改善，党在革命性锻造中更加坚强，焕发出新的强大生机活力，为党和国家事业发展提供了坚强政治保证。

五年来的成就是全方位的、开创性的，五年来的变革是深层次的、根本性的。十八大以来的五年，是党和国家发展进程中极不平凡的五年。

中共十九大的成功召开，引领中国共产党在新的历史征程上继续前进，朝着“两个一百年”的目标而不懈奋斗。

中国共产党90多年的历史，归结起来，是领导全国各族人民为实现民族独立、人民解放和国家富强、人民幸福而不懈奋斗的历史；是把马克思主义基本原理同中国实际相结合、不断推进马克思主义中国化、实现理论创新和飞跃的历史；是不断探索适合中国国情的革命、建设和改革道路，创立和建设中国特色社会主义、推进社会主义现代化的历史；是不断推进党的建设伟大工程、经受各种风险和考验、努力保持和发展党的先进性、不断提高领导水平和执政能力的历史。

二、中国共产党的组织体系

亚里士多德曾经说过，给我一个支点，我就能将地球翻转过来。列宁套用这句话，说过：给我一个革命家组织，我就能将俄国翻转过来。列宁做到了。而中国共产党，实际上也把中国给翻转了过来。靠的什么？可以说有很多原因。但一个基本的原因，就是组织。中国共产党把 8000 多万党员如此严密和牢固地聚合在一起，这是世界上任何政党都不能比拟的。

中国共产党的组织体系有过多次变动。在不同历史条件下也设立过多种机构。但总体上，均由党的中央组织、地方组织、基层组织构成。目前的状况和规定是：

（一）党的中央组织

包括党的全国代表大会、全国代表会议、中央委员会、中央委员会选举产生的中央政治局、中央政治局常务委员会和中央委员会总书记。

党的最高领导机关，是党的全国代表大会和它所产生的中央委员会。党的全国代表大会的职权是：听取和审查中央委员会的报告；听取和审查中央纪律检查委员会的报告；讨论并决定党的重大问题；修改党的章程；选举中央委员会；选举中央纪律检查委员会。

在两次全国代表大会期间，根据需要，可以召开党的全国代表会议。

在全国代表大会闭会期间，中央委员会执行全国代表大会的决议，领导党的全部工作，对外代表中国共产党。

中央委员会全体会议选举产生党的中央政治局、中央政治局常务委员会和中央委员会总书记。中央委员会总书记必须从中央政治局常务委员会委员中产生。

中央政治局和它的常务委员会在中央委员会全体会议闭会期间，行使中央委员会的职权。

中央书记处是中央政治局和它的常务委员会的办事机构；成员由

中央政治局常务委员会提名，中央委员会全体会议通过。

中央委员会总书记负责召集中央政治局会议和中央政治局常务委员会会议，并主持中央书记处的工作。

党的中央军事委员会组成人员由中央委员会决定。中国人民解放军的党组织，根据中央委员会的指示进行工作。军队中党的组织体制和机构，由中央军事委员会作出规定。

（二）党的地方组织

包括地方省、自治区、直辖市，设区的市和自治州，县（旗）、自治县、不设区的市和市辖区三级地方的党组织。

地方各级党组织的构成，均包括地方代表大会、同级党的委员会、常务委员会和书记。

党的地方各级代表大会的职权是：听取和审查同级委员会的报告；听取和审查同级纪律检查委员会的报告；讨论本地区范围内的重大问题并作出决议；选举同级党的委员会，选举同级党的纪律检查委员会。

党的地方各级委员会在代表大会闭会期间，执行上级党组织的指示和同级党代表大会的决议，领导本地方的工作，定期向上级党的委员会报告工作。地方各级委员会的任期与中央委员会一样，现在都是五年，但与中央不完全相同的是，地方各级委员会全体会议，每年至少召开两次。

党的地方各级委员会的常务委员会，在委员会全体会议闭会期间，行使委员会职权；在下届代表大会开会期间，继续主持经常工作，直到新的常务委员会产生为止。

根据全党服从中央的原则，地方各级召开代表大会以及代表的名额和选举办法，均需经上一级委员会批准。地方各级委员会的委员和候补委员的名额，也要由上一级委员会决定。

（三）党的基层组织

企业、农村、机关、学校、科研院所、街道社区、社会组织、人民解放军连队和其他基层单位的党组织，均属于基层党组织。截至2017年底，全国的基层党组织有450多万个。

凡是有正式党员三人以上的，都应当成立党的基层组织。基层组织根据工作需要和党员人数，经上级党组织批准，分别设立党的基层委员会、总支部委员会、支部委员会。

党的基层组织是党在社会基层组织中的战斗堡垒，是党的全部工作和战斗力的基础。它的基本任务包含八个方面。

随着改革开放的发展，不同类型的基层党组织，其任务和职能有所不同。

街道、乡、镇党的基层委员会和村、社区党组织，领导本地区的工作，支持和保证行政组织、经济组织和群众自治组织充分行使职权。

国有企业和集体企业中党的基层组织，发挥政治核心作用，围绕企业生产经营开展工作。保证监督党和国家的方针、政策在本企业的贯彻执行；支持股东会、董事会、监事会和经理（厂长）依法行使职权；全心全意依靠职工群众，支持职工代表大会开展工作；参与企业重大问题的决策；加强党组织的自身建设，领导思想政治工作、精神文明建设和工会、共青团等群众组织。

非公有制经济组织中党的基层组织，在职工群众中发挥政治核心作用，在企业发展中发挥政治引领作用，贯彻党的方针政策，引导和监督企业遵守国家的法律法规，领导工会、共青团等群众组织，团结凝聚职工群众，维护各方的合法权益，促进企业健康发展。

实行行政领导人负责制的事业单位中党的基层组织，发挥政治核心作用。实行党委领导下的行政领导人负责制的事业单位中党的基层组织，对重大问题进行讨论和作出决定，同时保证行政领导人充分行使自己的职权。

各级党和国家机关中党的基层组织，协助行政负责人完成任务，改进工作，对包括行政负责人在内的每个党员进行教育、管理、监督，不领导本单位的业务工作。

（四）党的领导机关的派出机构

根据需要，中国共产党还有多种派出机构。主要包括：

1. 党组。党在国家机关和非党组织的领导机关中设有党的机构。最初称党团。1945 年改为党组。现行党章规定：在中央和地方国家机关、人民团体、经济组织、文化组织和其他非党组织的领导机关中，可以成立党组。党组发挥领导核心作用。党组的任务，主要是负责贯彻执行党的路线、方针、政策；加强对本单位党的建设的领导，履行全面从严治党责任；讨论和决定本单位的重大问题；做好干部管理工作；团结党外干部和群众，完成党和国家交给的任务；领导机关和直属单位党组织的工作。党组必须服从批准它成立的党组织领导。等等。

2. 工作委员会。中共中央设有中共中央直属机关工作委员会、中共中央国家机关工作委员会，分别负责领导中央直属机关和中央国家机关党的工作。此前还曾经设立过其他一些工作委员会。

3. 地区委员会。地区委员会和相当于地区委员会的组织，是党的省、自治区委员会在几个县、自治县、市范围内派出的代表机关。它根据省、自治区委员会的授权，领导本地区的工作。改革开放以来，因大量地区改为设区的市，所以这类工作委员会已经大大减少。

4. 纪律检查机关。党的纪律检查委员会根据工作需要，向党和国家机关派驻党的纪律检查组或纪律检查员。纪律检查组组长或纪律检查员可以列席该机关党的领导组织的有关会议。他们的工作必须受到该机关党的领导组织的支持。

除上述类型之外，在实际工作中，还出现了开发区工作委员会等新的派出机构。

三、中国共产党富有特色的社会政治功能

国际上不时有所谓“中国崩溃论”炒作，于是很多人担心中国会不会出现难以预料的风险。美国的一个智库欧亚集团的学者介绍，该集团曾将中国列为其 2006 年、2007 年“全球十大风险国家排行榜”的首位，主要是担心中国国内群体性事件可能会引发社会动荡，以为中国在十七大前后可能出现不稳定因素。我说：“我告诉你们，你们的预测为什么会明显错误，一个原因，是被媒体迷惑了；再一个原因，就是低估了中国共产党的领导能力。”鉴于两年预测失误，该集团调整了当年的世界风险排行榜，未再将中国列入，相反却将美国列为 2008 年排名第一位的风险国家。

其实，世界上很多人都曾低估中国共产党的能力和韧性。他们用西方熟悉的政党理论来解释和衡量中国共产党，往往得出不切中国实际的结论，结果总是犯错。

要知道中国共产党之所以有那么大的作用和生命力，就需要知道中国共产党的特殊功能。

中国共产党既是按照列宁的先锋队理论，同时也是立足于中国实际并受到中国传统文化和社会环境影响和制约的党。在这种大背景下发展起来的中国共产党，有着与西方国家政党不同的许多重要功能。西方国家政党主要是利益表达的政治组织，是选举党。而中国共产党，则是融入到全部社会生活、对整个社会和国家实行组织、领导、管理、

控制和引导的强大政治组织，发挥着组织国家的重要作用。与西方政党比较，中国共产党具有西方政党没有或难以达到的许多功能。

（一）组织功能

马克思、恩格斯认为，无产阶级要获得彻底解放，首要的条件是必须建立一个自觉的革命政党。列宁在党的建设上最突出的贡献，就是明确提出：党是无产阶级有组织的部队，党员必须参加党的一个组织；党是工人阶级的先进组织，是阶级的先进觉悟阶层，是阶级的先锋队；党必须按照民主集中制原则组织起来，成为一个统一的、有战斗能力和行动能力的革命政党；党内必须有严格的铁的纪律；党是无产阶级组织的最高形式，负有在政治上领导其他组织的责任。

中国共产党一成立，就接受了这一先锋队理论。1922 年中共二大通过的《关于共产党的组织章程决议案》对党员行为提出了七个方面的要求：自中央机关至小团体的基本组织要有严密系统，要有集权精神与铁似的纪律；党员都要在行动上受党中军队式的训练；党员不应只是在言论上表示是共产主义者，重在行动上表现出来是共产主义者；党员须牺牲个人的感情意见及利益关系以拥护党的一致；党员须记牢一日不为共产党活动，在这一日便是破坏共产主义者；无论何时何地，党员的言论必须是党的言论，党员的活动必须是党的活动，不可有离开党的个人的或地方的意味；党员必须了解共产党施行集权与训练，应根据共产革命的实际需要的观念施行之。

现行党章在党的组织性方面，作出了一系列规定：年满十八岁的中国工人、农民、军人、知识分子和其他社会阶层的先进分子，承认党的纲领和章程，愿意参加党的一个组织并在其中积极工作、执行党的决议和按期交纳党费的，可以申请加入中国共产党。申请入党的人，要填写入党志愿书，要有两名正式党员作介绍人，要经过支部大会通过和上级党组织批准，并且经过预备期的考察，才能成为正式党员。每个党员，不论职务高低，都必须编入党的一个支部、小组或其他特定组织，参加党的组织生活，接受党内外群众的监督。党员领导干部还必须参加党委、党组的民主生活会。不允许有任何不参加党的组织生活、不接受党内外群众监督的特殊党员。党员如果没有正当理由，连续六个月不参加党的组织生活，或不交纳党费，或不做党所分配的工作，就被认为是自行脱党。支部大会应当决定把这样的党员除名，并报上级党组织批准。党的民主集中制的重要内容之一，是党员个人服从党的组织，少数服从多数，下级组织服从上级组织，全党各个组织和全体党员服从党的全国代表大会和中央委员会。

（二）领导功能

党章规定，中国共产党是中国特色社会主义事业的领导核心。党要适应改革开放和社会主义现代化建设的要求，加强和改善党的领导。为此，党要在各个层面、各方面工作中，充分发挥领导作用。

如党章规定，党的基层组织作为党在社会基层组织中的战斗堡垒、作为党的全部工作和战斗力的基础，它的基本任务有八个方面，包括：宣传和执行党的路线、方针、政策，宣传和执行党中央、上级组织和本组织的决议，充分发挥党员的先锋模范作用，积极创先争优，团结、组织党内外的干部和群众，努力完成本单位所担负的任务；组织党员认真学习马克思列宁主义、毛泽东思想、邓小平理论、“三个代表”重要思想、科学发展观、习近平新时代中国特色社会主义思想，推进“两学一做”学习教育常态化制度化，学习党的路线、方针、政策和决议，学习党的基本知识，学习科学、文化、法律和业务知识；对党员进行教育、管理、监督和服务，提高党员素质，坚定理想信念，增强党性，严格党的组织生活，开展批评和自我批评，维护和执行党的纪律，监督党员切实履行义务，保障党员的权利不受侵犯。加强和改进流动党员管理；密切联系群众，经常了解群众对党员、党的工作的批评和意见，维护群众的正当权利和利益，做好群众的思想政治工作；充分发挥党员和群众的积极性创造性，发现、培养和推荐他们中间的优秀人才，鼓励和支持他们在改革开放和社会主义现代化建设中贡献自己的聪明才智；对要求入党的积极分子进行教育和培养，做好经常性的发展党员工作，重视在生产、工作第一线和青年中发展党员；监督党员干部和其他任何工作人员严格遵守国家法律法规，严格遵守国家的财政经济法规和人事制度，不得侵占国家、集体和群众的利益；教育党员和群众自觉抵制不良倾向，坚决同各种违法犯罪行为作斗争。

党章还规定：街道、乡、镇党的基层委员会和村、社区党组织，领导本地区的工作，支持和保证行政组织、经济组织和群众自治组织充分行使职权。国有企业和集体企业中党的基层组织，实行行政领导人负责制的事业单位中党的基层组织，都要发挥政治核心作用。

为了比较，可以讲一个故事。中国共产党早期的党章和国民党1924年一大通过的党章都是在共产国际指导下制定的。两者都参考了1919年俄共（布）八大的党章。但两党参考时都有一些变动，对此加以比较可以看出各自的特点。在基层组织方面，共产党规定“支部是党的基本组织”，而国民党规定“区分部为本党基本组织”，也就是说，它的基层组织实际上不在基层。共产党（五大）党章对支部作了9条规定，而国民党党章对区分部只有4条规定。共产党党章明确规定“支部是党与群众直接发生关系的组织”，任务有6条：积极在各该工厂等之内活动，领导该处群众之日常斗争，扩大党的影响；实行党的口号与决议于群众中；吸收新的党员；服从地方党部从事组织与宣传的工作；积极参加地方政治经济的斗争；尽可能讨论党的重要问题。而国民党区分部的任务仅仅是“分配本党宣传品”“分售本党印花、本党纪念相片、本党表记等”。

一比较就可以看出，中国共产党的基层组织远比国民党的基层组织坚强有力。共产党的基层组织覆盖面很宽，任务明确具体，与党的目标和任务密切相关，能够深入到广大群众中，把群众工作作为基本职能。而国民党的区分部只设置到乡一级，人员芜杂，纪律松懈，管理混乱，与群众关系很远。这种基层组织的差异，不能不说是两党凝聚力战斗力差距很远的一个重要原因。

（三）表率功能

中国共产党最早是由一批先进的知识分子建立起来的。他们铁肩担道义、立志救中华，不仅有强烈的历史使命感，而且表现出非凡的才能。这样一大批先进人士聚集在共产党的旗帜之下，给中国革命带来了希望，给中华民族带来了曙光。

党在成立之初，就明确提出了保持共产党员先进性的问题。党的二大明确指出，我们党“应当是无产阶级中最有革命精神的广大群众组织起来为无产阶级之利益而奋斗的政党，为无产阶级做革命运动的急先锋”。

1938 年 10 月，在六届六中全会上，毛泽东提出共产党员应该成为英勇作战的模范，执行命令的模范，遵守纪律的模范，政治工作的模范，内部团结统一的模范，多做工作、少取报酬的模范，实事求是的模范，远见卓识的模范以及学习的模范，等等。一共列举了 6 个方面 11 个“模范”。

中国共产党党员是中国工人阶级的有共产主义觉悟的先锋战士。中国共产党党员必须全心全意为人民服务，不惜牺牲个人的一切，为实现共产主义奋斗终身。党章规定，党员必须履行下列义务：认真学习马克思列宁主义、毛泽东思想、邓小平理论、“三个代表”重要思想、科学发展观、习近平新时代中国特色社会主义思想，学习党的路线、方针、政策和决议，学习党的基本知识，学习科学、文化、法律和业务知识，努力提高为人民服务的本领；贯彻执行党的基本路线和各项方针、政策，带头参加改革开放和社会主义现代化建设，带动群众为经济发展和社会进步艰苦奋斗，在生产、工作、学习和社会生活中起先锋模范作用；坚持党和人民的利益高于一切，个人利益服从党和人民的利益，吃苦在前，享受在后，克己奉公，多作贡献；自觉遵守党的纪律，首先是党的政治纪律和政治规矩，模范遵守国家的法律法规，严格保守党和国家的秘密，执行党的决定，服从组织分配，积极完成党的任务；维护党的团结和统一，对党忠诚老实，言行一致，坚决反对一切派别组织和小集团活动，反对阳奉阴违的两面派行为和一切阴谋诡计；切实开展批评和自我批评，勇于揭露和纠正违反党的原则的言行和工作中的缺点、错误，坚决同消极腐败现象作斗争；密切联系群众，向群众宣传党的主张，遇事同群众商量，及时向党反映群众的意见和要求，维护群众的正当利益；发扬社会主义新风尚，带头实践社会主义核心价值观和社会主义荣辱观，提倡共产主义道德，弘扬中华民族传统美德，为了保护国家和人民的利益，在一切困难和危险的时刻挺身而出，英勇斗争，不怕牺牲。

对领导干部，除了党员必须模范地履行的党员各项义务外，党章还规定了必须具备的六个基本条件。

从历史来看，共产党员的先锋模范作用是非常突出的。2005 年，我在给中央政治局讲课时做过一个统计，在新中国成立前的中央委员候补委员有 171 人，而牺牲、遇难的有 42 人，约占 24.6%。而当中担任过政治局委员候补委员以上职务的领导人共有 55 人，其中牺牲、遇难则有 15 人，约占 27.3%。这就是说，在新中国成立前，每四个中央委员候补委员中就有一个牺牲、遇难，每四个政治局委员候补委员中也有一个牺牲、遇难。正是靠着党的先进性和广大党员发挥先锋模范作用，我们才从根本上改变了中国，也在相当程度上改变了世界。

（四）规范和约束功能

党章规定，预备党员必须面向党旗进行入党宣誓。誓词为：我志愿加入中国共产党，拥护党的纲领，遵守党的章程，履行党员义务，执行党的决定，严守党的纪律，保守党的秘密，对党忠诚，积极工作，为共产主义奋斗终身，随时准备为党和人民牺牲一切，永不叛党。这些誓词，就是对于党员的基本规范和约束。党章还具体规定了党员必须履行的八项义务和应该享有的八项权利。

除此之外，中国共产党还以其他形式，对党员作出了一系列规范和约束。如 1980 年 2 月，十一届五中全会总结历史教训，适应新的形势，制定了《关于党内政治生活的若干准则》，共 12 条：坚持党的政治路线和思想路线；坚持集体领导，反对个人专断；维护党的集中统一，严格遵守党的纪律；坚持党性，根绝派性；要讲真话，言行一致；发扬党内民主，正确对待不同意见；保障党员的权利不受侵犯；选举要充分体现选举人的意志；同错误倾向和坏人坏事作斗争；正确对待犯错误的同志；接受党和群众的监督，不准搞特权；努力学习，做到又红又专。

党内规定了一系列纪律，规定党组织必须严格执行和维护党的纪律，党员必须自觉接受党的纪律的约束。对违犯党的纪律的党员，党组织应按照错误性质和情节轻重，给以批评教育直至纪律处分。

2016 年，在时隔 36 年后，十八届六中全会又根据新的形势和任务，制定了新的党内政治生活准则。进一步加强了对党员特别是领导干部的约束和管理。

中国共产党这些富有特色的重要功能，对于推进中国发展、实现现代化，维护国家统一、防止国家分裂，调节社会关系、促进社会和谐，保证政权稳定、防止社会动荡，把亿万人民团结凝聚起来、共同建设美好未来等等，具有极为重要的意义。

四、深入开展党风廉政建设和反腐败斗争

执政党的党风，关系党的形象，关系党和人民事业成败。党的作风建设是中国共产党自身建设的一个重要内容和鲜明特色。

所谓作风，就是一个党、一个政府或者一个团体、一个人等，在自己的思维和活动中表现出来的行为取向和风格特点。作风表现于不同范围和群体，就有党风、政风、世风、民风、校风、家风等；就其内容而言，则有学风、文风、会风、思想作风、工作作风、领导作风、生活作风等。它反映的是按什么样的思维方式研究问题、用什么样的态度学习理论、在什么样的精神状态下从事工作、用什么样的方式方法将自己的理想和主张付诸实施，以及向外部世界展示什么样的形象和特点等问题。

党的作风，就是指全党包括党的各级组织和党员在思想、政治、组织、工作、生活等方面表现出来的行为取向和风格特点。它是党的性质、宗旨、纲领、路线的重要体现，是党的创造力、战斗力和凝聚力的重要内容。我们今天讲作风，首先是讲党风以及政风。党风、政风与其他方面的作风密切相关。世风、民风、校风、家风等，都会影响党风、政风。但由于党处于领导地位，所以，抓作风，首先要从党风政风抓起。抓好党风政风，就能带动其他方面的作风建设。

毛泽东在我们党的历史上第一个提出“党风”的概念。90多年来，中国共产党坚持把党风建设作为党的建设的重要内容。在不同的历史时期，有针对性地解决不同的问题，逐步形成了一系列优良作风，为

完成党的历史使命提供了重要的保证。这些作风是我们的优良传统，也是我们的宝贵财富。

在90多年作风建设的过程中，中国共产党不断进取，开拓创新，创造了党的作风建设的许多宝贵经验。我曾把这些经验概括为五条：第一，充分认识作风问题与党的生存和发展的关系，把党风建设放在十分重要的位置上；第二，紧密结合党的任务的发展变化，解决实践提出的紧迫问题；第三，紧紧跟上时代，始终走在时代的前列，使党的作风充分体现时代精神和时代风貌；第四，不断探索，总结经验，创造作风建设的各种切实有效的方式方法；第五，把作风建设纳入制度化的轨道，通过完善制度给优良作风提供可靠保障。

在新的历史条件下，中国共产党的作风建设面临着许多新的课题、新的考验。党的作风建设也迈进了新的阶段。

十八大以“全面提高党的建设科学化水平”统领，对党的建设作出新的部署，要求“全面加强党的思想建设、组织建设、作风建设、反腐倡廉建设、制度建设，增强自我净化、自我完善、自我革新、自我提高能力”。要求“学习党的历史”“弘扬党的优良传统和作风”。“下决心改进文风会风，着力整治庸懒散奢等不良风气，坚决克服形式主义、官僚主义，以优良党风凝聚党心民心、带动政风民风。”特别是提出：“在全党深入开展以为民务实清廉为主要内容的党的群众路线教育实践活动。”

十八大后，中央很快就作出了关于作风建设的八项规定，深入开展党的群众路线教育实践活动，坚决反对形式主义、官僚主义、享乐主义和奢靡之风。习近平总书记又多次强调和论述了党的作风建设问题，对开展群众路线教育实践活动作出了部署和要求，特别强调要解决“四风”问题。通过采取一系列强有力的举措，党的作风有了明显的转变，政风、民风也相应发生了很大的变化。

当然，党的作风建设不是一蹴而就的。不同时期的作风会有不同的变化和表现，也会有不同的课题。作风建设永远在路上。王岐山指出，要持之以恒改进作风，坚定不移惩治腐败。当前，党风廉政建设和反腐败斗争形势依然严峻复杂。“四风”病源还在、病根未除，仍停留在“不敢”层面，“不能”“不想”的问题还远没有解决，防止反弹任务艰巨。党风问题关系人心向背、关乎党的生死存亡，这是一场输不起的斗争，一旦出现反弹，后果不堪设想。因此，要在坚持中深化，在深化中坚持，持之以恒纠正“四风”，驰而不息正风肃纪。使作风建设落地生根、成为新常态。谁在这样的形势下还敢我行我素、依然故我，就要为我们党改进作风付出代价！

坚决反对腐败，是党风建设的主要课题，也是中国共产党必须始终抓好的重大政治任务。从“四个全面”战略布局来说，反腐败斗争是全面从严治党的一个重要内容。能否坚决惩治和有效预防腐败，关系“四个全面”战略布局能否有效推进，关系人心向背和党的生死存亡。

早在1926年，中共中央就发出过第一个反对党内贪污腐化行为的文件。1927年4月，中国共产党开始设立中央监察委员会。

1932年初至1934年10月，中华苏维埃共和国中央临时政府在中央苏区开展了一场反对贪污浪费、反对官僚主义的斗争，成为中国共产党廉政建设的初步尝试。

1949年11月，中共中央决定成立中央及各级党的纪律检查委员会，中央副主席朱德兼任中央纪委书记。1955年3月，党的全国代表会议决定成立中央和地方各级监察委员会，代替各级纪律检查委员会。“文革”期间，党的各级纪律检查机构陷于瘫痪。1977年8月，十一大通过的党章重新恢复了设置党的纪律检查委员会的条款。1978年12月，十一届三中全会选举产生了由陈云等100人组成的中央纪律检查委员会。党的纪检机构正式恢复重建。十四大之后，根据中共中央、国务院决定，党的纪律检查机关和政府行政监察机关实行合署办公。

改革开放以来，中国共产党高度重视党风廉政建设，不断深入开展党风党纪教育，继承优良传统，弘扬新风正气，以优良的党风促政风带民风。还进一步使用了“腐败”这个概念。针对改革开放、建立社会主义市场经济过程中的新情况，把反腐败斗争作为党风建设的重点，强调反腐败是关系党和国家生死存亡的严重政治斗争，不断加大反腐败斗争的力度。

2005 年 1 月，党中央制定并颁发《建立健全教育、制度、监督并重的惩治和预防腐败体系实施纲要》，明确提出：到 2010 年，建成惩治和预防腐败体系基本框架。

十七大将“反腐倡廉工作”提升为“反腐倡廉建设”，明确指出要“把反腐倡廉建设放在更加突出的位置”。

2008 年 5 月，中共中央印发《建立健全惩治和预防腐败体系 2008—2012 年工作规划》。

十八大再次强调：反对腐败、建设廉洁政治，是党一贯坚持的鲜明政治立场，是人民关注的重大政治问题。这个问题解决不好，就会对党造成致命伤害，甚至亡党亡国。反腐倡廉必须常抓不懈，拒腐防变必须警钟长鸣。

十八大以来，以习近平同志为核心的党中央对反腐败斗争展示出空前的决心和意志，采取一系列措施加大反腐败斗争力度，对腐败行为实行零容忍，对腐败分子保持高压态势，查处了一大批所谓的老虎和苍蝇，不仅刨掉了一批病树、毒瘤，而且产生了空前威严的震慑效果。

至 2017 年 8 月底，全国累计查处违反中央八项规定精神问题 18.4 万起，处理党员干部 25 万人，给予党纪政纪处分 13.6 万人，包含省部级干部 20 人。

十八届中央共开展 12 轮巡视，巡视 277 个地方、单位党组织，对 16 个省区市开展“回头看”，对 4 个单位进行“机动式”巡视，实现对省区市和新疆生产建设兵团、中央和国家机关、国有重要骨干企业、中央金融单位和中管高校的巡视全覆盖。

5 年来，全国纪检监察机关共同处置问题线索达到 267.4 万件，立案 154.5 万件，处分 153.7 万人，涉嫌犯罪被移送司法机关处理的有 5.8 万人。

5 年来，共立案审查省军级以上党员干部及其他中管干部 440 人，其中中央委员、候补中央委员有 43 人，中央纪委委员有 9 人。纪律处分厅局级干部 8900 余人，处分县处级干部 6.3 万多人。处分基层党员干部 27.8 万人。在反腐败国际追逃追赃中，共追回外逃人员 3453 人，其中“百名红通人员”有 48 人落网。

反对腐败、建设廉洁政治，是中国共产党一贯坚持的鲜明政治立场，是人民关注的重大政治问题。国际国内的经验教训和复杂形势都告诉我们，这个问题解决不好，就会对党造成致命伤害，甚至亡党亡国。因此，必须充分认识反腐败斗争的长期性、复杂性、艰巨性。反腐倡廉常抓不懈，拒腐防变警钟长鸣。

五、新时代党的建设总要求

十九大宣布，中国特色社会主义进入了新时代。党和党的建设也一定要有新气象新作为。习近平总书记说：“打铁必须自身硬。党要团结带领人民进行伟大斗争、推进伟大事业、实现伟大梦想，必须毫不动摇坚持和完善党的领导，毫不动摇把党建设得更加坚强有力。”

因此，十九大根据新时代中国特色社会主义的形势、任务，将第十三部分的标题定为“坚定不移全面从严治党，不断提高党的执政能力和领导水平”。着重提出了新时代党的建设的总要求和8个方面重点任务，对党的建设和全面从严治党作出了系统的部署。同时，对党章总纲和条文部分进行了重要的修改。

十九大对新时代党的建设的总要求是：坚持和加强党的全面领导，坚持党要管党、全面从严治党，以加强党的长期执政能力建设、先进性和纯洁性建设为主线，以党的政治建设为统领，以坚定理想信念宗旨为根基，以调动全党积极性、主动性、创造性为着力点，全面推进党的政治建设、思想建设、组织建设、作风建设、纪律建设，把制度建设贯穿其中，深入推进反腐败斗争，不断提高党的建设质量，把党建设成为始终走在时代前列、人民衷心拥护、勇于自我革命、经得起各种风浪考验、朝气蓬勃的马克思主义执政党。

与以前多次党代会对于党的建设的格局、要求等等相比，十九大的总要求有很多不同的地方：

提出要“加强党的全面领导”，突出了“全面”二字；同时，强调“全面从严治党”。一个全面领导，一个全面从严治党，两个都是“全面”。

在“加强党的长期执政能力建设、先进性和纯洁性建设”中，增写了“长期”两字。

不仅提出了多年未提的政治建设，而且明确提出“以党的政治建设为统领”，把政治建设放在党的各项建设的首位。

强调“以坚定理想信念宗旨为根基，以调动全党积极性、主动性、创造性为着力点”。一个是“根基”，一个是“着力点”。

要求“全面推进党的政治建设、思想建设、组织建设、作风建设、纪律建设，把制度建设贯穿其中，深入推进反腐败斗争”。不仅增加了政治建设，而且增加了纪律建设，将纪律建设与其他建设并列，显著突出了纪律的位置。将原来并列的制度建设改为“把制度建设贯穿其中”，把原来的反腐倡廉建设改为“深入推进反腐败斗争”。

第一次提出“不断提高党的建设质量”。

明确提出“把党建设成为始终走在时代前列、人民衷心拥护、勇于自我革命、经得起各种风浪考验、朝气蓬勃的马克思主义执政党”。

围绕这个总要求，十九大部署了8个方面的建党治党工作。

其中，第一次提出把党的政治建设摆在首位，强调政治建设是党的根本性建设。党的政治建设的首要任务是保证全党服从中央，坚持党中央权威和集中统一领导。全党要坚定执行党的政治路线，严格遵守政治纪律和政治规矩，在政治立场、政治方向、政治原则、政治道路上同党中央保持高度一致。报告还明确提出坚决防止和反对个人主义、分散主义、自由主义、本位主义、好人主义，坚决防止和反对宗派主义、圈子文化、码头文化，坚决反对搞两面派、做两面人。

十九大要求用新时代中国特色社会主义思想武装全党。要以县处级以上领导干部为重点，在全党开展“不忘初心、牢记使命”主题教育，用党的创新理论武装头脑，推动全党更加自觉地为实现新时代党的历史使命不懈奋斗。

十九大强调“夺取反腐败斗争压倒性胜利”，坚定表示：巩固压倒性态势、夺取压倒性胜利的决心必须坚如磐石。要坚持无禁区、全覆盖、零容忍，坚持重遏制、强高压、长震慑，坚持受贿行贿一起查，坚决防止党内形成利益集团。在市县党委建立巡察制度，加大整治群众身边腐败问题力度。不管腐败分子逃到哪里，都要缉拿归案、绳之以法。推进反腐败国家立法，建设覆盖纪检监察系统的检举举报平台。强化不敢腐的震慑，扎牢不能腐的笼子，增强不想腐的自觉，通过不懈努力换来海晏河清、朗朗乾坤。

在健全党和国家监督体系方面，要深化国家监察体制改革，将试点工作在全国推开，组建国家、省、市、县监察委员会，同党的纪律检查机关合署办公，实现对所有行使公权力的公职人员监察全覆盖。制定国家监察法，依法赋予监察委员会职责权限和调查手段，用留置取代“两规”措施。

十九大还要求全面增强执政本领。领导13亿多人的社会主义大国，我们党既要政治过硬，也要本领高强。要增强学习本领，在全党营造善于学习、勇于实践的浓厚氛围，建设马克思主义学习型政党，推动建设学习大国。增强政治领导本领，坚持战略思维、创新思维、辩证思维、法治思维、底线思维，科学制定和坚决执行党的路线方针政策，把党总揽全局、协调各方落到实处。增强改革创新本领，保持锐意进取的精神风貌，善于结合实际创造性推动工作，善于运用互联网技术和信息化手段开展工作。增强科学发展本领，善于贯彻新发展理念，不断开创发展新局面。增强依法执政本领，加快形成覆盖党的领导和党的建设各方面的党内法规制度体系，加强和改善对国家政权机关的领导。增强群众工作本领，创新群众工作体制机制和方式方法，推动工会、共青团、妇联等群团组织增强政治性、先进性、群众性，发挥联系群众的桥梁纽带作用，组织动员广大人民群众坚定不移跟党走。增强狠抓落实本领，坚持说实话、谋实事、出实招、求实效，把雷厉风行和久久为功有机结合起来，勇于攻坚克难，以钉钉子精神做实做细做好各项工作。增强驾驭风险本领，健全各方面风险防控机制，善于处理各种复杂矛盾，勇于战胜前进道路上的各种艰难险阻，牢牢把握工作主动权。

在党的建设的其他方面，十九大也作出了部署。

如同以往任何一次党代会一样，十九大也对党章进行了重要的修改。

修改党章是党的全国代表大会的一项重要职责、职权，我们现在的党章是党的十二大修改制定的。30 多年来，党章的基本内容保持了稳定，在党的生活中发挥了重要的作用。同时，根据党的实践发展和理论创新，从十三大到十八大，每次党的代表大会都对党章作了不同程度的修改。

对党章进行适当修改，是实现党的指导思想与时俱进的需要，是推进党的事业和整个国家事业发展的需要，也是贯彻党的十九大精神的需要。修改党章有利于全党更好学习党章、遵守党章、贯彻党章、维护党章，有利于更好发挥党章对党的工作和党的建设的指导、规范作用。

十九大对于党章的修改，重点是把党的十九大报告确立的重大理论观点和重大战略思想写入党章，使党章充分体现马克思主义中国化最新成果，充分体现党的十八大以来以习近平同志为核心的党中央提出的治国理政新理念新思想新战略，充分体现坚持和加强党的领导、全面从严治党的新鲜经验，以适应新形势新任务对党的事业和党的建设提出的新要求。

图书在版编目（CIP）数据

中国的国家发展战略 / 李忠杰著．—北京：外文出版社，2018.2
（读懂中国）
ISBN 978-7-119-11414-9

Ⅰ．①中…　Ⅱ．①李…　Ⅲ．①发展战略－中国
Ⅳ．①D60

中国版本图书馆 CIP 数据核字（2018）第 040665 号

本丛书列入国家社会科学基金重大委托项目和
《“十三五”国家重点图书、音像、电子出版物出版规划》项目

出版策划：国家创新与发展战略研究会
出版指导：陆彩荣
出版统筹：胡开敏　于　瑛　曾惠杰

责任编辑：文　芳　蔡莉莉
装帧设计：柏拉图创意机构
印刷监制：冯　浩　章云天　秦　蒙

中国的国家发展战略

李忠杰　**著**

出 版 人： 胡开敏
出版发行： 外文出版社有限责任公司
地　　址： 中国北京西城区百万庄大街 24 号　　**邮政编码：** 100037
网　　址： http://www.flp.com.cn　　**电子邮箱：** flp@cipg.org.cn
电　　话： 008610-68320579（总编室）　　008610-68996158（编辑部）
008610-68995852（发行部）　　008610-68996183（投稿电话）
制　　版： 北京杰瑞腾达科技发展有限公司
印　　刷： 北京盛通印刷股份有限公司
经　　销： 新华书店 / 外文书店
开　　本： 700mm × 1000mm　1/16　　**印　　张：** 36.25　　**字　　数：** 420 千字
版　　次： 2022 年 2 月第 1 版第 3 次印刷
书　　号： ISBN 978-7-119-11414-9
定　　价： 78.00 元